日本刑法要论

总论

周振杰 著

AN INTRODUCTION
TO THE GENERAL PART
OF JAPANESE CRIMINAL LAW

北京大学出版社
PEKING UNIVERSITY PRESS

图书在版编目（CIP）数据

日本刑法要论：总论／周振杰著. —北京：北京大学出版社，2023.7
ISBN 978-7-301-34158-2

Ⅰ.①日… Ⅱ.①周… Ⅲ.①刑法—研究—日本 Ⅳ.①D931.34

中国国家版本馆 CIP 数据核字（2023）第 118495 号

书　　　名	日本刑法要论（总论） RIBEN XINGFA YAOLUN(ZONGLUN)
著作责任者	周振杰　著
责 任 编 辑	王建君
标 准 书 号	ISBN 978-7-301-34158-2
出 版 发 行	北京大学出版社
地　　　址	北京市海淀区成府路 205 号　100871
网　　　址	http://www.pup.cn　http://www.yandayuanzhao.com
电 子 信 箱	yandayuanzhao@163.com
新 浪 微 博	@北京大学出版社　@北大出版社燕大元照法律图书
电　　　话	邮购部 010-62752015　发行部 010-62750672　编辑部 010-62117788
印 刷 者	三河市北燕印装有限公司
经 销 者	新华书店
	650 毫米×980 毫米　16 开本　26 印张　385 千字 2023 年 7 月第 1 版　2023 年 7 月第 1 次印刷
定　　　价	89.00 元

未经许可，不得以任何方式复制或抄袭本书之部分或全部内容。
版权所有，侵权必究
举报电话：010-62752024　电子信箱：fd@pup.pku.edu.cn
图书如有印装质量问题，请与出版部联系，电话：010-62756370

自 序

可能是曾在日本早稻田大学高等研究所学习、工作之故,自 2010 年入职的第一个秋季学期伊始,刑事法律科学研究院(刑科院)就安排我讲授法学专业本科生与研究生大陆刑法两门课程。说是大陆刑法,其实我主要是介绍日本的刑法、判例与理论,兼顾德国、意大利等国刑法的相关内容。此外,为了更好地说明、解释与分析,有时也会比较英美国家刑法中的典型概念与判例。

为了适应授课对象与内容的要求,我再次研读了日本学者的代表性教科书,形成了授课用的材料,同时也是本书的基础。为了保持授课内容新颖,我不得不时时关注日本刑法改革,例如 2016 年新设部分缓刑制度、2017 年改革性犯罪立法与增设共谋罪等,并留意判例的动向,例如改变"性意图是强制猥亵罪成立要件"这一基本立场的日本最高法院 2017 年的判例,以反映立法与司法实务的动向。

在撰写本书的过程中,日本刑法理论与司法实践中许多有趣的现象跃然纸上。例如,自 1908 年生效至今,日本《刑法典》已逾 110 余年,期间虽然修正案不断,但是并未进行过系统性的"大手术"。就是这样一部基于新派理论的宽泛立法,在 20 世纪 20 年代至 40 年代中叶,曾被用作压制进步思想、打击民主运动的规范工具;20 世纪 50 年代之后,又转而成为维护大众权益、推动社会进步的法治基础。如此而言,所谓学派之争、立场之别,虽然对于繁荣理论研究有积极意义,但对于实现刑法价值而言,其重要性与透明、民主的司法制度相比到底有几何?如果念经的和尚嘴是歪的,再好的经只怕也念不正。再如,经历过 20 世纪初期学派之争与之后黑暗时期的日本学者,大多倾向于形式犯罪论,强调社会通念在构成要件解释中的主导作用。而在20世纪60年代之后成长起来的日本学者，大多支持实质犯罪论，主张在构成要件阶段就考虑处罚的合理性与必要性问题。这一理论上的分歧，看似基本立场的具体体现，但如果不从更深层次的历史记忆、社会背景、制度约束与民主运动来探讨其原因，恐怕只会是缘木求鱼、水中捞月。

如此种种，不一一列举。

自2005年8月成立，刑科院不知不觉已步入束发及笄之年。自2010年9月入职，我已经在刑科院度过了12年的时光。12年的时间并不长，但足以让人经历一些事，并留下值得振奋、深思、回味与感慨的记忆。抚今追昔，不仅想起清初词人纳兰性德的叹息：人生若只如初见，何事秋风悲画扇。

是为序！

冈振杰

2022年10月8日寒露于京师学堂

目 录

上编 基础理论

第一章 刑法的概念与沿革 …………………………………… 003
    第一节 刑法的概念 ……………………………………… 003
    第二节 刑法的沿革 ……………………………………… 010

第二章 现代刑法理论的发展 ………………………………… 013
    第一节 发展历程 ………………………………………… 013
    第二节 理论现状 ………………………………………… 018

第三章 罪刑法定原则 ………………………………………… 023
    第一节 立法进程 ………………………………………… 023
    第二节 主要内容 ………………………………………… 024

第四章 刑法适用范围 ………………………………………… 038
    第一节 刑法的空间效力 ………………………………… 038
    第二节 刑法的时间效力 ………………………………… 042

中编 犯罪论

第五章 犯罪论基础 …………………………………………… 049
    第一节 犯罪与行为 ……………………………………… 049
    第二节 犯罪论体系 ……………………………………… 053

第六章 构成要件论 …………………………………………… 055
    第一节 构成要件基础 …………………………………… 055

第二节　构成要件要素 …………………………………………… 061

第七章　违法性论 ………………………………………………………… 104
　　第一节　违法性基础 ……………………………………………… 104
　　第二节　法定违法阻却事由 ……………………………………… 118
　　第三节　超法规违法阻却事由 …………………………………… 158

第八章　责任论 …………………………………………………………… 175
　　第一节　责任论基础 ……………………………………………… 175
　　第二节　责任的要素 ……………………………………………… 180

第九章　未遂犯 …………………………………………………………… 238
　　第一节　未遂犯基础 ……………………………………………… 238
　　第二节　实行着手 ………………………………………………… 242
　　第三节　不能犯 …………………………………………………… 252
　　第四节　中止犯 …………………………………………………… 259

第十章　共犯论 …………………………………………………………… 269
　　第一节　共犯论基础 ……………………………………………… 269
　　第二节　共同正犯 ………………………………………………… 283
　　第三节　教唆犯与帮助犯 ………………………………………… 297
　　第四节　相关问题 ………………………………………………… 309

第十一章　罪数论 ………………………………………………………… 323
　　第一节　罪数论基础 ……………………………………………… 323
　　第二节　一罪与数罪 ……………………………………………… 325

下编　刑罚论

第十二章　刑罚种类 ……………………………………………………… 337
　　第一节　主　刑 …………………………………………………… 337
　　第二节　附加刑 …………………………………………………… 346

第十三章　刑罚适用 ……………………………………………………… 354

第一节　刑罚裁量 354
第二节　刑罚执行 366
第三节　刑罚消灭 375

第十四章　保安处分 380

第一节　基本原理 380
第二节　具体措施 381

参考文献 387

引用判例 391

关键词索引 399

上编 基础理论

第一章　刑法的概念与沿革

第二章　现代刑法理论的发展

第三章　罪刑法定原则

第四章　刑法适用范围

第一章
刑法的概念与沿革

第一节 刑法的概念

一、刑法的分类

(一)一般刑法与特别刑法

刑法是规定犯罪成立要件及其法律后果的法律。日本刑法可以分为狭义的刑法与广义的刑法。**狭义的刑法**,是指1907年制定、1908年开始实施的刑法(明治40年4月24日第45号法律,以下称为《刑法典》)。《刑法典》由第一编"总则"和第二编"犯罪"构成。总则编规定了刑法适用范围、刑罚种类、缓刑、未遂、共犯等一般性原则,犯罪编则规定了具体犯罪的构成要件和法定刑。狭义的刑法也被称为普通刑法或者一般刑法。**广义的刑法**,是指《刑法典》之外所有规定犯罪与刑罚的法律,也被称为特别刑法。根据内容,特别刑法大致可以分为如下几类:(1)涉及社会秩序的特别刑法,例如《轻犯罪法》《卖淫防止法》《网络引诱儿童防止法》《盗犯等防止与处分法》《非法网络连接防止法》《醉酒防止法》;(2)涉及经济秩序的特别刑法,例如《印花税票犯罪处罚法》《伪造货币证券取缔法》《仿造邮政邮票取缔法》《毁损货币等取缔法》《法人管理者处罚法》《经济罚则调整法》《公害犯罪处罚法》;(3)涉及公共安全的特别刑法,例如《危险驾驶致人死伤行为处罚法》《危害航空安全行为处罚法》《勒索人质犯罪处罚法》《提供恐怖活动资金行为处罚法》《有毒有害物取缔法》《爆炸物取缔法》;(4)有关有组织犯罪的特别刑法,例如《暴力团对策法》《有组织犯罪处罚法》《破坏活动防止法》;(5)涉及毒品犯罪的特别刑法,例如《鸦片法》《兴奋剂取缔法》《大麻取缔法》《麻醉及精神药品取缔法》《麻药特例法》等。

特别刑法又分为狭义的特别刑法与行政刑法。**狭义的特别刑法**,是指专门规定可予以道义谴责的犯罪行为及其刑罚的法律,例如《轻犯罪法》与《暴力行为处罚法》。**行政刑法**,则是指为了顺利实现行政管理目的、强化行为规制而对违法行为科处刑罚的法律。与狭义的刑法以及狭义的特别刑法相比,行政刑法的伦理色彩淡薄,规定的犯罪大多是技术性的违法行为,根据内容的不同,进而又可以划分为劳动刑法、租税刑法、经济刑法和环境刑法等。

(二) 市民刑法与治安刑法

随着民主制度的确立与市民社会的形成,可以根据刑法的任务将之分为市民刑法与治安刑法。① **市民刑法**,是指以保护市民利益为任务的刑法。市民刑法以市民社会的形成为前提。市民,是指具有自律性、公共性与能动性的社会个体,以市民为核心主体的社会,即是市民社会。在市民社会中,市民在政治体制中占据主导地位,掌握国家权力,并通过制定宪法、刑法、民法等,以保障民有与民享的市民统治。因此,市民刑法是由市民主导,为了保护市民利益而制定的刑法。

与市民刑法相对,**治安刑法**以维持社会与国家的稳定和秩序等为主要任务。治安刑法主要存在于市民社会不成熟的政治国家之内。"二战"之前的日本刑法可以说是典型的治安刑法,当时的治安维持法被称为"恶中之极"。治安刑法具有如下三个共有的特征:(1)优先考虑维持、强化统治体制,具有明显的政治意图。(2)与之相应,采纳积极的预防主义,将结社、宣传以及表现等行为规定为犯罪。(3)对构成要件的描述不明确,或者规定一般性条款,有时将危险思想作为决定性要素。②

因为刑法的任务体现了立法者的价值观取向与基本立场,而在罪刑法定原则之下,只有立法者才有权划定犯罪圈与设置构成要件,所以市民

---

① 内田博文『日本刑法学のあゆみと課題』(2008,日本評論社)4 頁以下参照。
② 内田博文『日本刑法学のあゆみと課題』(2008,日本評論社)5 頁参照。

刑法与治安刑法的分类,既涉及刑法的任务,还影响刑法的功能定位与司法的价值取向。

二、判例

日本《刑事诉讼法》第 405 条规定,如果存在下述情形之一,可以认定对高等法院的一审或者二审判决的上诉成立:①违反宪法或者对宪法解释错误;②作出与最高法院判例相反的判断;③如果不存在最高法院的判例,作出与大审院或者高等法院的判例相反的判断。可见,判例在实践中发挥着补充刑法规范的作用。

(一)判例的概念

根据日本《法院法》第 4 条"上级法院所作判决中的判断,就具体案件对于下级法院具有约束力"之规定,判例是指法院针对具体案件所作的结论性判断,这种判断包含有对法律的解释,并对此后审理具体案件具有约束力。

就判例的制定主体,有的观点从《刑事诉讼法》第 405 条第 3 项出发,认为既包括最高法院也包括高等法院;有的观点则认为仅指最高法院,因为上述第 405 条的规定表明,最高法院的判例才是上诉的理由,高等法院的先例只是补充,而且以违反最高法院判例与高等法院先例为理由提起上诉的审理组织也不同,前者是最高法院所有法官组成的大法庭,后者可以是 5 名法官组成的小法庭。而且,为了保持法安定性,判例作为法律解释应在全国范围内具有约束力,而这只有最高法院的判例能够做到。[①] 简言之,最高法院的判例与高等法院的先例的约束力有实质差别,判例在严格意义上仅指前者。[②]

虽然在实质上,判例应仅指最高法院的判例,但是鉴于二者在形式上都可以作为上诉理由,下文中的"判例"包括最高法院与高等法院作出的

[①] 井田良『変革の時代における理論刑法学』(2007,慶応義塾大学出版会)62 頁以下参照。

[②] 渡辺綱吉『判例研究の基礎理論』(1968,愛知大学出版部)166 頁参照。

裁判先例。《刑事诉讼法》第405条中"与判例相反的判断",不是指与原判决中"余论"相反的判断,而是就法律的解释适用,原审法院与判例的判断相反。在主张原判违反判例之际,必须指出原判的哪一点违反了所引判例的什么判断,而且必须具体指明作出判例法院的名称、案件编号、审判日期、刊载物名称等事项。①

虽然判例直接约束的对象只有法官②,不包括检察官和律师。但是如果希望法官能够作出与自己的预期相一致的裁判,检察官和律师就不能不尊重判例,并以判例为前提提出控诉与展开辩论,因此检察官和律师也间接受到判例的支配。如此,判例在对司法实践产生重大影响的同时,也对法律生活甚至法律生活之外的社会生活起到支配作用。③

(二) 判例的历史

日本现代判例制度起源于明治时期的江藤改革。在1872年就任明治政府的司法卿之后,江藤新平就开始推动近代司法制度改革,设立并赋予司法省统一管理司法权的职能。与此同时,日本自1875年开始在全国建立起大审院、上等法院和府/县法院三级审判结构。大审院作为最高法院接受民事与刑事上诉,通过纠正下级法院的违法判决维护法令统一,因此其判决被视为维护法律统一性的基石。同年,大审院开始选择代表性判决,以判决录的形式由司法省对外刊行,并要求下级法院必须效仿,这标志着判例制度走上了起点。1895年,大审院开始自行编辑刊行《大审院判决录》,标志着判例制度得到了进一步发展④,并开始影响司法实践,例如1910年"一厘案"创立的"可罚违法性"成为违法性领域的核心概念之一,在20世纪50年代与60年代被日本各级法院作为无罪判决的依据频繁引用。

---

① 青山善充=菅野和夫『判例六法』(2008,有斐閣)1992頁以下参照。
② 需要指出的是,通说认为判例对法官的约束并非绝对的。虽然在实践中罕见,但是法官也可以作出与判例不同甚至相反的判断。
③ 中野次雄『判例とその読み方』(2007,有斐閣)11頁参照。
④ 長谷川正安「判例研究の在り方」法律時報35巻9号35頁参照。

> ## 一厘案
> （大判明治 43·10·11，刑录 16·1620）
>
> 在本案中，某烟农私自留下了几克烟草（价值一厘）自己消费。其行为被认为违反了《烟草专卖法》第 48 条第 1 款 "将应向政府缴纳的烟草自己消费等行为应予处罚" 之规定，构成犯罪。大审院判决认为，虽然被告人的行为违法，但是犯罪对象价值过低，不具有刑事处罚的必要性，因此判决被告人无罪。
>
> 本案不但体现出刑法的谦抑性，而且提出了 "可罚的违法性" 这一日本刑法理论特有的概念。

1922 年，《大审院判决录》更名为《大审院判例集》，这不但显示了判例在司法实践中的重要作用，因为判例集是大审院在创造 "判例" 的意识支配下编辑出版的，意在发挥从判决中抽象出的 "判决要旨" 的指导性作用，而且标志着判例制度逐渐成熟。"二战" 之后，随着民主主义改革而颁布的《日本国宪法》《法院法》《刑事诉讼法》等一系列法律，进一步在立法层面确立了判例制度。

就刑法理论与判例的关系，20 世纪初的主流观点认为，判决不过是由法律实务者解释与适用法律的实例，无须重视。20 世纪 70 年代之后，刑法解释应该以判例为前提的观点逐步获得了支持，就如平野龙一所言，判例是将法具体化的事物，学说不过是为判例提供参考意见，必须以之为前提。[①] 20 世纪 80 年代之后，进而出现了追随判例并积极尝试将判例原理合理化的学说。例如，前田雅英认为，判例在实质上一直具有法律渊源的功能[②]，大谷实也认为，承认判例具有法律渊源的地位符合罪刑法定原则的要求[③]。

[①] 平野龍一『刑法の基礎』（1966，東京大学出版会）243 頁参照。
[②] 前田雅英『刑法総論講義』（第 5 版，2011，東京大学出版会）59 頁参照。
[③] 大谷実『刑法講義総論』（第 5 版，2019，成文堂）5 頁参照。

三、刑法的功能

刑法的功能,是指刑法在社会中发挥的作用,包括实然功能与应然功能。实然功能,即刑法在历史发展过程中实际上承担并发挥的功能;应然功能,即刑法在当代社会应该发挥或者说人们期待其发挥什么功能。

(一)实然功能

在漫长的历史过程中,刑法既是国家统治的工具、法官审判的规则,也是对社会成员尤其是反对统治的社会成员的威吓。与其他地区相似,在日本历史上也曾经存在过刑罚神秘主义的现象,即统治者不向社会公开刑法规范,例如江户时期的《御定书百条》,对社会公众保持神秘,以使民不知则不敢为。明治初期颁布的《暂定刑律》《新律纲领》等法律虽然向社会公众公开,但是就其内容而言,主要发挥的还是象征国家权力、维护统治体制的功能,20世纪20年代之后的治安刑法更是如此。

1946年颁布的《日本国宪法》确立了民主主义的国家体制。在国民主权与自由主义原则下,随着国民成为规定犯罪与刑罚的主体,刑罚被视为必要之恶,刑法的实然功能发生了实质性的转变。即便如此,20世纪50年代之后制定的不计其数的行政刑法表明,刑法的社会统治功能仍然得到了政府高度重视。

(二)应然功能

在以民主主义与自由主义为基础的罪刑法定原则之下,刑法被期待着发挥规制、保护与保障的功能。

1. 规制功能

规制功能,亦称行为规制功能,是指刑法通过明确对犯罪行为的规范性评价,以规制国民行为的功能。具体而言,刑法既是行为规范,也是裁判规范。国民可以通过作为行为规范的刑法,预测自己行为是否构成犯罪。法官必须严格遵守作为裁判规范的刑法,认定犯罪与裁量刑罚。刑法中的行为规范未必是伦理规范、道义规范,裁判规范也未必是伦理或者道义判断,只要是符合国民主权与罪刑法定要求的法律规范与法律判断足矣。

近代刑法的出发点,就是严格区分法律与道德以及宗教规范。虽然刑法规范能够给国民提供行为标准,在一定程度上为其指明伦理与道德方向,与伦理规范之间存在交汇与重合之处,但是不能将刑法规范与伦理规范混为一谈,不能通过适用刑法强行推动道德要求,像"二战"之前那样将国家视为最高的道义存在更是万万不可。这既违反以个人自由为基础的日本宪法的精神,也不符合价值观多样化的现代社会现实。

2. 保护功能

保护功能,亦称法益保护功能,是指刑法通过处罚犯罪行为,保护受其侵犯的法益的功能。根据法益内容的不同,可以将刑法分则规定的具体犯罪分为如下三类:(1)保护个人法益的犯罪,例如,《刑法典》第232条规定的故意杀人罪等保护公民的生命、健康、自由与财产的相关犯罪;(2)保护社会法益的犯罪,例如,《刑法典》第155条规定的伪造公文等有关公共财产、社会对公文的信赖等的犯罪;(3)保护国家法益的犯罪,例如,《刑法典》第77条规定的内乱罪等有关国家的存亡、刑事司法秩序的犯罪。

法益,就是法律保护的利益。作为刑法保护的对象,法益应尽可能具体化与个别化,否则可能导致刑罚扩大化,进而导致刑法规范伦理化。同时,刑法规定为犯罪的行为,原则上应该是实际侵害法益的行为(实害犯),只有在例外的情况下才将具有侵害法益危险的行为(危险犯)规定为犯罪。此外,作为保护法益的手段,刑法应在其他法律手段不能提供有效保护的情况下介入(刑法的补充性),而且其作为犯罪处罚的并非行为的全部过程,而是其中的一部分(刑法的断片性)。例如,只有在刑法分则有例外规定的情况下,才处罚预备行为与未遂行为。

3. 保障功能

保障功能,亦称自由保障功能,是指刑法通过事先明确规定构成犯罪的行为以及对犯罪行为的处罚,保障国民的行为自由,使之免受不正当处罚的功能。刑法所保护的,不仅是普通国民的自由与人权,还包括犯罪人的自由与人权。也即,刑法不仅仅要通过事先宣告什么行为构成犯罪、对构成犯罪的行为如何处罚,以保障国民的预测可能性,而且对于实施犯罪行为者,不能法外施刑。简而言之,刑法既是刑罚权的根基,也是对刑罚权的制约。也正因如此,刑法才被李斯特称为"犯罪人的大宪章"。

第二节　刑法的沿革

一、明治维新之前的日本刑法

以主要的法律渊源为标准,可以将明治维新之前的日本刑法划分为三个时代。第一,以氏族习惯法为主要法律渊源的氏族法时代。这一时代的日本刑法,有着朴素的宗教特征,因为宗教与法律处于未分离的状态,所以犯罪观念以神为中心而构成,认为触犯日本固有的神道主义,违反神意、触犯神的忌讳的都是犯罪。第二,以《飞鸟净御原令》《近江令》尤其是《大宝律》等律令为主要法律渊源,以笞、杖、徒、流、死为核心处罚的律令法时代。第三,以武家法为主要法律渊源的封建法时代。这一时代又可以划分为前期(镰仓·室町时代)和后期(德川·江户时代)。虽然这两个时代的刑法存在相异之处,但都以身份制度为基础,具有恣意性、残酷性等共同特征。

二、明治初期的日本刑法

在明治初期,日本政府连续颁布了三部刑事立法。1868年的《暂定刑律》在参考《大宝律》《养老律》等律令的同时,也参考了江户时代的《公事方御定书》以及地方立法。取代《暂定刑律》成为裁判规则的1870年的《新律纲领》,同样以日本传统法律体系为基础,否定罪刑法定原则,规定了不应为罪、允许比附援引,而且具有明显的身份性特征。在《新律纲领》基础上颁布的1873年的《改定律例》,虽然将笞、杖、徒、流统一规定为惩役刑,并将刑罚综合为死刑、惩役刑与财产刑,但是并没有带来实质性的改变,都体现出了王政复古的封建思想。① 但与《暂定刑律》和《新律纲领》不同的是,《改定律例》采取了逐条规定的体例。这是日本法律首次在体例上采取近代立法方式,体现出欧洲法律的影响。

三、旧刑法

因为初期颁布的刑事立法饱受批判,而且与从封建主义社会向资本主义社会转变的社会现实相背离,明治政府于1876年设立了刑法编纂委员会,开始以《法国刑法典》为范本编纂刑法典草案。受聘于刑法编纂委员会的法国学者博斯纳德以拿破仑刑法典为蓝本,参考意大利、比利时、德国等欧洲其他国家的刑法典,于1877年独自完成了刑法草案。在该草案的基础上,日本于1880年颁布了第一部近代刑法典(旧刑法)。

旧刑法由四编二十一章403条组成,第一编总则规定了法例、刑例、加减例、再犯、数罪并罚、共同犯罪以及未遂犯等基本问题;第二编规定了关于公共法益的重罪、轻罪,包括针对皇室的犯罪、国事犯罪、妨害信用、健康、工农业的犯罪等;第三编规定了针对身体、财产的重罪、轻罪;第四编规定了违警罪。对重罪的主刑,有死刑、无期徒刑、有期徒刑、无期流刑、有期流刑、重惩役、轻惩役、重禁狱、轻禁狱;对轻罪的主刑,有重禁锢、轻禁锢与罚金;对违警罪的主刑有拘留与科料;附加刑包括剥夺公权、停止公权、禁治产、监视、罚金、没收。

旧刑法将犯罪分为重罪、轻罪与违警罪,与1810年的《法国刑法典》基本相同。虽然旧刑法中存在反映日本传统刑法思想的规定,例如,第377条规定了亲族间的盗窃不以犯罪处理,第117条与第119条规定了严厉处罚不敬罪,第153条规定了亲亲相隐不为罪等,但总体而言,旧刑法的主导思想是报应主义与功利主义相结合的折中刑法思想。

四、新刑法

19世纪末期,随着资本主义快速发展,社会矛盾增加,犯罪率急剧上

---

① 手塚豊『明治初期の刑法史研究』(1956,慶応義塾大学法学研究会)3頁以下参照。

升,折中刑法思想受到了新派刑法理论的严厉批判。1889年,明治政府颁布了《大日本帝国宪法》,以确立天皇制国家。这部以普鲁士宪法为模板制定的宪法,标志着日本法律制度走上了脱离法国法走向德国法的改革之路。1907年,明治政府参照吸收了新派刑法理论精髓的1871年德国刑法典,颁布了日本现行刑法(新刑法)。新刑法继承了旧刑法的许多规定,例如,新刑法将旧刑法中关于伤害罪的正当防卫的规定从分则移到了总则。但是,作为深受新派刑法理论影响的产物,新刑法体现出不同的特征。

新刑法删除了旧《刑法典》第2条中有关罪刑法定原则的规定,而且对犯罪类型的规定比较概括且具有弹性,法定性的幅度显著增大,在犯罪的成立范围与量刑方面,给予法官很大的裁量余地。例如,关于杀人罪,旧刑法详细规定了谋杀、毒杀、故杀、误杀以及杀害尊亲属等各种不同情形,新刑法在故意犯罪的情况下仅仅规定了杀人罪、参与自杀罪/同意杀人罪以及在1995年被废除的杀害尊亲属三种情形。关于杀人罪的法定刑规定,也非常的宽泛,即"处以死刑、无期徒刑或者3年以上惩役"。

同时,旧刑法关于未遂犯采取了"必减主义"的立场,即对于未遂犯必须减轻处罚;但新《刑法典》第43条对于已经着手实施犯罪,但未完成者,可以减轻其刑罚的规定表明,新刑法采取的是"得减主义",即对于未遂犯根据相应的情节决定是否减轻,而不是必须减轻。

此外,新刑法规定了缓刑,并放宽了假释的要求。旧刑法规定,在有期处罚的场合,犯罪人需要服完3/4的刑期,在无期处罚的场合,需要被收监15年以上方可以假释。新刑法降低了上述要求,规定在有期刑罚的场合,犯罪人需要服完1/3的刑期,在无期刑罚的场合,犯罪人在被收监10年之后,即可假释。这也是着眼于促进犯罪人的人格改善而作出的变革。

第二章
现代刑法理论的发展

第一节 发展历程

一、折中刑法理论的传入

早在明治维新开始之前,福泽谕吉、津田真道等启蒙学者就开始传播以人权和自由为基础的近代刑法思想。例如,津田真道在 1876 年对拷问制度批判道:"天下之恶,其惨无出拷问者,古今之害,其毒无逾拷问者,桀纣之无道暴虐,亦难与拷问相比肩。因何而谓之? 桀纣之残暴,一人之恶也。拷问之恶害,数十百千法官之恶,殃及数十世也。受其荼毒者,因桀纣一时之残暴而受害者何能比拟。"① 同时,他提出了死刑废止论,认为"刑者,罚恶之物也。罚者,何也? 曰:与犯者恶事之罪业相抵,使之畏所为之罪业、生悔悟之心、归善道之物。刑法之目的宜止于此。然死刑苟一施行,则绝人性命,纵悔之,而心魂体魄皆不在,善道难归,善行难为。故曰:死刑非刑"②。更难能可贵者,他主张尊重犯罪人的权利,在律法中明确规定犯罪与刑罚,严禁法外施罚。但是,这些主张在封建思想占据统治地位的当时不可能得到官方的认同。

明治维新初期,由于以下原因,法国的折中主义刑法思想受到日本学者与立法者的青睐。首先,德川幕府很早就与法国建立了外交关

---

① 小林好信=佐伯千仞「刑法学史」福井正夫=川島武宜等『日本近代法の発達史』(11卷)(1967,勁草書房)213頁以下。
② 小林好信=佐伯千仞「刑法学史」福井正夫=川島武宜等『日本近代法の発達史』(11卷)(1967,勁草書房)217頁。

系,这构成了日本在明治维新初期对法国立法以及法学理论进行研究的时代背景;其次,在欧洲大陆诸国中,法国法典的编纂走在了前列,所以法国的法学典籍等资料最先被系统地翻译、介绍进日本,如拿破仑时期的五部法典等;再次,在大量翻译法国的法学与政治学著作的同时,日本政府开设了明治法律学校(明法寮),并于19世纪70年代初就开始邀请法国的法律学者讲授法国的法学理论;最后,当时在法国占据主导地位的折中主义或言新古典主义刑法思想所具有的进步性、中庸性以及现实性的特征,深受日本当时的法律学者的推崇,而且与日本传统的律令学有相似之处。①

1880年颁布的旧刑法在许多方面都体现出折中刑法思想。例如,旧刑法对从犯与未遂犯采纳了必减主义。具体而言,对从犯,比照正犯减一等处罚,对未遂犯,在重罪的场合,如果已经着手实施犯罪,因行为人意料之外的障碍而中止的,减二等或三等处罚,如果行为已经实施完毕,但事后因为意外的原因而导致犯罪目的未实现的,对行为人减一等或者二等处罚。再如,旧刑法第89条与第90条就酌量减轻规定,无论是轻罪、重罪、违警罪,根据犯罪的情节都可以酌量减轻处罚,酌量减轻之际,参考原刑罚减一等或者二等处罚。

二、刑法理论的学派之争

19世纪末期,随着国内社会矛盾激化与治安压力增大,日本政府很快就放弃了含有人权与民主元素的折中刑法思想,转向注重权威主义的新派刑法理论。这与之前欧洲的情况非常相似。19世纪中叶以后,欧洲诸国的经济与社会情况发生了巨大变化,犯罪率上升,累犯尤其是常习犯和少年犯急剧增加,导致社会秩序紊乱,而当时采纳古典刑法理论的立法并未及时作出回应,所以人们开始对之展开批判,并投向更加注重刑罚目的的新派理论。

20世纪初,富井政章、穗积陈重、古贺廉造、胜本勘三郎等开始将新派

---

① 澤登俊雄「フランス刑法継受の時代」法律時報50巻4号参照。

刑法理论引入日本①,之后,留学于欧洲的众多学者纷纷对新派理论展开研究,例如,师从于李斯特的冈田朝太郎、从团体主义的基本立场出发主张教育刑论与主观主义犯罪论的木村龟二、重视刑罚的特别预防功能并坚持谦抑主义的宫本英修,尤其是师从于李斯特的牧野英一,作为20世纪前半叶的代表人物,将新派刑法理论作为现行刑法的解释论进行了系统的理论阐释,构建起宏大的刑法理论体系。②

就在新派刑法理论随着新刑法的颁布走上巅峰之际,旧派刑法理论开始在日本学界生根发芽。虽然最早开始在日本传播旧刑法理论的是师从于毕克迈耶的大厂茂马,但是成为日本旧派刑法理论代表人物的是泷川幸辰与小野清一郎。泷川幸辰的刑法理论以基于人权思想的罪刑法定主义为内核,以刑法的保障功能为出发点,着重强调启蒙刑法思想中自由主义的一面,反映出其对贝卡里亚、费尔巴哈的启蒙刑法思想、前期旧派理论的关注。③ 小野清一郎受教于贝林格和麦耶,在前期接受旧派理论,以"文化主义的正义观"为基础形成了独具特色的刑法理论体系。但在20世纪50年代以后,他强调国家的道义性,将法律视为人伦的事理,从符合伦理即道义的立场出发,主张通过刑法维持、形成国家的道义秩序,这难免与注重个体权利与自由的旧派理论有背道而驰之嫌。

牧野英一、宫本英修、木村龟二等提倡的新派理论,与大厂茂马、泷川幸辰、小野清一郎等力主的旧派理论,因各自基本立场的不同,在具体问题上结论也迥异,相互展开了激烈的论战,形成日本刑法理论史上的学派之争。需要指出的是,日本的刑法理论的学派之争存在一个显著的特点,即:虽然在旧派学者中也存在着泷川幸辰等主张自由主义者,在新派学者中也有宫本英修等力图限制国家刑罚权者,但都不是各自学派的主流。因为新旧两派都是属于天皇制国家与明治宪法之下的刑法理论,其主流都有着浓厚的国家主义与权威主义色彩。

---

① 小林好信「福井政章の刑法理論」法律時報50卷6号参照。
② 吉川経夫=内藤謙=中山研一『刑法理論史の総合研究』(1994,日本評論社)694頁参照。
③ 内藤謙『刑法理論の史的展開』(2007,有斐閣)478頁以下参照。

20世纪20年代,新旧两派全面展开了论战。但是不久,随着日本开始扩大对外侵略战争,逐渐进入"治安刑法"时期,国家主义与全体主义倾向在日本刑法学理论中占据了支配地位,"进步的刑法学终也"①。如此,新旧两派的对立也失去了实际意义。

三、治安时期的刑法理论

20世纪30年代初,牧野英一、木村龟二等学者将法西斯刑法思想从德国介绍到日本。虽然他们在初期对法西斯刑法思想持批判态度,认为其过于偏重全体或者民族,无视个体权利,但是因为他们都追求国家、民主与个人的调和,这些批判既温和又妥协。随着《治安维持法》的颁布与治安体制的确立以及对共产主义、社会主义镇压力度的加大,个人主义、自由主义在刑事立法与刑法理论领域自然而然地遭到了排斥,罪刑法定原则也随之被彻底否定。

在这种情况下,刑法学界完全被黑暗所笼罩。刑法学研究的根本要件之一,是不能预设前提,即从"在未能进行成功论证之前,可以怀疑一切"的立场出发,对刑法学的各个问题进行研究与阐释。但是,在20世纪30年代之后,日本政府要求刑法学者首先要表明是支持"自由主义刑法还是权威主义刑法"的基本立场与自己的信仰和世界观,这其实是完全剥夺了学术研究的自由。② 为此,日本政府想方设法打击进步刑法思想与刑法学者,导致了日本刑法史上著名的"泷川事件"③。

---

① 小林好信=佐伯千仭「刑法学史」福井正夫=川島武宜等『日本近代法の発達史』(11卷)(1967,勁草書房)283頁。
② 小林好信=佐伯千仭「刑法学史」福井正夫=川島武宜等『日本近代法の発達史』(11卷)(1967,勁草書房)283以下参照。
③ 内田博文『日本刑法学のあゆみと課題』(2008,日本評論社)173頁以下参照。

> **泷川事件**
>
> 泷川幸辰当时任职于日本京都大学法学院。因为他倾向并传播共产主义思想,所以文部省命令京都大学校长解除其教职。但京都大学法学院教授委员会认为,以学术研究的结果为由解除教授的职务不当,坚决表示反对,校方也表示赞同。文部省便直接强行解除泷川的教职。因此,京都大学法学院职工全员提出辞职,京都大学约7000名学生也停课进行抗争。最终,包括泷川在内的8名教授、5名助教授以及8名专任讲师被解除教职。
>
> 泷川事件表明,当时言论镇压与思想控制的对象,已经从共产主义思想、社会主义思想扩展到自由主义思想、个人主义思想。

四、学派之争的扬弃

自20世纪50年代开始,日本刑法学者开始以客观主义刑法理论为中心,对新旧两派的理论进行扬弃,总体上可以认为是以古典学派的思维为基础,采纳近代学派的主张来构筑理论。[①] 因为新派刑法理论的核心主张之一是重视刑法与刑罚的刑事政策功能,就如李斯特所言,"刑罚唯一的正当化根据,就在于维持法律秩序的必然性,刑罚不过是社会防卫的手段"[②],所以刑法与刑事政策相互靠近成为日本现代刑法理论的一个总体特征。

但是,就刑法与刑事政策的关系,日本现代刑法理论与李斯特的立场有所不同。在李斯特那里,刑法是为了限制刑事政策被恣意滥用,侵犯人权而存在的,所以他主张刑法是犯罪人的大宪章,是刑事政策不可逾越的樊笼。但是在日本现代刑法理论中,刑事政策是在刑法内部提供处罚依据、调节处罚范围的参考标准,就如山中敬一所言:20世纪70年代以

---

① 大谷実『刑法講義総論』(第5版,2019,成文堂)32页参照。
② 中山研一=西原春夫=藤木英雄=宮澤浩一『現代刑法講義』(第1卷)(1977,成文堂)131页。

后,主流的刑法理论基本上都认为,刑法认识基础的一面是其承担的社会形成功能,另一面是为实现刑事政策目的提供自由主义的框架。无论是意在实现观念价值的刑法理论,还是追求功能主义的刑法理论,都力图将刑事政策纳入刑法的射程。①

第二节 理论现状

一、理论框架

20世纪60年代之后,随着刑法改革的推进,尤其是以1974年的《改正刑法草案》为契机,日本刑法学界围绕自由主义与国家主义、行为无价值与结果无价值等基本立场再度展开了论争。② 在此过程中,现代刑法理论的基础框架逐步成型。

罪刑法定原则与保护人权的理念构成了这一框架的坚实基础。虽然自20世纪50年代以来,就有观点提出可以在一定范围内承认类推解释,但总体而言,严格解释仍然是学界的主流。虽然仍然存在对刑事判例的批判,但从实质解释论的角度,认为判例的弹性解释作为日本的法律规范的具体体现应予肯定,应该从处罚的必要性与合理性的角度出发进行解释的观点,也获得了有力的支持。

就构成要件论,虽然肯定构成要件故意、过失已经成为多数说,但认为故意只是违法性要素或者原则上是责任要素的学说仍然非常有力。在因果关系论中,折中的因果关系论虽然是多数说,但客观因果关系论也有较大的影响,客观归属论也获得了相当的支持。在违法性领域,虽然多数观点坚持行为无价值与结果无价值的违法二元论,但是主张不仅违法性判断,其判断对象也必须是客观的观点(物的不法论)也非常具有影响。在这一点上的对立,主要存在于刑法解释论中。在责任论领域,有关意思

---

① 山中敬一『刑法総論』(第2版,2008,成文堂)44頁参照。
② 内田博文『日本刑法学のあゆみと課題』(2008,日本評論社)192頁以下参照。

自由论的主流观点已经从绝对意思自由论转向相对意思自由论,从强硬的决定论向柔软的决定论转变。因此,虽然在基础理论中还存在对立,但是在具体实践中相互冲突的结论已经大为减少,以预防的必要性代替责任的观点也获得了一定的支持。就事实错误,虽然法定符合说仍然是多数说,但是具体符合说的影响仍然存在。在法定符合说内部,仍然存在着抽象的法定符合说与具体的法定符合说的分歧。就违法性认识,虽然严格责任说依然存在,违法性认识可能说还是多数说,将之视为独立的责任要素的观点也具有较大的影响。

在未遂犯领域,就实行的着手,支持主观说者已经不多,理论争议的核心在于形式的客观说与实质的客观说。同时,有的学者提出了兼顾犯罪计划的折中说。就不能犯,存在具体危险说与客观危险说的争论,就危险的概念,理论界也存在一定的争论。在共犯论领域,就共犯的处罚根据,不法共犯论是多数说。在不法共犯论内部,进而存在着纯粹惹起说与混合惹起说的对立。与此相应,关于要素的从属性,存在限制从属与一般违法从属的分歧;关于罪名的从属性,存在部分犯罪共同说与行为共同说的对立。就共谋共同正犯,多数说认为在一定范围内可以承认不分担实行行为的正犯,但是否定的观点仍然存在。

最后,在刑罚论内部,存在着以相对意思自由为基础,在责任的限度内追求特别预防目的的相对报应刑论,与以弹性的决定论为基础,从对犯罪人的非难进行前瞻性理解出发,追求一般预防、特别预防的抑制刑论的分歧。①

二、理论分类

在上述基本框架之内,以如何将刑事政策应用于刑法理论为标准,可以将日本的刑法理论大致区分为如下三类:

第一类,注重谦抑主义与刑事政策的刑法理论,以佐伯仁志、中山研一、内藤谦、曾根威彦、山中敬一和浅田和茂的刑法理论为代表。此

---

① 浅田和茂『刑法総論』(第 2 版,2019,成文堂)33 页以下参照。

类理论通常以国家权力是一种"恶"为前提,坚持以古典自由主义为基础,强调刑法的谦抑性。例如,中山研一认为,在社会生活中发生的冲突成为法律事件之际,应首先根据民事法律解决,然后诉诸行政手段,最后根据刑法解决。① 从上述立场出发,在犯罪论领域,归于这一类的刑法理论常从客观主义出发,以结果无价值为内核构建其犯罪论体系。例如,中山研一认为,客观主义是重视外部的行为与其结果的思考方法,其基础在于通过将犯罪视为人类外部行为引起的侵害结果,在客观事实层面对之加以理解,并拒绝处罚思想,客观限定处罚范围,因此,支持结果无价值论的立场。② 曾根威彦在概括自己的基本立场之际,也直言自己从刑法的任务在于保护法益与人权出发,采纳了以法益侵害及其危险为评价中心的结果无价值论,并以古典刑法思想为犯罪论体系的理论基础。③

与上述有关犯罪论的立场相应,在刑罚论方面,支持这一类理论的学者通常将刑罚视为恶害,所以体现出消极报应主义的特征。例如,曾根威彦认为,如果认为刑罚是物理制裁中最为严厉的,则刑罚权的行使必须限制在"国民合意"的范围之内。同时,从刑法的谦抑性出发,必须将刑罚权的行使限制在最小限度而且明确有效的范围之内。④

第二类,着眼于规范违反与特别预防的刑法理论,以小野清一郎、团藤重光、川端博和野村稔的刑法理论为代表。在犯罪论领域,此类理论通常强调刑法作为行为规范的功能,采纳行为无价值的立场。例如,野村稔认为,违法就是指违反刑法的禁止、命令规范,是对法共同体成员的规范非难。这一规范非难通过唤醒一般人的规范意识产生一般预防的效果。⑤ 川端博也认为,客观的违法论(物的不法论)仅从刑法适用的角度出发理解违法并不妥当,应支持从行为属性出发的人的不法论(主观的违

---

① 中山研一『口述刑法総論』(補訂2版,2007,成文堂)19頁参照。
② 中山研一『口述刑法総論』(補訂2版,2007,成文堂)21頁以下参照。
③ 曽根威彦『刑法総論』(第3版,2006,弘文堂)はしがき参照。
④ 曽根威彦『刑法総論』(第3版,2006,弘文堂)10頁以下参照。
⑤ 野村稔『刑法総論』(補訂版,1998,成文堂)151頁参照。

法论）。①

与上述相应,虽然在倾向于报应主义还是再社会化方面存在细微区别,支持此类理论的学者之间都将特别预防作为刑罚的目的。例如,野村稔认为,刑罚是责任非难的现实表现与发现形式,其实现路径是剥夺法益。因此刑罚的内容与特征由责任决定。责任在这一意义上奠定刑罚的基础与性质。责任通过对行为者的规范意识施加非难,让之觉醒,前瞻性地实现特别预防效果或者犯罪预防效果,而刑罚就是这一作用的现实担保。②

第三类,关注实证效果与一般预防的刑法理论,以平野龙一、町野朔、前田雅英、林干人以及山口厚的刑法理论为代表。此类理论通常将刑法视为社会统治的工具,将犯罪预防作为刑法的目的,其思想内核是:以结果无价值为中心,严格解释犯罪的成立要件,在一般预防的框架内对犯罪人进行合理处罚。例如,就刑法的任务与违法的本质,前田雅英认为,刑法是统治社会的手段,其目的是更好地保护更多国民的利益。因此,国民利益受到侵害是违法性的原点,违法被界定为法益侵害及其危险。刑事违法是什么法益受到何种程度的侵害,最终决定于国民的规范评价。③ 山口厚也认为,刑法的任务是保护法益,并在考虑自由主义原则的同时确定禁止的对象,所以违法的实质应是结果无价值。④

就刑罚的基础、目的与功能,前田雅英认为,适用刑罚的原因,是能够获得比其恶害更大的国民全体利益。⑤ 刑罚是预防犯罪与促进犯罪人再社会化的工具,就此而言目的刑是妥当的,但为了达成这一目的必须重视报应概念,因为如果不以国民的伦理、道德观念以及规范意识为媒介,刑罚就难以发挥功能。从"违反国民正义感的刑罚难以带来社会安宁"的角度出发,刑罚的作用不仅在于有效预防犯罪与促进犯罪人回归,还在于抚

---

① 川端博『刑法総論講義』(1995,成文堂)271页以下参照。
② 野村稔『刑法総論』(補訂版,1998,成文堂)465页以下参照。
③ 前田雅英『刑法総論講義』(第4版,2006,東京大学出版会)48页参照。
④ 山口厚『刑法総論』(第2版,2009,有斐閣)101页以下参照。
⑤ 前田雅英『刑法総論講義』(第5版,2011,東京大学出版会)3页参照。

慰被害人的报复感情等维持以及增强伦理道德的作用。① 与此相似,山口厚也认为,刑罚是对犯罪的反作用,以恶害为内容,具有特别的非难意义。刑罚的正当化根据,在于刑罚是为了预防与抑制未然之罪而不得不采取的政策选择。②

---

① 前田雅英『刑法総論講義』(第 4 版,2006,東京大学出版会) 22 頁以下参照。
② 山口厚『刑法総論』(第 2 版,2009,有斐閣) 2 頁以下参照。

第三章
罪刑法定原则

第一节　立法进程

1880 年颁布的日本旧《刑法典》第 2 条明确规定"法无正文规定之行为,不得处罚",第 3 条第 1 项继而规定"本法效力不及于颁布以前之行为,但若颁布以前尚未判决,在新法与旧法之间,从轻判处",明确提出了法律主义与禁止溯及适用的要求。1889 年颁布的《大日本帝国宪法》也肯定了法律主义,在第 23 条明确规定"非依法律之规定,日本臣民不受逮捕、监禁、审判与处罚"。但是,旧刑法颁布实施后不久,随着社会矛盾激化、阶级冲突加剧,犯罪急剧增加,很快就出现了违反旧刑法的治安刑法。例如 1886 年颁布的《官制通则》规定,对于违反省令的行为,也可以处以罚金、科料,而且根据行政机关的判断就可以科处刑罚,这明显与罪刑法定原则背道而驰。

1907 年颁布的日本新刑法废除了旧刑法第 2 条关于罪刑法定的规定,理由是《大日本帝国宪法》第 23 条已有相关规定,无须在刑法中重复。① 但是,该宪法中并无禁止溯及适用的规定。同时,新刑法极大地扩张了法官的自由裁量权。如此可见,新刑法的制定者对罪刑法定原则至少是心存芥蒂的。20 世纪 20 年代之后,随着治安体制的形成,罪刑法定原则在日本的立法与司法中被连根拔起,在刑法理论中允许类推的观点也占据了主流。②

虽然新刑法得以沿用至今,但是日本政府于 1945 年废除了战时刑事

---

① 川口由彦『日本近代法制史』(2005,新正社)322 頁参照。
② 浅田和茂『刑法総論』(第 2 版,2019,成文堂)51 頁参照。

与治安立法,并在次年颁布了现行民主主义宪法。因此,罪刑法定原则在日本的立法根源不在于刑法,而在于宪法。例如,《宪法》第31条规定"非经法律规定的程序,不得剥夺任何人的生命或自由,或科以其他刑罚",此处的"程序",当然包括实体法;"法律"是指日本国会制定的法律,所以本条规定其实是从程序的侧面确立了罪刑法定原则的法律主义要求。同时,《宪法》第39条明确禁止溯及处罚,即"任何人在其实行的当时为合法的行为或已经被判无罪的行为,均不得再追究刑事上的责任"。

第二节 主要内容

一、法律主义

罪刑法定原则的理论基础之一,是费尔巴哈提倡的心理强制说。该说从人是趋利避害的动物这一假设前提出发,认为人们在实施任何行为之前,都会进行理性计算,如果预先将刑罚作为犯罪的后果加以规定,并在实施犯罪之际立即将法律规定的刑罚变为现实,那么意欲实施犯罪的人们在衡量犯罪之乐与刑罚之苦之后,就会抑制自己,不去犯罪。因此,法律主义自然而然成为罪刑法定原则的首要内容。

从法律主义的要求出发,刑法学界通常认为,刑法的渊源原则上仅限于成文法,在民商法领域被视为法律渊源的习惯法,在刑法领域只能在解释之际予以考虑。刑事判例也只是在不溯及变更刑法规范的前提下发挥有限法律渊源的作用。在这里需要特别论述的是《宪法》第73条规定的授权立法与第94条的规定,因为二者都与法律主义联系紧密,而且在理论与实践中都存在争议。

(一)授权立法

根据规定"内阁事务"的《宪法》第73条第6款,内阁可以"为实施本宪法及法律的规定而制定政令。但在此种政令中,除法律特别授权者外,不得制定罚则"。这一授权立法条款是宪法本身对法律主义所作的例外规定。同时,委托立法包括一般授权与特别授权,从"除法律特别授权者外,不得制定罚则"的表述来看,第73条第6款规定的应仅属于特别授权。在授权立法中,授权行政机关规定犯罪全部或者部分构成要件的白地罚则问题最大,争议也最大。

例如,在日本最高法院大法庭1974年判决的违反《国家公务员法》案(也称猿払案)中,一审判决明确认为,虽然《国家公务员法》第102条禁止"实施人事院规定的政治行为",同法第110条规定"对违反规定者处以3年以下惩役或者10万日元以下罚金",而且人事院规则明文将"发行具有政治目的的署名或者未署名的文书、图画、音像或者画像,或者供他人观看、张贴或者分发"的行为规定为政治行为,但鉴于被告人并非管理人员,未在上班时间之外利用公有设施,而且其是在执行劳动组合协议会的决议,也未利用职务或者具有妨害公正的目的,适用《国家公务员法》第110条对之予以处罚,有违规定"保障集会、结社、言论、出版及他一切表现的自由"的《宪法》第21条与"不经法律规定的手续,不得剥夺任何人的生命或自由,或科以其他刑罚"的《宪法》第31条,因此判决被告人无罪。二审法院维持了一审判决。

但是,日本最高法院大法庭终审推翻了上述一审与二审判决,自行判决被告人有罪。多数意见认为,行为的危害性并非如原判所言非常轻微,而且是否规定罚则、如何设定刑罚的量是立法政策问题。因此,一审判决与二审判决明显超出了裁量范围,从罪刑均衡的角度而言也并不合理。因此,在该案中适用《国家公务员法》的相关规定并不违宪,被告人的行为构成犯罪。少数意见则认为,禁止政治行为如果是合宪的,而且对之规定了相应的惩戒处分,则成为刑罚处罚对象的,应该是可能直接对国家、社会利益造成重大危害的行为。《国家公务员法》第102条对政治行为一律禁止,如此无差别的一般授权违反宪法。理论上也有观点认为,不加区分一律禁止公务员的政治行为本身违反宪法,从授权立法的角度来看,基于宪法特别授权的立场,上述少数意见更加妥当。[①]

---

① 浅田和茂『刑法総論』(第2版,2019,成文堂)53页参照。

猿払案

[昭和 44(あ)1501,刑集 28·9·393]

被告人系北海道宗谷郡某邮局的邮政事务官,并担任 A 劳动组合协议会事务局局长。1967 年 1 月 8 日,在选举第 31 届参议院议员之际,被告人根据所在协议会的决议,为了支持日本社会党选举,前后四次将该党候选人的选举海报张贴在公共机构的公告处,并将 184 张海报委托给他人分发。控诉方认为,被告人的行为违反了《国家公务员法》中关于禁止政治行为的规定,构成犯罪。一审法院认为,虽然被告人的行为违反了《国家公务员法》的相关规定,但是其没有利用职务之便,无妨害公正的目的,而且其是根据劳动组合协议会的决议为之,对其施以制裁有违《宪法》第 21 条、第 31 条之规定。因此,判决被告人无罪。在札幌高等法院二审维持原判之后,控诉方以一审判决与二审判决对《宪法》第 21 条、第 31 条的解释有误为由,向日本最高法院提出上诉。

1974 年 11 月 6 日,最高法院大法庭推翻原判,判决被告人有罪,处罚金 5000 日元。

再如,就相同的政治行为,东京高等法院在 2010 年的两个案件中作出了一个无罪、一个有罪的矛盾判决,而日本最高法院第二小法庭在 2012 年 12 月 7 日同时判决维持这两个矛盾的判决。[1] 从司法实践可以明显看出,就授权立法是否违反法律主义的问题只能是具体案件具体判断。

(二) 条例

日本现行《宪法》第 94 条规定,"地方公共团体具有管理财产、处理事务以及执行行政的权能,可在法律范围内制定条例"。但是,该条并没有规定地方公共团体可以在条例中设定罚则。因此,如果地方公共团体要设定罚则,应获得特别授权。但是,《地方自治法》第 14 条第 3 款规定,普

---

[1] 平成 22(あ)762,平成 22(あ)957。

通地方公共团体，除法律有特别规定外，可以在条例中规定对违反条例者处以2年以下的惩役或者禁锢，100万日元以下的罚金，拘留，科料，或者没收，或者5万日元以下的过料。因为这一规定属于一般授权，所以就其是否违宪曾经存在激烈争议，直至日本最高法院在1962年"违反《大阪市禁止劝诱卖淫等行为条例》案"中正面作出回答。

在该案中，被告人因为违反大阪市议会制定的《禁止路边劝诱嫖娼等行为条例》第2条第1款之规定，在公开场合引诱他人嫖娼而被判决有罪。在二审维持原判后，其辩护人向日本最高法院提出上诉，认为《地方自治法》第14条关于除同条第1款、第5款特别情形之外，条例可以对违反者科处刑罚的规定违反了《宪法》第31条，因为这一规定授权范围不确定而且非常抽象，使得对所有事项都可以规定罚则。1962年5月30日，日本最高法院大法庭判决驳回上诉，明确认为：条例虽然不是法律，但是与政府的命令有着本质区别，是由选举组成的议会制定的自治立法，与国民选举的议员组成的国会制定的法律类似。在通过条例制定罚则的场合，法律的授权是相当具体的。

违反《大阪市禁止劝诱卖淫等行为条例》案

[昭和31（あ）4289，刑集16·5·557]

被告人因违反大阪市1946年12月1日颁布实施的《禁止路边劝诱嫖娼等行为条例》第2条第1款"以卖淫之目的，在路边或者其他公共场所靠近他人或劝诱者，处以5000日元以下罚金或者拘留"之规定，被认定有罪。被告人上诉至最高法院，认为该条例不符合罪刑法定原则，违反宪法。

最高法院大法庭裁决认为，根据宪法规定，地方公共团体设置议会，议会议员由当地居民直接选举产生。该条例是由议会制定的，与法律相同，符合民主主义的要求，因此并不违宪，驳回上诉。

日本最高法院的判决明显是立足于罪刑法定原则的实质侧面，即民主主义与自由主义的要求。也即,如果某一罚则是由特定地域经选举产生的公民代表制定,而且在开始实施之前已经公布,在实质上就符合罪刑法定原则,符合宪法规定。基于同样的主旨,在1985年福冈县《青少年保护育成条例》关于处罚淫行规定的合宪性案件中,日本最高法院判决认为,该条例并不违反宪法的要求。①

二、内容明确

刑罚法规不仅应明文规定,而且内容应该明确。这既有利于国民能够据之预测自己行为的法律后果,也是防止刑罚滥用、保障人权的必然要求,因为内容模糊的刑罚法规容易导致过度处罚,尤其是在言论自由领域。明确性原则要求,法律规范应该告诉普通国民被禁止的行为与被允许的行为,能够防止恣意执法,并能够提供适当的裁判规范,而且需要保护的利益越重要,对明确性的要求就越严格,正因如此,近现代刑事立法排斥绝对不定期刑。

内容不明确的刑罚法规被认为违反《宪法》第31条有关正当程序的规定。但是,因为语言总是具有一定的不确定性,所以内容明确也只能是相对的。就刑罚规范是否明确的判断标准,日本最高法院大法庭在1975年的"违反《德岛市公安条例》与《道路交通法》案"中明确指出,应该以一般具有通常判断能力的人为标准。② 这一标准在下级法院的审判中也得到了贯彻。例如,在2007年的"违反《广岛市飞车党驱逐条例》案"中,针对辩方提出的"聚集是集会的上位概念,条例的规制对象不明"的上诉理由,广岛高等法院裁决认为,聚集,是指多人临时汇集在一起,集会是指为了共同的目的而汇集在一起,这是非常明确的,字面本身的意思也很明确,一般人能够理解。条例的规定并非含义不明、含有歧义。因此驳回上诉,维持原判。日本最高法院也驳回了被告的上诉。

---

① 昭和57(あ)621,刑集39・6・413。
② 昭和48(あ)910,刑集29・8・489。

> ### 违反《广岛市飞车党驱逐条例》案
>
> [平成17(あ)1819,刑集61・6・601]
>
> 被告人率领的飞车党集团,在被警察命令离开广场之后,仍然围成一圈我行我素。这一行为被认为构成让公众感觉不安或者恐怖的行为,违反《广岛市飞车党驱逐条例》第16条第1款之规定。根据该款,任何人不得在未获得公共场所所有人或者管理人许可的情况下,在公共场所进行让公众感觉不安或者恐怖的聚集或者集会。该条例第17条规定,如果此行为发生于本市管理的公共场所,并通过穿着特异的服装、部分或者全部蒙面、围成一圈或者举旗等方式实施,市长可以命令行为人中止行为或者退出该场所。该条例第19条继而规定,对违反市长命令者,可处以6个月以下惩役,或者10万日元以下罚金。
>
> 被告人向广岛高等法院提出上诉,主张条例的规制对象不明,违反宪法。广岛高等法院判决条例的规制对象明确,驳回上诉。最后,被告人以同样的理由向最高法院提出上诉。2007年9月18日,最高法院第三小法庭以如下理由驳回上诉:如果从规制目的的正当性、防止弊害手段的合理性、规制可能带来的利益与失去的利益等观点出发均衡考虑,即使是条例规制的集会,也并非直接作为犯罪处罚,而是在集会成为市长中止命令的对象,而且违反命令之际,才予以刑事处罚,也即,这是事后而且阶段性的处罚,因此不构成违宪。

判断某一刑罚法规的内容是否明确,需要参考其立法目的与保护的法益。例如,在1985年的"违反福冈县《青少年保护育成条例》案"中,针对辩方提出的"条例第10条第1款规定的淫行范围不明确,违反宪法"的主张,最高法院大法庭判决认为,从该条例第1条"为青少年的健康成长而提供保护"之立法目的出发,当然不能认为"淫行"是指一般性的青少年性行为,但原审判决认为在通过引诱、胁迫、欺骗或者迷惑等利用青少年身心未成熟的手段而实施的性交或者类似行为之外,还包括单纯以青少年为满足性欲的对象的性交或者类似行为，将之作为淫行处理具有相当性，其实已经对"淫行"作了限定解释。因此驳回上诉，维持原判。

> **违反福冈县《青少年保护育成条例》案**
>
> ［昭和57（あ）621，刑集39·6·413］
>
> 被告人因为与16岁的高中女生在福冈县的旅馆内发生了性行为，被认定违反福冈县《青少年保护育成条例》第10条第1款"任何人不得对青少年实施淫行或者猥亵行为"的规定。在一审、二审被判决有罪后，被告人向最高法院提出上诉，认为"淫行的范围不明确，存在大范围起诉、普遍处罚青少年性行为的危险。因此，违反《宪法》第11条、第13条、第19条与第21条之规定"。最高法院大法庭裁决认为，条例已经对淫行的概念作了限定解释，不能说不明确，维持福冈高等法院的有罪判决。

需要指出的是，虽然日本最高法院早在1975年就肯定了明确性原则，但迄今尚无以违反明确性原则而认定具体刑罚法规无效或者违宪的判例。在上述"违反《德岛市公安条例》与《道路交通法》案"中，就违反条例的指控，虽然一审以"条例规定第3条第3款中'维持交通秩序'概念内容不明，具有一般性、抽象性和多义性的缺陷，进行合理限定解释存在困难，违反《宪法》第31条"为由作出了无罪结论，并得到了二审法院的支持，但最高法院终审推翻了原判。

三、禁止溯及处罚

为保障国民对其行为法律后果的预测可能性，刑法不能处罚生效之前实施的行为。日本《宪法》第39条也明确规定，就实行当时合法的行为，不得追究刑事责任。需要指出的是，禁止溯及既往原则不仅禁止事后法，还适用于行为实施之后处罚加重的场合。正因如此，日本现行《刑法典》第6条明确规定，在犯罪之后，法律变更刑罚的，处以较轻之刑。

但是,刑事判例认为,在成文法主义下,只要是在允许的法律解释范围之内,即使处罚之前判例认为不应处罚的行为,也不违反罪刑法定原则与《宪法》第 39 条的规定。在 1996 年的"违反《地方公务员法》案"中,因为在 1969 年的"违反《国家公务员法》、侵入住宅案"中,最高法院大法庭就处罚煽动争议的行为规定了严格的构成要件,否定了类似行为的可罚性①,而在"违反《国家公务员法》案"中,最高法院大法庭判决虽然否定了严格限制煽动行为构成要件的要求,但并没有明示推翻 1969 年判例②,因此,本案一审法院宣告被告人无罪,仙台高等法院二审维持原判。之后,检察官提出上诉。针对被告人提出的"案中行为根据当时的判例无罪,对之定罪处罚违反《宪法》第 39 条"的理由,最高法院明确指出,处罚行为时判例解释为无罪的行为并不违宪。

违反《地方公务员法》案

[平成 5(あ)694,刑集 50・10・745]

8 名被告人因违反《地方公务员法》第 37 条"公务员不得实施同盟罢工、怠于行使职责等争议行为,不得策划、共谋或者煽动此类违法行为"的禁止性规定被认定有罪。被告人等上诉至最高法院并主张:最高法院大法庭在 1965 年类似案件中曾经判决认为,对法律规定应尽可能从宪法精神出发予以合理解释,根据争议行为的种类和方式,判断是否应该处罚,并宣告被告人无罪。根据此判例,他们的行为也应无罪,因此原审判决违宪。

1996 年 11 月 18 日,最高法院判决认为,即使处罚根据行为时的判例解释为无罪的行为,也不违反《宪法》第 39 条的规定。因此,推翻无罪判决,将案件发回盛冈地方法院重审。在第二次上诉审程序中,仙台高等法院在判决被告人的煽动行为无罪的同时,判决意图煽动行为有罪。

---

① 昭和 41(あ)1129,刑集 23・5・685。
② 昭和 43(あ)2780,刑集 27・4・547。

但是该案补充意见认为,对于信赖最高法院判例而认为自己的行为合法者,不问情节一律予以处罚是存在问题的,而且存在认为行为人缺乏故意的解释余地。在理论上,也有观点认为,在判例已经得出此类行为不予处罚的结论之后,处罚相信判例,并据之行为的人,剥夺了国民的预测可能性,违反罪刑法定原则的精神。因此,在刑事判例对被告人作出不利变更的场合,应该判决不处罚案中被告人的同时,宣告案中行为具有可罚性(宣示性判决)。①

四、禁止类推

刑法条文是抽象的形式化存在,现实个案是具体的个性化事实,而且立法者的能力是有限的,客观现实是无限的。所以在司法实践中,对于刑法条文必须进行适当解释,以使其符合现实需要。

在对刑法条文进行解释之际,以是否拘泥于规范表述的字面含义为标准,可以将刑法解释分为文理解释与论理解释。文理解释是指按照刑法条文的字面含义进行解释,例如,将人解释为除本人之外,还包括他人、法人以及多数人等。论理解释则是指不拘泥于刑法条文的字面含义,而是参照刑法立法精神,根据具体案件事实,从逻辑上进行合目的解释,例如,将《刑法典》第199条规定的杀人罪中的"人"解释为不包括法人与自己在内的其他自然人。

以实际解释的范围是否大于字面含义,可以将论理解释分为限制解释与扩张解释。限制解释是指在解释对象字面含义可能的范围内,作出小于其通常含义的解释,例如,将《刑法典》第199条规定的杀人罪中的"人"解释为不包括自己在内。与此相对,扩张解释是指作出大于解释对象通常含义的解释,例如,将淫秽物品的复印件也解释为《刑法典》第175条所规制的"淫秽物品"。

就选择限制解释还是扩张解释的标准,存在着以立法原意为标准的主观解释与以条文的客观含义为标准的客观解释。目前的通说与判例都

---

① 浅田和茂『刑法総論』(第2版,2019,成文堂)60页参照。

是站在客观解释的立场上,从实践需要出发并参考刑法条文的目的、法益保护的需要等进行解释。例如,在2000年的"违反《鸟兽保护及狩猎法》案"中,被告人因为用霰弹枪在住家与田地混杂的区域打猎,违反《鸟兽保护及狩猎法》第16条禁止"在市区、街道等人口稠密的场所狩猎"之规定被定罪处罚。被告人以一审与二审判决违宪为由,上诉至最高法院。2000年2月4日,最高法院第二小法庭判决驳回上诉,并对"人口稠密的场所"解释如下:《鸟兽保护及狩猎法》第16条禁止在市区、街道等人口稠密的地区用枪狩猎,是因为在这些场所使用枪支狩猎可能会危及他人的生命、健康等。因此,是否构成该条中"人口稠密的场所"应该根据上述条文的目的判断。在该案中,被告人用霰弹枪狩猎的地方位于住家与田地混杂的区域,在开枪地点周围半径200米之内约有10户人家,因此原判决认定构成"人口稠密的场所"具有相当性。①

如果对刑法条文的解释,超出了解释对象字面含义可能的范围,则属于类推解释。虽然在民商法领域,类推解释是常见甚至是主要的解释手段,但在刑法领域,从罪刑法定原则出发,应该被严厉禁止。一方面,类推解释可能形成法官造法的情况,有违于民主主义的基本精神;另一方面,类推解释可能剥夺国民的预测可能性,违反自由主义的核心要求。此外,类推解释还可能造成忽视刑法的补充性特征而陷入刑罚万能论的陷阱。

就刑法解释而言,日本的司法实践采取了灵活解释的立场。在判例中,虽然也存在严格遵守罪刑法定原则、忠实体现禁止类推解释者,例如在1956年的"违反《爆炸物取缔罚则》案"中,日本最高法院与大阪高等法院都拒绝将火焰瓶类推为《爆炸物取缔罚则》规定的爆炸物②,在此前一年的"违反《公职选举法》案"中,日本最高法院也明确指出,将"意欲参加候选的特定人"解释进"特定候选人"的范围,从普通用语的含义来说毫无道理,就刑罚法规进行类推扩张解释,明显不当。③ 但是在大部分场

---

① 平成9(あ)1299,刑集54・2・106。
② 昭和29(あ)3956,刑集10・6・921。
③ 昭和29(あ)2285,刑集9・3・381。

合,都是对被告人不利的过于灵活的解释,也即不应被允许的类推解释,例如,将公文的复印件解释为公文,将电话卡解释为有价证券,将对尚在腹中的胎儿造成伤害、导致胎儿在出生后死亡的行为认定为业务上过失致死,等等。①

五、实体正当

如果刑罚法规本身在实质上是不正当的,即使其形式上满足了法律主义等上述各项的要求,也不能认为其符合罪刑法定原则。通常认为,刑罚法规的实体正当性包括如下三方面内容:①不违反宪法中有关人权保护的规定;②处罚具有必要性与合理性;③在犯罪与刑罚之间保持均衡。

首先,如果刑罚法规的内容违反宪法之中有关言论自由、人人平等、基本劳动权利等规定,这本身就构成违宪,因而无效。在日本的判例之中,直接认定刑罚法规违宪者非常少,最高法院大法庭1973年4月4日判决的"宇都宫杀害尊亲属案"就是其中典型的一例。该案被告人在受到多年虐待之后,杀死了自己的父亲。宇都宫地方法院一审认为,与规定普通杀人罪的《刑法典》第199条相比,《刑法典》第200条关于杀害尊亲属的规定,加重了对犯罪人的处罚,违反宣告"法律面前人人平等"的《宪法》第14条。在此基础上,综合全案情节,认定被告人的行为构成防卫过当,免予处罚。但是,东京高等法院二审认定第200条合宪,判决被告人有期徒刑3年6个月。日本最高法院大法庭终审以第200条仅规定了不能适用缓刑的过重刑罚,违反宪法精神为由,撤销东京高等法院的判决,判决被告人的行为构成杀人罪,判处2年6个月有期徒刑,缓期3年执行。该案之后,杀害尊亲属罪在司法实践中基本上处于消亡状态。1995年,杀害尊亲属罪与其他规定有关尊亲属犯罪加重刑罚的条款被正式废除。

---

① 浅田和茂『刑法総論』(第2版,2019,成文堂)60页参照。

宇都宫杀害尊亲属案

[昭和45(あ)1310,刑集27·3·265]

女性被告人A(当时29岁)将其亲父B(当时53岁)绞杀。到案发之日为止,被害人B已经将被告人A囚禁在自家住宅内10天,最终双方发生争执,被告人将被害人杀死。在调查被告人A的家庭环境后,检察机关发现,被告人A从14岁起就持续遭受其亲生父亲B的性虐待,作为被迫乱伦的后果,她为自己的父亲生下了5个孩子(其中2个婴儿夭折,另外还有5次流产)。此后,由于医生劝告其如果再怀孕,对身体将有极大伤害,被告人接受了节育手术。被告人A因担心同住的妹妹会遇到相同厄运,所以一直隐忍不发。

根据《刑法典》原第200条的规定,晚辈杀害自己的父亲、祖父、母亲或祖母等直系尊亲属的,法定刑应重于第199条规定的一般杀人罪,因此只有死刑和无期徒刑两种选择。同时,即使考虑了法定减刑情节和酌定减刑情节等各种因素,对法定刑最多只能减刑两次,因此A的最终宣告刑不能低于3年6个月的有期徒刑。而缓刑只能适用于3年以下有期徒刑或更轻的刑罚。因此,杀害尊亲属的事实一旦得到认定,被告人将不可能获得缓刑。因为被告人期望能避免被判实刑,因此辩方主张《刑法典》原第200条违反《宪法》第14条"法律面前人人平等"之规定,这一主张最终得到了最高法院的支持。

其次,刑罚法规即使不直接违反宪法中的人权保障条款,如果从刑法的功能、刑法的谦抑性等角度来看,其设置的处罚不必要、不合理,也应认为违反实体正当的要求。在日本的司法实践中,不乏以处罚缺少合理性与必要性为由否定有罪结论的判例。例如,在1960年的"HS式无热高周波疗法案"中,被告人因利用HS无热高周波器对他人进行收费治疗,在一审和二审中都被认定违反《按摩师、针灸师与柔道整复师法》的规定。因此,被告人以其行为不违反公共利益为由上诉。日本最高法院大法庭经审理,以没有说明案中业务行为对人体健康的危害性为由,撤销原判,发回重审。

HS 式无热高周波疗法案
[昭和 29(あ)2990,刑集 14·1·33]

被告人利用 HS 无热高周波器,对他人实施收费治疗。一审与二审判决都认为,被告人在没有获得许可的情况下,实施《按摩师、针灸师与柔道整复师法》规定的医疗类似行为,其行为构成犯罪。被告人以其行为不违反公共利益,有罪判决违反《宪法》第 22 条"在不违反公共福利的范围内,任何人都有居住、迁移以及选择职业的自由"的规定为由,向日本最高法院提出上诉。

1960 年 1 月 27 日,日本最高法院大法庭撤销原判,发回重审,认为处罚医疗类似行为,必须说明该业务行为对人体健康的危害及危险,而原判决对此并无说明。

需要指出的是,以"增进国民对司法的理解与信任"为宗旨的裁判员制度自 2009 年 5 月 21 日开始全面实施。根据《关于裁判员参加刑事裁判的法律》之规定,裁判员与法官在刑事审判中具有相同的权力,在定罪量刑之际,如果存在不同意见,投票决定:在有利于被告人的场合,以过半数的选择为准;在不利于被告人的场合,实行特别过半原则,即在过半数的选择之中,必须包含法官与裁判员双方的意见。如此,刑罚必要性和合理性的实践判断中将会融入更多普通人的判断,其在定罪量刑中的作用也将会进一步加大。

裁判员制度

被视为日本司法制度改革的三大支柱之一的裁判员制度自2009年5月21日《关于裁判员参加刑事裁判的法律》开始全面实施。裁判员选任的资格比较宽松,凡是具有众议院议员选举权者都具备担任裁判员的资格。但是,为了贯彻民主主义精神与平民参与的基本原则,国会议员、中央与地方的行政官员以及法律专业人士不得担任裁判员。

裁判员制度适用于重大刑事案件的一审程序,包括可能被判处死刑或者无期徒刑的案件,与因故意犯罪导致被害人死亡的被处以1年以上刑罚的案件。通常由3名法官和6名裁判员组成合议庭审理,1名法官担任审判长。如果控辩双方对起诉事实没有争议,对合议庭的组成也无异议,也可由1名法官和4名裁判员组成合议庭。在定罪量刑之际,裁判员与审判员具有相同的权力,在存在不同意见之际投票决定结果。

裁判员制度不但带来日本刑事诉讼理念——当事人主义的回归,还给日本刑事司法的实务运作带来划时代的制度变革。

最后,罪刑均衡并非指绝对报应观念下的形式均衡,而是指相对报应观念下的价值均衡。虽然罪刑均衡主要是在立法层面尤其是对法定刑而言,但是鉴于日本现行刑法是在新派理论支配下制定,法定的幅度非常大,将司法层面的量刑个别化问题纳入罪刑法定的内容已经成为日本刑法学界的主流。

司法实践中,日本最高法院早在1974年的"猿扒案"中就明确指出,如果罪刑明显失衡,就可能违反《宪法》第31条。[1] 在1983年的永山则夫连环杀人案中,日本最高法院再度认为,罪刑均衡是量刑的基本原理,只有在从罪刑均衡和一般预防的角度而言,不存在其他选择的情况下,才可以判处死刑。[2]

---

[1] 昭和44(あ)1501,刑集28·9·393。
[2] 昭和56(あ)1505,刑集37·6·609。

第四章
刑法适用范围

第一节 刑法的空间效力

刑法的空间效力,是指刑法对地与对人的刑事管辖问题。确定一国的刑事管辖权,通常遵循属地管辖、属人管辖、保护管辖与普遍管辖四个原则。日本刑法典采取的原则是以属地管辖为主,以属人管辖与保护管辖为辅。从《刑法典》第 8 条"本编规定也适用于其他法令规定的犯罪"之规定出发,这一原则当然也适用于其他法令规定的犯罪。

一、属地管辖

属地管辖以地域为标准确定管辖权,主张凡是在本国领域内犯罪,无论是本国人还是外国人,都适用本国刑法。日本《刑法典》第 1 条第 1 款规定,本法适用于所有在日本国内实施的犯罪。实施犯罪或言该当构成要件的全部或者部分事实所在地域被称为犯罪地。犯罪地在日本国内的犯罪,被称为国内犯,在国外的犯罪,则被称为国外犯。构成要件的行为或者结果发生地当然是犯罪地,二者之间的中间地带也构成犯罪地。在未遂犯的场合,产生构成要件结果发生的现实危险的地方也构成犯罪地。在预备行为的场合,如果刑法处罚该行为,则预备行为的实施地也构成犯罪地;如果不处罚,即使在日本之外最终完成实行行为,也不适用日本刑法。在共犯的场合,即使在日本国外实施帮助行为,也适用日本《刑法典》第 1 条第 1 款的规定。例如,在 1994 年的"违反《兴奋剂取缔法》等案"中,最高法院第一小法庭明确判决认为,即使是在日本国外实施帮助行为,如果正犯在日本国内实施了实行行为,也符合《刑法典》第1条第1款中"在日本国内实施犯罪"的规定。

> **违反《兴奋剂取缔法》等案**
>
> [平成5(あ)465,刑集48·8·576]
>
> Z地的被告人X与Y,与日本人A等共谋,从Z地向日本走私兴奋剂。X与Y共谋,在Z地将约1.4公斤的兴奋剂交给A,同时,X在Z地将约2公斤的兴奋剂交给A。此外,X、Y与A等共谋,自行将约2.7公斤的兴奋剂从Z地走私入日本。X、Y因走私兴奋剂营利罪、走私违禁品营利罪以及帮助罪被起诉,因为二者的行为是在日本国外实施,因此是否适用日本刑法就成为争点。一审法院判决认为,帮助犯的犯罪地,既包括帮助行为的实施场所,也包括正犯行为的实施场所,因此X与Y成立帮助犯。二审法院也认为,如果构成实行正犯犯罪事实的一部分发生在日本国内,应认为帮助犯也是在日本国内实施犯罪。被告人向日本最高法院提起上诉,日本最高法院第一小法庭认为,即使在日本国外实施帮助行为,如果正犯在日本国内实施实行行为,应适用日本《刑法典》第1条第1款的规定。

作为对属地管辖的补充,日本《刑法典》第1条第2款规定了旗国管辖原则,即在位于日本之外的日本船舶或者飞机中犯罪,也适用日本刑法。所谓日本船舶或者飞机,是指具有日本国籍的船舶或者飞机。不具有日本国籍但是为日本人所有的船舶也可视为日本船舶。

二、属人管辖

属人管辖以行为人的国籍为标准,认为凡是本国人犯罪,不论是在本国领域内还是在本国领域外,都适用本国刑法。就属人管辖的理论根据,**国家忠诚说**认为,只要是日本国民,就应该遵守日本刑法。**代理处罚说**认为,处罚在国外实施犯罪的本国国民,是代理犯罪实施地的国家施加处罚。**社会秩序维持说**认为,处罚本国国民在国外实施的犯罪行为也是维持国内社会秩序的需要。从维持社会秩序的角度出发,通说的观点认为,处罚国外犯无须以国外的行为地法律将相应行为规定为犯罪为前提。①

根据日本《刑法典》第 3 条之规定,在日本国外实施如下犯罪的日本国民,适用本法:第 108 条规定的现住建筑物等防火罪与非现住建筑物等防火罪以及未遂行为,第 119 条规定的侵害现住建筑物罪,第 159 条至第 161 条规定的伪造私人文书、制作虚假诊断书、使用伪造的私人文书等罪,第 167 条规定的伪造、非法使用伪造的私人印鉴罪及其未遂行为,第 176 条至第 181 条规定的强制猥亵、强制性交、准强制猥亵、准强制性交以及相关犯罪的未遂行为等罪,第 184 条规定的重婚罪,第 198 条规定的行贿罪,第 199 条规定的杀人罪及其未遂行为,第 204 条规定的故意伤害罪与故意伤害致死罪,第 214 条至第 216 条规定的业务上堕胎罪、不同意堕胎罪、不同意堕胎致死罪,第 218 条与第 219 条规定的遗弃罪、遗弃致死罪,第 220 条规定的非法监禁以及致死罪,第 224 条至第 228 条规定的拐骗、绑架犯罪,第 230 条规定的毁损名誉罪,第 235 条、第 236 条、第 238 条至第 240 条、第 214 条、第 243 条规定的盗窃、抢劫、侵吞等犯罪以及未遂行为,第 246 条至第 250 条规定的诈骗、背任、敲诈等罪及其未遂行为,第 253 条规定的业务侵占罪,第 256 条规定的受让盗窃物品罪。

根据日本《刑法典》第 4 条之规定,具有日本公务员身份者在日本国外实施如下犯罪,也适用本法:第 101 条规定的看守人员帮助逃脱罪,第 156 条规定的制作虚假公文书等罪,第 193 条规定的公务员滥用职权罪,第 195 条规定的特别公务员暴行、虐待罪,第 197 条至第 197 条之四规定的受贿、事前受贿、承诺受贿、事后受贿、斡旋受贿以及与之相关的第 196 条规定的特别公务员滥用职权致死伤罪。

三、保护管辖

保护管辖以保护本国利益为标准,主张凡侵害本国的国家或者公民

---

① 大谷実『刑法講義総論』(第 5 版,2019,成文堂)515 頁参照。

利益,不论犯罪人是本国人还是外国人,也不论犯罪地在本国领域内还是本国领域外,都适用本国刑法。

日本《刑法典》第2条规定,在日本国外实施如下犯罪者,适用本法:第77条至第79条规定的内乱、外患等罪以及相关犯罪的未遂行为,第81条规定的招致外患罪,第82条规定的援助外患罪以及第87条与第88条规定的未遂、预备与阴谋行为,第148条规定的伪造、使用货币罪,第154条至第158条规定的伪造、使用伪造的公文书等犯罪,第162条与第163条规定的伪造、使用伪造的有价证券罪,第163条之二至第163条之五规定的伪造支付卡电子记录罪、持有伪造电磁记录卡罪以及相关的预备与未遂行为,第164条至第166条规定的伪造、非法使用伪造的玉玺、公章、公证号等罪以及相关的未遂罪刑。

日本《刑法典》第4条关于处罚日本公务员在国外实施犯罪的规定,既体现了属人管辖也体现了保护管辖的要求。

四、普遍管辖

普遍管辖以保护国际社会的共同利益为标准,主张就国际条约所规定的侵害国际社会共同利益的犯罪,不问犯罪人的国籍与犯罪地所在,都适用本国刑法。

1987年增设的日本《刑法典》第4条之二规定了普遍处罚国外犯的原则,即:"在第二条至前条规定之外,本法适用于所有在国外实施的符合第二编规定,而且根据条约即使在日本国外实施也应该处罚的行为者。"根据这一规定,对于符合日本《刑法典》分则规定的各罪构成要件之行为,如果不能根据第2条至第4条的规定以国外犯处罚,日本可以在条约义务的范围内予以处罚。

需要指出的是,日本《刑法典》第4条之二的规定是处罚国外犯的补充规定,仅适用于不符合同法第2条至第4条之规定的情况。同时,根据同法第5条之规定,即使犯罪人已经在国外受到了有罪宣告,对同一犯罪行为予以处罚也不违反《宪法》第39条关于禁止双重处罚的规定,因为该条是国内法上的原则。就如最高法院大法庭在1956年的"违反《外国人登录令》案"中所言,占领军军事法院是由"联合国军"最高司令官设立的机构,其审判权源自该司令官的权力,而非日本的审判权。因此,日本法院在行为人被占领军军事法院审判之后,再度对之予以处罚,并不违反一事不再理原则。① 当然,对于已经在国外被执行了全部或者部分刑罚的犯罪人,可以减轻或者免除刑罚执行。

第二节 刑法的时间效力

一、时间效力的意义

刑法的时间效力(时效),指刑法从开始生效至失效的时间范围。刑法只能适用于其生效之后实施的行为,这是禁止溯及处罚的要求,日本《宪法》第39条也明确规定不得处罚根据实行时法律合法的行为。否则,就会损害法的安定性,不当侵害国民的自由。同时,从日本《刑事诉讼法》第337条第2款关于免予起诉的规定出发,即使在犯罪行为时法律有效,如果在审判之际已经失效,也不得处罚行为人,因为就此类行为,国家已经放弃了刑罚权。

日本国会制定的法律,通常经过公布、施行阶段才可以适用。"公布"是指为了让国民知晓已经通过的法律,以一定的方式使之为全体国民可知,如果没有特殊规定,通常是在"公报"上刊登。因为公布的目的是让普通人可知,所以通过公报公布法律的日期通常是指可以阅览、购买刊载法律的公报之际。"施行"是指法律规定实际发生效力。就已经开始施行的刑事立法,如果行为人无法获知,则属于不知法或者无违法性意识可能性。

二、犯罪后的刑罚变更

(一)基本含义

日本《刑法典》第6条规定,因犯罪后的法律导致刑罚变更的,适用较

---

① 昭和27(あ)6010,刑集7·7·1621。

轻的法律。"较轻的法律"是指法定刑较轻的法律,罪名当然根据使用的法律确定。根据这一规定,如果与行为时法律相比,审判时法律规定的法定刑较轻,适用后者更有利于保护行为人的利益。因此,本条其实是基于罪刑法定精神对刑法不溯及适用的例外规定,并不违反罪刑法定原则。本条中的"法律",是指广义上的刑罚法规,包括狭义的法律、政令以及其他命令。从刑法的时效出发,新法与旧法的区别不在于其公布的日期,而在于其施行的日期。就位于审判时法与行为时法中间的法律(中间时法),如果其规定了轻重有别的刑罚,也适用本条规定。"犯罪后",是指实施犯罪行为或言该当构成要件的行为之后。

"刑罚变更"既包括对刑种的一般性变更,也包括对具体法定刑的特别变更;既包括直接变更,也包括间接变更,例如变更构成罚金计算基础的税率。① "刑罚变更"包括如下三层含义:一是轻重的变化。就此处"刑罚"的含义,有观点认为仅指主刑,不包括附加刑。与此相对,有观点认为包括所有实质意义上的刑罚。② 从《刑法典》第 6 条的立法目的出发,后一种观点当然更为可取。所以,此处轻重的变化指所有有关刑罚及其适用的实体法变更。二是刑罚的废除。轻重的变化是量的变更,刑罚的废除是质的变更。刑罚的废除既包括刑罚法规整体或者部分被废除,也包括政令或者省令废除部分或者全部刑罚的情形。在刑罚废除的场合,根据《刑事诉讼法》第 337 条第 2 款的规定,应该对行为人免予起诉。当然,如果某一行为同时符合数个条文规定的构成要件,其中一个条文规定的刑罚被废除,并不属于刑罚的废除,而属于轻重的变化。三是构成要件的变更。如果刑罚法规的变更,尤其是构成要件的变更导致刑罚废除或者影响轻重,也属于刑罚变更,适用《刑法典》第 6 条之规定。一方面,在这种情况下适用该条规定更有利于行为人,符合罪刑法定原则的要求。另一方面,如果某一行为因刑罚法规的变更不再符合构成要件,也就不再具有可罚性,当然属于刑罚废除的情形。但如果仅仅是条文变更了位置、

---

① 前田雅英等编『条解刑法』(第 2 版,2007,弘文堂)12 页参照。
② 大谷実『刑法講義総論』(第 5 版,2019,成文堂)507 页参照。

法律名称发生了变更或者构成要件的表述发生了变化,内容并未发生实质变更,不构成本条中的"刑罚变更"。

(二)特殊情形

1. 缓刑条件的变更

在形式上,缓刑条件的变更是刑罚执行条件的变更,并不属于刑罚变更,这也是判例的观点。但是,从《刑法典》第6条有利于行为人的立法目的与罪刑法定的精神出发,应该认为缓刑条件的变更也属于刑罚变更。

2. 非刑罚法规的变更

如果非刑罚法规的变更导致构成要件的变化,使行为在审判之际不再具有该当构成要件,也应适用《刑法典》第6条与《刑事诉讼法》第337条第2款之规定免予起诉。在白地罚则的场合,因为在许多情况下构成要件都是由非刑罚法规规定的,所以肯定这一结论尤为重要。

3. 新法与旧法的刑罚相同

如果新法与旧法规定的刑罚相同,应该适用新法还是旧法?就此问题,有观点认为,从刑法是裁判规范的角度而言应该适用审判时法,也即新法。有观点则认为,从禁止溯及适用的罪刑法定原则出发,应该适用行为时法,而且新法与旧法都是裁判规范,即使从裁判规范的角度而言,也未必一定要适用新法。因为《刑法典》第6条适用的前提是刑罚发生变更,如果刑罚未发生变更,从罪刑法定原则出发,应该适用行为时法。

三、限时法

限时法是指规定了失效日期的法律。在广义上,限时法是指为应对某一时期的特定状态而制定的法律(临时法),例如,日本在"二战"之后为了应对物资紧缺等特定状况而制定的《物价管制法》等,此类立法虽然并无具体的失效日期,但是在特定状态消失之际自然失效。在狭义上,限时法是指明文规定了失效日期的法律,例如,在附则条文中明确规定"本法自施行之日起5年内有效"的《重要产业管理法》。

就是否应对在限时法有效期内实施的行为追加处罚,在日本学界存在分歧。有的观点认为,如果符合限时法的规定,即使法律失效,也应该处罚,这是限时法的意义所在。有的观点认为,如果国家废除限时法规定的刑罚是因为对行为性质产生了不同的法律见解,则不应追罚。如果改变的只是事实而非法律见解,则应该追罚。还有的观点认为,应该根据法律改变的是否为构成要件的重要事实来判断。通说认为,既然行为已经随着限时法的失效不再具有可罚性,如果不存在特别规定,就应该根据日本《刑法典》第6条的规定,适用审判时法,根据《刑事诉讼法》第337条第2款的规定免予起诉,不允许存在例外。[①]

[①] 大谷実『刑法講義総論』(第5版,2019,成文堂)511页参照。

中编
犯罪论

第五章　犯罪论基础

第六章　构成要件论

第七章　违法性论

第八章　责任论

第九章　未遂犯

第十章　共犯论

第十一章　罪数论

第五章
犯罪论基础

第一节 犯罪与行为

一、犯罪

日本《刑法典》第9条明文规定了各种主刑和附加刑,因此在形式上可以将"犯罪"界定为"应科处刑罚的行为"。**刑法总论**的目的,是解释、阐明成立犯罪的一般性共通要件,研究对象主要是日本《刑法典》第一编总则的规定。与此相应,**刑法分论**的目的,是以犯罪成立的一般性要件为前提,明确个罪的具体成立要件,研究对象包括日本《刑法典》第二编罪以及特别刑法、附属刑法中有关个罪的规定。

与刑法的分类相对应,如果根据规定犯罪的法律,可以将犯罪分为**一般刑法犯**与**特别法犯**。一般刑法犯是指规定于刑法典之中的犯罪(刑法犯),例如杀人罪、强奸罪等;特别法犯是指规定于特别刑法中的犯罪,例如《轻犯罪法》中规定的犯罪。为了区别于行政犯,一般刑法犯与狭义的特别法犯合在一起,也被称为**刑事犯**。

以被规定为犯罪的原因为标准,可以将犯罪分为自然犯与法定犯。因自身违反伦理与道义而被规定为犯罪的行为是**自然犯**(刑事犯),在任何时期与任何社会都会被视为犯罪(自体恶)。与之相对,因行政管理的需要而被规定为犯罪的行为是**法定犯**(行政犯),只有在被禁止之际才会被认为可罚(禁止恶)。因此,自然犯同时违反了法律规范和伦理规范,而法定犯违反的仅是法律规范。还有观点认为,自然犯违反的是基本生活秩序,而行政犯违反的是派生生活秩序。①

需要指出的是,虽然区分自然犯与法定犯仍然是理论界的通说,但也存在质疑。例如大谷实认为,自然犯与法定犯的界限是相对的,并不重要。刑法典中也有秘密埋葬横死者罪等为行政管理之目的规定的犯罪,行政法中也有带有伦理色彩的犯罪。而且因为生活秩序、伦理观念等都是随着社会的发展而变化的,如果某一犯罪行为在道德层面逐步得到认同,法定犯也就成为自然犯,例如交通法规规定的醉酒驾驶罪,在立法之初当然是纯粹的法定犯,但随着交通道德观念的深入人心,已经逐渐成为可予以道义谴责的行为(法定犯的自然犯化)。② 但是,与杀人、强奸、抢劫等无论在何时、何地都被视为犯罪的自然犯不同,法定犯的范围可能随着时间与空间的变化而变化,因此区分二者至少在理论研究尤其是比较研究中还是具有一定意义的。

以是否以被害人的告诉为追诉条件为标准,可以将犯罪分为**亲告罪**与**非亲告罪**。亲告罪是指以被害人的告诉为追诉标准的犯罪。规定亲告罪的理由,包括尊重被害人的名誉和犯罪危害轻微,前者如《刑法典》第230条规定的毁损名誉罪,后者如《刑法典》第264条规定的毁坏器物罪。

二、行为

(一)行为原则

犯罪是"符合构成要件、违法而且有责的行为"这一概念是行为原则的直接体现。狭义上的行为,是指不包括结果的构成要件行为。与此相应,广义上的行为则是指包括结果在内的行为。正如"无行为则无犯罪,亦无处罚"这一谚语所示,作为近代刑法的基本原则之一,行为原则是指刑法处罚的对象,应该是导致社会侵害的外部行为或者结果。具体而言,包括如下三个方面:第一,刑法处罚的仅能是外部行为,不包括内在思想,也即刑法不处罚思想犯。当然,以语言或者动作将内心思想表达出来

---

① 山中敬一『刑法総論』(第2版,2008,成文堂)12页参照。
② 大谷実『刑法講義総論』(第5版,2019,成文堂)80页参照。

可以成为刑法的处罚对象。第二,刑法处罚的是行为人所实施的行为,而非其所具有的性格或者人格,后两者可能对量刑具有重要意义,但是不能成为刑罚的对象或者违法的判断基础。第三,刑法处罚的对象是行为,排除身份刑法,即对外在相同的行为,原则上科处相同的处罚,这是刑法适用平等原则的要求。

(二)行为的功能

行为在犯罪论体系中能够发挥什么功能?首先,界限功能,即通过将反射运动、梦游过程中的举止以及受到绝对强制的举止等不具有刑法意义的事物排除在犯罪的范围之外,划定罪与非罪的界限。其次,概括功能,即将故意的作为与不作为犯、过失的作为与不作为犯等犯罪类型统一起来的功能。再次,定义功能,即作为具体判断构成要件该当性、违法性以及有责性的基础的功能,也正因如此,行为必须具有实质的内容。最后,结合功能,即将具有各自不同判断标准的构成要件、违法与责任结合起来的功能。

(三)行为的性质

行为贯穿构成要件、违法与有责各个阶段,因此有关行为性质的理解对于构建犯罪论体系,尤其是对于确定各阶段的要素而言具有重要意义。在刑法理论中,就行为的性质存在因果行为论、目的行为论、人格行为论和社会行为论的分歧。

因果行为论认为,行为是由内心意志控制的身体动静导致外界变化的因果历程。根据该论,故意行为与过失行为都是受人的意志控制产生结果的过程,因此故意犯与过失犯在构成要件这一阶段是相同的,直至责任阶段才区别开来。如果将因果行为论贯彻到底,在违法性阶段应完全坚持结果无价值,进行纯客观的判断。故意当然也只能是责任的要素。因果行为论提倡行为的有意性与有体性,将无意识的反射行为、无外在体现的思想活动等排除在外,能够使行为很好地发挥界限功能与结合功能。但是,在解释扳道工忘记扳道导致火车事故等没有认识的不作为犯(忘却犯)方面却存在很大难题。

目的行为论认为,行为不仅仅是单纯的因果过程,而是人类追求一定目的的活动,也即行为人具有预见能力,并据之设定目的,计划、实施行为去实现其目的。根据该论,故意行为与过失行为的存在形式存在差异,都是主客观要素的统一,因此故意犯与过失犯在构成要件阶段就已经区别开来。同时,在违法性判断之际,应完全坚持行为无价值,认为故意是违法要素。目的行为论以故意犯为核心,能够使行为充分发挥界限功能与定义功能,但是在解释过失犯与不作为犯方面却存在一定的难题。

人格行为论认为,行为是人格的外在表现,也即被表征出来的心理活动。根据该论,故意行为与过失行为在构成要件阶段就存在不同,故意既是违法要素,亦是责任要素。人格行为论固然能解释作为犯和不作为犯、故意犯和过失犯以及本质上是与行为人的人格态度相联系的不作为的忘却犯,但是人格这一概念本身就存在不确定性,而且人格行为论以人格责任论为基础,而人格责任论因为主观色彩浓厚受到理论界的批判。

社会行为论认为,行为是可能由社会属性的人的意志支配并引起外界变动的动静。社会行为论内部也存在不同见解,例如有的观点认为行为是对社会具有重要意义的人的态度,构成行为无须存在意志要素。但是,从受意志支配的行为才具有刑法评价的意义出发,将意志要素排除在行为之外显然是不合理的。同时,从肯定过失犯与不作为犯的角度而言,只要存在意志支配的可能性即可。① 根据社会行为论,故意犯与过失犯在构成要件阶段就已经区别开来,既可以认为故意是违法要素,也可以认为故意是责任要素。社会行为论在德国是通说,在日本也获得了有力的支持。②

从上述可以看出,四种行为理论各有千秋,也各有缺陷。笔者认为,人既是生物存在,更是社会存在。同时,犯罪虽然在实质上是对权利(法益)的侵害,但在形式上是违反包括刑法规范在内的社会规范。从这一角度出发,社会行为论的立场更为可取。当然,在某些具体问题上可以借鉴其他观点的解释。

---

① 高桥则夫『刑法総論』(2010,成文堂)73 页参照。
② 浅田和茂『刑法総論』(第 2 版,2019,成文堂) 106 页参照、高桥则夫『刑法総論』(2010,成文堂)74 页参照。

第二节 犯罪论体系

一、概念

犯罪论体系是犯罪概念的具体化,是指将犯罪的构成要素按照一定的逻辑进行整合而形成的理论体系。犯罪论体系虽然是理论化的思辨产物,但因为构筑的目的在于限制司法人员尤其是法官的判断,并为之提供具体的指导规则,所以也有着重大实践意义。

犯罪论体系因论者的哲学观念、价值立场以及国家观等的不同而不同。但是,从其实践目的出发,构成犯罪论体系应考虑如下因素:第一,刑事政策。从罪刑法定原则出发,刑法本应是刑事政策不可逾越的藩篱。近年来,随着立法上的刑罚早期化、严罚化、扩大化等现象,在理论上也出现了刑法是实现刑事政策手段的主张。对此应予以警惕。第二,体系思考与问题思考。在构筑犯罪论体系之际采纳体系思考,当然意在防止刑法被恣意滥用。但犯罪论体系的构筑目的是解决实践问题,因此也应具有问题导向意识,不能陷于理论的内部循环。第三,刑法典。刑法典总则中规定的犯罪共通要素与分则中规定的类型化个罪是构筑犯罪论体系的基础,脱离刑法典规定的犯罪论体系是不可想象的。[1]

二、理论分歧

从犯罪是"符合构成要件、违法而且有责的行为"这一概念出发,通常认为犯罪论体系包括构成要件该当性、违法性与有责性三个方面[2],在判断某一行为是否成立犯罪之际也应沿着这三个方面,从客观到主观、从形式到实质、从具体到抽象、从事实到价值逐一判断。首先,是否该当构成要件是客观判断,可以防止司法人员尤其是法官因为要处罚犯罪的感情冲动而进

---

[1] 高橋則夫『刑法総論』(2010,成文堂)60页以下参照。
[2] 西田典之『刑法総論』(2006,弘文堂)65页参照。

行类推解释、主观归罪。其次,违法性判断以具体法益侵害为基础,可以防止将虽然主观上存在恶性、客观上违反社会伦理,但是并未侵犯刑罚法规保护法益的行为纳入处罚范围。最后,责任判断以故意、过失以及期待可能性为基础,可以防止将不具有非难可能性的行为纳入处罚范围。

在日本学界,也存在着行为、构成要件该当性、违法性、有责性四要件说,行为、违法性、有责性的三要件说①,以及犯罪成立的一般要件、犯罪成立的阻却事由以及扩张事由等不同主张。② 虽然各种学说各具特色,并各有独到之处,但是构成要件该当性、违法性与有责性传统的三要件说更为可取,因为构成要件该当性阶段也包括行为要素,将行为单独作为一个要件判断,既可能造成构成要件的空洞化,也可能造成行为与构成要件中的实行行为的重合与纠缠,造成不必要的解释难题。同时,犯罪成立的阻却事由与扩张事由在传统的犯罪论体系中也可以得到充分体现。

三、意义

犯罪论体系既是犯罪概念的进一步具体化,也是贯彻罪刑法定、实现刑法功能的关键路径。首先,根据罪刑法定原则,为了保障国民的行为自由,必须将构成犯罪的行为事先明文规定,并向全社会公开。因此,将可以处罚的行为限制于该当构成要件的行为,体现了行为原则与法律主义的要求。其次,如上所述,犯罪的实质是侵害法益。因此,即使是符合构成要件的行为,如果没有侵害刑法保护的具体法益,或者所保护的法益大于所侵害的法益,例如在正当防卫、紧急避险的场合,则应考量其是否具有可罚性。因此,违法性判断体现了刑法的保护功能。最后,从预防犯罪的刑罚目的出发,刑法应通过制定、宣布并实施制裁,控制、引导社会成员行为。如此,即使是侵害法益的行为,如果不可对行为人进行谴责,应考虑是否存在可罚的必要性,这就是判断行为人是否具有故意、过失以及期待可能性的意义所在,这也是责任原则的核心所在。

---

① 曾根威彦『刑法総論』(第 3 版,2006,弘文堂)48 頁参照。
② 平野龍一『刑法(総論Ⅰ)』(1972,有斐閣)と『刑法(総論Ⅱ)』(1975,有斐閣)、大谷実『刑法講義総論』(第 5 版,2019,成文堂)参照。

第六章
构成要件论

第一节 构成要件基础

一、构成要件的概念

构成要件,是指立法者规定为犯罪的行为类型①,从条文内容的角度而言,是指刑罚法规中法定刑以外的部分。② 构成要件的观念可以追溯至中世纪意大利一般纠问程序中"应当确证的事实"的概念。这一概念在普通法时代传入德国,但当时并未脱离诉讼法的意义,直至19世纪才被施蒂贝尔、费尔巴哈等德国刑法学家赋予实体法意义。20世纪初期,小野清一郎、泷川幸辰等日本刑法学者将构成要件的概念引入日本。

二、构成要件的功能

构成要件的功能,是指其被期待发挥的作用。通常认为,构成要件应具有如下五个方面的功能:第一,犯罪个别化功能,即通过规定不同的行为类型将此罪与彼罪区别开来,例如区分杀人罪与过失致人死亡罪。第二,故意规制功能,即划定构成故意需要认识的事实的范围,对构成要件之外的事实,即使没有认识也不影响故意的成立。第三,违法推定功能,即该当构成要件的行为,原则上推定为违法。第四,诉讼法功能,即在限定"构成犯罪的事实"的同时,规制"公诉事实",这也体现出其源自诉

---

① 山口厚『刑法総論』(第 2 版,2007,有斐閣)27 頁参照。
② 西田典之『刑法総論』(2006,弘文堂)65 頁参照。

讼程序的本质与连接刑事实体法和程序法的作用。第五,人权保障功能,即通过明确国民行为的标准,将不该当构成要件的行为排除在刑罚处罚范围之外。

虽然就构成要件的类型存在不同观点,但无论从哪一种观点出发,都不可能同时实现上述五种功能,在追求此功能的同时,可能就会失去彼功能。因此,在刑法体系上需要解决的重要理论问题之一就是取舍问题,也可将之视为在制定刑法总则之际应该优先考虑何种功能的立法问题。①

三、构成要件的解释

立法者的认识能力是有限的,社会生活是无限的,而且语言总会带有一定的歧义,因此在适用之际对构成要件进行解释是必然的。就构成要件的解释,在理论上存在**形式的构成要件论**(形式犯罪论)与**实质的构成要件论**(实质犯罪论)两种对立的观点。形式的构成要件论肯定构成要件的独立功能,认为对处罚的必要性或合理性进行实质判断之前,应以社会通念为基础,对构成要件进行类型化理解。与之相对,实质的构成要件论认为,形式解释无法适当划定处罚范围,因此无法实现其追求的保障人权的目的,应从处罚的必要性和合理性的角度出发,对构成要件进行实质解释,判断是否存在值得处罚的法益侵害。

20世纪60年代前后,出于对战前刑法理论的反思以及对行政刑法过度膨胀的警惕等原因,形式的构成要件论在日本学界占据了主流地位。就如前田雅英所言,在这一时期"出于对战前刑事制度的恣意适用所导致的弊害的反省,刑法的形式解释受到了重视,我想这也是应该受到重视的时期"②。20世纪80年代之后,随着权利、自由、民主等价值观的社会基础得到巩固以及权利保护机制的日渐完善,尤其是随着裁判员制度自2009年开始全面实施,实质的构成要件论逐渐成为通说。

形式的构成要件论与实质的构成要件论的核心区别之一,在于是否

---

① 松宫孝明『先端刑法総論—現代刑法の理論と実務』(2019,日本評論社)36頁参照。
② 前田雅英『現代社会と実質の犯罪論』(1992,東京大学出版会)23頁。

在构成要件阶段回答法益侵害的质、量以及处罚的必要性等实质性问题。从构成要件的主要功能是为违法性判断提供基础素材、违法性判断的核心才是判断是否存在可罚的法益侵害这一基本立场出发，形式的构成要件论更为可取。换言之，应在构成要件阶段对法益侵害进行形式判断，在违法性阶段对之进行实质判断。

四、构成要件的分类

（一）基本的构成要件与修正的构成要件

基本的构成要件，是指刑罚法规中规定的单独犯既遂形式的构成要件。与此相应，修正的构成要件，是指在对基本的构成要件进行修正的基础上而形成的犯罪类型。刑罚法规规定的典型犯罪类型当然是单独行为的既遂形态。但是，总则也规定了对未遂、预备等未完成形态以及共犯的处罚。例如，日本《刑法典》第199条中杀人罪的基本构成要件是"杀人者"；根据第43条之规定，杀人未遂的构成要件是"已经着手实施杀人行为但未遂者"；根据第60条的规定，共同杀人的构成要件是"二人以上共同实施犯罪"。

理论上，就共犯、未遂等特殊犯罪类型存在刑罚扩张事由说与犯罪成立扩张事由说的分歧，但是无论如何，对之予以处罚都需要对基本构成要件进行修正，所以称之为修正的构成要件是比较合适的。与此同时，因为修正的构成要件并未以完整的形态存在于刑罚法规之中，所以需要立足于基本的构成要件，考虑未遂犯、共犯等的实质处罚根据，通过解释确定其内容。

（二）封闭的构成要件与开放的构成要件

封闭的构成要件，是指刑罚法规对构成要件进行了完整表述，无须法官进行补充的构成要件。与此相对，开放的构成要件，是指在适用之际需要法官进行补充的构成要件。所谓的开放，当然是对法官开放。换言之，在适用之际，需要法官对构成要件进行实质解释，才能够确定行为是否该当构成要件。

在刑罚法规规定的构成要件中，封闭是原则，开放是例外。在开放的构成要件中，最主要的是过失犯与不真正的不作为犯。例如，就日本《刑法典》第210条规定的过失致人死亡罪中注意义务的内容,就需要由法官予以确定。再如,在不作为杀人的场合,也需要由法官来判断是否存在作为义务。因为在开放的构成要件的场合,存在着法官恣意进行判断、侵害人权的可能性,所以刑罚法规应该尽可能明确具体行为的本质,法官应该以此为原则,参考社会通念或常识进行补充解释。

(三)积极的构成要件与消极的构成要件

积极的构成要件,是指犯罪成立所必需的构成要件。与此相应,消极的构成要件,是指其存在能够否定犯罪成立的构成要件。例如,日本《刑法典》第109条第1款规定了非现住建筑物等放火罪;第2款前半段规定了在自己所有情况下的减轻处罚,后半段则规定如果没有对公共安全造成危险,则不处罚。再如,《刑法典》第230条第1款规定了毁损名誉罪,第230条之二继而规定,在第230条第1款规定的行为事关公共利害,而且行为人也是出于公益之目的的场合,如果能够证明其公布的事实为真,则不处罚。

五、构成要件的类型

(一)学说分歧

关于构成要件的类型,在刑法理论上存在行为类型说、违法行为类型说与违法有责类型说的分歧。这三种学说对构成要件的不同认识,进而影响了对构成要件该当性、违法性与有责性三个阶段的联系与各自内部要素以及构成要件功能的认识。

1. 行为类型说

行为类型说强调构成要件的价值中立,认为构成要件仅仅是价值中立的形式记述,构成要件该当性与违法性、有责性三个阶段相对独立,也即,即使某一行为该当构成要件,对于其违法性也应进行积极判断。

行为类型说重视构成要件的犯罪个别化功能,所以主张构成要件的故意与过失。但是,如此便使得构成要件的故意规制功能丧失殆尽。为此,提倡该说的学者又提出了主观的构成要件与客观的构成要件的概念,认为承担构成要件故意规制功能的是客观的构成要件。①

2. 违法行为类型说

违法行为类型说,又可称为违法类型说,认为构成要件是违法行为的类型化,只要符合构成要件,原则上认为具有违法性,存在违法阻却事由是例外情况。也即,构成要件该当性与违法性密切联系,违法性判断是一种消极判断。

在违法行为类型说内部,又可以分为两种观点。其一,结果无价值的观点,主张违法的本质是侵害法益或者导致法益侵害的危险,故意与过失是责任要素,因此不包括在构成要件之内②,有的观点甚至从否定主观的违法要素的立场出发,认为伪造罪中使用的目的等目的犯中的目的也属于主观的责任要素。③ 其二,行为无价值的观点,认为违法的本质是违反规范,所以故意与过失是违法要素与构成要件要素。④

结果无价值的观点与行为无价值的观点都肯定构成要件的违法推定功能。同时,行为无价值的观点与行为类型说相似,也使得构成要件失去了故意规制功能。结果无价值的观点则在犯罪个别化方面有所欠缺。

3. 违法有责类型说

违法有责类型说认为,构成要件既是违法类型,也是责任类型,只要某一行为该当构成要件,也就具有违法性与有责性。如此,构成要件该当性、违法性与有责性成为一体。

在违法有责类型说的内部,对故意、过失是否可包括在构成要件之内也存在分歧。有的观点认为,故意与过失既是责任要素也是构成要件要素;有的观点认为,二者既是责任要素,也是违法与构成要件要素;还有的观点认为,故意与过失是一般的责任要素,而非特定犯罪的独有要素,因此不包括在构成要件之内。⑤

---

① 曾根威彦『刑法総論』(第 3 版,2006,弘文堂)62 頁参照。
② 山口厚『刑法総論』(第 2 版,2007,有斐閣)34 頁参照。
③ 内藤謙『刑法総論(上)』(1983,有斐閣)217 頁参照。
④ 井田良『講義刑法総論』(2008,有斐閣)17 頁参照。
⑤ 曾根威彦『刑法総論』(第 3 版,2006,弘文堂)66 頁以下、大塚仁『刑法概説(総論)』(第 4 版,2008,有斐閣)128 頁以下、大谷実『刑法講義総論』(第 5 版,2019,成文堂)135 頁参照。

总体而言,违法有责类型说强调了构成要件的犯罪个别化功能与违法推定功能,但是也与行为类型说相似,使构成要件失去了故意规制功能。

(二)笔者观点

首先,作为犯罪论的第二阶段,违法性的判断基础是该当构成要件的事实。如果将构成要件该当性、违法性与有责性三个阶段彻底独立,主张对违法进行积极判断,可能造成对相同的事实进行双重判断。同时,虽然对正当防卫、紧急避险、法令行为、业务行为等违法阻却事由本身的判断是积极的,但是在得出存在或不存在的结论之后,无须再对行为是否违法进行积极判断,因此行为类型说不可取。

其次,构成要件该当性与违法性的判断对象都是客观事实(行为),有责性的判断对象是主观事实(行为人)。因此,即使某一行为该当构成要件并具有违法性,行为人也未必有责任。所以违法有责类型说也不可取。

最后,在违法行为类型说中,从犯罪的本质是法益侵害出发,结果无价值的违法行为类型说更为可取。不可否认,该说在犯罪个别化方面存在缺陷。但是如上所述,构成要件的三项功能之间彼此存在矛盾,难以同时兼顾。同时,犯罪个别化留在责任阶段解决也无损于犯罪论体系整体发挥功能。

六、构成要件要素的分类

从结果无价值的违法行为类型说出发,构成要件的要素应包括主体、行为、结果、因果关系等。以在认定这些要素存否之际是否需要法官进行规范评价与价值评价为标准,可以将这些要素分为记述性的构成要件要素和规范性的构成要件要素。**记叙性的构成要件要素**,是指在认定存在与否时不需要法官进行规范与价值判断,根据其解释以及认识活动就可以确定的要素。例如,杀人罪中的"人"、诈骗罪中的"财物"等要素根据事实认识活动基本上就可以确定。虽然就记叙性要素的存在范围等具体问题仍需要法官的解释,例如,"人"的生命从何时开始至何时结束、虚拟财产是否"财物"等,但也不需要进行特殊的价值判断。与此相对,**规范性**

的构成要件要素,是指在认定其存否之际需要法官进行规范与价值判断的要素,例如"职务的合法性""公共危险""猥亵"以及"名誉受到损坏"等,对这些要素进行判断需要法官从规范或者文化的角度进行评判。需要指出的是,虽然无法将规范性要素完全排除出去,但是从构成要件是客观化的行为类型出发,在对之予以确定之际,应该以社会通念为基础,尽可能严格地进行客观解释,并通过案例积累予以类型化。①

同时,因为在有关个罪的刑罚法规作出特别规定的场合,可以例外地承认主观要素,所以又可以将构成要件要素分为**客观的构成要件要素**与**主观的构成要件要素**,前者如行为与结果,后者如倾向犯中的倾向、目的犯中的目的、表现犯中的心理状态等。

第二节 构成要件要素

一、主体

(一)自然人

构成要件的第一要素是行为主体。日本《刑法典》总则中有关行为主体的规定有第1条、第2条、第3条、第3条之二与第4条。因为条文所用的表述为"日本国民",所以第3条与第3条之二中的行为主体只能是自然人,第4条中的行为主体限定为"公务员"也只能是自然人。虽然条文中的表述为"……者",但是第1条与第2条中的行为主体也被认为仅是自然人,不包括法人。

1. 身份犯

刑法规定的大部分犯罪对行为主体都没有限制。但是有些犯罪通过要求行为主体具有特定属性对其范围进行了限定,此类犯罪被称为身份犯。例如,《刑法典》第193条规定的滥用职权罪、第197条第1款规定的受贿罪与第156条规定的伪造公文书罪的犯罪主体仅能是"公务员",第

---

① 大谷实『刑法講義総論』(第5版,2019,成文堂)116頁参照。

194条规定特别公务员滥用职权罪的行为主体仅限于"履行审判、检察或者警察职务者或者辅助其履行职务者"的"特别公务员",第134条规定泄露秘密罪的犯罪主体仅能是"现任或者曾任医师、药剂师、医药品贩卖从业人员、助产师、律师、辩护人、公证人者,宗教、祈祷或者祭祀人员者"。在诸如此类的犯罪中,如果行为主体不具有相应身份,则行为不该当构成要件。

(1)虚拟身份犯

虚拟身份犯是指刑法条文虽然没有明文规定,但是在事实上如果行为人不具有特定属性,就不可能侵害特定法益的情况。例如,在2017年性犯罪立法改革之前,日本《刑法典》第177条中并未明文将"强奸罪"的犯罪主体限定为男性,所以在理论上女性也可以单独实施强奸罪,然而也只能是理论上,因为在事实上能够"奸淫"女性的只能是男性,这也是判例的立场。例如日本最高法院第三小法庭在1965年的"强奸、恐吓案"中明确指出,虽然无身份者可以利用有身份者的行为侵害强奸罪保护的法益,例如,女性利用没有故意或者没有责任能力的男性的行为实施强奸行为(间接正犯),但是强奸罪的行为主体仅限于男性。① 就身份与共犯的问题,将在共犯论一章予以详述。

(2)构成的身份犯与加减的身份犯

以身份是否影响犯罪的成立为标准,可以将身份犯分为构成的(真正的)身份犯与加减的(不真正的)身份犯。**构成的身份犯**,是指诸如受贿罪等如果不具有特定身份,犯罪就不能成立的情况。与此相应,**加减的身份犯**,是指身份仅能够影响刑罚的加减,不影响犯罪成立的情况。加重处罚的情况,例如,日本《刑法典》第252条规定的侵占罪法定最高刑为5年惩役,第253条规定了业务侵占罪的最高刑为10年惩役,第185条规定的赌博罪最高刑为50万日元罚金,第186条规定的常习赌博罪最高刑为3年惩役。减轻处罚的情况,例如,《刑法典》第244条规定,配偶、直系亲属或者同居的亲属之间实施第235条(盗窃罪)、第235条之二(侵夺不动

---

① 昭和37(あ)2476,刑集19·2·125。

产)规定的犯罪及其未遂行为的,免除处罚。

(3)违法的身份犯与责任的身份犯

以身份是影响违法性还是影响责任为标准,可以将身份犯分为违法的身份犯与责任的身份犯。**违法的身份犯**,是指身份被规定为构成要件实质要素的情况,例如,"公务员"身份构成受贿罪违法性的基础要素。**责任的身份犯**,是指身份影响责任轻重的情况,例如,在常习赌博罪中,"常习者"身份可以加重行为人的责任。如果说构成的身份与加减的身份体现在法律条文上,是形式上的区别,则违法的身份与责任的身份则植根于犯罪的实质之中,是实质上的区别。

2. 自手犯

自手犯,是指只能通过行为人自己的身体活动实现犯罪的情况。以是否存在法律的明文规定为标准,理论上可以将自手犯分为形式的自手犯与实质的自手犯。**形式的自手犯**,是指法律已经明文将间接正犯行为另行规定,除法律规定之外不构成间接正犯的情况。例如,日本《刑法典》第 157 条规定的不如实记载公证书原本等罪是第 156 条规定的伪造公文书罪的间接正犯形式,除此情况之外,不承认以非公务员利用公务员的形式实施伪造公文书这一间接正犯形态。**实质的自手犯**,是指行为主体与行为在构成要件层面密不可分,因此只有特定人员实施行为才构成犯罪的情况。例如,日本《刑法典》第 139 条规定吸食鸦片罪、《道路交通法》第 95 条规定的不携带驾驶证罪等。①

有的观点认为,所有的刑罚法规都有其保护的法益,只要法益受到了侵害,即使是间接正犯也不能否定成立犯罪。因此自手犯这一概念应予否定。② 从上述形式的自手犯与实质的自手犯的界定来看,这一观点仅能够适用于前者。

(二)法人

1. 两罚规定

日本判例与理论的通说都认为刑法典规定的行为主体仅是自然人。

---

① 大谷实『刑法講義総論』(第 5 版,2019,成文堂)147 頁参照。
② 西田典之『刑法総論』(2006,弘文堂)72 頁参照。

例如,在 1935 年的"违反《储蓄银行法》案"中,被告法人因为违反《储蓄银行法》第 18 条之规定,未获得主管部门的许可,而经营储蓄银行业务被提起公诉。原审法院以《储蓄银行法》第 18 条并未肯定法人的犯罪能力为由判决被告法人无罪,当时的日本大审院终审判决也明确认为,应该否定法人的犯罪能力。① 但是,在日本的特别刑法与行政刑法中存在着数以百计的处罚法人的两罚规定条款,即如果法人的代表人、代理人、使用人或者其他雇员在业务范围内实施犯罪,在处罚行为人的同时对法人处以罚金,例如《大气污染防治法》《噪音规制法》《恶臭防治法》《建筑物用地下水采取规制法》《飞机噪音障害防治法》《水道水源水域水质保全特别措施法》以及《濑户内海环境保全特别措施法》等环境保护立法都设置了两罚规定。

法人处罚的例外规定在日本有着特定的历史背景。日本现行《刑法典》颁布于 1907 年,而处罚法人的规定在此之前就已经存在。1900 年《关于法人租税及烟草专卖案件的规定》第 1 条初次引入了法人处罚条款,明确规定在法人代表以及其他雇员在开展业务过程中违反租税与烟草专卖相关法律规定的,相关罚则规定适用于法人,在法条规定了罚金、科料以外刑罚之际,对法人处以 300 日元以下罚金。1931 年的《预防资本出逃法》第 5 条首次明确规定了两罚规定。② 20 世纪 60 年代以后,熊本县水俣湾的水俣病、富山县神通川流域的痛痛病以及三重县四日市的哮喘病等造成重大人身伤亡的公害事件,促使日本相继制定了 1968 年的《公害对策基本法》、1970 年的《处罚危害人体健康的公害犯罪法》等多部规定法人处罚的公害立法。

2. 法人处罚的基础

最初,日本对法人处罚采纳的是转嫁罚原则,即在法人雇员于其业务范围内实施犯罪行为之际,其刑事责任转嫁给法人承担,对法人处以相应法条规定的罚金。因为当时判例对法人处罚采取的"无过失责任"原则不

---

① 西田典之=山口厚=佐伯仁志『判例刑法総論』(第 5 版,2009,有斐閣)30 頁参照。
② 西田典之=山口厚=佐伯仁志『判例刑法総論』(第 5 版,2009,有斐閣)36 頁参照。

以存在故意、过失为条件，在实质上是严格责任，所以被认为有悖于责任原则。为此，日本最高法院在1957年"违反《入场税法》案"中确立了"过失推定说"。在该案中，针对辩护人提出的"两罚规定违反《宪法》第39条"的主张，最高法院大法庭判决认为：如果代理人、使用人或者其他雇员实施逃避或者让人逃避入场税的行为，则可以推定事业主没有尽到必要的监督、管理或者其他预防违法行为的责任，据此对之予以处罚并不违宪。① 但是，"违反《入场税法》案"中的事业主是自然人，所以就该案确定的过失推定原则能否适用于事业主是法人的案件仍然存在疑问。就此，日本最高法院在1965年的"违反《外汇与对外贸易管理法》案"中判决认为，过失推定原则适用于事业主是法人的案件。②

违反《外汇与对外贸易管理法》案
[昭和38(あ)1801，刑集19·2·83]

A、B、C、D 4名被告法人因违反《外汇与对外贸易管理法》第27条、第30条被处以罚金。在二审维持原判后，4名被告法人以该法第73条中的两罚规定违反《宪法》第31条为由向日本最高法院提出上诉，具体而言，4名被告法人都是股份公司，这决定了它们在事实上无法证明自身不存在选任、监督过失。因此，在过失推定原则之下，它们承担的是无过失责任，违反规定责任主义与罪刑法定的《宪法》第31条。

1965年3月26日，日本最高法院第二小法庭判决认为，在事业主是自然人的案件中根据过失推定原则适用两罚规定是一系列判例所确认的基本立场。这一原则当然也适用于事业主是法人（股份公司）的案件，即使行为人不是法人代表而是普通雇员。

需要指出的是，许多包含两罚规定条款的日本法律都作了无过失免

---

① 昭和26(れ)1452，刑集11·12·3113。
② 昭和38(あ)1801，刑集19·2·83。

责的例外规定①,例如,《生活保护法》第86条第2款在规定两罚规定的同时,明确将"能够证明并没有违反预防违法行为的适当注意义务"规定为例外,《劳动基准法》第121条第1款也将"采取了必要措施预防违法行为"规定为两罚规定的例外。无过失免责原则也在司法实践中得到了肯定。例如,在1971年的"违反《劳动基准法》案"中,高松高等法院就是以被告人已经采取了必要措施预防违法行为为由,豁免了上诉人的刑事处罚。②

与此同时,日本学者也立足于刑事立法、判例以及预防法人犯罪的现实需要,提出了诸多新的法人刑事责任理论。例如,板仓宏提倡的法人组织责任认为,在讨论是否存在个人的可罚行为之前,首先应该明确法人组织体自身活动的过失。如果法人组织制度不存在过失,再讨论是否存在可罚的个人过失。③ 藤木英雄提出的危惧感说主张,在认定法人过失之际,只要存在对于结果可能发生的危惧感或者不安感,而且并没有采取必要的措施消除这种不安感,就可以认定法人存在过失。④ 当前,立足于过失推定说与无过失免责的例外规定,以合规计划的制订与有效实施为法人刑事责任判断基础的研究在日本学界也蒸蒸日上(详见中编第四章第二节)。

3. 法人的犯罪能力

就法人的犯罪能力,日本的判例尚未改变其否定的立场。在理论上存在否定说与肯定说等不同观点。否定说的观点主要基于道义非难与禁止双重处罚的宪法要求。例如,山中敬一认为,如果将以道义非难可能性为核心、以个人责任为前提的责任原则贯彻到底,结论应是法人刑事责任违反责任原则。⑤ 浅田和茂认为,虽然有的观点认为,在法人代表实施违法行为的场合,根据两罚规定可以处罚法人代表并对法人处以罚金,这等

---

① 西田典之『刑法総論』(2006,弘文堂)74頁参照。
② 西田典之=山口厚=佐伯仁志『判例刑法総論』(第5版,2009,有斐閣)35頁参照。
③ 板倉宏『現代社会と新しい刑法理論』(1980,勁草書房)58頁参照。
④ 藤木英雄=板倉宏『刑法案内』(1980,日本評論社)213頁参照。
⑤ 山中敬一『刑法総論』(第2版,2008,成文堂)579頁参照。

同于认为法人实施违法行为,符合行为责任原则的要求。但是,同时处罚法人代表与法人是否违反规定禁止双重处罚的《宪法》第 39 条还是存在疑问的。①

不过,现在的通说是肯定说②,例如,大谷实认为,虽然"现行法仅在以行政管理为目的的刑罚法规中承认了法人的犯罪能力",但"在理念上应该承认法人的犯罪能力"。③ 就道义非难的问题,曾根威彦认为:"如果将责任理解为社会非难可能性,而不是道义、伦理的非难可能性,对于法人通过刑罚加以法律以及社会非难是十分可能的,尤其是在违反具有强烈目的性特征的行政管理法规(行政犯、法定犯)的场合,肯定法人犯罪能力的合理性更大。自由刑的确是针对自然人设定的刑罚,但罚金可以适用于法人,而且特别刑法也规定了适合处罚法人的高额罚金。总而言之,应该肯定法人的犯罪能力。"④井田良也认为:"只要认为刑法的本质是通过规范(社会准则)影响行为人意志并进而实现行为统制,就没有理由将与自然人并列的法人(以及其他团体)排除犯罪主体之外。"⑤同时,如果认为处罚自然人的基础是其实施的该当构成要件的行为,处罚法人的基础是其未履行监督、管理义务的行为,也不能说法人处罚属于宪法禁止的双重处罚。

二、行为与结果

(一)行为

成立犯罪首先必须存在符合构成要件的行为,即实行行为。实行行为在形式上是刑罚法规规定的构成要件的行为类型(**类型行为**),在实质上是指在意志支配下对外界造成影响的身体动静(**危险行为**)。因为犯罪的本质是侵害法益,所以只有在本身应具有导致构成要件结果的现实危

---

① 浅田和茂『刑法総論』(第 2 版,2019,成文堂)122 页参照。
② 山中敬一『刑法総論』(第 2 版,2008,成文堂)190 页参照。
③ 大谷実『刑法講義総論』(第 5 版,2019,成文堂)103 页。
④ 曽根威彦『刑法総論』(第 3 版,2006,弘文堂)70 页。
⑤ 井田良『講義刑法総論』(2008,有斐閣)97 页。

险的情况下,实行行为才能够成为刑法评价的对象。就危险的判断标准,在理论上存在两种观点。一种观点认为,此处的危险是指根据科学原理判断存在的紧迫危险。另一种观点认为,是指在行为时一般人能够感触到的危险。这两种观点的区别在于,前者是以科学原理为判断标准的事后判断,后者是以一般人感知为判断标准的事中判断。如上所述,笔者采纳的是形式构成要件论的观点,所以认为构成要件阶段的危险应该是具有通常判断能力的一般人能够感知的客观危险。

实行行为在客观上样态不一,包括行为人以自己的身体活动亲自满足构成要件要素的**直接正犯**,利用或者支配他人的身体活动实施犯罪的**间接正犯**,以及自我招致精神障碍而后实施实行行为的**原因上自由行为**,等等。直接正犯、间接正犯等概念与共犯紧密相连,构成共犯论的重要内容,而原因上自由行为的主要问题是责任能力及其存在范围,因此本书将分别在共犯论与责任论部分予以论述。

1. 行为客体与保护客体

行为客体,是指刑罚法规规定的人或者物等行为对象,例如杀人罪中的人、毁坏财物罪中的物等。当然,也存在逃亡罪等没有物理行为对象的犯罪。保护客体,是指刑罚法规所保护的法益。因为犯罪的实质在于侵害法益,所以可能存在没有行为对象的犯罪,但并不存在没有保护法益的犯罪。保护客体可能是单一的,也可能是复数的。例如,日本《刑法典》第95条规定的妨害执行公务罪,行为客体是公务员,保护客体不仅是公务员的人身安全,还包括公务的顺利执行。

需要指出的是,就个罪的保护客体是单一还是复数可能存在争议。在复数保护客体场合有时需要根据情节进行价值取舍,例如,根据日本《刑法典》第172条之规定,以让他人受刑事或者惩戒处分之目的,而虚假告诉、告发或者申告者,处以3个月以上10年以下惩役。如果行为人进行了虚假告发,导致被害人被逮捕、起诉甚至审判,有的观点认为保护的法益是被害人的自由,有的观点则认为保护的是正常的司法活动,也有观点认为二者皆是。在通常情况下,上述三种观点对案件结论并无实质影响,但是在特殊情况下,则需要斟酌取舍。例如,在被害人同意进行虚假告发的场合,如果认为该罪保护的法益是个人自由,因为存在被害人同意,所以可以认为被告人的行为不具有违法性;如果认为该罪的保护法益是正常的司法活动或二者皆是,则被告人的行为可罚。① 虽然判例与通说都认为同意告诉行为可罚,但是在理论上仍然存在探讨的余地。

2. 作为与不作为

行为包括作为与不作为。因为不作为犯在因果关系、作为义务等方面的特殊性,将在本节最后予以单独论述。

3. 行为状况与条件

在行为与结果之外,构成某些犯罪可能还需要存在特定的行为状况或者事实(客观的处罚条件)。前者如日本《刑法典》第114条规定的妨害消防罪,只有在"发生火灾之际"隐藏灭火器等灭火用具的才构成犯罪。此处"发生火灾之际"这一行为状况,显然就构成了构成要件的要素,当然也构成妨害消防行为的违法性的基础要素。后者如《刑法典》第197条第2款规定的事前受贿罪,即将成为公务员者就其将要担任的职务收受贿赂或者接受请托并不构成犯罪,但是一旦成为公务员就构成犯罪。所以,"成为公务员"这一事实构成了事前受贿罪的构成要件要素。

在理论上,通说认为客观的处罚条件是违法要素,与责任无关。例如,就事前受贿罪而言,即将成为公务员者受贿在实质上已经具有了可罚性,只不过立法者出于政策考虑,将处罚范围限制在成为公务员之际而已。如此,客观的处罚条件也并非故意的认识对象。当然,也有的观点认为,客观的处罚条件是将行为的违法性提高至可罚程度的要素。如此,至少对其发生应该具有预见可能性。② 从客观处罚条件"特殊限制要素"的属性而言,应该支持通说的观点。

(二)结果

1. 法益侵害及其危险

作为构成要件的要素,结果不仅是指实质的法益侵害,而且包括法益

---

① 西田典之『刑法総論』(2006,弘文堂)76页参照。
② 西田典之『刑法総論』(2006,弘文堂)83页参照。

侵害的危险。法益侵害的危险，是指刑法保护的法益受到侵害的客观可能性或者盖然性。在理论上，以法益侵害为构成要件结果的犯罪被称为**结果犯**，以法益侵害的危险为构成要件结果的犯罪被称为**危险犯**。

以刑罚规范对法益侵害的危险程度要求高低为标准，可以进而将危险犯分为具体危险犯与抽象危险犯。如果对发生法益侵害的危险程度要求较高，法律条文通常会将之明确规定为构成要件要素，此类犯罪被称为**具体危险犯**，例如日本《刑法典》第110条规定的建筑物等以外防火罪、第118条规定的瓦斯等泄漏罪、第120条规定的非现住建筑物侵害罪、第125条规定的妨害交通罪等。此外，从未遂犯通常也以发生结果的具体危险为要件出发，可以认为未遂犯也是具体危险犯。[①] 如此相对，在对发生法益侵害的危险程度要求相对较低的场合，虽然法律条文没有将之明确规定为构成要件要素，但是如果实施法律条文规定的行为通常就会产生一定危险，此类犯罪被称为**抽象危险犯**，例如日本《刑法典》第108条规定的现住建筑物防火罪、第109条第1款规定的非现住建筑物防火罪等。在具体危险犯的场合，如果因为存在特殊情节，并没有发生条文规定的实质危险，即使行为人实施了类型化的危险行为，也不宜认为成立犯罪。[②]

理论上，还可以将犯罪分为实质犯与形式犯。**实质犯**，是指以法益侵害及其危险为构成要件要素的犯罪；**形式犯**，是指只要实施条文规定的行为就可以成立的犯罪，例如日本《道路交通法》第119条第1款规定的闯红灯行为。但是，如果站在刑法的目的是保护法益这一结果无价值的立场，应该认为结果是构成要件的必备要素。所以，即使日本《刑法典》第130条规定的侵入住宅罪、第169条规定的伪证罪等看似仅有行为就可以成立的犯罪，在实质意义上，也不过是行为与结果发生之间存在一定的时间与地点间隔而已，应该否定单纯的行为犯的概念。[③]

---

① 西田典之『刑法総論』(2006,弘文堂)79頁参照。
② 山口厚『刑法総論』(第2版,2007,有斐閣)45頁参照。
③ 山口厚『刑法総論』(第2版,2007,有斐閣)45頁参照。

2. 结果发生与犯罪终了

根据日本《刑事诉讼法》第253条的规定,时效从犯罪行为终了之际开始计算。在共犯案件中,所有共犯的时效从最终行为终了之际起算。因此,在以发生法益侵害为成立要件的犯罪的场合,犯罪何时终了是具有重大诉讼意义的问题。就此,理论上区分了即成犯、状态犯、继续犯的不同情况。

即成犯,是指犯罪与法益侵害同时终了的情况。例如,日本《刑法典》第199条规定的杀人罪,只要发生了杀人的结果,犯罪即告终了,因为已经消失的生命法益不可能再被侵犯。与此相对,**状态犯**,是指犯罪与犯罪结果同时终了,但是法益侵害继续存在的情况。例如,日本《刑法典》第204条规定的伤害罪,只要发生了伤害的结果,犯罪就达到既遂状态,可以开始计算时效,第235条规定的盗窃罪亦是如此。**继续犯**,是指犯罪随着发生侵害法益等结果成立,但是结果继续存在,犯罪也继续成立的情况,也即,虽然已经发生侵害法益等结果,但是构成要件的行为继续进行的情况。例如,日本《刑法典》第220条规定的监禁罪,在将被害人关进封闭的场所后,只要不将之释放,行为就不终了,如此公诉时效也就不开始。而且在监禁期间,参与者可以就之后的行为构成共犯。

在形式上,状态犯与继续犯在结果发生之后都仍然成立。但是二者在实质上截然不同。在继续犯的场合,继续存在的法益侵害等结果仍然在构成要件的评价范围之内,也即仍然具有构成要件该当性;而在状态犯的场合,继续存在的法益侵害状态已经不再具有构成要件该当性。作为继续犯的典型,监禁罪自被害人被剥夺自由开始,犯罪就已经成立,但是之后直至被害人获得自由期间的监禁行为仍然具有构成要件该当性。与此相对,盗窃罪自财物的占有权被秘密转移之际成立,实质的法益侵害状态虽然在之后仍然存在,但是已经不再是构成要件评价的对象。

区分状态犯与继续犯具有如下三方面的实践意义:第一,有助于确定时效计算的起点。在状态犯的场合,时效自犯罪终了之际开始计算;而在继续犯的场合,时效在犯罪继续期间并不开始。第二,在状态犯的场合,犯罪终了之后就不得再实施正当防卫;而在监禁罪等继续犯的场合,仍然可以正当防卫。第三,在刑罚发生变更的场合,状态犯不适用新法,而继续犯适用。①

三、因果关系

因果关系,是指构成要件的行为(实行行为)与结果之间引起与被引起(原因与结果)的关系。对于行为犯而言,只要存在实行行为就可以认为存在构成要件该当性。但是,对于结果犯而言,只有在构成要件的行为与结果之间存在因果关系之际,才能说犯罪已经达到既遂状态,否则最多只能构成未遂。

因果关系在结果加重犯的场合更加重要。理论上,通常认为构成结果加重犯不仅需要存在因果关系,而且就加重结果应存在过失。例如,在日本《刑法典》第205条规定的伤害致死罪的场合,实施第204条规定的伤害行为者,应对死亡结果具有预见可能性才能追究其死亡结果的责任。如此,即使基本犯与加重结果之间存在因果关系,也可以通过否定过失而否定构成结果加重犯。但是,日本最高法院的判例明确认为,伤害与死亡之间的因果关系是伤害致死罪的必备要件,对死亡结果的预见可能性则不必要。②

(一)因果关系理论

1. 条件说

条件说认为,只要能够认为存在"如果没有 A 行为,就不会发生 B 结果"(But-For 公式)这样的条件关系,就可以说 A 行为与 B 结果之间存在刑法上的因果关系。因为条件说主张对于同一结果的发生产生作用的各个条件具有同等的价值,所以又被称为"等价说"或者"同等说"。

条件说具有一定的合理性。一方面,刑法上的因果关系必须以行为与结果之间的事实因果关系为基础;另一方面,如果从事后来看,能够认为构成要件的行为与结果之间存在条件关系,将前者归属于后者也并非不可。但是,刑法上因果关系的主要功能,在于以已经发生的结果为基

---

① 高橋則夫『刑法総論』(2010,成文堂)109 頁参照。
② 西田典之『刑法総論』(2006,弘文堂)85 頁参照。

础,限定可以处罚的类型行为的范围。例如,A 对 V 实施了轻微伤害行为,V 在就医途中偶遇交通事故死亡。从条件说出发,因为没有 A 的伤害行为,V 就不会去医院,也就不会死亡,所以 A 应该承担伤害致死罪的刑事责任。但这一结论的处罚范围过于宽泛,明显违反一般经验法则与因果关系的主旨。

为了避免诸如上述的不当结论,条件说论者提出了**因果关系中断论**,主张在因果关系发展过程中介入了被害人或者第三者的故意行为或者自然事故的场合,可以认为因果关系中断,否定刑法上因果关系的存在。例如,A 以杀人的故意举枪瞄准了 V,此时 B 夺过枪扣动扳机射杀 V。在这种情况下,A 的行为与 V 的死亡之间就不存在刑法上的因果关系。但是批判者认为,刑法上因果关系只有存在与不存在,认为已经存在的因果关系发生中断,在理论上也是不可能的。同时,在存在条件关系的情况下,主张否定因果关系自身就存在矛盾。而且,根据因果关系中断论也难以得出恰当的结论。所以,现在支持因果关系中断论的声音几不可闻。①

此外,条件说在择一的因果关系与重叠的因果关系的场合也存在明显问题。**择一的因果关系**(择一竞合),是指数个单独可以导致结果的行为同时导致同一结果的情况。例如,互不知情的 A 与 B 同时向 V 的牛奶中投入足以致死的毒药,二者的毒药同时发挥作用导致 V 死亡。在这一情况下,无论是除去 A 或者 B 的行为都会发生 V 死亡的结果,如果适用条件说的公式,就会得出 A 与 B 的行为都与 V 的死亡结果不存在因果关系,只能构成杀人未遂这一违反常识的结论。再如,同样是 A 与 B 同时投毒的情况,虽然二人投入的毒药都达到了致死量,但是无法证明是 A 还是 B 的毒药发挥作用毒死了 V,在这种情况下是否应肯定条件关系呢?有的观点认为,A、B 的行为与 V 的死亡结果之间都不存在因果关系,对二人应以杀人未遂处罚②;有的观点则认为,肯定 A 的因果关系,对 B 也以杀人既遂处罚③。**重叠的因果关系**,是指单独都不能导致结果的数个行

---

① 大谷实『刑法講義総論』(第 5 版,2019,成文堂)201 页参照。
② 曽根威彦『刑法原論』(2016,成文堂)99 页参照。
③ 大塚仁『刑法概説(総論)』(第 4 版,2008,有斐閣)235 页参照。

为,因为同时发生而导致结果的情形。例如,互不知情的 A 与 B 同时向 V 的食物中各投入致死量 1/2 的毒药,同时发挥作用导致 V 死亡。根据条件说公式,A 和 B 的投毒行为与 V 的死亡结果之间的因果关系都应该予以肯定,都构成杀人既遂。但是,与择一因果关系的场合相比,这一结论明显失衡。①

应该指出的是,虽然条件说存在种种问题,但行为与结果之间存在条件关系是认定刑法上因果关系的前提,也是相当因果关系说与客观归属论的出发点。

2. 原因说

原因说是针对条件说"处罚范围过于宽泛"的缺陷而提出来的。该说主张根据一定的标准在导致结果的诸条件中选择出一个作为原因,仅肯定原因与结果之间的因果关系。因为区别条件与原因,原因说又被称为"区别说"。就区别条件与原因的标准,在理论上存在诸多分歧。例如,**最后条件说**主张处罚最后一个导致结果的条件,**最有力条件说**主张处罚对结果作用最大的条件,**原动力说**认为推动结果发生的最初条件是原因,而**优越条件说**则认为决定结果发生的才是原因。因为在推动结果发生的各个条件中选择出一个作为原因处罚实际上是不可能的,所以原因说也已经成为明日黄花。②

3. 相当因果关系说

相当因果关系说,即"相当说",是理论上的通说③,认为构成刑法上的因果关系,行为与结果之间仅仅存在条件关系是不够的,只有根据社会生活经验,对于结果发生具有相当性的条件,才能够成为刑法评价的对象。就"相当性"有无的判断基础,在理论上存在主观说、客观说与折中说的分歧。**主观说**认为,应该以行为人在行为时认识到或者能够预见到的事实为判断基础。与此相对,**客观说**认为,应该在审判时以行为时客观存在和行为后发生的,而且一般人能够预见的事实为判断基础。**折中说**

---

① 高橋則夫『刑法総論』(2010,成文堂)117 頁参照。
② 大谷実『刑法講義総論』(第 5 版,2019,成文堂)202 頁参照。
③ 山口厚『刑法総論』(第 2 版,2007,有斐閣)57 頁参照。

则认为,应该以行为时一般人能够认识或者预见的事实,以及行为人能够特别认识或者预见到的事实为判断基础。例如,对于患有血友病的 V 被 A 轻伤而出血不止死亡的情况,主观说认为应该根据 A 是否知道以及是否能够知道 V 患有血友病来判断是否存在因果关系;客观说认为如果在审判之际,能够确定 V 在受伤之际已经患有血友病,而且从经验上可以肯定 V 如果受轻伤就可能大量出血而死亡,则无论 A 有无认识,都可以肯定因果关系;折中说则认为,应根据行为时一般人是否知晓以及 A 是否特别知晓 V 患有血友病来判断。如果一般人不知晓,A 也不特别知晓,则不应认为 A 的伤害行为与 V 的死亡之间存在刑法上的因果关系。

根据主观说,如果行为人在行为时没有认识或者不能预见某一事实,即使一般人能够认识或者预见该事实,也不能肯定因果关系的存在。如此,就将大量符合经验法则的结果排除在处罚范围之外,作为判断基础过于狭隘。所以,主观说已经成为少数说①,现在的争议主要在客观说与折中说之间。②

就客观说,支持折中说的论者认为,一般人无法得知行为时的情况,而且将行为人也不知晓的特殊情况纳入考虑的范围,有扩大处罚范围之嫌,有悖于相关因果关系说的主旨。此外,客观说主张在审判时进行事后判断,因此行为之后发生的所有事实都应该成为判断的基础,以一般人的预见可能性为标准对之予以限定,在理论上也存在矛盾。③ 折中说的问题在于,因果关系是客观的构成要件要素,在判断其是否存在之际考虑行为人的认识与预见(主观要素)可能存在矛盾④,而且,在多人共同导致同一结果的场合,各行为人的不同认识可能对因果关系有无的判断产生影响。⑤ 例如,在知道 V 患有血友病的 A 教唆不知道这一情况的 B 伤害 V,V 因为出血不止而死亡的场合,就可能得出 A 的行为与 V 的死亡有因

---

① 山口厚『刑法総論』(第 2 版,2007,有斐閣)58 頁参照。
② 高橋則夫『刑法総論』(2010,成文堂)124 頁参照。
③ 大谷実『刑法講義総論』(第 5 版,2019,成文堂)205 頁参照。
④ 川端博『刑法総論講義』(第 2 版,2006,成文堂)153 頁参照。
⑤ 山口厚『刑法総論』(第 2 版,2007,有斐閣)59 頁参照。

果关系,而 B 的行为与 V 的死亡无因果关系这一不可思议的结论。所以,从因果关系是构成要件要素,而对构成要件应该进行客观判断的角度出发,应该支持客观说的立场。① 当然,如果认为构成要件是责任类型与责任非难的前提,以行为人行为时认识的特殊情况为判断基础是妥当的。②

4. 客观归属论

客观归属论,亦称客观归责论,主张将因果关系问题与归属问题分别讨论,前者根据条件说判断,后者根据客观的归属论考虑。具体而言,客观归属论认为,只有在行为人制造了不被允许的危险,该危险不但在符合构成要件的结果中实现了,而且在危险构成要件的保护范围之际,才能将结果归属于行为。这一理论的基础,是德国学者所提倡的"现代社会是危险社会,所有社会成员成为加害人与被害人的危险都大为增加"的危险社会理论。③ 客观归属论在德国得到提倡并兴盛的主要原因之一,是因果关系在德国属于少数说,必须采用其他方法限定过失犯的范围,目的在于以条件关系为基础,在根据条件关系无法判断因果关系有无之际,将之限制在一定范围之内。④

在客观归属论的内部也存在理论分歧。例如,**危险增加说**认为,即使行为人违反了注意义务并导致现实结果也不能归责,只有在行为增加了发生结果的危险之际才可以进行归责;**规范保护目的说**认为,只有在结果处于行为人所违反规范的保护目的范围之际才能进行客观归责;**规范保护范围说**认为,只有在行为人侵犯了能够期待其保护的范围内的法益之际才能够进行客观归责⑤;**危险的现实化说**则认为,因果经过是实行行为之中的客观危险现实化的过程,所以只有在现实化为结果的危险来自行为之际才可以客观归责。⑥ 但是,各种学说都认为,判断是否可以将结果归属于行为基本上应沿着三步走的模式:

---

① 浅田和茂『刑法総論』(第 2 版,2019,成文堂)136 頁以下参照。
② 大谷実『刑法講義総論』(第 5 版,2019,成文堂)205 頁参照。
③ 高橋則夫『刑法総論』(2010,成文堂)126 頁参照。
④ 大谷実『刑法講義総論』(第 5 版,2019,成文堂)202 頁参照。
⑤ 大谷実『刑法講義総論』(第 5 版,2019,成文堂)202 頁参照。
⑥ 山口厚『刑法総論』(第 2 版,2007,有斐閣)60 頁以下参照。

第一,行为是否创造出不被允许的危险。具体而言,如欲进行客观归责,行为不但必须创造出了客观的法益侵害危险,而且该危险必须是不被社会生活所允许的,否则就不能成为刑法评价的对象。例如,A欲杀害幼童V,将之带到森林里,希望V遭到雷击死亡。在此处,A将V带到森林中的行为虽然制造出了危险,但是并非不被允许的危险,其行为甚至不构成杀人未遂。

第二,不被允许的危险是否在结果中实现了。这里的结果应该在广义上理解,包括具体危险与实害。在这一阶段,需要特别注意的问题是如何评价介入因素的影响。通常而言:①如果介入因素并未增加行为的危险性,可以认为行为所导致的危险实现了;②虽然介入因素增加了行为的危险性,并导致了发生结果的新危险,但是如果仍然处于行为的控制之下,也可以认为行为所导致的危险实现了;③如果介入因素增加了行为的危险性,导致了发生结果的新危险,而且于行为之外独立存在,则不能认为行为所导致的危险实现了。可以认为,第③种情况中的介入因素使得最初行为的危险发生了质的转变。① 例如,强奸罪的被害人因不堪心理压力第二天自杀,伤害罪的受害人因不堪后遗症的折磨自杀,因为存在被害人的故意行为这一介入因素,而且这一介入因素促成了质的转变,不能将死亡结果归责于最初的强奸行为与伤害行为。

第三,不被允许的危险是否处于构成要件的保护范围内。如果被创造并实现的危险超出了构成要件的保护范围,也不能进行客观归责。就此而言,可以说构成要件的保护范围构成了例外的限制原则。上述强奸罪被害人与伤害罪被害人自杀的案例,也可以认为危险的现实结果超出了强奸罪与伤害致死罪构成要件的保护范围。

对于客观归属论,在理论上也存在批判的声音。例如,就危险增加说,有的观点认为,危险是否增加,是是否实施了实行行为的问题,而非客观归责的问题。就规范保护目的说与规范保护范围说,有的观点认为,规范保护范围与规范保护目的这两个概念本身就非常模糊,在许多情况下

---

① 高橋則夫『刑法総論』(2010,成文堂)128页参照。

并不明确,将之作为是否该当形式化、类型化的构成要件的判断标准并不适当。① 此外,有的观点认为,在存在介入因素等场合,从客观归属论出发可能导致不合理的结论。例如,被 A 重伤濒死的 V 在被急救车送往医院救治途中遭遇交通事故死亡,因为 A 制造了死亡的危险,而且这一危险现实化成死亡结果,如果采用客观归属论,可能就会将 V 的死亡结果归属于 A 的行为。与此相对,有的观点认为,在存在相关因果关系的场合,根据客观归属论也可以否定归属,因此对之肯定。例如,在顾客 A 来 B 的五金店买菜刀而且 B 知道 A 经常用购买的菜刀伤害他人的场合,即使认为 B 存在(未必的)故意,也可以以日常经营为由否定 B 的行为构成从犯。当然,如果从构成要件是可罚的违法类型出发,也可以认为 B 的行为构成中立行为,不符合伤害罪从犯的构成要件。②

(二)判例立场分析

1. 基本立场的转变

就日本判例在判断因果关系方面的当前立场,理论中存在两种观点。其一,认为现在的判例采纳的仍然是以条件说为前提的相当因果关系的立场。例如,西田典之认为通说与判例大致分为两个阶段判断是否存在因果关系的。在第一个阶段判断是否存在条件关系,在第二个阶段判断因果关系的相当性。条件关系的判断是客观的事实判断,而相当性判断则是在条件关系的基础上,对归责的范围进行规范限定。③ 其二,认为现在的判例采用的是"危险的现实化"这一客观归属论的分析路径④,山口厚进而认为,在这一判断标准之下,不必再将整个因果关系的判断过程分为实行行为和结果之间条件关系与规范限制(客观归属)两个阶段,从一开始就判断是否存在危险的现实化就足矣,因为判断实行行为中的危

---

① 大谷実『刑法講義総論』(第 5 版,2019,成文堂)203 頁参照。
② 浅田和茂『刑法総論』(第 2 版,2019,成文堂)140 頁以下参照。
③ 大谷実『刑法講義総論』(第 5 版,2019,成文堂)204 頁、西田典之『刑法総論』(2006,弘文堂)86 頁参照。
④ 高橋則夫『刑法総論』(2010,成文堂)130 頁、山口厚『刑法総論』(第 2 版,2007,有斐閣)59 頁参照。

险是否现实化为结果,当然包括条件关系的判断。①

虽然从典型判例来看,可以说判例的宏观立场经历了从条件说向相当因果关系说然后再向客观归属论(危险的现实化)的转变,但是相当因果关系说与客观归属论两种观点都是以条件关系为前提,如果将危险的现实化作为判断相当性的标准,上述两种观点之间的实质区别可能并没有看上去那么大,对被视为采纳了客观归属论的判例,也存在可以根据相当因果关系说解释的空间。②

(1)从条件说到相当因果关系说

就刑法上的因果关系,日本的主流判例最初采纳的是条件说。例如,在1950年的"常习赌博、伤害致死案"中,被告人A用右脚踢V的左眼,给V造成了10天左右可以痊愈的伤害。但是,因为被害人V患有脑梅毒,脑部曾经发生高度病变,所以一部分脑组织因面部受到激烈打击下而崩溃,最终死亡。在一审与二审判决都认定被告人的行为构成伤害致死罪之后,被告人向日本最高法院提出上诉,认为断定是A的行为导致V的脑组织崩溃在经验法则上是不可能的,不能认定A的行为与V的死亡之间的因果关系。1950年3月31日,最高法院第二小法庭判决驳回上诉,认为:医学鉴定已经确定了A的行为是V脑组织崩溃的原因,因此认定A的行为与V的死亡之间存在因果关系毫不违反经验法则。在被告人的行为如果不与被害人的大脑因脑梅毒发生高度病变这一特殊情况相结合,就不会发生致死结果的场合,即使行为人在行为时不知道或者不能预测到这一特殊情况,也可以认定行为与结果之间存在因果关系。③

但是,日本最高法院在1967年的"美军肇事逃走案"中改变了立场。在该案中,驾驶汽车的A将被害人V撞飞,V落到车顶,但是A并没有注意到。不久,同乘者B看到了V并将之从车顶拉下。V跌落路面,脸部、头部、肋骨等多处受到重创,并在大约8小时后死亡。但是,V的死因是

---

① 山口厚『刑法総論』(第2版,2007,有斐閣)60頁以下参照。
② 大谷実『刑法講義総論』(第5版,2019,成文堂)222頁以下参照。
③ 昭和24(れ)2831,刑集4·3·469。

否 A 驾车造成的伤害难以确定。该案一审判决沿用条件说的观点，认定被告人 A 的行为构成业务上过失致死罪，而二审判决站在同样立场予以维持。但是，日本最高法院终审认为，同乘者 B 将被害人从车顶拉下来这样的情况，在经验法则上通常是难以预想的，因此认定 A 的行为构成业务上过失致死罪是对因果关系的误判。①

美军肇事逃走案
[昭和 42（あ）710，刑集 21·8·1116]

1965 年 8 月 4 日晚 8 时左右，从事汽车驾驶业务的被告人 A 搭乘友人 B 驾驶的汽车从位于东京立川市的美军空军基地前往东京的新宿区。在返回空军基地的途中，在 B 的要求下，A（当时没有驾驶证）代替 B 驾驶汽车，A 因为没有充分注意到前方情况，与骑自行车的被害人 V 发生了冲撞，V 被撞飞，落在 A 驾驶汽车的车顶。对此，A 并没有注意到，仍然快速驾车向前行驶。同乘的 B 注意到了汽车车顶的被害人 V，将之从车顶拉下，V 跌落路面，脸部、头部、肋骨等多处受到重创，翌日凌晨死亡。

一审与二审判决都采用条件说，认定 A 的行为构成业务上过失致死罪。但是日本最高法院第三小法庭在 1967 年 10 月 24 日判决认为，同乘者 B 将被害人拉下来这样的事情在经验法则上通常是难以预料的，否定了案中 A 的行为与 V 的死亡结果之间的因果关系。

虽然通常认为，"美军肇事逃走案"是司法实务采纳相当因果关系说的开端。但是也有的观点认为，该案判决的行文并没有偏离之前的判例，根据因果关系中断论也可以否定案中 A 的行为与 V 的死亡之间的因果关系，所以认为该案采用了相当因果关系还为时过早。无论如何，从日本最高法院改变立足于条件说的一审与二审判决这一事实，体现出其改变之前判例中因果关系立场的意愿，并在 1978 年的"猎熊案"中将这一意

---

① 昭和 42（あ）710，刑集 21·8·1116。

愿变成现实。在该案中,被告人A将山中小屋中的被害人V误认为熊,用猎枪将之射成重伤(第一行为),濒临死亡。之后,因见V痛苦不堪,为了让V早登极乐而后逃走,A近距离再开一枪(第二行为)将V射杀。检察官以业务上过失致死罪与杀人罪将A起诉至法院。一审法院认为,在被害人V因伤死亡之前,被告人A以杀人故意实施了第二行为,所以第一行为与死亡结果之间的因果关系因第二行为而中断,被告人A的行为构成业务上过失致伤罪与杀人罪。在二审维持原判之后,A向日本最高法院提出上诉,认为如果在第二次开枪之际,被害人已经处于将死状态,A的行为就不成立杀人罪,仅成立业务上过失致死罪。1978年3月22日,最高法院第二小法庭判决认为,虽然原判在关于罪数判断的理由方面存在难以认同之处,但是其结论是正当的,所以驳回上诉。①

与上述"美军肇事逃走案"相比,"猎熊案"中因果关系判断方法的转变更为明显。如果从条件说出发,第一行为与死亡结果之间毫无疑问存在条件关系,正如检察官在起诉时所主张的,被告人A的行为应该构成业务上过失致死罪与杀人罪。但是,日本最高法院支持了否定第一行为与被害人V的死亡之间的因果关系的一审与二审判决,明确表明了其在因果关系判断标准方面的转变。

(2)从相当因果关系说到危险的现实化

相当因果关系说虽然得到了日本司法实务的认同,但是其本身存在的问题,尤其是以介入因素是否异常作为判断标准,在20世纪80年代末的一系列案件中凸显出来。② 例如在被称为"大阪南港案"的1990年"伤害致死案"中,被告人A殴打被害人V的头部,造成后者颅内出血。A驾车将V送至大阪某建材市场后离开。之后,第三人X又用角材对V的头部进行殴打,加剧了V颅内出血,使死亡结果提前发生。本案一审与二审判决都认定被告人的行为构成伤害致死罪。日本最高法院第三小法庭也明确认为,在A对V造成的伤害构成死亡原因的情况下,即使第三者的伤

---

① 昭和50(あ)1339,刑集32·2·381。
② 高橋則夫『刑法総論』(2010,成文堂)125頁参照。

害行为加速了死亡结果的到来,也可以肯定被告人的伤害行为与被害人死亡之间的因果关系。但是,如果从相当因果关系说出发,因为第三者的故意伤害这一介入因素应该说是异常因素,而且是 A 无法预见的,所以应该认定这一行为与提前发生的死亡结果之间存在因果关系。换言之,不应该肯定 A 的伤害行为与 V 的死亡结果之间的因果关系。

大阪南港案

[昭和63(あ)1124,刑集44·8·837]

1981 年 1 月 15 日晚 8 时至 9 时之间,被告人 A 在自己经营的饭店中用重物对被害人 V 的头部进行多次殴打,致使 V 颅内出血,意识消失,陷入昏迷。在慌乱、恐惧之中,A 用汽车将 V 运至大阪某建材市场,在放置好 V 后,于当日晚 10 时 40 分左右离开。V 于翌日天未亮时因颅内出血死亡。但是,在 A 离开之后、V 死亡之前,不知何人持角材数次殴打 V 的头部,加重了 V 颅内出血,加速了死亡结果的发生。一审与二审判决都认定被告人 A 的行为构成伤害致死罪,被告人以事实认定错误等理由向日本最高法院提出上诉。

1990 年 11 月 20 日,日本最高法院第三小法庭决定驳回上诉,认为在被告人对被害人造成的伤害构成死亡原因的情况下,即使第三者的伤害行为加速了死亡结果的到来,也可以肯定被告人的伤害行为与被害人死亡之间的因果关系,因此原判认定被告人的行为构成伤害致死罪是正确的。

再如,在被称为"夜间潜水案"的 1992 年"业务上过失致死案"中,被告人 A 在夜间教导潜水学员时因为没有充分关注学员的活动,致使他们陷入浊流,被害人 V 更是因为在恐慌之中没有采取适当措施而溺亡。本案一审与二审判决都认定 A 的行为成立业务上过失致死罪。A 的辩护人以被告人的过失行为与被害人的死亡结果之间不存在因果关系,原审判决违反判例为由向日本最高法院提出上诉。1992 年 12 月 17 日,最高法院第一小法庭全员一致决定认为,虽然在被告人 A 的过失行为与被害人 V 的死亡结果之间存在被害人本人以及第三人的不适当行为,但是 A 最初的行为具有发生死亡结果的危险性,而且介入的过失行为也是 A 的行为所诱发的,因此不能否定 A 的过失行为与 V 的死亡结果之间的因果关系,业务上过失致死罪的定性正确。显而易见,该案并没有采用是否能够预见介入因素这一相关因果关系的判断思路。

夜间潜水案

[平成4(あ)383,刑集46·9·683]

被告人 A 是具有潜水协会认证资格的潜水教练,某晚在 3 名教辅人员的辅助下教导 6 名学员夜间潜水。教导期间,在让学员观看了捕鱼之后,认为学员们自己会跟上来,就在没有给教辅人员特别指示的情况下径直前行。但是,因为学员们的注意力被四散的鱼吸引去了,所以没有注意到 A 的行动,被冲入浊流。学员们紧随教辅人员在水中游动的过程中,被害人 V 因为空气用尽,在恐惧与慌乱中没有采取适当措施溺水身亡。本案一审与二审都判决认定 A 的行为成立业务上过失致死罪,被告方以原判违反判例为由,向日本最高法院提出上诉。

1992 年 12 月 17 日,最高法院第一小法庭全员一致决定认为,被告人在教导学员夜间潜水过程中,没有关注学员的动向,离开他们身边而让他们迷失的行为本身,就存在导致如果没有教员适当指示、诱导就可能难以根据事态采取适当措施的被害人在海水中用尽空气、难以妥切应对的情况下死亡的危险性。因此,虽然不能否定被害人迷失之后教辅人员以及被害人不妥切的行为,但是这些行为都是因被告人的上述行为诱发产生的,应该说并不妨碍被告人的行为与被害人的死亡之间的因果关系。

从判决说理以及结论出发,可以明显看出,一系列诸如此类存在介入因素的判例所采用的显然并非相关因果关系的判断框架,而是以危险的现实化为标准,就如山口厚所言,判例所采用的并非理论中一直展开的相关因果关系说,而是以"行为的危险性是否现实化为结果"为标准来判断因果关系,只有在对这一判断具有意义时,判例才会考虑对介入因素的预见可能性。① 具体而言,"危险的现实化"可以在事后综合案情从如下几个方面进行判断:第一,行为导致结果的危险有多大;第二,行为与介入因素之间存在何种关系,是支配、利用、诱发还是随附关系,介入因素是否实质影响了行为的危险;第三,行为危险的现实化过程是否被介入因素所打断。②

2. 特殊情形的判断

(1) 被害人的特殊因素

在行为时被害人本人具有特殊体质或者患有特殊疾病并引起结果发生的案件中,判例通常肯定存在因果关系。具体而言,综合考虑被害人的年龄、体质、疾病的内容、症状、行为的方法、样态、伤害的部分、程度,以及被害人因素是否与实行行为共同以及多大程度上导致结果发生,但是并不考虑行为人对被害人因素的认识以及一般人的认识可能性。例如在1971年"东京抢劫致死案"中,被告人的暴行引起被害人急性心脏病发作并死亡,日本最高法院明确指出,即使被告人的暴行并非致死的唯一或者直接原因,并因为被害人的身体偶然发生病变共同导致死亡结果,也并不妨碍该暴行成立致死的犯罪。

---

① 山口厚『刑法総論』(第 2 版,2007,有斐閣)60 頁参照。
② 高橋則夫『刑法総論』(2010,成文堂)130 頁参照。

东京抢劫致死案

[昭和45(あ)1070,刑集25·4·567]

被告人在进入位于东京目黑区的公寓进行抢劫之际,为压制被害人的强烈反抗,将其压倒在地,左手勒住其脖子,右手摁住其口部,之后又用薄被捂住其口鼻,导致被害人窒息死亡。一审判决认为,被告人的暴行引起了被害人的急性心脏病并致其死亡,被告人的行为构成抢劫致死罪。二审判决则认为,一审判决认定上述暴行与死亡结果之间存在因果关系,属于事实认定错误,被告人的行为仅构成抢劫罪。之后,检察官以二审判决否定因果关系,违反判例为由,向日本最高法院提出上诉。

1971年6月17日,最高法院第一小法庭审理认为,即使认为如果被害人不存在严重心脏疾患这一特殊情节,案中行为就不会导致死亡结果,而且被告人对这一特殊情节不知情且难以预见死亡结果,也必须认为,如果是案中暴行与上述特殊情节相结合导致死亡结果,则存在承认二者之间具有因果关系的余地。也即二审判决有关因果关系的解释有误,违反判例。因此,撤销原判,发回东京高等法院重审。

之后,在1974年的"结核病病灶案"中,日本最高法院也作出了相同的结论。在该案中,被告人A踩踏81岁的被害人V的大腿,给V造成血胸等身体伤害,因为治疗药物产生副作用,引起结核病病灶恶化,进而导致炎症,造成V心肌功能不全而死亡。1974年7月5日,最高法院第三小法庭全员一致决定认为,根据上述事实应该认定A的行为与V的死亡之间的因果关系。①

(2)行为后自己的行为

就行为之后介入行为人另一行为的情况,在最初制造的危险没有发生质变的情况下,无论是故意行为还是过失行为,判例通常肯定最初行为

---

① 昭和49(あ)407,刑集28·5·194。

与结果之间的因果关系。

就故意行为,在上述 1978 年的"猎熊案"之外,典型案件还有 2002 年的"碾压致死案"。在该案中,被告人 A 在驾驶汽车过程中发生事故,在停车检查之际,发现仍然活着的被害人 V 被压在车下,但是仍然发动车辆前进,导致 V 被碾压身亡。针对辩护人提出的 A 的"第一行为所造成的伤害具有致命危险,其行为构成业务上过失致死罪。因为对这一结果已经充分评价,所以之后的行为构成杀人未遂"的主张,东京高等法院明确指出,如果之后的行为让死期提前,则可以肯定其与死亡之间的因果关系。①

过失行为的典型案例,同样是有关交通肇事的案件,即 1991 年的"再次碾压案"。在该案中,被告人 A 在驾驶货车过程中,因为没有注意到前方,致使车的前部撞上了蹲在车道上的被害人 V 的头部,V 被卷入车底。A 停车发现 V 在车底部,非常恐惧,想着不会再碾压到 V,就再次发动车前行,但是车的左后轮再次碾压了 V,造成 V 脑部受伤,当场死亡。V 同时还受到了颈椎骨与肋骨骨折、右肺脏挫裂等伤害。大阪地方法院判决认为,如果没有最初的冲撞行为,就不会有之后的碾压行为,也就不会发生死亡结果。而且,A 在发生冲撞行为之后想逃走,因为不注意发生再次碾压,也并非一般人难以预料的少有事件,属于经验法则上通常可以预测的范围。因此,即使脑部伤害这一死亡的直接原因,是由之后的再次碾压行为而非最初的冲撞行为造成的可能性很高,也不能免除最初行为业务上过失致死罪的责任。②

(3) 行为后的被害人行为

从一系列的日本判例来看,①在被害人为了逃避侵害而逃走的场合,如果其行为是逃避危险的正常行为,则可以肯定因果关系的存在;②在被害人采取危险的方法逃避侵害,应考虑行为造成的危险与介入行为之间的关联性而确定,如果将介入行为评价为逃避行为危险的方法是

---

① 高桥则夫『刑法総論』(2010,成文堂) 139 页参照。

② 西田典之=山口厚=佐伯仁志『判例刑法総論』(第 5 版,2009,成文堂) 76—77 页、高桥则夫『刑法総論』(2010,成文堂) 140 页参照。

自然而相当的,则可以肯定因果关系的存在;③如果被害人的行为没有使最初行为中的危险发生质的变化,则可以肯定因果关系的存在。

就第一种情况,例如在 1971 年的"仙台强奸致伤案"中,在被共犯 A 强奸之后,被害人 V 因为感觉到存在被其他共犯强奸的危险,所以撒谎逃离。V 在黑暗的田地里奔走数百米,在向人求助之际跌倒受伤。针对辩护方提出的伤害结果并非强奸行为所致,日本最高法院第二小法庭全员一致决定认为,二者之间存在因果关系,被告人 A 等的行为构成强奸致伤罪。① 在 1984 年的"广岛伤害致死案"中,被害人因为忍受不了 3 名被告人的殴打而奋力逃走,但是不慎坠落水池,头部撞上裸露的岩石,导致膜下出血死亡。日本最高法院第三小法庭同样全员一致决定认为,原判认定 3 名被告人的伤害行为与被害人的死亡之间存在因果关系是正当的。②

第二种情形的典型判例,是 2003 年的"长野伤害致死案"。在该案中,被告人 4 人与其他 2 人共谋,先是在公园中对被害人不间断地进行了大约 2 小时 10 分钟的殴打,然后又将之带至公寓中殴打了 45 分钟。在寻隙逃走之际,被害人为了防止被告人循迹追来,在极度恐惧中逃入了距离上述公寓约 800 米的高速公路,先是被飞驰而来的汽车撞倒,然后被后来的车辆碾压身亡。针对检察官提出的伤害致死罪指控,长野地方法院松本支部一审认为,即使考虑到现场的地理条件与被害人当时的心理状态,被害人也存在多种选择的余地,并不存在进入高速公路具有必然性或者高度盖然性这样的情节,其进入高速公路属于"通常的预想范围之外",因此否定伤害行为与死亡结果之间的因果联系,仅判决伤害罪成立。与此相对,东京高等法院二审认为,被害人认为进入高速公路是逃避被告人追踪的最安全的方法而选择为之具有相当性。被告人有 6 人,驾驶两辆汽车循迹追来,当时的情形对于被害人与被告人来说一目了然。在当时的情况下,被害人的行为可以说是不得已而为之,即使从普通人的角度

---

① 昭和 46(あ)1051,刑集 25·6·769。
② 昭和 58(あ)1537,刑集 38·8·2793。

来看也不能说异常,也是被告人等能够预见的。因此推翻一审判决,认定成立伤害致死罪。最高法院第二小法庭终审也认为,从该案事实来看,被害人为了逃走而进入高速公路这一行为本身毫无疑问非常危险。但是,应该认为被害人是因为受到长时间的激烈殴打,对被告人极度恐惧而在拼命逃跑的过程中选择这一行为,不能说为逃避被告人的暴行,这一行为是显著不自然的或者不相当的。因此,可以认为被害人进入高速公路并死亡的起因是被告人的伤害行为。因此,被告人的行为成立伤害致死罪。①

有关第三种情形的判例,除上述"夜间潜水案",还有1978年的"业务上过失致死案"②、2004年的"伤害致死案"③等。在2004的"伤害致死案"中,被告人A与其他数人共谋,深夜在饮食街对被害人V实施了用啤酒瓶殴打头部、脚踢等伤害行为。其中一名共犯人用底部破碎的啤酒瓶捅刺被害人V的后颈部位,造成血管损伤,大量出血。之后,V被熟人驾车送至医院治疗,并在第二天天亮之前接受了紧急手术,体征逐渐稳定。主治医生认为,如果情况良好,治疗大约3周即可痊愈。但是,被害人的体征在当日发生急剧变化,虽然转入其他医院,但还是在事件发生5日后,因为颈部创伤导致头部循环障碍并进而造成脑功能损伤而死亡。在开庭审理之际,被告人认为,在体征发生变化之前,被害人V为了出院实施了将治疗用的输液管等拔出来等行为,因此才导致体征急剧变化。记录也表明,被害人V并没有按照医生的指示安静接受治疗,这可能降低治疗的效果。针对上述事实,最高法院第二小法庭全员一致决定认为,被告人A等对被害人V造成的伤害本身就可能造成死亡结果,即使存在A所述的介入因素,也应该认定在被告人等的伤害行为与被害人的死亡之间存在因果关系,因此其行为成立伤害致死罪。

(4)行为后的第三人行为

就在行为后发生第三人行为的情况,一系列判例表明,无论介入行为

---

① 平成15(あ)35,刑集57・7・950。
② 昭和61(あ)960,刑集42・5・807。
③ 平成15(あ)1716,刑集58・2・169。

是故意行为还是过失行为,如果没有对最初行为创造出的危险造成质变,就可以肯定因果关系的存在。

有关故意行为的案例,除上述"美军肇事逃走案""大阪南港案"外,还有1930年的"殴打溺死案"、1993年的"摘掉呼吸器案"等。① 在1930年的"殴打溺死案"中,被告人A用木棍殴打被害人V的头部,致使V颅骨骨折,然后A将V压到河中。在V奋力游到对岸之际,A手下的人再次将V扔到河中,V因颅骨骨折造成的疼痛无法抬头,最终溺死。当时的大审院终审明确认为,即使被告人A的伤害造成的头部疼痛并非V死亡的直接原因,其行为仍然构成伤害致死罪。② 在1993年的"摘掉呼吸器案"中,被害人V的脑部因被告人A的伤害行为受到损伤,陷入脑死亡状态,在取得V的家人承诺后,医生将V的呼吸器摘下,V心脏停止跳动死亡。大阪地方法院审理认为,即使摘下呼吸器使死亡结果提前来临,也可以肯定被告人殴打眉间的行为与被害人死亡之间的因果关系。

过失行为的典型案例是2006年的"逮捕监禁致死案"③。在该案中,被告人A与其他2人共谋,于2004年某日凌晨3时40分左右将被害人V压入普通小客车(A车)后备箱,并将之锁上以防止V逃走。在行驶一段时间后,A等为了等待熟人在大阪某市市内道路上停了下来。该道路宽7.5米左右,双向两车道,视线良好。在停车几分钟后,后方来车的驾驶员因为不注意没有看到A车,以约每小时60公里的速度撞上了A车的后备箱,致使V颈部受伤并很快死亡。就A的监禁行为与V的死亡结果之间是否存在因果关系,日本最高法院第一小法庭全员一致决定认为,即使案中存在第三人的严重过失行为,也不能否认二者之间存在因果关系,A的行为构成逮捕监禁致死罪。

---

① 西田典之=山口厚=佐伯仁志『判例刑法総論』(第5版,2009,成文堂)78頁、高橋則夫『刑法総論』(2010,成文堂)135頁参照。

② 对于本案,高桥则夫质疑认为,在其后的介入行为促进结果发生,使危险发生了质的转变的情况下,肯定存在因果关系是有问题的。高橋則夫『刑法総論』(2010,成文堂)135頁参照。

③ 平成17(あ)2091,刑集60・3・382;高橋則夫『刑法総論』(2010,成文堂)137頁以下、大谷実『刑法講義総論』(第5版,2019,成文堂)214頁参照。

(5)疫学因果关系

疫学因果关系是条件关系在公害犯罪等案件中的具体应用,是指在无法从医学的角度证明企业排放物质与被害人受到的损害之间具体作用机制的情况下,通过运用大量观察的方法证明排放物质与损害结果之间的高度盖然性而确定的因果关系。判例认为,证明存在疫学因果关系应符合如下四项原则:第一,该因子在发病的一定期间前曾发生作用。第二,该因子的作用程度越显著,患病率就越高。第三,该因子的分布与消长与流行病学观察记载的流行特征并不矛盾。第四,该因子作为原因起作用,与生物学并不矛盾。[1] 简而言之,即使行为与结果之间的因果经过在自然科学上无法得到证明,只要疫学证明能够达到超越合理怀疑的程度,就应该肯定条件关系的存在。[2]

虽然疫学因果关系是以公害案件中的因果关系证明问题为契机进入判例[3],但是在公害犯罪之外的案件中也得到了应用。例如在1982年的"千叶大学伤寒菌案"中,千叶大学的助教A(医师)前后13次通过注射、让他人食用含有赤痢菌、伤寒菌食物的方式,致使64人发病。检察官以13项诉因指控A构成伤害罪。千叶地方法院一审以不能证明被告人是造成流行病的唯一原因为由,根据"存疑时有利于被告人"原则判决被告人无罪。与此相对,东京高等法院二审判决认为,根据案中的疫学证明,因果关系显然成立,因此认定被告人有罪。日本最高法院于1982年5月25日终审维持二审判决,同时指出:原判决并非认为如果存在疫学证明就存在审判上的证明。疫学证明与因果关系都是以刑事审判中的种种客观事实与证据以及间接证据为基础的,只有在根据经验法则认为合理之际,才说存在刑事审判上的证明,成立法律上的因果关系。[4]

因为疫学因果关系的基础并非自然科学法则而是一般经验法则,在

---

[1] 高橋則夫『刑法総論』(2010,成文堂)118頁、浅田和茂『刑法総論』(第2版,2019,成文堂)145頁以下参照。
[2] 大谷実『刑法講義総論』(第5版,2019,成文堂)211頁参照。
[3] 浅田和茂『刑法総論』(第2版,2019,成文堂)145頁参照。
[4] 昭和52(あ)450,裁判集227・337。

具体案件中减轻了检察官的证明责任,所以批判的观点认为,适用该原则有损于"存疑时有利于被告人"的刑事诉讼法原则,应该谨慎适用。① 但是,将之适用于环境污染犯罪等公害犯罪案件无疑有助于实现刑法的保护功能与政策目的,或许这也是日本1970年《公害犯罪处罚法》第5条采纳这一原则的原因所在。②

四、主观的构成要件要素

作为违法类型,构成要件原则上由行为与结果等客观要素构成。但是在刑罚规范有例外规定的场合,应认为也包括实施一定行为的目的等主观要素,例如日本《刑法典》第92条规定的对外国加以侮辱的目的、第96条之二规定的妨害强制执行的目的、第136条规定的贩卖的目的以及第148条第1款规定的使用的目的等。同时,判例有时候也会将特定的主观要素列为个罪的成立要件,例如将非法获取的意思视为盗窃罪的成立要件。③ 因为目的等心理要素的存在决定了行为的法益侵害性,所以可以将之例外地视为既是主观的构成要件要素,也是主观的违法要素。

(一)目的犯中的目的

目的犯,是指以特定目的为成立要件的犯罪。例如,日本《刑法典》第148条第1款规定的伪造货币、第156条规定的伪造公文书等以"使用为目的"的犯罪。在这些犯罪中,使用的目的是超出伪造行为这一客观要素的存在,所以也被称为**超过的主观要素**。从主观的违法要素的角度而言,例如伪造货币罪的保护法益是货币的信用性,使用伪造的货币才能侵害到这一法益,因此使用的目的构成了伪造行为的法益侵害性的基础。在此意义上,未遂犯中的故意也应是主观的违法要素或者超过的主观要

---

① 浅田和茂『刑法総論』(第2版,2019,成文堂)146頁参照。
② 《公害犯罪处罚法》第5条规定:如果某人由于工厂或企业的业务活动排放了有害于人体健康的物质,致使公众的生命和健康受到严重危害,并且认为在发生严重危害的地域内正在发生由于该种物质的排放所造成的对公众的生命和健康的严重危害,此时便可推定此种危害纯系该排放者所排放的那种有害物质所致。
③ 山口厚『刑法総論』(第2版,2007,有斐閣)93頁参照。

素。当然,也有日本学者完全否定使用目的是主观的违法要素,而将之视为责任要素。其目的在于防止违法的主观化,也即预防根据犯罪嫌疑人的供述认定违法。① 但是,将目的视为责任要素也存在同样的危险。

需要指出的是,在日本刑法规定的目的之中,也存在不是主观违法要素而是故意认识内容的情况。例如,日本《刑法典》第 172 条规定的虚假告诉罪以"让他人受刑事或者惩戒处分之目的"为成立要件。但是被害人是否受到错误制裁,或者说其权益是否受到实际的侵害或者面临危险并不取决于行为人是否存在这一目的,而是取决于主管机构。因此,《刑法典》第 172 条的规定意在通过要求"让他人受刑事或者惩戒处分之目的"将明显可以不理会的告诉排除在外,将虚假告诉罪构成要件的行为限定在可能导致刑事或者惩戒处分者。如此,对该当构成要件的事实的认识,不过是故意的内容而已。②

(二)表现犯中的表现

表现犯,是指以行为人内心的表现为成立要件的犯罪。表现犯的典型例子是日本《刑法典》第 169 条规定的伪证罪。根据该条规定,在根据法律宣誓之后,证人如果作出与其记忆相反的陈述,则其行为违法。"知道作出的陈述与记忆相反"这一心理要素是否构成主观的违法要素与对"伪证"的理解紧密相连。理论上,就伪证的含义存在主观说与客观说的对立。**主观说**认为,"伪证"就是作出与记忆不一致的陈述,这也是判例的立场。从该说出发,对违反"根据记忆陈述"这一义务的认识本身赋予了行为的违法性,因此行为人的内心表现是主观的违法要素。**客观说**则认为,"伪证"是指与客观事实不一致的陈述。因此,对"自己陈述是虚假的"这一认识应该是故意的内容。③ 此外,有的观点认为主观说与客观说的分歧并无意义,因为即使是从主观说出发,与记忆相反的客观陈述也构成违法的基础。因此,在伪证罪中不存在主观的违法要素。④

---

① 中山研一『口述刑法総論』(補訂 2 版,2007,成文堂)113 頁参照。
② 山口厚『刑法総論』(第 2 版,2007,有斐閣)96 頁参照。
③ 西田典之『刑法総論』(2006,弘文堂)83 頁参照。
④ 山口厚『刑法総論』(第 2 版,2007,有斐閣)97 頁参照。

如果认为伪证罪的保护法益是"根据记忆陈述"的义务与客观真实无法还原,主观说的观点当然更为可取。

(三)倾向犯中的倾向

倾向犯,是指以行为人内心的倾向或者意图为构成要件要素的犯罪。理论研究经常引用的例子是日本《刑法典》第176条规定的强制猥亵罪。虽然日本最高法院第一小法庭早在1970年的强制猥亵案中就判决认为,构成强制猥亵罪的行为人应该具有刺激、满足性欲的意图,在以报复、侮辱、虐待等为目的而实施该条规定的行为之际不构成强制猥亵罪[1],但是在理论中就"性意图"是否为法律条文没有明示的主观违法要素一直存在争议。有的观点认为,强制猥亵罪的保护法益是性自由,与行为人是否具有性意图无关。而且,在下级法院的审判中也已经出现了不需要性意图的判决。[2]

2017年11月29日,日本最高法院大法庭在"A强制猥亵案"中正式采纳了批判的观点。在一审程序中,被告人A的辩护人提出,根据上述最高法院1970年的判例"成立强制猥亵必须以犯罪人的性意图为要件",因此被告人的行为不构成强制猥亵罪。但是,一审法院在认定被告人是否存在性意图存疑的同时,判决其行为成立强制猥亵罪。大阪高等法院二审认为,不能认为犯罪人是否具有刺激、满足性欲的意图能够左右被害人的性自由是否受到侵害的判断,现在继续坚持最高法院1970年1月29日的判断标准是不恰当的,因此驳回上诉。虽然A的辩护人以违反判例为由向最高法院提出上诉,但是最高法院大法庭判决认为,案中行为本身的性质非常明确,无须考虑其他情节,客观上可以明显看出构成强制猥亵罪。因此,驳回上诉,维持原判。

---

[1] 昭和43(あ)95,刑集24·1·1。
[2] 山口厚『刑法総論』(第2版,2007,有斐閣)97頁以下参照。

> **A 强制猥亵案**
>
> [平成 28（あ）1731，刑集 71·9·467]
>
> 　　被告人 A 在其网友 B 向其借款之际，提出了对 B 的女儿进行猥亵并拍照的条件。之后，被告人 A 明知被害人未满 13 周岁（当时为 7 岁），而实施了让被害人抚摸其阴茎、抚摸被害人的阴部等猥亵行为。一审判决认为，虽然辩护人所引用的最高法院第一小法庭 1970 年 1 月 29 日判决认为"成立强制猥亵必须以犯罪人的性意图为要件"，但是现在可以认为这一判旨并不恰当。因此，在认定被告人是否存在性意图存疑的同时，判决其行为成立强制猥亵罪。
>
> 　　大阪高等法院二审认为，继续坚持最高法院 1970 年 1 月 29 日的判断标准是不恰当的，驳回上诉。2017 年 11 月 29 日，最高法院大法庭判决驳回上诉，维持原判。

日本最高法院改变其"成立强制猥亵必须以犯罪人的性意图为要件"这一立场的规范基础，强制性交罪被视为强制猥亵罪的加重形式，该罪也未要求故意之外的主观要素，社会基础则是 1970 年的判决违背了有关性犯罪的当代社会意识，这一转变也体现出向性犯罪被害人的视角的转换。[①]

五、不作为犯

（一）作为与不作为

如上所述，行为分为作为与不作为。不作为并不意味着身体完全不动，而是说没有作出被期待的作为。例如，A 在被其推入水池中的儿童濒临死亡之际，不但不予救助反而转身而去的场合，A 的身体虽然在动，实施的却是"不救助"的不作为。通过举刀杀人、开枪射人以及点燃房屋等作为实现构成要件的犯罪是**作为犯**，与此相对，通过不救助濒临死亡的被

[①] 前田雅英『刑事法判例の最前線』(2019，東京法令) 19 頁以下参照。

害人等不作为实现构成要件的犯罪是**不作为犯**。

不作为犯,进而可以分为真正不作为犯与不真正不作为犯。**真正不作为犯**,是指构成要件本身就是以不作为的形式明文规定下来的犯罪。虽然日本《刑法典》仅规定了三种真正不作为犯,即第107条规定的聚众拒不解散罪、第130条规定的拒不退去罪与第218条规定的拒不保护罪,但是日本的《道路交通法》《噪音规制法》等行政管理法中规定了大量的真正不作为犯。① **不真正不作为犯**,是指以不作为的方式实施通常以作为方式实现构成要件的犯罪的情况。例如,母亲想杀婴儿,不给婴儿进食将之饿死的情况。在日本的司法实践中,不真正不作为犯主要集中在放火、杀人、诈骗等有限几种犯罪类型。②

从行为规范的角度而言,作为犯是不服从禁止(不当为而为)而构成犯罪,因此违反的是禁止性规范。例如,诈骗犯违反的是不得诈骗的禁止性规范。真正不作为犯是不服从命令(当为而不为)而构成犯罪,因此违反的是命令性规范。例如,日本《刑法典》第107条明确规定经"具有管理权限的公务员三次命令解散而不解散"的才构成犯罪。不真正不作为犯则同时违反了禁止性规范与命令性规范(不为当为之为)。例如,在不作为杀人的场合,行为人既违反了不得杀人的禁止性规范,也违反了防止死亡结果发生的命令性规范。

从构成要件的角度出发,确定实行行为是所有犯罪的问题。在作为犯与真正不作为犯的场合,通过解释个罪的构成要件就可以解决这一问题。与此相对,在不真正不作为犯的场合,因为法条规定的是作为方式,而要确定的是以其相对面的不作为方式实施的实行行为,所以不真正不作为犯的处罚根据与构成要件等问题就成为必须重点研究的对象。

(二)不真正不作为犯的相关理论

1. 不真正不作为犯的合法性

在探讨不真正不作为犯的处罚根据等具体问题之前,首先要解决的

---

① 大谷実『刑法講義総論』(第5版,2019,成文堂)125页参照。
② 山口厚『刑法総論』(第2版,2007,有斐閣)82页参照。

是其合法性问题。例如,浅田和茂认为,行政刑法中规定的不申告罪是否违反宪法规定的沉默权、不携带罪作为形式犯是否值得处罚,以及判例处罚未明文规定的过失违反记账义务的行为是否违反罪刑法定原则都存在疑问。如此,不如一律在立法层面非犯罪化,交由行政制裁。① 还有的观点认为,如果构成要件仅规定了作为犯的形式,没有明示作为义务,则据之处罚不作为犯属于类推解释,有违反罪刑法定原则尤其是明确性原则之嫌。②

针对上述质疑处罚不真正不作为犯合法性的观点,大谷实认为,即使是以作为方式规定的构成要件,也不过是将作为规定为标准方式而已,因为禁止规范与命令规范的目的都是保护法益,所以从导致法益侵害或者构成要件结果的现实危险而言,应该说作为与不作为都包含在构成要件之中,这也是理论上的通说。③ 山口厚也认为,质疑的观点是以真正不作为犯以外的犯罪的构成要件要素都是作为为解释前提的,但是在诸如杀人罪等场合,法条规定的是"杀人"之际成立犯罪,并未将之限定于以"作为为之"。所以,不能说处罚不真正不作为犯违反罪刑法定原则。④

从法益保护的观点以及行为本身在理论上就包含作为与不作为两种方式而言,应该说处罚不真正不作为犯并不违反罪刑法定原则。当然,从处罚的有效性来说,将某些由行政刑法规定的形式犯交给行政制裁可能更为可取。

2. 不真正不作为犯的实行行为

构成不真正不作为犯也必须存在实行行为,换言之,不作为也必须该当构成要件。虽然在理论上,行为本身就包括了作为与不作为,但是不真正不作为犯本来是以作为犯的实行行为为前提的,所以并非与结果存在因果关系的所有不作为都是不作为犯的实行行为,只有能够与作为犯的

---

① 浅田和茂『刑法総論』(第2版,2019,成文堂)153頁参照。
② 松宮孝明『刑法総論講義』(第4版,2009,成文堂)85頁、井上宜裕「不真正不作為犯と罪刑法定主義」立命館法学327=328号(2010)参照。
③ 大谷実『刑法講義総論』(第5版,2019,成文堂)128頁参照。
④ 山口厚『刑法総論』(第2版,2007,有斐閣)75頁参照。

行为被同等重视不作为才是实行行为。进而言之,不真正不作为犯的实行行为在形式上也应该当构成要件,在实质上也应具有导致构成要件结果发生的现实危险。因为犯罪的实质是法益侵害,所以也可以说不作为侵害法益的危险性,应与作为犯的构成要件所设定的现实危险程度相同(**价值同等性**)。

就价值同等性的性质,在理论上存在两种不同观点。一种观点认为,价值同等性是产生实质作为义务的基础要素,因此是限制性的指导原则。另一种观点认为,价值同等性以存在作为义务为前提,是进一步限制不作为犯成立范围的要件的统称。① 笔者认为,价值同等性是解释以不作为方式实施的作为犯的构成要件的原理,因此其本身并不能构成对客观存在的作为义务的限制。同时,价值同等性虽然可以通过严格解释将不具有同等性的不作为排除在外,但这是针对实行行为而言的,将之作为限定作为犯的一般性原则或者限制性要件的统称并不恰当。

(三)不真正不作为犯的成立要件

理论上就不真正不作为犯的成立要件存在不同观点。例如,浅田和茂认为,不真正不作为犯的成立要件包括不作为、作为义务、作为的可能性、与作为的同等价值性(等值性)、结果与因果关系、故意。② 西田典之认为,不真正不作为犯的成立要件包括不真正不作为犯的实行行为(因果关系)、作为的容易性、作为义务。③ 山中敬一认为,不作为犯的成立要件包括具体的作为义务、实行行为与客观归属。④ 如上所述,不作为犯的实行行为包含了不作为、等值性以及故意等问题,应予单独论述。同时,作为的可能性其实包含了容易性的内容。所以此处仅将违反作为义务、作为的可能性与防止结果发生(因果关系)的可能性作为不真正不作为犯的要件予以论述。

1. 作为义务

根据判例与通说,成立不真正不作为犯的前提,是违反基于"保障人

---

① 山中敬一『刑法総論』(第2版,2008,成文堂)229页参照。
② 浅田和茂『刑法総論』(第2版,2019,成文堂)155页以下参照。
③ 西田典之『刑法総論』(2007,弘文堂)109页以下参照。
④ 山中敬一『刑法総論』(第2版,2008,成文堂)230页参照。

地位"产生的作为义务。① 所谓"**保障人地位**",是指应该保证不发生构成要件结果的地位。如果处于保障人地位者未防止构成要件结果发生,而且从一般人的角度来看,所导致的发生结果的现实危险与作为程度相当,法律以此为依据让其承担作为义务(**保障人义务**)。但是保障人地位的内在还是保障人义务,应在具体事件中就是否存在作为义务进行个别评价,如此就产生了如下问题:难道让本应是客观与形式评价的构成要件该当性判断向实质的价值判断转变吗?基于此,有的观点提出了区别保障人地位与保障人义务的**两分说**,主张产生作为义务的事实与法律情节是保障人地位,属于构成要件,而作为本身是保障人义务,属于违法性。虽然这一观点目前也获得了有力的支持,但是保障人地位与保障人义务属于外在与内核的关系,将二者分开几乎是不可能的。

对有危险可能发生的犯罪结果具有特别防止义务者,就是**保障人**。如果保障人能够履行其义务而怠于履行,就是通过不作为实施了实行行为(**保障人说**)。就保障人地位或言作为义务的产生根据,理论上存在多种学说。**三分说**认为,不真正不作为犯的作为义务来自法令、契约与事务管理、习惯与条例。**先行行为说**认为,如果行为人通过自己的行为设定了导致法益侵害的因果过程,则可以肯定其刑法上的作为义务。**具体依存说**认为,保障人地位的产生根据,在于不作为者通过事实上的接受,使法益保护或者侵害依存于其本人这一事实关系(**事实上接受说**)。**排他支配领域说**,也被称为**因果过程支配说**,认为不作为者对导致结果的因果过程具体而现实地排他性支配是产生其保障人地位的根据。**因果原因支配说**则认为,就肯定不作为者的作为义务而言,不需要排他性地支配因果过程,只要通过不作为支配导致结果的原因即可,也即就回避结果能够肯定存在接受或者依存关系即可。②

上述学说各有合理之处,也都存在缺陷。三分说貌似全面,但若细致

---

① 山口厚『刑法総論』(第 2 版,2007,有斐閣)80 頁参照。

② 大谷実『刑法講義総論』(第 5 版,2019,成文堂)128 頁、山口厚『刑法総論』(第 2 版,2007,有斐閣)81 頁、浅田和茂『刑法総論』(第 2 版,2019,成文堂)159 頁参照。

深入地分析,问题也很多。例如,将因民法规定、契约或者事务管理而产生的作为义务直接转化为刑法上义务本身可能就存在问题。同时,不真正不作为犯的作为义务是法律义务而非来自条例或者习惯的义务,将之作为刑法上的义务根据必须进行实质性限制。

先行行为说能够补充说明不作为本身缺少原因力的问题,但是其问题存在于两个方面:其一,在故意或者先行行为本身构成处罚对象之际,再以之为理由认定成立不真正不作为犯是对先行行为不当的双重评价。例如,交通肇事致被害人重伤而逃走的行为,本身就构成日本《刑法典》第211条规定的业务上过失致伤罪与《道路交通法》第72条规定的拒不救助罪,再以之为理由认定成立不作为的杀人罪或者拒不保护罪显然不合理。其二,即使不存在自己的先行行为,也可能存在作为义务。例如,在客人点燃的神龛蜡烛即将燃尽之际,如果房屋主人可以将之移开或者灭掉而没有为之,因此导致火灾,仍需要承担刑事责任。①

具体依存说强调不作为与法益之间的紧密联系,以法益保护对不作为者的依存关系作为肯定作为义务的前提,从保护法益的视角来看,其限制作为义务根据的基本方向应该予以肯定。但是,将保障人地位的成立范围限制于存在事实上保护状态的场合是否适当是存在疑问的。例如,山口厚设例质疑道,在拒不救助交通事故被害人的案件中,将交通事故被害人移入汽车是肯定保障人地位的必要条件。根据具体依存说,保障人地位仅存在于以救助意图而不包括以遗弃意图为之的情况。但是,如此区分可能并无实质理由。②

因果过程支配说通过将不介入因果流程置换为对因果流程具体而现实的支配,以限制不真正不作为犯的成立范围,无疑具有积极意义。但是,要求排他性似乎并不合理,或者说是多余的。例如,在自己所有的建筑物中发现了快要饿死的流浪者,即使不予救助也不能说存在杀人罪意义上的因果支配。③ 而且,在过失犯领域通常是承认同时犯的,对于特定

---

① 浅田和茂『刑法総論』(第2版,2019,成文堂)160頁参照。
② 山口厚『刑法総論』(第2版,2007,有斐閣)87頁参照。
③ 山中敬一『刑法総論』(第3版,2015,成文堂)243頁参照。

行为的结果也不能承认排他性支配。同时,如上述"大阪南港案"所示,在故意犯领域也不能排除同时犯。简而言之,同时犯与排他性支配之间存在实质冲突。

从判例的立场来看,因果原因支配说更为可取。例如在1958年的"加班放火案"中,被告人A在独自加班期间睡着,其置于办公桌下面的炭火点燃了文件、木桌等物品。因为害怕被人发现是自己的失误所致,A虽然可以呼救却毫无作为,逃之夭夭。日本最高法院第三小法庭全员一致认定A的行为成立放火罪,因为大量炭火可能导致木制物品以及周围可燃物起火的危险非常容易预见到,所以木桌和文件等起火是A重大过失所致。而且A作为加班人员,在当时情境下具有灭火的义务,尤其是A可以很容易地使用灭火器或者向当值的其他3人求助,防止火势蔓延。换言之,A导致危险的过失行为与加班人员的身份使之具有作为义务,而且其可以很容易地采取措施消除危险,当为而不为导致7栋建筑被烧毁,所以A的行为构成放火罪。① 最高法院在2005年的"超能力治疗杀人案"中进一步表明了立场。在该案中,被告人A宣称自己可以通过传输能量提高患者的自愈力,让住院中的患者V出院,并接受V的家属的委托全面负责V的治疗。但是,因为A没有采取必要的救命措施,V不幸死亡。日本最高法院第二小法庭全员一致认为,被告人A以自己的行为置V的生命于具体危险之中,而且处于受委托全面负责V治疗的地位,其行为构成不作为杀人罪,也即从被告人A先行行为所产生的危险与其对患者的支配关系出发,肯定了A的保障人地位。②

在下级法院的判决中,也存在相似的说理与判断。例如,在欺骗因小儿麻痹症行走困难的被害人V,在严寒天气将之带入深山,夺其钱财并弃之而去的案件中,法院判决认为,被告人的先行行为导致被害人的生命危险,因此负有消除这一危险的作为义务,其能够履行这一义务而弃被害人于不顾,就杀人罪的构成要件而言,这一不作为与作为具有同等价值。

---

① 昭和31(あ)3929,刑集12·13·2882。
② 平成15(あ)1468,刑集59·6·403。

超能力治疗杀人案

[平成 15(あ)1468,刑集 59·6·403]

被告人 A 宣称自己具有超能力,能够通过用手接触生病部位传输能量,提高患者的自愈能力,因此得到了一些人的信奉。V 是 A 的信奉者之一,因为颅内出血进入兵库县内医院接受治疗。尽管没有生命危险,但是需要住院几周,而且恢复后也会有后遗症。V 的儿子 B 也是 A 的信奉者,在得到不会留下后遗症的答复后,委托 A 对 V 进行治疗。A 虽然之前并无对重症患者进行治疗的经验,但仍然接受 B 的委托,在千叶县的宾馆内对 V 进行了所谓的超能力治疗。之后,在 A 的指示下,B 不顾主治医生的警告,将仍然需要进行输液等治疗的 V 从医院送至 A 留宿的酒店,使其生命处于具体危险之中。之后,A 在未对 V 采取祛痰、输液等必要措施的情况下,将之放置了约 1 天。最终,V 因为气管不通窒息而死。

日本最高法院第二小法庭终审认为,被告人因为应该由其负责的事实对患者的生命造成了具体的危险,而且在酒店中接受同为信奉者的被害人家属的委托,处于全面负责治疗被害人的地位。在此情况下,被告人负有认识到患者处于重病状态,自己并不能救助,应让之接受必要的治疗措施以维持生命的义务。但是,被告人以未必的杀人故意,未让被害人接受任何救治,将之放置在酒店中,导致其死亡。因此,认为其行为成立不作为杀人罪,并与没有杀人故意的患者亲属之间在保护人遗弃致死罪的限度内成立共同正犯的原判决正当,予以维持。

2. 作为的可能性

在肯定行为人未履行基于保障人地位产生的作为义务之后,应继续判断其是否存在作为的可能性。也即即使在客观上可能救助,如果在当时的具体情况下不具有作为的可能性,也不成立不作为犯。例如,V 落入深水中,但是负有救助义务的 A 不会游泳,在这种情况下就不能认为 A 具有作为的可能性。即使 A 会游泳,如果当时风雷交织、水激浪狂,也不能认为其具有作为的可能性。上述 1958 年的"加班放火案"与下述 1989 年的"保护人遗弃致死案"也都明文将行为人当时能够通过作为避免结果的发生而不为作为认定成立不作为犯的条件。例如,1958 年的"加班放火案"的裁判文书明确使用了"尽管处于能够容易灭火的状态"的表述。

需要指出的是,如果认为不存在作为可能性就不存在作为义务,作为可能性就应该在上述第一个要件中讨论。例如,高桥则夫认为作为可能性是判断违反作为义务的前提,应在一般性的作为义务确立之后、判断具体作为义务之际予以考虑。具体而言,例如父亲 A 看到孩子 V 在湖中,而且仅有一人,但是 A 想 V 死就死了吧,随即走开。如果 A 不会游泳,就应该否定其违反了作为义务。① 从保障人地位来说,作为义务是类型化的一般性存在。因此作为可能性应在构成要件中有独立存在的空间。②

理论上,就作为可能性的体系地位存在构成要件要素说、违法要素说以及无须特别重视等不同观点。就此,笔者赞成大谷实的观点,也即作为可能性是作为义务的基础,而作为义务是构成要件要素。因此,作为可能性是构成要件要素,应以一般人或者社会通念为标准来判断。③

3. 防止结果发生的可能性

在结果犯的场合,即使行为人违反了作为义务,而且存在作为可能性,如果不存在防止结果发生的可能性,换言之,即使行为人实施了期待的行为,结果也会发生,则可以否定存在因果关系。例如,在房中出现火情之后,屋主 A 听之任之,但是在发生烧损结果之前,第三人纵火造成烧损,由于 A 的不作为所导致的危险并没有现实化为结果,所以其行为与烧损结果之间不存在因果关系。再如,在发生交通事故导致被害人 V 身负重伤的案件中,被告人 A 因为害怕犯罪行为被发现,想将 V 扔掉,就将 V 搬入车中,但是 V 在汽车行驶的过程中死亡,一审法院也认为不存在防止结果发生的可能性。④

---

① 高橋則夫『刑法総論』(2010,成文堂)156 頁以下参照。
② 山口厚『刑法総論』(第 2 版,2007,有斐閣)92 頁参照。
③ 大谷実『刑法講義総論』(第 5 版,2019,成文堂)136 頁参照。
④ 山口厚『刑法総論』(第 2 版,2007,有斐閣)79 頁参照。

从反面而言,在行为人如果实施了被期待的行为,结果就几乎确定不会发生之际,可以肯定存在因果关系。例如在 1989 年的"保护人遗弃致死案"中,日本最高法院认为如果紧急送医,被注射了兴奋剂的被害人十有八九能够活命,所以认定被告人不予救治的行为与被害人的死亡之间存在因果关系,构成保护人遗弃致死罪。① 简而言之,判断是否存在不作为因果关系的通说标准是假定的盖然性,即"如果实施了某一期待行为,就可以大概率地避免结果"②。

保护人遗弃致死案

[平成 1(あ)551,刑集 43·13·879]

身为黑社会组织成员的被告人 A 与 13 岁的女性被害人 V 达成以兴奋剂交换性交的交易,将 V 带至酒店并给她注射兴奋剂。V 很快发生头痛、胸闷、呕吐等症状,陷入混乱状态。A 不采取任何救治措施,将之放置于酒店的房中,致使 V 因急性心律不齐,未得到及时救治而死亡。

就本案的因果关系,日本最高法院第三小法庭全员一致认为,在被害人 V 因为被注射了兴奋剂而陷入混乱状态的零时 30 分左右,如果 A 直接将 V 送去急救,因为其当时年仅 13 岁,生命力旺盛,而且也没有特殊的疾病,所以十有八九能够活命。如此,可以认为 V 的生命能够被挽救是超越合理怀疑的事情,但 A 并没有送 V 去急救。因此,认为 A 漠不关心将 V 放在酒店房中的行为与 V 在凌晨 2 时 15 分至 4 时因为兴奋剂造成的急性心律不齐而死亡的结果之间存在因果关系具有相当性。原判基于相同要旨,认定 A 的行为成立保护人遗弃致死罪是正当的。

---

① 平成 1(あ)551,刑集 43·13·879。
② 西田典之『刑法総論』(2007,弘文堂)109 頁。

第七章
违法性论

第一节 违法性基础

一、违法性的内涵

（一）形式违法性与实质违法性

从字面上理解，违法就是违反"法"。那么，对这里的"法"是从形式上理解，还是从实质上理解？围绕这一问题，形成了形式违法性与实质违法性两种观点。

形式违法性站在实定法中心主义的立场上，认为所谓"违法"，就是违反法律秩序与刑法规范，或言违反禁止性与命令性规范。因此，就行为是否"违法"，应该根据形式上是否违反刑法规定及其背后的刑法规范进行判断。由此出发，形式违法性认为只要符合构成要件的行为不存在正当化事由，即可认为其形式上违法，而否定违法性的正当化事由原则上也必须由立法明确规定。与此相对，**实质违法性认为**，从刑法规定了法令行为、业务行为、正当防卫以及紧急避险等正当化事由来看，应该从实质上理解行为的违法性，在缺乏实质违法性的场合，即使不存在法律明确规定的正当化事由，也应该认为行为不具有违法性。可见，形式违法性与实质违法性的主要区别在于是否承认超法规的违法性阻却事由。

从日本当前的国家体制与宪法在其法律体系中的地位而言，形式违法性与实质违法性的最终归宿都是宪法，所以二者具有相通之处。但是，因为实质违法性认为违法性判断的最终标准并非仅仅宪法规范，还包括从刑法目的出发作出的合理解释，在刑法没有明确规定的情况下也可以否定违法性,所以其与形式违法性的区别还是不能否认的。从刑法谦抑原则与消极的刑法观出发,实质违法性更有助于排除不应处罚的行为,更为可取。

(二)违法性的实质

那么,从实质违法性出发,应如何理解"违法"？就此,在理论上主要存在公序良俗说、规范违反说、法益侵害说与二元论的观点。

公序良俗说是主观主义的观点,认为违法的实质在于违反法律体系的普遍精神、规制共同生活的法律秩序的目的,或者违反国家所认可的社会生活的目的。这一主张因为将公共秩序与善良风俗作为判断实质违法性的标准,所以其最大的问题显而易见,就是判断标准过于抽象、模糊。[①]

规范违反说认为,违法是指违反存在于刑罚法规背后的规范。虽然不同学者对规范违反说的表述不同,例如小野清一郎认为违法性的实质是违反国家法律秩序的精神与目的,是站在国家道义立场上的客观价值评判[②];团藤重光认为,违法性的本质不是在形式上而是在实质上违反法秩序,而且应在设想构成其根底、位于其背后的社会伦理规范的同时,理解法秩序[③];大塚仁认为,违法是指违反国家、社会伦理规范[④]。各种观点虽然表述不同,但是都强调违法就是对规范的违反,而且都着眼于刑法的行为规制功能。

法益侵害说认为,违法是指侵害法益或者造成侵害法益的危险。法益侵害说的理论源头可以追溯至贝卡里亚的社会侵害说、费尔巴哈的权利侵害说等。与规范违反说的情况类似,不同学者对法益侵害说的表述也存在不同之处,例如佐伯千仞认为违法是指对法益的侵害或者威胁[⑤],泷川幸辰认为违法的实质是侵害生活利益或使之处于危险之中(危

---

① 中山研一『口述刑法総論』(補訂2版,2007,成文堂)106頁参照。
② 宮澤浩一「小野清一郎の刑法理論」法律時報52巻3号参照。
③ 団藤重光『刑法綱要総論』(第3版,1990,創文社)192頁参照。
④ 大塚仁『刑法概説(総論)』(第4版,2008,成文堂)355頁参照。
⑤ 佐伯千仞『刑法講義(総論)』(1944,弘文堂)174頁参照。

险无价值)①,平野龙一认为,违法是指对法益的侵害或者危险②,山口厚认为违法的实质是法益侵害及其危险③,但是这些表述强调的核心都是刑法的法益保护功能。

二元论则认为,违法的实质是不具有社会相当性的法益侵害及其危险,因为外观上相同的法益侵害违法性程度未必相同,现代社会的复杂性决定了仅仅根据法益侵害很难判断违法程度。而且,刑法是通过刑罚这一从道义非难的具体化而形成的痛苦来防止法益侵害的,所以不能把所有的法益侵害都作为刑法评价的对象。因此作为违法处罚的,仅能是违反社会伦理规范的法益侵害行为。如果某一行为位于历史形成的社会伦理秩序范围内,即使其导致了法益侵害,也因为具有社会相当性而不违法。④

笔者赞同以法益侵害说为基础的二元论观点。一方面,刑法的任务在于保护法益,因此无法益侵害则无违法(**法益侵害不可欠缺原则**)是必须遵守的原则。另一方面,刑法分则规定的许多具体犯罪所保护的法益其实就是公序良俗,例如日本《刑法典》第188条规定的不敬礼拜场所与妨碍说教罪等,对其是否受到侵害以及受到侵害的程度都应借助社会伦理规范来判断。

二、违法性判断

(一) 主观违法论与客观违法论

判断违法性应以刑法规范为依据。以对刑法规范性质的不同理解为标准,可以将关于违法性判断原理分为主观违法论与客观违法论。

主观违法论的理论源头,可以追溯至被称为分析法学鼻祖的英国法学家奥斯丁提倡的"命令说",即法律与道德、宗教规范等有所不同,是主权者的命令。由此出发,**主观违法论**认为,法律规范是命令规范,违法就

---

① 内藤謙「瀧川幸辰の刑法理論(五)」法律時報52巻11号参照。
② 平野龍一『刑法(総論Ⅰ)』(1972,有斐閣)51頁参照。
③ 山口厚『刑法総論』(第2版,2007,有斐閣)101頁参照。
④ 大谷実『刑法講義総論』(第5版,2019,成文堂)229頁参照。

是违反命令规范。法律规范命令的对象,应该是能够理解命令并据之行为者,对没有理解能力者发出命令是毫无意义的。在刑法领域,只有具有责任能力者能够实施违法行为。如此,违法与责任成为一体,无责任能力者实施的行为不构成违法行为,当然也就不能对之进行正当防卫。

客观违法论的理论基础是对规范构造的分析。具体而言,**客观违法论**认为,虽然法律是禁止性、命令性规范,但是在此之前,存在着从共同的生活秩序或者利益出发对某一行为进行的评价,而违法就是指违反这一评价规范。例如,在规定故意杀人罪的条文中,就蕴含着"杀人违法"这一评价规范,而且这一规范并不针对具体对象。如此,无论行为人是否具有刑事责任能力,只要某一事实影响到共同生活秩序,都可以成为违法评价的对象。无能力者实施的行为同样可以构成违法行为,可以对之进行正当防卫。

20世纪初期,日本刑法学界就存在主观违法论与客观违法论的争论。区别规范评价与可罚评价并提出规范违法的宫本英修是主观违法论的代表,而出自其门下的佐伯千仞却是最早主张客观违法论的学者之一。[①] 时至今日,随着客观违法论支持者的急剧增加,客观违法论已成为通说[②],主观违法论已经式微。

当然,在主观违法论与客观违法论的对立之中,也有站在客观违法论的立场上提出批判并主张二元论者。例如,有的观点认为,如果认为评价规范并无具体对象,则动物与自然现象如果导致法益侵害也构成违法,而法律规范针对的是人,因此违法行为的实施者也只能是人。还有的观点认为,因为规范是针对人的,所以违法与责任都与评价规范和命令规范相关,命令规范既有针对抽象人的客观的一面,也有针对具体人的主观的一面,前者有关违法,后者决定责任。[③] 但是,从违法是客观的、责任是主观的这一基本原则出发,应该坚持客观的违法性论这一通说观点。

---

① 浅田和茂『刑法総論』(第2版,2019,成文堂)175頁参照。
② 大谷実『刑法講義総論』(第5版,2019,成文堂)230頁参照。
③ 浅田和茂『刑法総論』(第2版,2019,成文堂)176頁参照。

（二）行为无价值与结果无价值

违法性判断的对象或者说基础,以其侧重点为标准,存在着行为无价值、结果无价值、二元论以及危险无价值等观点的分歧。

行为无价值与规范违反说紧密相连,认为违法的判断对象不仅包括法益侵害,还包括行为人的目的、故意等主观的一面(人的不法论)。如果将行为无价值贯彻到底,未遂犯才是犯罪的基本类型,结果不过是偶然发生而已,对于违法论而言并不重要。同时,故意与过失是主观违法要素,或者在认为构成要件是违法类型的场合是构成要件要素。**结果无价值**则站在法益侵害说的立场,认为违法的判断对象应仅限于客观的危害结果及其危险(物的不法论)。从结果无价值出发,故意与过失应是责任要素,因此故意犯罪与过失犯罪在违法层面并无不同,例如在枪杀他人的场合,如果知道子弹上膛构成故意杀人罪,如果不知道则可能构成过失致死罪,对物也可以进行正当防卫。

显而易见,行为无价值是吸取后期旧派思想的理论与近代学派思想的产物,重视的是作为行为规范的刑法规范的社会秩序维持功能与对行为人的意思决定功能。结果无价值主要是传承了前期旧派的思想,重视的是刑法规范的法益保护功能,从客观主义的立场出发,在严格区分违法与责任的基础上坚持法益侵害说。行为无价值与结果无价值在理论中都受到了批判。例如,有的观点认为,行为无价值没有充分说明刑法为何设置行为规范,可能因为遗忘刑法的任务是保护法益而成为过度的行为规范论。结果无价值作为政策主张的出发点是适当的,但是在解释方面缺乏说服力,而且在将与侵害结果明显不同的"法益侵害危险"轻易地纳入结果无价值方面,也存在理论缺陷。[①]

正是在对行为无价值与结果无价值扬长避短的基础上产生了二元论。例如,藤木英雄认为,不应将结果无价值或者行为无价值割裂开来,而应将二者作为两方面综合判断。违法性的实质是脱离社会相当性

---

① 山中敬一『刑法総論』(第 2 版,2008,成文堂)414 頁参照。

的法益侵害行为。① 井田良认为,只要不能否定一般预防的重要性就应该认为行为无价值是违法的基本。同时,作为附加要素或者为了限定处罚范围,也有需要结果无价值存在的时候。② 野村稔认为,应区别以侵害法益的危险性为核心的行为自身的危险性与接近纯客观的、事后判断的结果的危险性,将二者并列考虑(判断形式的违法二元论),以扬弃行为无价值论与结果无价值论的对立,适当地解决问题。③

在二元论中,**二元的人的违法论**获得了众多支持,甚至被视为通说。④ 该说主张以如下两方面为基础判断违法性:通过导致违法的事态违反评价规范(结果无价值),违反以普通人为命令对象的决定规范(行为无价值)。根据该说,主观要素也可以成为违法性的根据,而且仅仅违反行为规范也可以构成违法。显而易见,该说虽然是"二元"的,但是明显侧重于行为无价值。对于这一观点的批判在于,刑法并不能仅仅因为违反了行为规范而施以制裁,违反制裁规范只是前提条件,因为行为规范针对的是一般人,着眼于事前预防,制裁规范强调的是事后处理,以违反行为规范为前提,并在违反评价规范之际才发动。⑤

在上述观点之外,还存在着**危险无价值**的主张。该说认为,在以制裁规范的启动为前提条件的犯罪论体系中,不应有行为无价值的概念。同时,仅根据严格意义上的结果无价值的概念,也无法对违法的根据周全地作出说明,尤其是在以发生结果的"具体危险"为违法根据的未遂犯的场合。所以,对于作为可罚性前提的违法,不应仅仅从结果无价值,还应从"危险的存在"寻找其根据。如此,危险无价值的概念就有了独立存在的意义。发生结果的现实而客观的危险性是危险无价值的唯一的判断标准,行为人的故意等心理要素对危险的认定并无影响。违反评价规范既

---

① 藤木英雄『刑法講義総論』(1975,弘文堂)78 頁参照。
② 井田良『刑法総論の理論構造』(2007,成文堂)15 頁参照。
③ 野村稔『刑法総論』(補訂版,1998,成文堂)147 頁以下参照。
④ 川端博『刑法総論講義』(第 2 版,2006,成文堂)285 頁、大塚仁『刑法概説(総論)』(第 4 版,2008,成文堂)350 頁、板倉宏『刑法総論』(補訂版,2007,勁草書房)172 頁、野村稔『刑法総論』(補訂版,1998,成文堂)147 頁以下参照。
⑤ 山中敬一『刑法総論』(第 2 版,2008,成文堂)415 頁参照。

存在于现实发生侵害法益也存在于发生侵害法益危险的场合。①

笔者倾向于以结果无价值为原则、以行为无价值为补充的二元论,因为虽然在刑法分则规定的具体罪名中,绝大部分都可以根据具体法益来判断其违法性的存在与否及其程度,但的确存在需要基于规范进行判断的情况,例如不敬礼拜场所与妨碍说教罪。在诸如此类刑罚法规有特殊规定的例外场合,只能根据行为无价值的观点判断。

三、可罚的违法性

(一)理论基础

1. 违法的统一性与相对性

可罚的违法性理论是日本的本土理论,源自明治时期的"一厘案"(参见上编第一章第一节)判决,最初由立足于主观违法论与谦抑原则,将犯罪成立要件分为规范违法性与可罚性考察的宫本英修倡导,经在客观违法论基础区分违法与责任,并提出可罚的违法与责任概念的佐伯千仞发扬②,在20世纪50年代的特定历史环境下被理论化、体系化,并在司法实践中广泛适用。③

在日本学界,就是否承认可罚的违法性这一概念一直存在争议。**肯定说**认为,行为是否合法应该从法律秩序的整体来判断,违法与合法不会因为法律领域的不同而不同,不会出现在民法上违法而在刑法上合法的情况,相反亦是如此(**违法的统一性**)。但是,刑罚是最严厉的制裁,所以作为犯罪成立要件的违法性应该达到值得科处刑罚的程度,也即具有**可罚的违法性**。例如通奸在民法上是违法行为,因此构成请求离婚与赔偿的基础,但是并非刑法的处罚对象,因为并不"可罚"。与此相对,**否定说**认为违法具有相对性,民法上违法的行为在刑法中可能是合法的。因为可罚的违法性就是刑法上的违法性,所以可罚的违法性概念并

---

① 山中敬一『刑法総論』(第2版,2008,成文堂)416页参照。
② 浅田和茂『刑法総論』(第2版,2019,成文堂)182页参照。
③ 内田博文『日本刑法学のあゆみと課題』(2008,日本評論社)74页以下参照。

不必要。①

正如浅田和茂所言,否定说其实是认为在国家法律秩序内部存在矛盾性评价,然而说某一行为既合法又违法将会使社会成员失去行为指针,而且对于民法、行政法上的违法行为同样可以正当防卫,因此不能说刑法仅考虑刑法上的违法性就足矣②,应该认为可罚的违法性具有存在的价值。

2. 可罚的违法性的质与量

在可罚的违法性论内部,存在着藤木(英雄)说与佐伯(千仞)说的分歧。**藤木说**认为可罚的违法性是量的问题,即使在形式上符合法律的禁止性规定,如果不具备相应罚则所规定的实质违法性,从最初就不该当构成要件。就可罚的违法性的判断标准,藤木说立足于行为无价值,认为是包括被害法益轻微在内的脱离社会相当性的程度。在对构成要件进行限制性解释这一点上,藤木说当然具有积极意义。但在理论层面,存在着混同形式构成要件与实质的违法性、判断标准不清等问题。③ 而且如下所述,有关可罚的违法性的判例,明确将之分为绝对轻微型与相对轻微型两种情况,藤木说可能仅适用于绝对轻微型的情况,未免失之狭隘。**佐伯说**则认为,可罚的违法性既包括量的问题,所以即使该当构成要件,如果违法性没有达到法律预设的程度,行为也不构成犯罪,也包括质的问题,例如在近亲相奸与同性猥亵的场合,虽然违法性未必轻微,但是究其性质而言并不适合科处刑罚。④ 所以,在犯罪论体系上,可罚的违法性既包括不该当构成要件,也包括该当构成要件但不具有可罚的违法性的情形。就如何判断存在可罚的违法性问题,佐伯说从结果无价值出发,认为应该根据法益侵害的程度与法益间的比较衡量进行判断。

就可罚的违法性这一概念的必要性以及其与构成要件、违法性、违法阻却事由的关系等体系性问题,因为基本立场的不同,在日本刑法学界仍

---

① 前田雅英『刑法講義総論』(第 5 版,2011,東京大学出版会)88 頁参照。
② 浅田和茂『刑法総論』(第 2 版,2019,成文堂)183 頁参照。
③ 中山研一『口述刑法総論』(補訂 2 版,2007,成文堂)117 頁以下参照。
④ 佐伯千仞『刑法講義(総論)』(1974,有斐閣)178 頁参照。

然存在争议。

(二)判例立场

1. 20世纪80年代之前

如上所述,可罚的违法性概念源自明治时期的"一厘案"。日本最高法院在推翻一审与二审有罪认定转而判决被告人无罪之际明确指出,刑法是规定共同生活条件的法规,在解释之际应参照共同的生活观念,不能单纯依靠物理学观念。因此,如果存在能够否定犯罪人危险性的特殊情节,可以从共同生活观念出发,认为没有对细微违法行为施以刑事制裁之必要性,这也可见于立法原意之中。① 在"一厘案"判决的基础上,宫本英修提出,诸如上述的细微违法行为,虽然在一般规范上违法,但并非可罚的违法。② 但是,宫本英修所提倡的这一理论在当时尚处于萌芽状态,在学界并未得到重视。而且,在"一厘案"之后实务中一直没有类似的判决。直至20世纪50年代,因为劳动争议行为的大量涌现,以1956的"三友煤矿案"为契机,可罚的违法性理论才得以成型,并成为重要的司法原则。

在1956年12月11日判决的"三友煤矿案"中,日本最高法院不但支持了一审与二审的无罪判决,而且针对检察官的上诉明确指出,被告人的行为尚未达到《刑法典》第234条使用暴力妨害业务要求的违法程度。在"一厘案"尤其是"三友煤矿案"判决的基础上,佐伯千仞从结果无价值的立场出发,对"可罚的违法性"进行了更明确的理论总结与概括,认为"犯罪是违法行为。但并非所有的违法行为都是犯罪";"某一违法行为要成立犯罪,必须符合法律所规定的某一犯罪类型(构成要件)。反之,即犯罪类型(构成要件)就是值得处罚的违法行为(可罚的违法)的类型化(可罚的违法类型)"③。

---

① 西田典之=山口厚=佐伯仁志『判例刑法総論』(第5版,2009,有斐閣)126頁以下参照。
② 三浦道夫「可罰的違法性の理論」法学研究論叢4巻(1984)141頁参照。
③ 佐伯千仞『刑法における違法性の理論』(1974,有斐閣)16頁。

三友煤矿案

[昭和 24(れ)2273,刑集 10·12·1605]

为了改善恶劣的劳动环境,三友煤矿的劳动工会自 1947 年 9 月 13 日开始进行罢工。与此同时,Y 等组成了生产同志会,无视劳动工会的罢工决定,继续从事生产活动。对此,罢工派的工会成员非常愤慨。同年 10 月 7 日上午,在生产同志会的 K 等从储煤地向外运输煤炭之际,极度愤怒的女性工会成员阻断了道路,被告人 D 在到达案发地后也参加了阻路行为,并大声疾呼"要想从这里过去,就从我们身上碾过去"。其后,被告人 D 被以暴力妨害业务罪起诉至法院。一审判决认为生产同志会的行为是对劳动争议权的侵害行为,工会的阻止行为属于争议行为,是《刑法典》第 35 条规定的正当行为,认定被告人 D 无罪。二审判决对一审判决予以支持。检察官以对认定事实有争议为由向日本最高法院提出上诉。

最高法院第三小法庭判决认为,被告人 D 的行为仍然是工会内部的事情,而且在许多会员已经阻断道路之际,被告人 D 随后奔向煤车的前进路线并大声疾呼,不过是妨碍了煤车的前进而已,所以其行为尚未达到《刑法典》第 234 条规定的使用暴力妨害业务要求的违法程度,认定无罪的原判决具有正当性。

2. 20 世纪 80 年代之后

20 世纪 60 年代后期至 70 年代,可罚的违法性理论对日本的司法实践发挥了很大影响,成为许多无罪判例的基础。但是好景不长,随着日本政府对此类无罪判例的危机感逐步增加并提出批判,日本最高法院大法庭在 1973 年 4 月 25 日判决的"违反《国家公务员法》案"(东京全农林案)及"侵入住宅、妨碍执行公务案"(久留米车站案)中对可罚的违法性都表现出消极的态度。尤其是在"久留米车站案"中,虽然二审判决明确认为,无论争议行为是否为了政治目的而实施、是否伴随暴力,只要从社会通念来看,没有达到长期妨碍国民生活的程度,就不应成为刑事处罚的对象,因此推翻一审的有罪认定,转而认定 3 名被告人无罪。但是日本最高法院表示反对,并认为被告人等的行为明显不欠缺刑法上的违法性,追究其刑事责任亦不违反《宪法》第 28 条"保障劳动者的团结、集体交涉以及其他集体行动的权利"之规定。①

> **东京全农林案**
>
> [昭和 43(あ)2780,刑集 27・4・547]
>
> 被告人都是农林省的职员,也是 B 劳动组合的管理人员。因为反对 1958 年 10 月 8 日提交至众议院审议的《部分修改警察官执行职务法》第 14 次统一行动的一部分,在当年 11 月 5 日于农林省正门入口处召开的反对大会上,劝说与怂恿农林省的职员反对将《部分修改警察官执行职务法》越改越恶。一审法院与二审法院都认定被告人的行为违反《国家公务员法》中禁止公务员实施争议行为的规定,构成犯罪。
>
> 被告人向日本最高法院提出上诉,认为《国家公务员法》中禁止公务员实施一切争议行为的规定违反保障团体、集体交涉等基本劳动权利的《宪法》第 28 条等的规定。1973 年 4 月 25 日,最高法院大法庭经审理,以 8:7 的多数意见认为,对《国家公务员法》禁止一切争议行为,并处罚所有煽动此类行为者的规定,无论如何进行限制解释,都是合宪的。因此驳回上诉,维持原判。

在上述两个判例之后,以可罚的违法性为由的无罪判决骤然减少,并逐渐消失。② 例如在 1986 年的"电话交换机案"中,被告人在安装了逃避话费的电话交换机后,仅仅使用了一次,而且通话费仅有 10 日元。因此,一审法院以缺乏可罚的违法性为由,宣告被告人无罪。但是二审推翻了一审判决,认定被告人的行为构成妨碍有线电讯通信罪与虚假记录妨

---

① 昭和 43(あ)837,刑集 27・3・418。
② 生田勝義「可罰的違法性」阿部純二=板倉宏=内田文昭等『刑法基本講座』(1994,法学書院)36 頁以下、内田博文『日本刑法学のあゆみと課題』(2008,日本評論社)77 頁参照。

害业务罪。日本最高法院第一小法庭也明确认为,即使被告人仅尝试了一次通话并拆除了机器,也不能因此否定其行为的违法性,因此维持二审的有罪判决。①

在日本的判例中,成为无罪判决理由的可罚的违法性可以分为两类。其一,**绝对轻微型**可罚的违法性,即因为被害法益本身轻微,而被视为不可罚。在这种情况下可以直接否定构成要件的该当性。除上述"一厘案"之外,还有若干判例也是以被害法益轻微为由认定被告人无罪。例如在1979年的"盗窃宣传册案"中,东京高等法院明确认为,盗窃的信封中仅有两份宣传册,"无论是从客观还是从主观而言,价值都很微小,认为不作为盗窃罪客体所指的财物予以保护是可以的"②,因此维持一审盗窃未遂的判决。其二,**相对轻微型**可罚的违法性,即虽然偏离违法阻却事由的某一要件,但是偏离的程度很小,可以否定其违法性的情况。例如在上述的"三友煤矿案"中,日本最高法院就是以被告人等行为尚未达到法条所预设的暴力妨害业务的程度而维持无罪判决。

四、违法阻却原理

违法性问题可以在两个层面上理解。其一,某一行为是否属于刑法规范禁止的类型?这一问题属于构成要件该当性的判断范围;其二,在某些场合是否也可以例外允许刑法规范禁止的行为?③ 因为构成要件具有违法推定功能,所以该当构成要件的行为原则上具有违法性,除非存在违法阻却事由(正当化事由)。那么,这些事由阻却违法或者将行为正当化的原理何在?就此,存在着眼于法益侵害的法益衡量说、立足于规范违反的目的说与社会相当性说以及力图兼容并蓄的共同体关系行为许可说等多种观点。

法益衡量说由优越利益原则与利益不存在两个原则构成。"优越利益

---

① 昭和58(あ)555,刑集40・4・292。
② 西田典之=山口厚=佐伯仁志『判例刑法総論』(第5版,2009,有斐閣)128頁以下参照。
③ 前田雅英『刑法講義総論』(第5版,2011,東京大学出版会)322頁参照。

原则"是指在法益发生冲突之际,应对侵害的法益与保护的法益进行比较与衡量,如果保护的法益更大,则认为行为不违法。"**利益不存在原则**",则是指在因为被害人同意而不存在保护法益之际行为不违法。也即,如果存在超越侵害法益的利益,则法益侵害被抵消,侵害行为被正当化。显而易见,法益衡量说的前提是构成要件是法益侵害的类型。法益衡量说的主要问题在于,虽然在生命、财产、自由等个人法益的场合,大致可以确定法益之间的相对重要性与优越性,但是在国家法益与社会法益之间,判断孰前孰后的确存在难度。虽然如此,与下述的目的说与社会相当性说相比,法益衡量说的判断标准仍然相对具体、形象。在难以判断的场合,可以求诸宪法,以之为尺度,或者求诸刑法谦抑原则,以之为最终衡量标准。①

目的说认为,违法阻却的原理在于行为是为了正当目的而采取的正当手段。例如,有的观点认为,如果某一行为是为了实现国家所规制的共同生活的目的而采取的适当手段,则不具有违法性。该说的目的在于通过要求目的与手段都正当,以限制违法性阻却的范围,可能有违刑法谦抑原则。此外,根据该说,手段是否正当应根据社会伦理规范或者公序良俗判断,这未免过于抽象、笼统而且存在歧义,作为一般性原理并不适当。②

同样采纳了规范路径的**社会相当性说**则认为,如果行为处于社会生活中历史形成的伦理秩序范围之内,则不具有违法性。有观点认为,社会相当性说综合了目的说与法益衡量说的主张,具体而言,特定行为(包括法益侵害的结果)在各个生活领域是日常或者通常存在的,因此为健全的社会通念所允许。③ 但是在实质上,社会相当性说仍然是以行为违反社会伦理规范为判断标准。④

共同体关系行为许可说,也可称为综合说,认为行为只有达到破坏共同体的程度才会不被允许。因此在价值之间存在对立之际,应根据是否为共同体所容忍为标准来判断。共同体关系行为许可性作为上位概

---

① 中山研一『口述刑法総論』(補訂 2 版,2007,成文堂)128 頁参照。
② 浅田和茂『刑法総論』(第 2 版,2019,成文堂)179 頁参照。
③ 大谷実『刑法講義総論』(第 5 版,2019,成文堂)241 頁参照。
④ 中山研一『口述刑法総論』(補訂 2 版,2007,成文堂)128 頁参照。

念,不但包括优越利益、利益不存在、行为的有用性、必要性以及目的等下位概念,而且将之相互关联起来。① 但是,目的说与社会相当性说本身是存在缺陷的,而且因为与法益衡量说的基本立场不同,很容易得出矛盾的结论。此外,在两个以上的行为同时不被共同体所容忍的场合可能也难以判断。

违法阻却原理与实质违法性其实是互为表里的问题。换言之,某一行为的违法性能够被阻却,是因为其实质并不违法。如果从违法的实质在于法益侵害出发,应支持法益衡量说的观点。同时,在刑法规范有特殊规定之际,可以例外地采纳社会相当性说的观点。

五、违法阻却事由的分类

理论上,就日本《刑法典》第35条中的"法令或者因正当业务而实施的行为不处罚"的后半段,即"因正当业务而实施的行为"存在如下不同理解:①包括所有没有实质违法性的情形;②包括所有自救行为以外的情形;③不包括法令行为、业务行为之外的情形;④包括自救行为与被害人承诺以外的所有情形。② 在此基础上,就违法阻却事由的分类也产生了分歧。从第一种观点出发,所有法令之外的违法阻却事由都应属于正当业务行为。但是,就正当防卫与紧急避险刑法典有明确规定,将之视为正当业务行为在形式上就不适当。同时,即使认为"业务"是职业,也应要求在社会生活中反复、持续进行,因此将自救行为、被害人同意等纳入上述第35条后半段并不合理,将之视为超法规违法阻却事由更为合理。

基于上述理由,根据是否由法律明文规定,将违法阻却事由分为**法定正当化事由**和**超法规违法阻却事由**,前者包括法令行为、正当业务行为、正当防卫与紧急避险,后者例如被害人承诺、自救行为等更为合理。③ 同时,根据行为时的状态,还可以将违法阻却事由分为**一般正当行为**与**紧急

---

① 高橋則夫『刑法総論』(2010,成文堂)245 頁以下参照。
② 大谷実『刑法講義総論』(第 5 版,2019,成文堂)241 頁参照。
③ 浅田和茂『刑法総論』(第 2 版,2019,成文堂)189 頁、高橋則夫『刑法総論』(2010,成文堂)246 頁以下参照。

行为,前者是指在社会生活中被允许的正当行为,后者则是指在紧急状态下为了保护自己或者他人的法益不得已而为之的情形。

第二节　法定违法阻却事由

一、正当行为

(一)法令行为

法令行为,是指法律、命令等成文法规规定的权利或者义务行为。法令行为的正当化基础,在于法令的目的是依据一定条件保护优越法益。虽然法令规定的权利、义务行为的违法性原则上应予阻却,但在实践中还是应根据具体事实进行个别判断。法令行为包括职务行为,权利、义务行为,政策性行为等。

1. 职务行为

职务行为是指公务员法令规定的职务行为。例如,根据刑法的规定执行刑罚,根据刑事诉讼法的规定对犯罪嫌疑人、被告人执行拘留、逮捕等。诸如此类职务行为可能该当杀人罪(例如执行死刑)、逮捕监禁等罪的构成要件,但是并不具有违法性。例如,在1985年的"伤害案"中,第一清福丸号接受渔业执法船的委托,追踪其意欲逮捕的非法捕捞船大平丸号上的人等。在将近3个小时的追踪过程中,第一福清丸号数次呼叫大平丸号停船,后者非但拒不停船,而且三次冲击前者的船腹。为了防止大平丸号逃走,第一福清丸号船员向其投掷酒瓶等,其中A用竹竿捅伤了大平丸号的舵手V,造成约需一周治愈时间的伤害。日本最高法院第一小法庭终审认为:渔业执法船认定大平丸号上的船员为现行犯,为了将之绳之以法进行追踪,第一清福丸号接受委托,为了逮捕现行犯而追踪大平丸号,二者的行为都是逮捕现行犯的行为,符合《刑事诉讼法》第213条之规定。从社会通念来看,第一清福丸号船员A的行为是逮捕所必需,具有相当性,构成《刑法典》第 35 条规定的不处罚行为。①

职务行为具体可以分为两类。其一,公务员**根据法令直接实施的行为**。例如,在 1995 年的"特别公务员凌虐致死案"中,警官 A 在逮捕犯有杀人、伤害罪行的现行犯 V 之际,开枪射伤 V,导致 V 死亡。福冈高等法院明确判决认为,A 的行为符合《警官执行职务法》第 7 条规定的要件,属于合法使用武器,因此其违法性被阻却。② 其二,**执行上级命令的行为**。当然,即使上级的命令具有约束力,也只在其本身并不违反刑罚法规的情况下才能阻却违法。例如,在 1952 年的"违反《药事法》与业务上过失致死案"中,被告人 A 在 D 医院制剂与调剂科科长 E 的指挥下,违反《药事法》的规定,根据医院惯例未在容器上标注剧毒药物与普通药物,致使患者被注射剧毒药物死亡。一审判决以被告人 A 是根据 E 的指挥与惯例行事为由认定其无罪。二审判决认为,A 作为药剂师在履行职务之际负有遵守《药事法》规定的义务,上令下从也只能存在于法律允许的范围内,在违反法律义务以及刑罚法规之际不应认可。所以,撤销原判,宣告 A 有罪。③ 在这种情况下,只能以期待可能性匮乏或者减少为由,免除、减轻行为人的刑事责任。

2. 权利、义务行为

权利、义务行为是指行使法令赋予的权利或者履行法令规定的义务的行为,包括刑事诉讼法规定的逮捕犯罪人的行为、民法规定的监护人对未成年人的惩戒行为、教育法规定的教师对学生的惩戒行为等。这些行为在形式上可能符合逮捕罪、暴行罪等犯罪的构成要件,但是法律将之明确规定为权利或者义务行为,因此不具有违法性。例如,在 1981 年的"惩戒学生致死案"中,因为学生 V 言语不敬,中学教师 A 用手掌与拳头轻轻敲打了 V 的头部几下。V 大概在 8 日之后死亡。东京高等法院判决认为,从当时的情形以及 V 的年龄、身体等情况来看,A 的行为虽然对 V 的身体造成了有形的影响,但是属于行使《学校教育法》及其实施规则规定

---

① 昭和 48(あ)722,刑集 29·4·132。
② 高橋則夫『刑法総論』(2010,成文堂)248 頁参照。
③ 昭和 27(う)29,高等法院判例集 5·9·1432。

的惩戒权的行为,而且在允许的范围内,因此不具有违法性。① 当然,即使是法律规定的权利、义务行为,如果超过了合理限度,也可能构成犯罪。例如,同样是老师对学生的惩戒行为,在1958年的"暴行案"中,日本最高法院第一小法庭全员一致认为2名被告人殴打学生的行为构成暴行罪。②

3. 政策性行为

政策性行为,是指违法性因经济、社会或者财政等方面的原因被阻却的行为。教科书中经常提到的例子是出售赛马等体育竞赛彩票,此类行为本身符合日本《刑法典》第185条至第187条中的赌博罪、常习赌博、开设赌场牟利罪或者出售彩票罪的构成要件,但是因为政策原因而被正当化。

4. 提示性法定行为

提示性法定行为,是指本身具有实质合法性,法律又对其违法阻却事由予以提示性规定的行为。例如,《母体保护法》规定的人工终止妊娠行为、《精神保健福祉法》针对精神患者规定的入院措施、《尸体解剖保存法》规定的解剖尸体的行为以及《器官移植法》规定的摘取人体器官的行为等。在提示性法定行为之中,理论与实务界瞩目的当属劳动争议行为。

劳动争议行为,是指为了提高劳动者的地位、组织劳动组合以及签署劳动合同等目的而实施的同盟罢工、静坐、怠工、关闭生产场所、团体交涉等行为。日本《宪法》第28条明确规定,保障劳动者的团结、集体交涉以及其他集体行动的权利。因此,只要在正当范围内,劳动争议行为即使符合妨害业务罪、暴行罪、伤害罪、毁坏器物罪等具体个罪的构成要件,也不具有违法性。例如,在1956年的"三友煤矿案"中,检察官起诉的罪名就是暴力妨害业务罪,但是日本最高法院判决犯罪不成立。在1966年的"教唆违反《邮政法》案"(东京中邮案)中,日本最高法院大法庭也以"对于劳动者的争议行为进行刑事制裁只限于在不得已的情况下"为由,将案件发回东京高等法院,并命令在无罪的范围内重审。③

---

① 西田典之=山口厚=佐伯仁志『判例刑法総論』(第5版,2009,有斐閣)102頁以下参照。
② 西田典之=山口厚=佐伯仁志『判例刑法総論』(第5版,2009,有斐閣)102頁参照。
③ 昭和39(あ)296,刑集20・8・901。

教唆违反《邮政法》案

[昭和 39(あ)296,刑集 20·8·901]

在 1958 年的总罢工中,邮电工会在东京中央邮局举行集会。工会干部外山彦一等 8 人劝说职工"离开岗位参加集会"。东京地方检察院认定,这一行为妨碍邮局业务,构成违反《邮政法》规定的教唆罪。东京地方法院一审认定被告人的行为无罪,东京高等法院二审认定被告人等的行为构成犯罪。因此,被告人等以禁止争议行为的《公劳法》第 17 条违反有关劳动基本权的《宪法》第 28 条等规定为由,向最高法院提出上诉。

1966 年 10 月 26 日,最高法院大法庭判决认为,对于劳动者的争议行为进行刑事制裁只限于在不得已的情况下,对于将同盟罢工、怠工这种单纯的不作为行为作为刑罚对象必须要慎重,因此支持一审法院的无罪判决,撤销二审判决,发回东京高等法院在无罪判决范围内重审。之后,8 名被告人被宣告无罪。

所谓"在正当范围内"包括如下两层含义:第一,目的正当。《宪法》《劳动组合法》等规定劳动基本权利的目的在于提高劳动者的经济地位。因此,劳动争议行为仅限于以提高劳动者的经济地位为主要目的之场合,为了与此无关的政治目的而进行劳动争议行为不能阻却违法性。第二,手段正当。《劳动组合法》第 1 条第 2 款在规定可以根据《刑法典》第 35 条认为团体交涉等行为合法的同时,也规定"无论何时,都不得将行使暴力解释为劳动组合的正当行为"。因为罢工、怠工、关闭生产场所等具体争议方式只有在具有社会相当性之际,才能阻却违法性。①

在劳动争议行为中,需要特别提及的是公务员、国营企业等公有组织职员的问题。日本的《国家公务员法》与《地方公务员法》不但禁止公务员实施罢工、怠工等争议行为,而且将就之进行共谋、教唆或者煽动的行

---

① 大谷実『刑法講義総論』(第 5 版,2019,成文堂)246 頁以下参照。

为列为处罚对象,也即不处罚实行行为,但是处罚参与实行行为者,被视为一种独立的共犯类型。① 就邮政、造币等公有企业的职员,虽然法律没有承认其争议权,但是也并没有将争议行为的共谋、煽动等规定为处罚对象。同时,因为在《邮政法》(第79条)等行业立法中存在怠工、停工等行为的规定,所以就违反此类规定的行为是否适用《劳动组合法》第1条第2款就成为问题。判例曾一度持积极态度,例如在1966年的"教唆违反《邮政法》案"中,日本最高法院一度明确认为不能根据《邮政法》的规定处罚正当争议行为,在1969年的"违反《地方公务员法》案"(都教练组案)中进一步提出了双重限制,认为处罚煽动行为等应满足如下两个条件:第一,争议行为本身具有很强的违法性;第二,煽动行为等超过争议行为的通常限度,具有很强的违法性。② 但是判例很快就转向了消极立场。例如在1973年的"侵入住宅、妨碍执行公务案"(久留米车站案)中,日本最高法院以共同利益为由,判决刑罚法规禁止所有争议行为合宪③,继而在1977年的"帮助违反《邮政法》、侵入建筑物、妨害执行公务案"(名古屋中邮案)中直接认为违反当时《共同企业组织等劳动关系法》第17条的争议行为不适用《劳动组合法》第1条第2款。④

(二) 正当业务行为

正当业务行为,是指在社会生活中反复、持续实施的行为,例如相扑、拳击、剑道、摔跤等体育运动,虽然该当构成要件,但是违法性被阻却。业务不必是以经济追求为目的的职务行为,但是必须遵守开展业务应遵守的规则,否则不能否定其违法性。司法实践中有关正当业务行为的案例主要涉及刑事辩护、新闻报道、宗教活动以及治疗行为。

1. 刑事辩护

刑事辩护是日本宪法与刑事诉讼法都认可的正当业务行为。最高法院早在1930年的判例中就认为,为了履行辩护人职责而泄露在业务中获

---

① 高橋則夫『刑法総論』(2010,成文堂)230頁参照。
② 昭和41(あ)401,刑集23・5・305。
③ 昭和43(あ)837,刑集27・3・418。
④ 昭和44(あ)2571,刑集31・3・182。

得的秘密的行为不具有违法性。① 与此同时,如 1976 年的"损坏名誉案"(丸正案)判决所示,在具体实施辩护行为之际,也应遵守一定的界限。

在该案中,被告人 A 与 B 是涉嫌抢劫杀人的犯罪人 C 的辩护人。在 C 被最终确定有罪后,A 与 B 不但在记者招待会上宣布该案真正的犯罪人是被害人的哥哥 D 夫妇,而且撰写并发行了单行本书面材料。在认定被告人等的行为构成损坏名誉罪之际,日本最高法院第一小法庭全员一致认为:即使是该当损坏名誉罪等构成要件的行为,如果是为了自己担任辩护人的刑事案件被告人的利益而实施的正当辩护活动,则适用《刑法典》第 35 条的规定,不应受罚,这毫无疑问。但是,某一行为要适用《刑法典》第 35 条的规定,仅仅是为了辩护活动而实施的并非充足要件,还必须是根据行为的具体情况、相关情节,从法律秩序的整体来看能够被许可才行。在判断本案行为之际,还应考虑该行为是否为依据法令实施的职务活动、是否与辩护目的之间存在关联性以及接受辩护的被告人自己实施该行为是否能够阻却刑事违法性等情节。②

需要指出的是,因为 A 与 B 的意图显然是洗清 C 的冤屈,而且实际上冤案的可能性也很高,所以理论界就"丸正案"判决也存在质疑的声音。③

2. 新闻报道

新闻报道是保证民主制度正常运行与民众知情权的重要途径,日本《宪法》第 21 条也明确规定保障言论、出版及他一切表现的自由。但是新闻报道也存在一定的界限,在 1978 年的"违反《国家公务员法》案"(泄露外务省秘密案)中,认定被告人 A 的行为构成《国家公务员法》第 111 条规定的教唆泄露秘密罪之际,日本最高法院第一小法庭明确认为:在获取国家秘密这一点上,新闻机构有关国家政务的采访行为与公务员的保密义务之间存在冲突,新闻机构为了采访时而会教唆公务员泄露秘密。但是,即使存在诱导、教唆的嫌疑,也不能仅仅据此就直接推定该行为违法。

---

① 中山研一『口述刑法総論』(補訂 2 版,2007,成文堂)142 頁参照。
② 昭和 46(あ)758,刑集 30・2・229;西田典之=山口厚=佐伯仁志『判例刑法総論』(第 5 版,2009,有斐閣)106 頁以下参照。
③ 中山研一『口述刑法総論』(補訂 2 版,2007,成文堂)142 頁参照。

新闻机构对公务员反复、执拗的游说行为只要是为了报道之目的,而且从法律秩序的整体精神来看,其手段与方法具有相当性,能够为社会观念所容纳,则应认为构成欠缺实质违法性的正当业务行为。同时,即便是新闻机构,也不具有在采访之际可以不当侵犯他人权利与自由的特权,这自不待言。采访的手段与方法触犯有关行贿、胁迫、强要等一般性刑罚规范的情况自不用说,即使未触犯一般性刑罚规范,如果采访的手段与方法显著践踏采访对象的尊严,属于从法律秩序的精神来看为社会观念所不能容忍的类型,必须认为其脱离了正当采访活动的范围,具有违法性。①

泄露外务省秘密案

[昭和 51(あ)1581,刑集 32·3·457]

本案所涉的"秘密"主要是指日本外务省第 1034 号电文。因为记录了时任日本外交大臣与美国驻日大使之间就返还冲绳的协定进行会谈的概要,该电文属于《国家公务员法》第 100 条、第 109 条规定的保密内容。被告人 A 时任某新闻社负责外务省的记者,在与时任外务省事务官 B 发生肉体关系后,提出让他看一下有关返还冲绳协定的秘密文件,B 为了维持与 A 的关系,遂将相关秘密文件携带出来给 A 阅览、复印。一审判决认定 B 的行为违反《国家公务员法》第 100 条、第 109 条,构成泄露秘密罪,但是以 A 的行为是正当行为,未违反同法第 111 条为由,认定其无罪。二审判决在对教唆行为进行限制解释的同时,撤销原判,认定 A 的行为构成教唆泄露国家秘密罪。

1978 年 5 月 31 日,日本最高法院第一小法庭终审维持二审判决,全员一致认为:被告人 A 从最初就是将与 B 发生肉体关系、让之陷入难以抗拒的心理状态作为获取秘密文书的手段,并在达到目的之后将 B 抛在脑后。不得不说,这一行为显著践踏了采访对象 B 的尊严。从法律秩序的整体精神来看,被告人采访行为的手段与方法完全不被认同,超出了正常采访活动的范围,所以构成《国家公务员法》第 111 条规定的教唆泄露秘密罪。

---

① 昭和 51(あ)1581,刑集 32·3·457。

学界对这一结论提出了强烈批判,认为过度将伦理判断纳入了法律判断。① 有的观点还认为,在这一结论的背后,除案中的采访行为从法律秩序的精神与社会观念等一般性标准来看存在问题之外,可能还存在案中所涉秘密事关返还冲绳的密约的问题。②

3. 宗教活动

日本《宪法》第 20 条规定对任何人的信教自由都给予保障。因此,宗教活动被视为正常业务活动,并可以否定违法自在情理之中,在日本下级法院的判例中也有体现。例如,在 1975 年的"牧师隐匿案"中,被告人 A 是基督教的牧师。某高校的学生 B 和 C 在知道自己被警察视为本校发生的盗窃犯罪的嫌疑人被搜查之后,遂来到教会并留宿于教会教育馆。期间,B 和 C 通过与 A 交流,认识到自己的内心,对自己的行为进行了反省,并到警署自首。一审判决认为,A 的行为完全是出于对投奔而来的两名少年的灵魂考虑,在教会活动的正当范围之内,手段与方法也具有相当性,并不违反法律秩序的理念,因此属于正当业务行为,不构成犯罪。③

4. 治疗行为

(1)治疗行为的性质

治疗行为,是指以治疗之目的,通过外科手术等医学上普遍认可的方法对身体实施的医疗措施。④ 有关治疗行为的性质,在理论上存在伤害罪说与非伤害罪说两种对立观点。**伤害罪说**是目前的通说,主张治疗行为本身是对人体生理功能的伤害,因此该当伤害罪的构成要件。但是因为存在被害人的同意或者推定同意,所以其违法性被阻却。⑤ 与此相对,**非伤害罪说**认为,治疗行为是以医学上普遍认可的方法实施的,在具有相当性的情况下,不是对人体有危害的行为类型,不符合社会通念中的伤害概

---

① 内藤謙『刑法総論(中)』(1986,有斐閣)527 頁参照。
② 中山研一『口述刑法総論』(補訂 2 版,2007,成文堂)143 頁参照。
③ 西田典之＝山口厚＝佐伯仁志『判例刑法総論』(第 5 版,2009,有斐閣)110 頁以下参照。
④ 与治疗行为相关的被害人同意、安乐死等问题,将在超法规违法阻却事由部分论述。
⑤ 大塚仁『刑法概説(総論)』(第 4 版,2008,有斐閣)423 頁、団藤重光『刑法綱要総論』(第 3 版,1990,創文社)222 頁、高橋則夫『刑法総論』(2010,成文堂)313 頁参照。

念,因此不构成伤害罪的实行行为。①

伤害罪说与非伤害罪说的实质区别在于治疗行为的正当化根据不同。伤害罪说强调的是患者的自决权,认为治疗行为的正当化根据在于知情同意;非伤害罪说则认为在于其社会相当性说或者业务权。从日本的判例来看,伤害罪说可能更为合理。例如在 2000 年的"请求损害赔偿案"(耶和华见证人案)中,日本最高法院第三小法庭明确认为,医生无视患者不愿接受输血意愿,以存在生命危险为由,强行给其做输血手术的行为违反《民法典》第 715 条之规定,应承担精神赔偿责任。②而且,就专断医疗行为,即医生在没有经患者同意的情形下采取医疗措施的场合,德国判例的立场与日本学界的通说都认为专断医疗行为并不否定违法性,构成伤害罪。③ 当然,即使违反患者意愿的手术违法,如果手术成功,通常也可以认为不具有可罚的违法性。④

(2)治疗行为的要件

通常认为,治疗行为应满足如下两个要件:第一,患者的知情同意,此处所涉医生的说明义务将在被害人同意部分论述。第二,治疗的方法与手段在医学上具有适应性,是实现维持、保护患者生命健康之目的所必需的措施,与医术上的正当性,符合现代医学的水准与准则。在 1970 年的"违反《麻药取缔法》《优生保护法》案"(忧郁男孩案)中,某医院妇产科医生 A 受 B 的委托,为其做变性手术,摘除了其睾丸。东京高等法院认为,A 是具备做变性手术资格的医生,接受 B 的委托,而且在医学上变性手术作为治疗行为也正被慢慢认可,因此 A 的行为在外观上具有治疗行为的形态。但是,就此行为是否为治疗 B 所必需,并能在医学上得到普遍承认仍存在疑问,因此不能断定其构成正当治疗行为。⑤

---

① 山中敬一『刑法総論』(第 3 版,2015,成文堂)602 頁、大谷実『刑法講義総論』(第 5 版,2019,成文堂)259 頁参照。
② 平成 10(オ)1081,民集 54・2・582。
③ 大谷実『刑法講義総論』(第 5 版,2019,成文堂)259 頁参照。
④ 浅田和茂『刑法総論』(第 2 版,2019,成文堂)203 頁参照。
⑤ 昭和 44(う)1043,高刑集 23・4・759。

治疗行为的主体通常是具有一定资格的医生,无资格者所实施的治疗行为如果是在医学上得到普遍认可的,也可构成伤害罪的违法阻却事由。但是,可能会因为违反《医师法》第 17 条等相关规定,构成无许可行医罪。

二、正当防卫

(一) 成立根据

正当防卫,根据日本《刑法典》第 36 条第 1 款之规定,是指针对紧急不正的侵害,为了保护自己或者他人的权利,在不得已情况下实施的行为。对于正当防卫行为不处罚。正当防卫可能是违法阻却事由中最古老的制度,"并非制定法,而是自然法"①。那么,正当防卫的成立根据何在?就此,存在优越利益说、自然权利说、法确证说等不同见解。

优越利益说认为,在正当防卫的场合,被侵害者的利益绝对优于侵害者的利益,可以认为后者不具有法益的性质(**法益性不存在**)②;**自然权利说**认为,正当防卫是在紧急状况下保护自己利益的本能行为③;**法确证说**认为,正当防卫是向不正侵害显示法的确存在的行为。**优越利益・权利行为说**认为,正当防卫的成立根据是权利行为,而且相对而言,防卫者的利益更具有优越性④;**自然权利・法确证说**则认为,正当防卫是为了保护自己,并确证法律秩序的存在而实施的行为,因此能够阻却违法⑤。

正如"紧急时无法律"这一格言所示,正当防卫在本质上是一种自然权利行为,是个人在无法获得公权力救助时的自我保全,下述 2017 年"大阪杀人、毁坏财物案"判决也明确指出,《刑法典》第 36 条是在发生紧急不正的侵害,并无法期待获得公权力机关保护的情况下例外允许私人为了排除侵害而采取对抗行为。⑥ 同时,这一自然权利行为也反映出法律秩序

---

① 大谷実『刑法講義総論』(第 5 版,2019,成文堂)259 頁参照。
② 山中敬一『刑法総論』(第 2 版,2007,有斐閣)114 頁参照。
③ 浅田和茂『刑法総論』(第 2 版,2019,成文堂)223 頁参照。
④ 西田典之『刑法総論』(2006,弘文堂)146 頁参照。
⑤ 曽根威彦『刑法総論』(第 3 版,2006,弘文堂)99 頁、大谷実『刑法講義総論』(第 5 版,2019,成文堂)272 頁参照。
⑥ 平成 28(あ)307,刑集 71・4・275。

的现实存在。

(二)成立要件

1. 紧急不正的侵害

(1)紧迫性

正当防卫成立的前提条件,是存在紧急不正的侵害。所谓"紧迫",是指法益侵害的危险迫在眉睫,无暇等待国家机关根据法律程序保护、恢复法益的情况。"紧迫"虽然包括侵害正在发生的情形,但并不以之为要件。如果缺乏紧迫性,正当防卫不能成立,正如2017年"大阪杀人、毁坏财物案"判决所言,被告人对暴行有充分预期,而且获得警察援助十分容易,因此其行为不满足侵害的紧迫性这一要件,不构成正当防卫和防卫过当。

大阪杀人、毁坏财物案

[平成28(あ)307,刑集71·4·275]

2014年6月2日,被害人于被告人不在家之际,用灭火器多次击打被告人住宅的外门。同年6月3日凌晨4时,被告人与被害人在电话中争吵之后,应被害人的电话出来。在自家楼下的路上,被告人用携带的厨刀,在没有做任何威吓动作的情况下,迎向手持锤子的被害人,在其左胸狠刺一刀,致使被害人死亡。本案一审与二审判决都认定被告人的行为不构成正当防卫或者防卫过当,被告人的辩护人以二审判决违反判例为由向日本最高法院提出上诉。

2017年4月26日,最高法院第二小法庭以如下理由维持原判:在对被害人实施暴行有充分预期的情况下,被告人应被害人的电话赶赴现场并无必要,留在自宅,等待警察的援助十分容易。被告人准备好厨刀,赶赴场所,在被害人没有用锤子进行攻击、被告人没有出示厨刀进行威吓等情况下,走近被害人,对其左胸部狠刺一刀。综合而言,不能认为被告人的行为满足侵害的紧迫性这一要件,不构成正当防卫和防卫过当。

已经发生的侵害因为不具有紧迫性,所以即使侵害行为刚刚结束,也不能进行防卫(**事后防卫**)。侵害已经结束,是指侵害不再具有继续进行的可能性,所以暂时中断不能否定存在紧迫性。例如,在 1997 年的"伤害案"中,被害人 V 在被告人 A 的二楼居室用铁管殴打 A 的头部。A 见 V 想继续殴打他,就和 V 扭打在一起。期间,A 两次求救都无人回应。之后,A 虽然从 V 处抢到铁管,但 V 又将之夺回,继续追打 A。最后,A 将 V 从扶手处掀下,V 跌落地面,使 V 受到约需 3 个月治疗的伤害。一审与二审判决都认为,在 A 将 V 的一只脚掀起使之跌落之际,V 的上半身已在扶手之外,处于难以翻回的状态,A 当时完全可以从案发现场逃脱。所以,当时 V 的侵害行为已经失去了紧迫性,A 也已经没有了防卫的目的。因此,A 的行为既非正当防卫,亦非防卫过当。但是,日本最高法院第二小法庭全员一致认为,虽然当时 V 的上半身在扶手外,但仍然手握铁管,在被 A 掀落之际,仍然具有强烈的侵害意图,可能在站稳之后继续追打 A,所以 A 的行为构成防卫过当。① 在被盗窃之后立刻发现,为了取回被盗物品而追逐犯罪人的,如果以取得说为既遂标志,这一行为是既遂后的行为,可以认为是自救行为,但是不构成正当防卫。当然,因为盗窃罪的既遂时间与紧迫性的终了时间未必一致,所以即使在既遂之后,也可能存在紧迫性,可以实施正当防卫。②

虽然对可能发生的侵害先发制人不构成正当防卫(**事前防卫**),但是不能基于防卫人对侵害有预期,就可以直接否定侵害的紧迫性。例如,在 1971 年的"静冈杀人案"中,被告人 A 与同住的 V 发生口角,因被 V 殴打而离开住所。A 在酒馆饮酒后,想着向 V 道歉并重归于好,遂返回住所。V 见到 A 后,再次对 A 进行追打,并两次殴打 A 的面部,对 A 造成约需 10 日时间才能痊愈的伤害。A 拿出藏在同房间西侧隔断上的小刀刺中 V 的左胸,造成后者大动脉贯通伤,并死亡。一审法院认定被告人的行为构成防卫过当,以杀人罪判处被告人 3 年惩役,缓刑 5 年。二审法院认为,虽

---

① 平成 9(あ)152,刑集 51・5・435。
② 浅田和茂『刑法総論』(第 2 版,2019,成文堂)226 頁参照。

然 V 的行为对被告人的身体构成不正侵害，但是侵害行为不具有紧迫性。日本最高法院第三小法庭则认为，《刑法典》第 36 条中的"紧迫"，既包括法益侵害现实存在的情况，也包括迫在眉睫以及事先对之有预期的情况。在该案中，虽然被告人 A 可以推倒隔断逃离、向现场的另一人或者向附近的旅馆主人求救，但这是防卫行为是否为不得已为之的问题，并而侵害是否具有紧迫性的问题，因此二审认定有误。①

在采取保安措施预防可能之侵害的场合，如果在防卫结果发生之际，存在的侵害具有紧迫性，可以认为构成正当防卫。但是，就如日本最高法院在 1977 年的"准备凶器集合、违反《暴力行为处罚法》案"中所言，虽然根据《刑法典》第 36 条的规定，被告人并无躲避预期侵害之义务，在几乎可以确定侵害会发生的场合，也不能因此认为不存在紧迫性，但是如果不仅是不躲避，而且积极地以借机伤害对方的意图以身赴险，应认为不具备紧迫性要件。② 上述 2017 年"大阪杀人、毁坏财物案"判决也是以被告人对侵害有充分预期，反而携带刀具赶赴案发现场，首先伤害被害人为由，否定被告人的行为符合紧迫性要件。③

（2）不正

不正，是指违反法律秩序。"不正侵害"即是"违法侵害"。因为违法是客观的，所以无责任能力者以及无过失的侵害行为也可以成为正当防卫的对象。同时，违法并不需要具备可罚的违法性，是否该当构成要件也不重要，过失盗窃、过失毁坏财物罪等刑法没有规定的行为也是违法的。此外，此处的违法行为还包括违反民法、行政法等法律的行为。例如通奸行为在日本虽然违法，但已经不再是犯罪行为，如果目击通奸行为的配偶在现场散播损毁通奸者名誉的行为，在一定范围内可以承认正当防卫。但是，因为与违反刑法的行为相比，这些行为的违法性较低，防卫过当的情况较多。④

---

① 昭和 45（あ）2563，刑集 25·8·996。
② 昭和 51（あ）671，刑集 31·4·747。
③ 平成 28（あ）307，刑集 71·4·275。
④ 浅田和茂『刑法総論』（第 2 版，2019，成文堂）227 页参照。

就对物或者动物实施的侵害能否进行防卫(**对物防卫**)的问题,判例早就认为可构成紧急避险。例如,在 1937 年的"对狗防卫案"中,被告人 A 的猎犬遭到 B 的看门犬的撕咬,A 虽请求 B 予以制止但没有得到回应,A 遂用猎枪打伤看门犬。原判决认为被告人的行为构成损坏器物罪与违反枪支弹药管理法规的犯罪,但是大审院认为 A 的行为构成紧急避险,宣告其无罪。① 但是在理论上,就此问题存在否定说、肯定说与准正当防卫说三种观点。**否定说**论者或者认为所谓"违法"是指违反规范,规范的适用对象只能是人,不包括动物与自然,或者认为动物与不能称之为行为的举动根本不是侵害。② 与此相对,**肯定说**论者认为,从法益侵害说、结果无价值以及物的违法论的角度出发,动物造成的侵害也是违法的,因此可以进行防卫。③ **准正当防卫说**则认为,从日本《民法典》第 720 条第 2 款"为了躲避他人之物造成的危难而损害该物的(**防御型紧急避险**),不负赔偿责任"之规定出发,可将对物防卫视为准正当防卫,准用《刑法典》第 36 条处理。④

动物造成侵害可能分为两种情况:因物主的原因与非因物主的原因。在前者的场合,例如,在狗主唆使狗攻击行人的场合,否定说也认为可以对狗主实施正当防卫,并击伤狗。但在后者的场合,肯定说自不必言,即使主张正当防卫的对象必须是人的法确证说也认为,即使物主并无过失可言,也必须忍受反击。因此,从结果无价值的立场出发,应该支持肯定说的立场。

(3)侵害

侵害,是指对他人的权利造成损害或者损害危险的行为,包括作为与不作为。即使是不被视为行为的身体举动造成的侵害,只要是违法状

---

① 西田典之=山口厚=佐伯仁志『判例刑法総論』(第 5 版,2009,有斐閣)172 頁参照。
② 団藤重光『刑法綱要総論』(第 3 版,1990,創文社)237 頁参照。
③ 大塚仁『刑法概説(総論)』(第 4 版,2008,有斐閣)384 頁、浅田和茂『刑法総論』(第 2 版,2019,成文堂)228 頁、中山研一『口述刑法総論』(補訂 2 版,2007,成文堂)148 頁参照。
④ 大谷実『刑法講義総論』(第 5 版,2019,成文堂)276 頁、山口厚『刑法総論』(第 2 版,2007,有斐閣)121 頁参照。

态,而且从防卫人的角度而言构成违法即可。例如,母亲在哺乳之际陷入睡眠,在其翻身可能压死婴儿之际,将之用力推向另一面的行为虽然可能符合暴行罪的构成要件,但是因属于正当防卫而不具有违法性。①

2. 自己或他人的权利

此处的"权利"就是法益,但不必是法令特别规定的利益,更不必是刑法保护的利益。作为防卫的对象,权利不仅包括自己的权利,也包括他人的权利(**紧急救助**)。"他人",包括自然人、法人、团体等。

就此处的"权利"是否既包括个人法益也包括社会法益与国家法益的问题,在理论上存在否定说与肯定说的对立。否定说的论者认为,在国家法益、社会法益随附个人法益而存在之际,对之当然可以正当防卫,但不应该承认为国家法益、社会法益本身而进行的正当防卫②,以免成为政治恐怖主义的借口③。肯定说的论者则认为,从法确证说的观点出发,私人对于国家法益与社会法益当然也可以实施正当防卫(**国家紧急救助**)。虽然保护国家法益与社会法益应该是公共机关的分内之事,不能轻易交给个人或者其他组织,以免扰乱法律秩序,但是在极度危险之际可以例外予以允许。④

判例是站在了肯定说的立场。例如在 1949 年的"伤害案"中,被告人A 为了终止将要举行的总罢工,用菜刀刺伤了产业协会的议长。就 A 的行为,日本最高法院第一小法庭全员一致认为,在不能期待国家公共机关采取有效措施,极度紧迫之际,可以例外允许为公共利益而实施的防卫行为。但是,在该案中并不存在紧迫性,因此 A 的行为不构成正当防卫或者紧急避险。⑤

正当防卫是为了保护权利而反击的行为。那么,如果在反击时侵害

---

① 浅田和茂『刑法総論』(第 2 版,2019,成文堂)229 頁参照。
② 浅田和茂『刑法総論』(第 2 版,2019,成文堂)229 頁、曽根威彦『刑法総論』(第 3 版,2006,弘文堂)197 頁等参照。
③ 中山研一『口述刑法総論』(補訂 2 版,2007,成文堂)149 頁参照。
④ 髙橋則夫『刑法総論』(2010,成文堂)263 頁、大谷実『刑法講義総論』(第 5 版,2019,成文堂)277 頁、大塚仁『刑法概説(総論)』(第 4 版,2008,有斐閣)387 頁等参照。
⑤ 昭和 24(れ)295,刑集 3・9・1465。

第三人的法益应如何处理？攻击者或者防卫者利用第三人所有物的情况相对容易判断。例如 V 用 B 的所有物攻击 A，A 进行反击损坏了 B 的所有物。虽然有的观点认为 B 并非违法行为的实施者，因此 A 损坏 B 所有物的行为属于紧急避险，但是从 A 对 V 的反击构成正当防卫，而 B 的所有物是 V 侵害法益的工具而言，应认为 A 损坏 B 的所有物也属于正当防卫。再如 A 用 B 的所有物防御 V 的攻击造成损坏，理论上就这种情况构成紧急避险并无异议。①

防卫结果及于第三人的情况则相对复杂。例如，A 为了保护自己向 B 开枪，子弹①同时击中 B 及其身边的 V，二人同时死亡，或者②仅击中 V 使其死亡。就此，**正当防卫说**认为，如果对 B 是正当防卫，对 V 当然也是。**紧急避险说**则认为，V 并非侵害者，不能成为防卫的对象，因此 A 的行为只能成立紧急避险。**责任阻却说**认为，对 V 的侵害既无防卫也无避险的效果，只能认为不存在期待可能性，阻却 A 的责任。**过失致死说**则认为，在①的情况下，对 B 是正当防卫，对 V 是紧急避险；在②的情况下，因为不符合补充性要件，所以不成立紧急避险，根据具体符合说，应成立过失致死罪。②

A 开枪射击 B 的行为无论击中与否都成立正当防卫，这毫无疑问。就击中 V 的行为，鉴于 A 的行为是为了回避正在发生的危险、保护自己的生命权利，同时具有防卫故意与避险故意，可以认为 A 击中 V 的行为构成紧急避险。

3. 不得已而为之

防卫行为是"不得已而为之"，包含两层意思：其一，防卫行为是必要行为（必要性）；其二，防卫行为具有相当性。

（1）防卫行为的必要性

防卫行为具有必要性，是指为了排除侵害必须实施防卫行为。但是，与紧急避险场合的补充性要求不同，防卫行为的必要性并不意味着不

---

① 大谷实『刑法講義総論』（第 5 版，2019，成文堂）278 頁参照。
② 浅田和茂『刑法総論』（第 2 版，2019，成文堂）229 頁、大谷実『刑法講義総論』（第 5 版，2019，成文堂）278 頁参照。

存在实施其他行为的可能性,因为防卫人并无对侵害进行回避的义务,法无须向不法让步。① 正因如此,有的观点认为必要性要件几乎没有限制功能,主要还是取决于相当性要件。②

(2)防卫行为的相当性

日本最高法院早在 1969 年的"伤害案"中就已经指出,《刑法典》第 36 条第 1 款中的"不得已而为之的行为",是指"作为防卫自己或者他人权利手段的最小必要限度的行为,也即作为防卫侵害的手段,反击行为应具有相当性"③。对于判断防卫行为的相当性而言,手段与结果当然很重要。就如上述 1969 年的"伤害案"判决所言,如果采取的手段相当,就不能仅根据偶然发生的重大结果认为构成防卫过当。④ 但是也不能仅仅参考手段或者结果,即使采取了不相当的手段,如果产生了相当的结果,也应承认防卫行为具有相当性。⑤

从判例来看,认定防卫行为具有相当性应满足如下两方面的要求:其一,防卫的法益与侵害的法益不能显著失衡。例如在 1928 年的判例中,贩卖豆腐的被告人 A 与被害人 V 发生口角后逃开。V 追上 A,并用脚乱踢放豆腐的篮子,A 一时激愤,用拾到的木头殴打 V,致使 V 死亡。大审院认为,为了保护几块豆腐而伤害生命这一重要法益,超过了防卫的程度。⑥ 其二,防卫手段应与攻击手段的轻重缓急相适应,而且应立足于具体案件实质分析。在 1989 年的"违反《暴力行为处罚法》《枪支刀剑等持有取缔法》案"(停车场案)中,日本最高法院第二小法庭一致认为,原判认定对于做出赤手殴打、脚踢等动作的 V,被告人 A 手持具有杀伤能力的切菜刀进行威胁,超过了防卫手段的相当性要求,这是对《刑法典》第 36 条"不得已而为之"的错误解释。在该案中,V 的年龄与体力都明显优于 A。A 在 V 一边说着"想找打吗",一边举拳、脚踢,不断靠近而且难以逃

---

① 昭和 51(あ)671,刑集 31・4・747。
② 髙橋則夫『刑法総論』(2010,成文堂)268 頁参照。
③ 昭和 44(あ)1165,刑集 23・12・1573。
④ 昭和 44(あ)1165,刑集 23・12・1573。
⑤ 浅田和茂『刑法総論』(第 2 版,2019,成文堂)237 頁参照。
⑥ 西田典之=山口厚=佐伯仁志『判例刑法総論』(第 5 版,2009,有斐閣)186 頁参照。

脱的情况下,不得已拿出菜刀放在腰边,威胁说"想挨刀吗",这完全是防御性动作,不能说是超出了相当性防卫。① 在2009年的"广岛暴行案"中,最高法院第一小法庭撤销原判并认定被告人无罪的理由,也是认为应综合侵害的样态、防卫的结果以及被告人与被害人的身体差异等进行判断,不能认定案中行为超过了正当防卫的相当性要件。

广岛暴行案

[平成20(あ)1870]

被告人与被害人就共同持有和使用的大厦的使用存在纠纷。被害人数次以违法手段阻挠被告人所委托的公司进行修缮施工,并设置障碍阻挠前来被告人所在公司的访客。被害人所在公司一度通过诉讼要求法院禁止被告人施工,但是被法院驳回。2006年12月22日晚7时左右,在被害人企图设置"禁止进入"大厦的看板之际与被告人发生争执。被告人用双手推打被害人的胸部等部位,致使后者倒地受伤。广岛地方法院一审认定被告人的行为构成伤害罪,广岛高等法院二审,撤销原判,认定被告人的行为构成暴行罪。

最高法院第一小法庭撤销原判,认定被告人的行为构成正当防卫:被害人在建筑物上设置禁止进入的看板的行为侵害了被告人的合法权益,被告人的行为是为了防止其共同持有权、使用权以及名誉权等受到不法侵害。从被告人(女,74岁,身高149厘米)和被害人(男,48岁,身高约175厘米)的体格等方面的差异来看,不能认定被告人的行为超过了正当防卫所要求的相当性。而且,现有证据无法证明被害人跌倒完全是被告人的力量所致。

(3)自招侵害

自招侵害,是指防卫人自己招致违法侵害,制造出正当防卫状况的情形。例如,假借正当防卫的名义伤害对方,以及故意或者过失挑拨对方的

---

① 昭和61(あ)782,刑集43·10·823。

情形(**防卫挑拨**)。在前一场合,因为存在利用预期的侵害事实实施加害行为的故意(**积极的加害故意**),不满足紧迫性要件,当然不成立正当防卫。那么,在没有加害目的,故意或者过失挑拨对方导致侵害结果的场合,是否可以成立正当防卫? 就此问题,理论上存在不同观点。**权利滥用说**从正当防卫的本质或者根据出发,认为在不滥用防卫权的范围内可以成立正当防卫①;**原因上违法行为说**认为,如果导致侵害的原因行为不违法,则可以成立正当防卫②;**社会相当性说**认为,如果防卫行为不欠缺社会相当性,可以成立正当防卫③;**相当性否定说**则从正当防卫的要件出发,认为应根据防卫行为是否具有相当性判断④;**防卫故意否定说**认为,在故意或者过失挑拨防卫的场合不存在防卫故意,当然不成立正当防卫⑤;**防卫行为否定说**认为,如果挑拨行为与防卫行为之间具有强烈的因果关联,可以在整体上认为是连续行为,则挑拨者的反击行为在客观上并非为防卫而实施⑥。

上述各种学说在理论上各有千秋。但是,从正当防卫的正当化根据出发,应该支持权利滥用说。就如何判断行为人是否滥用防卫权,当然应根据挑拨行为的程度、性质,以及反击行为对必要性、相当性的影响等具体进行。如果挑拨的程度很低,反击行为当然也应该很轻,如果超出限度,挑拨者当然具有防卫权。如果挑拨的程度很高,则反击行为的范围相应宽泛,对挑拨者的防卫权应予否定。

早在20世纪初的判例中,大审院就认为即使因自己的不正行为导致侵害,也不妨碍行使正当防卫权。日本最高法院在2008年的"伤害案"中也并未否认这一立场。在该案中,时年51岁的被害人V在下午扔垃圾回来的路上,遇到步行的被告人A(时年41岁),A因为觉得V样子可疑,就

---

① 大塚仁『刑法概説(総論)』(第4版,2008,有斐閣)383頁、川端博『刑法総論講義』(第2版,2006,成文堂)345頁参照。
② 山口厚『刑法総論』(第2版,2007,有斐閣)121頁参照。
③ 大谷実『刑法講義総論』(第5版,2019,成文堂)285頁参照。
④ 高橋則夫『刑法総論』(2010,成文堂)275頁参照。
⑤ 団藤重光『刑法綱要総論』(第3版,1990,創文社)238頁参照。
⑥ 前田雅英『刑法総論講義』(第5版,2011,東京大学出版会)369頁以下参照。

大声喊他,二人因此发生争吵。A 用拳头打了 V 左脸一下然后走掉。V 边喊"等等"边骑车追上 A,在车上伸出右手使劲击打 A 的背部与颈部等部位。A 被打倒,然后爬起来拿出随身携带、用以护身用的警棍,打击 V 的脸部以及遮挡的左手,给 V 造成约需要 3 周才能治愈的伤害。最高法院第二小法庭全员一致认为,V 对 A 的攻击是 A 之前不正行为所招致,是 A 自招的侵害,在程度上也并未超出其之前的暴行,不是 A 可以随意防卫的理由。①

喧哗争斗与自招侵害具有一定的相似性。在争斗过程中,争斗双方存在一系列的攻击、防卫行为,因此即使在某一瞬间,一方仅处于防御状态,貌似正当防卫,从争斗整体来看也很难认为是防卫行为。在日本封建时代的武家法中,就存在"**喧哗两成败**"的习惯法,即从口角、争斗等是造成杀害、杀伤、诉争的源头出发,对暴力冲突的双方都予以处罚。② 20 世纪 30 年代,基于"喧哗两成败"的思路,日本大审院认为正当防卫的观念不容于争斗的场合。现在,判例已经改变了立场,认为再争斗的场合也可能存在正当防卫。例如在 1957 年的"杀人案"中,原审认定案中双方处于喧哗争斗的关系,不存在成立正当防卫的空间。最高法院第三小法庭则质疑认为,原判决在认定双方处于喧哗斗争之际,是否未窥全貌、是否认为只要是喧哗斗争就完全不存在正当防卫的余地?如果是,不免有违此前判例。③

理论上,也有观点认为,在具体案例中,例如双方正在赤手空拳地争斗,一方突然拿出匕首进行攻击,另一方不得已用铁棍进行还击,或者一方停止攻击完全采取守势,如果反击行为从整体上来看并未超出社会相当性,而且满足正当防卫的要件,一律认为不成立正当防卫也并不恰当④,应具体案件具体分析。

---

① 平成 18(あ)2618,刑集 62・6・1786。
② 石井良助『日本法制史概説』(2002,創文社)297 頁参照。
③ 昭和 29(あ)1808,刑集 11・1・31。
④ 高橋則夫『刑法総論』(2010,成文堂)277 頁、大谷実『刑法講義総論』(第 5 版,2019,成文堂)287 頁参照。

(4)防卫过当

A. 减免处罚的根据

如果防卫行为超过了限度,则构成防卫过当。在实质意义上,防卫过当是指行为超过了防卫的必要性与相当性,保护的法益与侵害的法益显著不均衡。防卫过当成立犯罪,可以根据日本《刑法典》第36条第2款之规定,减轻或者免除处罚。

就减免防卫过当行为处罚的根据,**违法减少说**认为,过当防卫行为发生在可以构成正当防卫的情况,其违法性在承认防卫效果的范围内有所减少。**责任减少说**认为,在实施过当防卫行为之际,行为人处于恐惧、惊愕、狼狈、激愤之中,因此非难可能性有所降低。**违法·责任减少说**认为,在当时防卫状况许可的范围内,违法性有所减少;同时,在行为人处于恐惧、惊愕、狼狈、激愤这一点上,责任也有所减少。**可罚的责任减少说**则认为,在违法减少与责任减少的基础上,还应考虑"处罚必要性有所减少"[①]。笔者认为,在防卫过当的场合减免被告人处罚的根据,在客观方面应是因为侵害的存在减少了行为的违法性,在主观方面应是被告人的非难可能性降低,综合而言,预防的必要性有所减少。因此,以违法减少为前提的可罚的责任减少说更为可取。在理论上,如果责任减少到无,免除处罚也就意味着被告人无罪。

B. 防卫过当的分类

首先,根据案中行为的数量,可以将防卫过当分为质的过当与量的过当。**质的过当**,是指反击手段过当,案中仅存在一个行为。例如V用拳头攻击A,A用匕首将V刺死。**量的过当**,则是指攻击已经停止而继续反击的情况,也被称为时间上的过当。例如A对V的攻击展开反攻,在V的攻击结束之后,A继续对V实施暴行。在这种情况下,前半段行为构成正当防卫,后半段行为则可能构成暴行罪,在整体上构成防卫过当。例如,在1959年的"杀人案"中,被告人A为了自我保护将伤害自己的V击

---

① 西田典之『刑法総論』(2006,弘文堂)166頁、浅田和茂『刑法総論』(第2版,2019,成文堂)244頁以下参照。

倒在地。之后,因为处于恐惧、惊愕与激愤状态,A 继续对 V 进行了 3~4 次殴打。最高法院第一小法庭认为,被告人在案中的一系列行为整体而言并非"不得已而为之",构成防卫过当。①

在质的过当的场合,因为反击行为本身过当,所以只需要直接适用日本《刑法典》第 36 条第 2 款之规定,减轻或者免除处罚即可。与此不同,构成量的过当应符合如下两个条件:其一,数个行为基于同一防卫故意;其二,数个行为都是针对紧迫不正的侵害,而且从时间和空间来看,在整体上可认为是连续行为。例如,在 2009 年的"伤害案"中,被害人 V 将榻榻米上的折叠桌压向 A,被告人 A 予以反击,将折叠桌反压回去(第一行为)。之后,在 V 已经被折叠桌压倒,很难进行反击或者抵抗之际,A 数次拳打 V 的面部(第二行为),造成约需要 3 周才能治愈的伤害。日本最高法院第一小法庭认为,A 的上述两个行为是基于同一防卫故意的一个行为,整体上是一个防卫过当行为,成立伤害罪。② 与此相对,在 2008 年的"伤害被告案"中,同法庭认为,鉴于被害人在第一行为之后已经毫无意识,案中两个行为虽然在时间、地点上存在连续性,但是在侵害的连续性与防卫故意方面存在明显的性质差异。因此,在整体上不能认为两个行为构成一个防卫过当行为。③ 显而易见,上述两个判例的主要区别在于,在 2009 年的案例中,被害人虽然处于难以继续的状态,但是侵害尚未终了。而在 2008 年的案例中,被害人已经失去意识,不可能继续实施侵害行为,不再满足正当防卫的急迫性要件。在此情况下,A 继续实施暴行并非基于同一防卫故意,前后两个行为也并非连续行为。

---

① 昭和 33(あ)547,刑集 13·1·1。
② 平成 20(あ)2102,刑集 63·2·1。
③ 平成 20(あ)124,刑集 62·6·1859。

伤害被告案

[平成 20（あ）124，刑集 62・6・1859]

被告人 A 因与 V 发生口角对之进行殴打。V 拿起一个大烟灰缸砸向 A，A 殴打 V 的面部将之打倒在地（第一行为）。V 后脑着地，失去意识，无法动弹。A 在激愤之余继续对 V 实施了踢打腹部等暴行（第二行为），造成 V 肋骨骨折等伤害。V 因为第一行为造成的伤害死亡。一审判决认为，A 在实施第一行为之际具有防卫故意，但超过限度。A 的第二行为造成伤害并致 V 死亡。因此 A 的行为构成防卫过当，成立伤害致死罪。二审判决认为，A 的第一行为构成正当防卫，第二行为是在侵害行为明显已经终了之后，不存在防卫故意，不构成正当防卫或者防卫过当，改判 A 的行为构成伤害罪。

日本最高法院第一小法庭认为，V 在第一行为之后已经没有继续实施侵害行为的可能性，所以案中两个行为虽然在时间、地点上存在连续性，但在 V 的侵害连续性与 A 的防卫故意方面存在明显的性质差异。因此，不能认为两个行为在整体上构成一个防卫过当行为。

其次，根据是否对过当事实存在认识，可以将防卫过当分为故意的防卫过当与过失的防卫过当。**故意的防卫过当**，是指行为人对过当的基础事实有认识的情况，例如手持武士刀反击赤手空拳的侵害。**过失的防卫过当**，是指对过当事实并无认识的场合，例如以为是木棍想拿来防卫，伸手拿过来的却是斧头。故意的防卫过当构成故意犯自无异议，但是就过失的防卫过当却存在不同观点。有的观点认为，在过失防卫过当的场合，行为人也认识到了该当构成要件的事实，因此在认识的范围内应该成立故意犯，适用防卫过当的规定。有的观点则认为，在过失防卫过当的场合，因为行为人不存在故意，应作为误想防卫来处理。① 鉴于行为人对最终发生的结果并无认识，而且对防卫工具存在错误认识，将过失防卫过当

---

① 大谷実『刑法講義総論』（第 5 版，2019，成文堂）289 頁参照。

作为误想防卫来处理更为适当。

4. 正当防卫的故意

(1) 理论分歧

就成立正当防卫是否需要存在防卫故意,占据通说地位的**必要说**认为,成立正当防卫既需要客观要素,也需要主观要素,即防卫故意。因为刑法中的行为就是由主、客观要素构成的,防卫行为当然也不例外。同时,认为明显以犯罪故意而实施的攻击行为构成正当防卫,与确证法存在的正当化根据不符。而且,条文中"为……"的文字表述也表明正当防卫以防卫故意为要件。① 与此相对,**不要说**则认为,刑法条文要求的就是客观上为了防卫而实施行为,因此只要满足客观要件即可成立正当防卫。这也是"违法性判断必须是客观的"这一结论的必然归结,与故意仅是责任要素的基本立场相一致。而且,大多数防卫行为都是反射行为,必要说可能会不当限制正当防卫的成立范围。②

不要说与必要说的对立集中体现在偶然防卫问题上。**偶然防卫**,是指故意或者过失侵害他人法益的行为,客观上产生了人身防卫的效果,符合正当防卫的情况。例如在 A 为了杀 B 而扣动扳机之际,B 恰好也为了杀 A 或者第三人将要扣动扳机,A 的子弹正好将 B 射杀。因为 A 主观上只有杀人的故意,从必要说的角度出发,得出的结果当然是缺乏防卫故意,不构成正当防卫。③ 与此相对,从不要说的角度出发,应肯定正当防卫,主张无罪。④ 当然,不要说的论者也并非都认为偶然防卫不处罚。例如山中敬一认为,可以根据《刑法典》第 36 条的规定将结果正当化,但是射击的行为构成杀人罪未遂。⑤ 然而,成立正当防卫通常意味着不构成未遂,而且在将结果正当化的同时,认为行为还存在危险性也难

---

① 大谷实『刑法講義總論』(第 5 版,2019,成文堂) 281 頁、大塚仁『刑法概説(總論)』(第 4 版,2008,有斐閣) 390 頁参照。
② 山口厚『刑法總論』(第 2 版,2006,有斐閣) 124 頁、前田雅英『刑法講義總論』(第 5 版,2011,東京大学出版会) 381 頁、浅田和茂『刑法總論』(第 2 版,2019,成文堂) 233 頁参照。
③ 大谷実『刑法講義總論』(第 5 版,2019,成文堂) 281 頁参照。
④ 浅田和茂『刑法總論』(第 2 版,2019,成文堂) 233 頁参照
⑤ 山中敬一『刑法總論』(第 2 版,2008,成文堂) 438 頁参照。

以理解。①

笔者赞同必要说的观点,同时认为,在犯罪论体系上应该区分违法性有无的判断与正当防卫是否成立的判断。违法性有无的判断基础,原则上是该当构成要件的事实,从结果无价值的立场出发,在目的犯、倾向犯以及表现犯等有例外规定的场合不包括主观要素。正当防卫是违法性的下位概念、例外情况。因此,在判断这一例外事实是否存在之际,以行为无价值的立场为补充,要求存在防卫故意并不违反结果无价值的基本立场。

需要指出的是,如下文所述,判例主张只要存在防卫认识即可肯定防卫故意,而且大多数必要说的论者也表示赞同。所以,就如浅田和茂所言,因为在通常情况下防卫者都会认识到防卫状况,所以除了异常罕见的偶然防卫的情况,必要说与不要说的差别不太大。②

(2) 判例立场

日本的判例一贯坚持必要说。③ 早在1958年的"杀人案"中,日本最高法院第二小法庭就明确认为,被告人的案中行为并非针对紧急不正侵害之防卫行为,而是在因被害人暴行引发的日积月累的愤懑之情而产生的杀人决意支配下的行为,因此并非不得已而为之,既非正当防卫行为,亦非超过限度的防卫过当行为。④ 在上述1971年的"静冈杀人案"中,日本最高法院第三小法庭也认为,《刑法典》第36条规定的防卫行为以防卫故意为必要要件。⑤ 之后,在1975年的"杀人未遂案"中,同法庭再度明确指出,假借防卫之名而积极对侵害人进行攻击的行为缺乏防卫故意,不构成正当防卫。⑥

就防卫故意的内容,判例最初解释为防卫的动机与目的,之后认为只

---

① 前田雅英『刑法講義総論』(第5版,2011,東京大学出版会)385頁参照。
② 浅田和茂『刑法総論』(第2版,2019,成文堂)233頁参照。
③ 浅田和茂『刑法総論』(第2版,2019,成文堂)231頁、大谷実『刑法講義総論』(第5版,2019,成文堂)281頁参照。
④ 昭和30(あ)2774,刑集12・2・297。
⑤ 昭和45(あ)2563,刑集25・8・996。
⑥ 昭和49(あ)2786,刑集29・10・983。

要存在防卫意识即可,即使同时存在伤害故意,也可以肯定防卫故意的存在。例如上述 1975 年"杀人未遂案"的判决认为,只要存在产生于对状况认识的行为意识,就存在防卫故意。即使掺杂其他动机或者目的,例如由于攻击者是仇人而以复仇为目的,也不排斥防卫意思。① 在 1985 年的"杀人案"中,被告人 A 在自己经营的饮食店受到 V 的严重暴行,出于憎恶和愤怒,从后厨拿出厨刀,在 V 嘲笑说"想跑吗"并击打其肩膀之际,被告人 A 向前一步,刺中被害人 V 的胸膛,致其死亡。就此,日本最高法院第二小法庭也明确认为:在同时存在防卫意图与攻击意图的情况下,如果伤害意图达到了能够与防卫意图并存的程度,就不应该否定防卫意图。即使是基于对侵害人的憎恶和愤怒产生的侵害意思而实施的行为,认为其构成防卫行为也具有相当性。②

在日本下级法院的审判中,认为伤害故意,甚至杀人故意都不能否定防卫故意的案例也比比皆是。例如,大阪高等法院在判例中认为,成立正当防卫并不需要行为人仅在防卫意图的支配下实施行为,即使同时存在伤害意图,只要伤害意图没有超过防卫意图并发挥主要作用,就不妨碍正当防卫的成立。③ 在 2014 年的"千叶杀人案"中,千叶地方法院也认为,鉴于被告人对侵害的预期很低,而且被告人在实施杀人行为之际侵害的确正在发生,所以不能因为被告人存在杀人故意就否定其防卫目的。④

---

① 昭和 49(あ)2786,刑集 29・10・983。
② 昭和 59(あ)1256,刑集 39・6・275。
③ 山中敬一『刑法総論』(第 2 版,2008,成文堂)469 頁参照。
④ 平成 26(わ)60。

> **千叶杀人案**
>
> ［平成 26（わ）60］
>
> 2014年1月2日晚9点30分左右,被告人及其弟M在其本人的住宅院内受到在电话中发生纠纷而驱车前来的被害人以及同伙的殴打。被告人挣脱后,目睹M被被害人踩在脚下,取出事先放在屋子后门内的尖刀,在被害人胸部右下侧刺了一刀,致使被害人在被送到医院后,因失血过多死亡。一审过程中,被告人提出其行为构成正当防卫,刺中被害人是无心之举。检察官则提出,被害人等对被告人和M实施暴力,是因为被告人之前在电话中有挑衅言语。而且,被告人预见到被害人等可能前来,并为了实施对抗而做好了准备。此外,被告人和M与被害人等处于互殴状态,其行为缺乏防卫必要性和相当性,不构成正当防卫。
>
> 千叶地方法院经审理认为:被告人和被害人在案发之前曾在电话中发生争吵,但是被告人和被害人此前素未谋面,被害人也不知道被告人的住所,所以虽然被害人在电话中表示要来寻衅,但是被告人对此的预期很低。因此不能因为被告人对侵害行为存在预期就否定防卫前提的存在。同时,被告人在行为之际侵害的确正在发生,不能因为其存在杀人故意就否定其防卫目的。但鉴于当时被害人已经停止殴打,被告人致使被害人死亡的行为明显超过必要限度,成立防卫过当。

(3)假想防卫与假想过当防卫

假想防卫,是指误认为存在符合正当防卫的事实而反击的情况。假想防卫可以分为三种情况:第一,对正当防卫的事实存在误信,也即不存在紧迫不正的侵害却误认为存在。例如厨师A为了杀鱼举起匕首,B以为A要伤害自己,就用匕首刺伤A。第二,对防卫行为的相当性存在误信,也即在存在可以用木棍防卫的紧迫不正的侵害的情况下,A拿起其认为是木棍其实是斧头的东西打向B,并致B死亡。第三,对正当防卫的事实存在误信,而且即使假定其误信的事实存在,也超过了防卫的必要性与相当性的情况,即对紧急不正侵害的误信与防卫行为相当性的误信并存,这种情况被称为假想过当防卫。① 下文将前两种情况作为狭义上的假想防卫予以论述,并单独探讨存在双重误信的假想防卫过当。

A. 假想防卫

就上述第一种与第二种情况,**事实错误说**是目前的通说,认为这两种情况都属于事实错误,因此否定故意,如果对错误认识存在过失,则成立过失犯。② 例如在上述厨师 A 杀鱼的例子中,B 的行为虽然不成立杀人罪,但可能成立过失致死罪或者重过失致死罪。**严格责任说**认为,假想防卫属于日本《刑法典》第 38 条第 3 款规定的违法性错误,并不否定故意。所以在上述厨师 A 杀鱼的例子中,B 对厨师 A 具有杀人的故意,不过是认为自己的行为构成法律许可的正当防卫而已。③ 此外,有的观点认为,在对于一般人而言错误不可避免的场合,假想防卫就是正当防卫的一种,因此应否定违法性④;还有的观点认为,在假想防卫的场合,应将故意视为责任要素予以否定⑤。

判例采纳的是事实错误说。日本大审院早在 1933 年的判例中就已经判决认为,在客观事实不存在,行为人却误信其存在的场合,不存在犯意。东京高等法院在 1984 年的"伤害致死案"中也明确判决指出,误认为存在紧迫不争的侵害,是误想防卫属于事实错误的一种当然归结。⑥ 在东京地方法院 2002 年审理的案件中,V 醉酒施暴,A、B 和 C 为了防卫将 V 摁住。在 B 与 C 不知道的情况下,A 用力勒住 V 的脖子,致使 V 窒息死亡。东京高等法院判决认为,B 与 C 并未认识到 A 的过当行为,因此不存

---

① 大谷实『刑法講義総論』(第 5 版,2019,成文堂)290 頁、西田典之『刑法総論』(2006,弘文堂)167 頁以下参照。
② 大塚仁『刑法概説(総論)』(第 4 版,2008,成文堂)465 頁、曽根威彦『刑法総論』(第 3 版,2006,弘文堂)212 頁参照。
③ 大谷実『刑法講義総論』(第 5 版,2019,成文堂)291 頁参照。
④ 川端博『刑法総論講義』(第 2 版,2006,成文堂)384 頁、野村稔『刑法総論』(補訂版,1998,成文堂)308 頁参照。
⑤ 高橋則夫『刑法総論』(2010,成文堂)283 頁参照。
⑥ 大谷実『刑法講義総論』(第 5 版,2019,成文堂)291 頁参照。

在故意,其行为构成误想防卫。① 在理论上也应该认为,在上述第一种与第二种情况下,行为人采取防卫行为是基于对其所看到的事实或者事物的错误解读,应属于事实错误。

B. 假想过当防卫

假想过当防卫可以分为两种情况。第一,没有认识到过当性的情况,作为假想防卫处理即可。第二,认识到过当性的情况。在这种情况下,要解决的主要是假想过当防卫是否构成过当防卫,可以适用或者准用《刑法典》第 36 条第 2 款之规定减免处罚的问题。这一问题又与上述对过当防卫减免处罚的根据有关。例如,根据违法减少说,因为不存在减免的客观事实,所以不应对假想防卫过当减免处罚。而根据责任减少说和可罚的责任减少说,因为在假想的情况下,行为人的心理也存在恐惧、惊愕、狼狈或者激愤的情况,可以适用或者准用《刑法典》第 36 条第 2 款的规定减免处罚。

判例的立场是对假想防卫过当也可以适用《刑法典》第 36 条第 2 款之规定。例如,在 1965 年"杀人未遂、违反《枪支刀剑等持有取缔法》案"中,B 没有对被告人 X 实施任何侵害行为,但是 X 用锁链殴打 B,并与手持厨刀防止再度受到攻击的 B 对峙。此时,X 的长子 A 听到 X 的呼声从别处赶来。因为不知晓前情,误认为 X 正在受到 B 的侵害,为了排除侵害,A 用猎枪对 B 射击,击中 B 的颈部锁骨上部。日本最高法院第一小法庭认为,A 的行为虽构成假想防卫,但超过限度,属于防卫过当,构成杀人未遂。② 在 1987 年的"伤害致死案"(骑士道案)中,同法庭也一致认为,被告人的行为构成假想过当防卫,可以根据《刑法典》第 36 条第 2 款的规定减轻处罚。

---

① 西田典之『刑法総論』(2006,弘文堂)169 頁参照。
② 昭和 40(あ)1998,刑集 20·6·554。

> **骑士道案**
>
> [昭和59(あ)1699,刑集41·2·182]
>
> 被告人 X 是空手道三段。某日夜间,X 在回家的路上看到醉酒的 A 女与 B 在推搡,A 女被推到仓库的铁卷帘门上而且臀部有血,所以误认为 B 在对 A 施加暴行。X 为了帮助 A,挡在二人之间,并扬起双手走向 B。因为看到 B 摆出了拳击的姿势,X 误认为 B 要殴打自己,为了保护自己与 A 女,X 用回旋踢踢中 B 的面部,将之踢倒,造成 B 头盖骨骨折等伤害。B 数日之后因伤死亡。
>
> 千叶地方法院一审认为,被告人 X 不存在故意,而且因为是英国人,并不精通日语,所以在当时情形下也不能认为其存在过失。因此,认定 X 的行为属于假想防卫,宣告无罪。东京高等法院二审认为,在当时情形下,被告人完全可以采取警告、将 B 推开以及在 B 出拳之际出手抵挡等防卫手段,但是却使出了被称为空手道必杀技的回旋踢,存在可能发生重伤与死亡结果的危险。因此,X 的行为属于假想防卫过当,成立伤害致死罪。
>
> 日本最高法院第一小法庭全员一致认为,从全案事实来看,被告人 X 针对其假想的紧急不正侵害所采取的回旋踢这一防卫手段明显不具有相当性,其行为属于假想防卫过当,成立伤害致死罪。

(三)《盗犯等防止与处分法》特殊规定

1930 年颁布的日本《盗犯等防止与处分法》规定了正当防卫的特殊情形,根据该法第 1 条第 1 款的规定,在下述情形下,为排除对自己或者他人的生命、健康或者贞操的现实危险而杀伤犯人的,构成《刑法典》第 36 条第 1 款规定的正当防卫:① 防止盗犯或者取回盗窃犯罪的赃物的;②防止携带凶器或者以翻墙、越窗、破坏锁具的方式进入居所或者有人看护的宅邸、建筑物或者船舶的;③驱逐无故侵入居所或者有人看护的宅邸、建筑物或者船舶,或者经要求拒不退出上述场所的。作为特别刑法,《盗犯等防止与处分法》中的规定本应以《刑法典》第 36 条的规定为前提,但是在 1994 的"移送中等少年院上诉案"中,日本最高法院第二小法庭明确指出,构成《盗犯等防止与处分法》第 1 条规定的正当防卫,在相当性要件方面,应比《刑法典》规定的防卫手段的相当性要求有所缓和。①

> **移送中等少年院上诉案**
>
> [平成 6(し)71,刑集 48·4·21]
>
> 　　包括被害人 V 在内的 7 名初三学生,意欲抢劫、敲诈高三学生 A,让 A 跟他们走。A 因为携带护身用的水果刀,就跟着他们来到日间行人也稀少的 X 大厦门前。7 名初三学生随即开始殴打 A,但是只有一人在手臂上套了一个塑胶管,其他都是空手。A 两次想逃走,但并没有大声求助也没有地方躲藏,始终采取防御姿态。因为暴行持续了几分钟,A 无奈拿出水果刀挥舞,刺中赤手殴打他的 V 的心脏,致使 V 失血身亡。
>
> 　　日本最高法院第二小法庭认为,被害人等并未使用塑胶管以外的凶器,并未对 A 造成生命危险,A 也没有拿出水果刀进行威吓。即使考虑到是 1 对 7,而且案发现场行人稀少,作为排除针对身体的现有危险的手段,A 的行为也属过当,不具有相当性,因此不成立《盗犯等防止与处分法》第 1 条规定的正当防卫,而是成立防卫过当。同时,该法庭指出,此处的相当性,限定于以防卫之目的排除对生命、身体、贞操的危险,比《刑法典》第 36 条第 1 款规定的防卫手段的相当性要求有所缓和。

《盗犯等防止与处分法》第 1 条第 2 款规定,即使是在没有现实危险的场合,如果由于恐怖、惊愕、兴奋、狼狈而当场杀死或者杀伤犯人的,亦不处罚。换言之,这种情况虽然并不否定违法性,但因为不存在期待可能性,可以否定责任。就《盗犯等防止与处分法》第 1 条第 1 款与第 2 款的关系,日本最高法院在 1967 年的判例中指出,只有在对该条第 1 款规定的危险存在误信的情况下,才能适用该条第 2 款。②

---

① 平成 6(し)71,刑集 48·4·21。
② 高橋則夫『刑法総論』(2010,成文堂)286 頁参照。

三、紧急避险

(一) 法律性质

日本《刑法典》第 37 条第 1 款规定,为了使自己或者他人的生命、身体、自由或者财产免遭正在发生的危难不得已而实施的行为,如果实际造成的危害未超过意欲避开的危害,不处罚。在超过的场合,可以根据情节减轻或者免除处罚。紧急避险与正当防卫都是法律为了挽救面临迫在眉睫的危险的法益而特许的行为,但正当防卫是"不正对正"的关系,即针对不正侵害者而反击的正当行为,紧急避险是"正与正"的关系,即为了避免正在发生的危难不得已侵害无辜第三者法益而被认为正当。

就紧急避险成立的法律性质,**责任阻却事由说**认为,紧急避险是侵害第三者合法权益的行为,不免违法,只是因为难以期待行为人在危难之际实施其他合法行为,而豁免其责任而已。通说的**违法阻却事由说**认为,刑法不但允许可以为"他人"的利益实施避险行为,而且规定了法益权衡的要求,其主旨明显就是将紧急避险规定为违法阻却事由。如果是责任阻却事由的话,应该从期待可能性出发,法律应仅允许为"自己"的利益而避险才是。在责任阻却事由说与违法阻却事由说的基础上,还存在各种二元说。例如,**以违法阻却为中心的二元说**认为,为了拯救较大的或者相等的法益而牺牲他人法益的场合,构成违法阻却事由,在例外情况下构成责任阻却事由,例如在生命对生命或者身体对身体的场合。**以责任阻却为中心的二元说**在立足于责任阻却说的同时,认为如果法益之间存在显著差异,可以例外地承认超法规的违法阻却。① 此外,还有学者提出了**以违法阻却为中心的三元论**,主张在保护的法益优越于侵害的法益之际构成违法阻却。其中,在民事违法的场合构成可罚的违法阻却,而在法益价值相同的场合,成立责任阻却。② 从《刑法典》第 37 条第 1 款的规定出

---

① 关于各种观点,大塚仁『刑法概説(総論)』(第 4 版,2008,有斐閣)401 頁以下、大谷実『刑法講義総論』(第 5 版,2019,成文堂)295 頁、髙橋則夫『刑法総論』(2010,成文堂)286 頁、山口厚『刑法総論』(第 2 版,2006,東京大学出版会)139 頁以下参照。

② 浅田和茂『刑法総論』(第 2 版,2019,成文堂)254 頁参照。

发,应该支持违法阻却事由说。侵害的法益超过保护的法益的情况属于避险过当,不在紧急避险成立根据的讨论范围。

紧急避险是违法阻却事由还是责任阻却事由的分歧,不仅对犯罪论体系有影响,对司法实践亦有影响,尤其在如下两个具体问题上:其一,在紧急避险的场合是否成立共犯?例如,假设在广为流传的卡纳安德斯之板例子中,A与B两人正在争夺一片木板,此时岸上的第三人C大声让A淹死B,A听从C的话将B的头按到水中将之淹死,然后自己抱住木板游到岸上。根据违法阻却事由说,A的行为是不具有违法性的紧急避险,从犯罪从属说出发,C不成立教唆犯。根据责任阻却事由说,A的行为是违法行为,从犯罪从属说出发,C可能成立教唆犯。其二,对紧急避险是否可正当防卫?例如,在上面的设例中,在A将B的头按到水中之际,在岸上的D开枪将A射杀,B抱住木板游到岸上。从违法阻却事由说出发,D的行为不能成立正当防卫,仅能成立紧急避险,因为A的行为合法。而从责任阻却事由说出发,因为A的行为违法,所以D的行为成立正当防卫。

(二) 成立要件

1. 避险的前提

成立紧急避险,首先应存在"正在发生的危险"。"正在发生"与正当防卫的"紧迫性"要件的含义相同。在1960年的"违反《爆炸物取缔罚则》与妨害往来案"中,因为看到村里通行用的吊桥腐烂,对村民的生命、财产构成威胁,两名被告人就炸毁了该桥。日本最高法院第一小法庭全员一致认为,在被告人等炸桥之际,吊桥虽然处于危险状态,但是对行人并无直接、紧迫的危险,而且当时是冬天,每天仅有二三人通过,村子也对马车通行的重量进行了限制。因此,本案不存在紧迫性要件,不构成紧急避险。①

"危险"包括正在发生的侵害与侵害的危险,不论是由人的行为造成的危险,还是由自然现象、疾病、动物所带来的危险。例如在1933年的判例中,因为大雨倾盆,可能淹没稻苗,被告人不得已排水损毁下游的闸

---

① 昭和34(あ)949,刑集14·1·61。

板,日本大审院认定被告人的行为成立紧急避险。① 虽然针对正当行为也可以实施避险行为,但是在执行死刑、实施逮捕等法令行为以及存在被害人同意等特殊场合,不能实施紧急避险。同时,为了避免正当防卫与紧急避险带来的法益侵害而侵害对方或者第三方的合法权益,虽然不成立正当防卫,但是可以成立紧急避险。

此处的危险,应是针对"自己或者他人的生命、身体、自由或者财产"的危险。虽然法条非常详细地对目标法益进行了列举,但也不应认为仅限于此,对于名誉、贞操等权利也应该允许紧急避险。就此处的"他人",虽然下级法院在 1950 年的案例中认为不应包括公司、协会等法人以及与之类似的社团、财团等,但是在理论上被认为并不妥当。② 当然,鉴于该案是以经营困难为由购入黑市物资而不被认为构成紧急避险,具有特殊历史背景,司法实践现在的立场未必如此。

同时,就"他人"的法益是否包括国家法益与社会法益的问题,理论上虽然是肯定说占据多数,但否定说的理由也非常充分,也即,从条文所列举的生命、财产、自由等都是个人法益来看,紧急避险的立法主旨在于保护个人法益。当然,在公共团体与国家是个人法益主体之际也可以进行紧急避险,例如为了保护国有财产免于毁坏而实施避险行为。

2. 避险的限度

成立紧急避险应符合**法益均衡**原则,即避险行为所造成的损害不得超过想要避开的损害程度。虽然法条依次列举了生命、身体、自由、财产等法益,提供了一个大概的标准,但是在实际权衡之际,应根据冲突法益的性质、危险程度、法益侵害必要性的程度等具体情况具体分析。

在权衡法益之际,有时候非常容易,甚至一目了然,例如在上述 1933 年为了挽救稻苗而损毁下游的闸板案中,如果闸板价值 500 元,可能失去的稻苗价值 1000 日元,显而易见符合法益均衡原则。但是,难以权衡的情况比比皆是。例如在为了救助人命无证甚至醉酒后超速驾驶的场

---

① 高桥则夫『刑法総論』(2010,成文堂)290 頁註 151 参照。
② 浅田和茂『刑法総論』(第 2 版,2019,成文堂)256 頁参照。

合,一边是人命,一边是交通安全,而侵犯交通安全可能侵害不特定多数人的生命与财产。在这种情况下,应尽量根据实际发生的结果与现实救助的生命进行比较。尽管如此,在认定紧急避险之际仍然存在困难,因此在为了逃命而醉酒驾驶、为了逃避强制绝育而偷渡等案件中,法院都认定成立避险过当,避免进行直接比较。①

3. 避险的必要

根据日本《刑法典》第 37 条之规定,紧急避险也是"不得已而为之"的行为。但是与正当防卫不同的是,根据日本最高法院大法庭 1949 年判例的解释,此处的"不得已而为之",是指在当时的具体情况下别无他法(**补充性原则**)②,因为紧急避险是通过侵害他人合法利益而保全自己或者他人的合法利益(**正对正**),所以应尽量采取其他可行的方法。就此处"补充性"的判断,作为行为层面的问题,应该以行为时一般人为标准进行判断。例如在"教唆违反昭和 23 年第 201 号政令案"中,鉴于列车在通过隧道之际产生的热气会产生严重有毒气体,对人的生命健康造成损害,被告人等为了避免发生危险,决定在通过隧道之际将牵引车辆一律减少三成。日本最高法院第二小法庭全员一致认为,被告人等减少牵引车辆足以避免案中的危险,如果进而全面中止工作,则可能就并非不得已而为之了。③ 在上述 1960 年的"违反《爆炸物取缔罚则》与妨害往来案"中,法院否定成立紧急避险的另一理由,也是在当时可以采取限制通行等其他方法。

4. 避险的故意

关于成立紧急避险是否需要避险故意的问题,与正当防卫的情况相似,在理论上同样存在不要说、必要说与两分说的分歧。**不要说**认为,成立紧急避险只要客观上存在紧急避险的情况即可,不必存在避险故意。④ 居于通说地位的**必要说**则认为,与成立正当防卫必须存在防卫故意

---

① 西田典之『刑法総論』(2006,弘文堂)139 頁以下参照。
② 昭和 22(れ)39,刑集 3・6・772。
③ 昭和 25(れ)1345,刑集 7・13・2671。
④ 西田典之『刑法総論』(2006,弘文堂)136 頁参照。

相同,成立紧急避险也必须存在避险故意。① **两分说**则认为,在紧急避险是违法阻却事由的场合,不需要避险故意,但在其是责任阻却事由之际,应需要避险故意。② 笔者支持必要说,理由参见防卫故意部分。因此,**偶然避险**不成立紧急避险,例如 A 以损坏的故意向 B 的窗户扔石头砸碎玻璃,偶然使得室内正在因为煤气泄漏几乎窒息而死的 B 或者其他人免遭一死,A 的行为只能属于偶然避险。

同时,以避险故意实施避险行为,也可能存在违反注意义务的情况,因此即使避险行为是过失行为,也可能存在避险故意③,这也是判例的立场。例如,在 1970 年的"业务上过失伤害被告案"中,被告人 A 为了躲避对向越过中间线超车而来的汽车,未采取安全措施向左变向,与后面的摩托车发生碰撞,致使驾驶员受伤。一审认定 A 的行为构成业务上过失伤害罪,大阪高等法院二审改判 A 无罪,认为虽然 A 在变向之际存在过失,但是其目的在于避免自己的生命遭到危险,构成紧急避险。④

此处,还需要探讨的一个问题是,在为他人利益实施避险行为之际,是否可以违反法益主体的意思而为之?就此,否定说论者认为不能容许违反法益主体意思的避险行为,因为在某一法益的主体同意侵害的场合,该法益就失去受到保护的价值,当然也就不存在"正在发生的危险"⑤。肯定说论者则认为,从紧急避险的法律性质来看,是否成立紧急避险与法益主体的意思无关。⑥ 笔者同意肯定说的观点,同时认为,不能站在纯粹客观的立场判断"正在发生的危险"是否存在,要求实施避险行为者在当时的情境下进行如此判断既不公平也不可能。因此,如果一般

---

① 大谷実『刑法講義総論』(第 5 版,2019,成文堂) 299 頁、高橋則夫『刑法総論』(2010,成文堂) 291 頁参照。
② 浅田和茂『刑法総論』(第 2 版,2019,成文堂) 259 頁参照。
③ 大塚仁『刑法概説(総論)』(第 4 版,2008,有斐閣) 404 頁、大谷実『刑法講義総論』(第 5 版,2019,成文堂) 300 頁、高橋則夫『刑法総論』(2010,成文堂) 292 頁参照。
④ 昭和 45(う)160,高刑集 23・2・367。
⑤ 山口厚『刑法総論』(第 2 版,2006,有斐閣) 140 頁、高橋則夫『刑法総論』(2010,成文堂) 292 頁参照。
⑥ 大谷実『刑法講義総論』(第 5 版,2019,成文堂) 300 頁参照。

人在行为之际也会认为危险正在发生，则无论法益主体是否放弃法益都应该认为可以成立紧急避险。

最后需要指出的是，即使避险行为符合上述要件，还应在整体上综合判断避险行为是否具有社会相当性。即使在形式上符合紧急避险的要件，如果在实质上不具备相当性，也不应认为成立紧急避险。例如在突遭暴雨之际，认为自己身穿的是高价西服，就抢夺身穿普通衣服的穷人的雨伞，这种行为显然不能成立紧急避险。①

(三) 避险过当与假想避险

与防卫过当的情况相似，日本《刑法典》第 37 条第 1 款也规定，对超过限度的避险行为可以根据情节减轻或者免除处罚。在 1982 年的判例中，因为被酒醉之后的 Y 持镰刀追赶，X 躲在货车中。Y 看到之后，持刀向货车赶来。X 在喝酒状态下行驶了约 6 公里，赶到警察署求助。东京高等法院二审判决认为，虽然 X 喝酒驾驶是不得已而为之，但是在进入街道之际停下来确认 Y 是否追来、在适当场所停车或者打电话向警察求助都不是不可能的。因此，X 的行为属于避险过当，构成犯罪，但是可免予处罚。②

避险过当包括不符合补充性与相当性要求的避险过当和不符合法益均衡要求的避险过当两种。在第一种类型中，判断避险行为是否过当需要根据具体情节具体判断，与第二种类型相比更加困难。例如在 1998 年的"现住建筑物放火被告案"中，被告人 A 被某暴力团组长 B 等监禁在暴力团事务所内。在此期间，A 连日被 B 等用玻璃台灯殴打头部、踢打骨折的左脚等。为了脱困，A 在事务所的一楼放火，烧毁部分房间。大阪地方法院一审认为，A 是为了避免正在发生的自由与健康危险，以避险的意思放火，因此其行为构成避险过当。但是大阪高等法院二审认为，该案中存在其他危害更小而且更平稳的脱困方法，同时放火行为在情理上也难以得到认同，所以并无成立避险过当的余地，原判决对避险过当成立要件的

---

① 大谷実『刑法講義総論』(第 5 版, 2019, 成文堂) 300 頁参照。
② 浅田和茂『刑法総論』(第 2 版, 2019, 成文堂) 267 頁参照。

解释过于宽缓,不能采用。因此撤销原判,判处 A 有罪。①

假想避险,是指误认为存在正在发生的危险而实施避险行为的情况。与此相关,假想避险过当,是指即使存在误信的危险,避险行为也过当的情形。对于假想避险与假想避险过当按照假想防卫与假想防卫过当的处理原则处理即可。

(四)特殊情况

(1)自招危难

自招危难,是指因自己的故意或者过失行为导致危险的情况,前者如为了自杀在旅馆房间内放满煤气,又为了求生而砸碎窗户玻璃,后者如不慎失火之后逃入邻居家里。在自招危难的场合,是否应允许紧急避险?如同在自招侵害的场合,就此问题在理论上也存在分歧,有全面肯定者,有认为危难应该是偶然发生的不包括自招的危难者,有认为在故意自招危难的场合不成立者,有认为应该适用原因上自由行为者,还有认为从相当性的角度出发进行具体判断者。②

与在自招侵害的场合相似,笔者认为,在自招危难的场合也根据自招行为与避险行为的整体相当性进行具体判断。具体而言,从立法目的出发,在故意自招危难的场合原则上应否定成立紧急避险,但是在危及生命的场合可以例外承认。在过失自招危难的场合,如果过失行为本身构成犯罪,根据相应的刑罚法规处罚即可,之后的避险行为如果符合要件,可认为成立紧急避险。

关于自招危难的判例并不多,而且都否定在自招危难的场合可以成立紧急避险。例如在 1937 年的判例中,汽车驾驶员 A 因为违反注意义务,没有注意到前面过来的货车背后的情况,为了躲避突然发现的 B 向右转向,导致 B 的祖母 V 撞车身亡。原审认为,从公平的观念出发,紧急避险并不包括本人故意或者过失所导致的行为。当时的大审院也认为,案

---

① 平成 10(う)143,高刑集 51·2·116。
② 浅田和茂『刑法総論』(第 2 版,2019,成文堂)263 頁以下、大谷実『刑法講義総論』(第 5 版,2019,成文堂)300 頁参照。

中危险是被告人自己的有责行为所引起,在社会通念上不能认为是不得已而为之,因此不成立紧急避险。在1970年的判例中,东京高等法院也明确指出,行为人为了避免自己的故意或者过失行为招致的危险所实施的行为,不成立紧急避险行为。①

(2)胁迫紧急避险

在受到胁迫而实施犯罪的场合,例如A绑架B的儿子C为人质,强迫B抢劫银行,否则就杀掉C,是否可以成立紧急避险? 就此问题的理论分歧,大体可以分为三种观点:第一种观点认为,因为在胁迫者成立间接正犯的场合,胁迫者与避险者的行为在整体上具有违法性,所以不能以紧急避险为由否定避险行为的违法性;第二种观点认为,只有在胁迫的内容为重大法益,也即存在显著的优越法益之际,才能认为可以否定违法;第三种观点认为,只要不存在其他的方法可选择,也可以成立紧急避险。② 笔者支持第三种观点,因为受胁迫者也是为了避免他人的权益而侵犯第三者的权益,属于正对正的关系,所以如果别无选择也应成立紧急避险。当然,受侵害的第三者虽然不能对受胁迫者的行为进行正当防卫,但是也可以进行紧急避险。

判例也肯定了在胁迫场合成立紧急避险的可能性。例如在1949年的"大阪抢劫、盗窃案"中,最高法院第一小法庭认为,案中并不存在对生命或者身体的紧迫危险,而且被告人的行为表明其并非不得已而为之,不成立紧急避险。③ 在1996年的"奥姆真理教杀人案"中,针对被告人提出的受胁迫杀人的辩解,东京地方法院在认为案中并不存在"如果不杀人就会立刻被杀"的危险的同时,认定对人身自由存在正在发生的危险,并认为被告人的行为虽然不符合法益均衡原则,但是符合补充性与社会相当性要求,并最终判决被告人的行为成立避险过当。④

---

① 西田典之＝山口厚＝佐伯仁志『判例刑法総論』(第5版,2009,有斐閣)172以下参照。
② 大谷実『刑法講義総論』(第5版,2019,成文堂)298頁、高橋則夫『刑法総論』(2010,成文堂)296頁参照。
③ 昭和24(れ)1163,刑集3・10・1655。
④ 高橋則夫『刑法総論』(2010,成文堂)297頁参照。

大阪抢劫、盗窃案

［昭和24（れ）1163，刑集3·10·1655］

被告人X与另外两名被告人A与B在共谋基础上，各自用锅灰将脸涂黑，B持气枪，X与A手持木棍，一起来到被害人处，威胁被害人不许出声，将两名被害人带到屋外，用绳子捆起来，然后将仓库内的衣物等抢走。X辩解说，A威胁他说"如果不去就杀了你"，所以自己是受胁迫前去抢劫。

最高法院第一小法庭全员一致判决认为，综合全案来看，即使如被告人X所述其是受胁迫而为之，也不能说其生命或者身体处于正在发生的危险之中。而且也不能认为X用锅灰涂脸、手持木棍实施抢劫的行为，是为了防止A的胁迫不得已而为之或者是超过限度的行为。因此，驳回上诉，维持原判。

（3）特殊业务人员

根据日本《刑法典》第37条第2款的规定，紧急避险的规定不适用于业务上具有特别义务者，即其所从事的业务具有迎难而上的性质者，例如警察、消防员、船长等。

日本《刑法典》第37条第2款规定的主旨，在于如果允许负有特别义务者在危难之际牺牲他人法益而保护自己，则对之规定特别义务就毫无意义。当然，在与这一主旨不相抵触的情况下，负有特别义务者也可以为了自己实施避险行为。例如，指挥交通的警察为了避开冲向自己的汽车，将身边骑自行车的行人撞倒在地。再如，作为对日本《警察官执行职务法》第7条的反面解释，现在也允许警察在该当紧急避险的场合，使用武器对他人造成损害。① 为保护他人利益而实施紧急避险，自不必言。

---

① 高橋則夫『刑法総論』（2010，成文堂）298頁参照。

第三节　超法规违法阻却事由

一、被害人同意

(一) 基本原理

被害人同意，或言被害人承诺，是指法益主体对侵害自己法益的行为表示同意，该侵害行为的法益侵害性因此消失或者减少，违法性被阻却的情况。被害人同意与正当防卫、紧急避险的不同之处在于，在正当防卫与紧急避险的场合都存在一定的法益侵害，二者在一定程度上也都是因为优越利益的存在而被正当化。而在被害人同意的场合，因为不存在需要刑法保护的法益，因此行为本身的法益侵害性被消解。应注意的是，被害人同意并不适用于所有的犯罪，因犯罪的种类与性质而有所不同，例如被害人同意不适用于侵害国家法益与社会法益的犯罪，就侵害个人法益的犯罪也并非一律适用，例如杀人罪。[①]

1. 成立根据

就被害人同意阻却违法的根据，立足于结果无价值的**法益衡量说**认为，被害人同意能够阻却违法，是因为被害人自己放弃了被侵害的法益，所以根本就不存在法益侵害。此处无须适用优越法益原则，适用法益不存在原则即可。从行为无价值立场出发的**社会相当性说**认为，被害人同意阻却违法的根据，在于获得同意的行为具有社会相当性；**目的说**则认为，被害人同意阻却违法的根据，在于被害人同意是为保护国家承认的法益处分权而采纳的适当手段。此外，还存在立足于行为无价值，仅在被害人同意的场合选择利益不存在原则，以及立足于行为规范与制裁规范的二元论观点。[②]

从违法的本质在于侵害法益的基本立场出发，笔者赞同法益衡量

[①] 中山研一『口述刑法総論』(補訂2版,2007,成文堂)168頁参照。

[②] 中山研一『口述刑法総論』(補訂2版,2007,成文堂)169頁、高橋則夫『刑法総論』(2010,成文堂)300頁参照。

说,认为在存在有效被害人同意的场合,不存在需要刑法保护的法益。与此同时,在无形法益的场合,可以例外地承认社会相当性说的观点。

2. 法律效果

被害人同意的法律效果因犯罪种类的不同而不同,大致可以分为四类:第一,即使存在被害人同意也构成犯罪的情况,也即被害人同意不具有构成要件上的意义。例如,在对未满13岁的未成年人实施强制猥亵、强制性交行为的场合,即使被害人表示同意,也因为其没有同意能力而无效。第二,违反被害人同意被规定为构成要件要素情况,也即如果存在有效的被害人同意犯罪就不成立,例如进入住宅罪、盗窃罪等就如此。第三,被害人同意减轻处罚的情况,例如在同意杀人罪、同意堕胎罪的场合,虽然被害人同意并不能完全阻却违法,仍然成立犯罪,但是与不存在被害人同意的场合相比法定刑较轻。第四,存在争议的情况,尤其是在伤害身体的场合。

简而言之,就侵犯生命权益的犯罪,被害人同意不能阻却侵害行为的违法性,就侵犯自由、名誉、财产权益的犯罪,可以阻却违法性,就侵犯健康权的伤害犯罪是否阻却违法性仍然存在争议。

3. 同意与伤害

就被害人同意能否阻却伤害行为的违法性在理论上存在较大争议。**公序良俗说**,或者**社会相当性说**认为,同意伤害原则上应该成立伤害罪,只有从国家、伦理规范的角度来看具有相当性的,才能阻却违法性[①];**生命危险例外说**认为,除重大伤害尤其是有生命危险的伤害之外,被害人同意可以阻却违法性[②];**全面不可罚说**将杀人与伤害区别开来,从身体安全是个人可以处分的法益出发,主张只要不存在《刑法典》第202条规定的同意杀人与参与自杀的特殊情形,应肯定被害人同意在伤害的场合具有阻却违法的效力[③]。

---

① 団藤重光『刑法綱要総論』(第3版,1990,創文社)222頁、大塚仁『刑法概説(総論)』(第4版,2008,有斐閣)420頁参照。
② 浅田和茂『刑法総論』(第2版,2019,成文堂)210頁、大谷実『刑法講義総論』(第5版,2019,成文堂)253頁参照。
③ 中山研一『口述刑法総論』(補訂2版,2007,成文堂)173頁、前田雅英『刑法総論講義』(第5版,2011,東京大学出版会)245頁参照。

判例的立场并不明确。在1970年的"伪造交通事故骗保案"中,日本最高法院第二小法庭认为,在被害人对身体伤害表示同意的场合,伤害罪是否成立不能仅仅根据存在承诺这一事实,而应根据获得同意的动机、目的,伤害身体的手段、方法,损伤的部位、程度等各种情节进行判断。该案中,行为人为骗取保险金,假装过失造成交通事故,在获得被害人承诺之后,让之驾驶汽车故意与自己驾驶的汽车相撞并使之受伤,可见案中承诺是为了事先骗取保险金这一违法目的,因此该承诺亦违法,不能否定案中伤害行为的违法性。① 从判决理由的表述来看,该说应该是立足于社会相当性说,否定被害人同意可以否定伤害行为的违法性。对此,许多学者从法益衡量、优越利益的角度出发提出了批判。同时,以违法目的为基准也不合适,因为在骗取保险金这一点上,可以以诈骗罪处罚案中行为,再以之为理由以伤害罪处罚,有违反禁止双重处罚原则之虞。②

即使以公序良俗或者社会相当性为标准,在存在死亡危险的重大伤害案中,被害人同意是否能够否定违法仍然存在疑问。例如为了获得性快感,在获得被害人同意后,勒其脖子导致死亡的情况,大阪最高法院在1954年的判例中曾肯定被害人同意的效力,认定被告人的行为构成过失致死罪,但是1965年的判例中,同一法院又作出了相反判决,认定被告人的行为成立伤害致死罪。③ 如此看来,判例也并未完全否定被害人同意在伤害甚至伤害致死的场合否定违法性的可能。

从判例的立场出发,笔者认为,在不涉及生命危险的场合,应肯定被害人同意能够否定违法性,在涉及生命危险之际,如下文所述,在诸如安乐死、尊严死等场合,也可以例外地承认被害人同意可以否定违法性。

(二)构成要件

1. 同意的能力

表示同意者必须具有同意能力,或者说被害人必须能够充分理解同意

---

① 昭和55(し)91,刑集34·6·396。
② 浅田和茂『刑法総論』(第2版,2019,成文堂)210頁参照。
③ 中山研一『口述刑法総論』(補訂2版,2007,成文堂)173頁、西田典之=山口厚=佐伯仁志『判例刑法総論』(第5版,2009,有斐閣)144頁以下参照。

的内容。因此在年幼、存在精神障碍等场合,不能认为存在有效的被害人同意。例如在1934年的"杀害幼童案"中,被告人意欲在杀害4个孩子后自杀,遂教5岁的幼子A如何上吊,让之自杀。大审院审理认为,被害人A当时年仅5岁,并不具有理解自杀的能力,因此也就不具有同意或者嘱托的资格。被告人的行为构成杀人罪,而非同意杀人罪。在1952年的"杀害精神病患者案"中,被告人假称通过对精神病患者A女加持祈祷,为其治疗。在从A女的母亲处收取金钱之后,因为并没有产生治疗效果,遂产生了杀害A女逃脱责任的念头。之后,利用A女不能理解自杀的含义,而且对其唯命是从的优势,告诉A女上吊的方法,让之自杀。最高法院也认为应根据《刑法典》第199条(杀人罪)而非第202条(同意杀人、自杀参与)的规定处罚。①

2. 同意的时间

就同意存在的时间,存在行为说与结果说的分歧。**行为说**认为,同意以特定行为与结果为对象,因此必须在实行行为之时存在。所以事后同意不能影响已经实施的行为的违法性。事前同意如果未能持续到行为之时,也不否定违法性。②**结果说**则认为,从"法益因为同意而失去保护价值"的结论出发,应该以发生结果时为基准,在行为后撤回同意的情形属于错误的问题。在行为后表示同意的情形,如果行为人对同意缺乏预见,对其应以未遂犯而非既遂犯处罚。③

即使是从结果无价值的立场出发,只要在行为时存在值得保护的法益,就不应该认为行为合法,在行为犯之际尤其如此。因此,行为说的观点相对更为合理。日本的判例也反复认为,事后同意并不能影响行为的违法性。④

3. 同意的真实性

通常认为,同意必须是被害人在自由状态下真心作出,否则不具有法律效果。⑤ 但应该指出的是,判例与理论围绕因受到威胁、欺骗而作出的

---

① 西田典之=山口厚=佐伯仁志『判例刑法総論』(第5版,2009,有斐閣)137頁以下参照。
② 大谷実『刑法講義総論』(第5版,2019,成文堂)255頁参照。
③ 山口厚『刑法総論』(第2版,2007,有斐閣)156頁参照。
④ 中山研一『口述刑法総論』(補訂2版,2007,成文堂)171頁参照。
⑤ 山口厚『刑法総論』(第2版,2007,有斐閣)157頁参照。

同意存在争议。

就被害人因受威胁、胁迫而表示同意的情况,判例通常以缺乏自由意志决定为由,否定同意的有效性。例如在1951年的"不同意堕胎案"中,仙台高等法院明确认为,《刑法典》第213条规定的同意堕胎罪、第214条规定的业务上堕胎罪以及第215条第1款规定的不同意堕胎罪中"妇女的承诺",以自由且真心作出承诺为要件,承诺堕胎的主体必须具有责任能力,而且不能是基于存在重大瑕疵的理解作出承诺。① 但是在以暴行、胁迫方式让被害人产生自杀决意的场合,也有肯定自杀意思有效的判例,例如在1954年的"自杀参与等被告案"中,广岛高等法院就认为,鉴于并无证据证明被告人的暴行、胁迫达到了使被害人丧失自我决定能力的程度,应认为被告人的行为构成自杀教唆,而非杀人。②

不同意堕胎案

[昭和36(う)386,高刑集14·7·506]

被告人X于1959年1月和A举行了结婚仪式并同居,但是并未入籍。A于同年3月怀孕。但是被告人X并不想A产下胎儿,而且认为A与自己的母亲E关系不融洽,如果A生产则更难分手,因此决心让A堕胎。同年5月8日,被告人X假借带A到医院接受诊察之机,私下里拜托医生B对A实施人工流产手术。A察觉后意欲逃离,被告人X欺骗A说"如果不堕胎,马上分手;如果堕胎,肯定入籍",A不得已同意堕胎。

仙台高等法院判决认为,《刑法典》第213条规定的同意堕胎罪、第214条规定的业务上堕胎罪以及第215条第1款规定的不同意堕胎罪中"妇女的承诺",以自由且真心作出承诺为要件,承诺主体必须就堕胎具有责任能力,而且不能是基于存在重大瑕疵的理解作出承诺。在本案中,虽然A表示同意,但是从X的所为来看,应视为X未获得A之同意使之堕胎,应以不同意堕胎罪予以处罚。

---

① 昭和36(う)386,高刑集14·7·506。
② 昭和28(う)682,高刑集7·6·944。

就因欺骗对方而获得同意的判例,例如在 1958 年的"杀人、职业侵占案"中,被告人 A 欺骗被害人 V,使 V 相信自己深爱她,会追随她而死,然后让 V 喝下自己准备的毒药。最高法院第二小法庭判决认为,在同意并非基于被害人自由的真实意志之际,不能认为存在《刑法典》第 202 条规定的被害人嘱托,因此被告人的行为构成《刑法典》第 199 条规定的杀人罪。对此判决,肯定的观点有之,否定的观点亦有之。后者认为,该案中仅存在动机错误,对于死亡本身的同意应该有效,也即只要对特定构成要件的法益侵害存在认识并表示同意,即使存在欺骗与错误,如果是无关保护法益的事实,也不影响同意的有效性(法益关系错误)。①

4. 同意的认识

就成立被害人同意是否应以行为人认识到同意存在为要件,从行为无价值出发的**必要说**认为,同意并非只要客观存在就可以,行为人必须在主观上有认识。② 与此相对,立足于结果无价值的**不要说**则认为,只要被害人同意行为人的行为与法益侵害结果,就不存在值得保护的法益,行为人是否认识到同意的存在并无必要。③ 与此相关的问题是,就同意的方法,**意思方向说**认为,只要被害人内心表示同意即可,没有必要向外部表达出来;**意思表示说**则认为,只要存在被害人同意就可以阻却违法,因此同意的外部表达并无必要。如果坚持结果无价值的立场,则应支持不要说与意思方向说。

(三)推定同意

1. 基本原理

推定同意,是指虽然在行为时不存在被害人同意,但是如果被害人知道实情就会同意的情况,可以分为:第一,**为被害人自身利益型**,例如,在被害人的住所发生火灾之际将其贵重物品搬出、为救助意识不清的患者对之进行必要的手术等情形;第二,**为行为人本人或者第三人利益型**,例

---

① 中山研一『口述刑法総論』(補訂 2 版,2007,成文堂)172 頁参照。
② 大塚仁『刑法概説(総論)』(第 4 版,2008,有斐閣)420 頁参照。
③ 大谷実『刑法講義総論』(第 5 版,2019,成文堂)256 頁参照。

如,在突遭暴雨之际没有获得亲友的同意就借走雨伞或者将雨伞借给第三人等。①

推定同意独立于现实同意,在被认定成立之际,即使被害人事后表示不同意,或者被害人因为对事实认识错误并表示不同意,推定同意依然有效。

2. 成立根据

虽然推定同意否定违法性是理论上的通说,但是就其根据存在诸多不同观点。**法益衡量说**认为,推定同意的成立根据与被害人同意相同,否定违法的根据也是被害人放弃法益。**社会相当性说**认为,从被侵害法益来看,行为的手段、目的等具有社会相当性,所以违法性被否定。**允许的危险说**认为,在客观上可以合理推定被害人会同意的盖然性判断是允许的危险,因此否定违法。**紧急避险说**认为,对推定同意可以比照紧急避险说处理。② 与上述通说推定同意成立根据的观点相对,**事实认识错误说**认为,因为推定同意是误信存在同意,构成对违法性阻却事由前提事实的认识错误,所以在没有规定过失犯的场合,当然不处罚;即使在规定了过失犯的场合,也大多没有过失,或者虽然有过失,但是不存在期待可能性,也可以否定责任。简而言之,推定同意的法理无用。③

虽然上述各种观点各有合理之处,但是从违法的本质在于法益侵害这一基本立场出发,应支持法益衡量说。当然,也不能认为超过相当性限度的行为可以否定违法。

二、安乐死与尊严死

安乐死与尊严死既涉及治疗行为,也与被害人同意有关,因此在此处予以介绍。虽然浅田和茂认为,与安乐死、尊严死的表述相比,德国所用的临终关怀(临死介助)这一中立性用语可能更适当④,但是鉴于安乐死

---

① 浅田和茂『刑法総論』(第 2 版,2019,成文堂)215 頁参照。
② 高橋則夫『刑法総論』(2010,成文堂)310 頁、大塚仁『刑法概説(総論)』(第 4 版,2008,有斐閣)422 頁、曽根威彦『刑法総論』(第 4 版,2006,弘文堂)273 頁参照。
③ 浅田和茂『刑法総論』(第 2 版,2019,成文堂)216 頁参照。
④ 浅田和茂『刑法総論』(第 2 版,2019,成文堂)217 頁参照。

与尊严死已经成为既定表述,含义也已相对固定,目前仍然是绝大多数研究选择的表述。

广义上,安乐死包括如下四种情形:第一,**纯粹的安乐死**,即不缩短生命的消解、减缓生不如死的痛苦的措施,这种情况是合法的医疗行为,当然不在刑法的评价范围之内。第二,**间接的安乐死**,即作为消解、减缓措施的副作用,缩短了患者的生命,这种情况通常基于患者的决定权认为是合法行为。第三,**消极的安乐死**,即为了平静地迎来死亡而终止延命措施(某些场合与尊严死重叠)。第四,**积极的安乐死**,即为了平静地迎来死亡而杀害患者的情况。因为后两种情况涉及让患者的死期提前来临,所以是否该当杀人罪、嘱托杀人罪或者参与自杀罪的构成要件就成为需要探讨的问题。

(一)安乐死

1. 基本原理

就安乐死是否可以否定违法,理论上存在"安乐死违法论"与"安乐死合法论"两种对立的观点。**安乐死违法论**认为,从生命至高无上的前提出发,主张无论什么理由缩短人的生命,都不能否定行为的违法性,而且承认安乐死可能会导致抹杀无价值的生命的雪崩效应。但是可以认为安乐死能够否定责任,对之不予处罚。在**安乐死合法论**的内部,又分为两种观点。第一种观点立足于法益衡量,认为即使存在本人的真实嘱托,但是因为存在对生命权益的侵害,结果的违法性也毫无疑问。但是,安乐死是消解痛苦的手段,因此从法益衡量的角度来看可以否定违法性。尤其是在上述第三种情况下,如果死期迫近的患者在衡量消解痛苦与维持生命两种利益之后,表示优先考虑前者之际,在法律上必须许可。① 第二种观点则从社会相当性出发,认为安乐死是在患者深受难以忍受的痛苦之际而实施的,而且尊重患者的自我选择也符合人道主义要求,因此自己决定实施安乐死的行为虽然该当同意杀人罪的构成要件,但是因为具有社会相当性,可以否定违法。②

---

① 山口厚『刑法総論』(第 2 版,2007,有斐閣)166 页参照。
② 大谷実『刑法講義総論』(第 5 版,2019,成文堂)262 页参照。

笔者认为,在患者能够作出知情同意之际,安乐死否定违法的根据在于患者可以在权衡之后进行自我决定,在不能作出知情同意之际,应根据行为是否具有社会相当性来判断。

2. 构成要件

关于安乐死的日本判例,首推1963年的"尊亲属杀人案"。在该案中,被告人A是被害人V的长子,1957年高中毕业后,A在家帮助父亲务农。V曾于1954年10月发生脑出血,虽然有所康复,但是之后一直卧病在床,并于1959年10月再度发作,生活完全不能自理,痛苦不堪,经常大叫"快杀了我""想早点死",而且医生也告知V已经无计可施。V拜托A杀死自己,A遂将有机磷杀虫剂放入V的牛奶中,V喝下死亡。一审判决认定A的行为成立杀害尊亲属罪,名古屋高等法院二审改判A的行为成立嘱托杀人罪,同时认为安乐死是剥夺人类至高无上的生命,只有在满足如下要件之际才能够认可:第一,根据现代医学知识与技术,患者已罹患不治之症,且死期迫近。第二,患者痛苦不堪,任何人见之都会不忍目睹。第三,仅为缓解患者生不如死之苦痛而为之。第四,如果患者仍然意识清醒,能够获得其意思,应存在其本人真挚的嘱托或者承诺。第五,原则上应由医生实施,如果不能由医生实施,应存在足以获得首肯的不能由医生实施的特别理由。第六,在伦理上是适当的行为。在该案中,A的行为虽然满足前三个要件,但不满足后三个要件,因此不能认定安乐死否定违法性。①

目前理论界讨论的标准,是1995年的"杀人案"(东海大学案)在上述要件基础上概括形成的四要件。在该案中,被告人A时任东海大学医学部内科助手,在患者妻子与长子的苦苦哀求下,对处于癌症晚期而且意识不清的被害人V(时年58岁)注射有毒物品致其死亡。横滨地方法院判决认为,安乐死应满足四个要件:第一,患者身受不可忍受的肉体痛苦;第二,患者死亡不可避免,而且死期迫近;第三,已经穷尽其他消解、降低痛苦的方法,无可替代;第四,存在患者意思表示。判决同时指出,承认间接安乐死的

---

① 昭和37(う)496,高刑集15·9·674;西田典之=山口厚=佐伯仁志『判例刑法総論』(第5版,2009,有斐閣)148頁参照。

基础,是治疗行为的性质与患者的自我决定权,存在患者的推定同意即可。但是,积极安乐死的承认基础是紧急避险的法理与自我决定权,因此以患者明示的意思表示为要件。在该案中,不存在 V 的肉体痛苦,而且无其明示的意思表示,因此案中行为不符合安乐死的要件,成立杀人罪。①

(二)尊严死

尊严死,通常是指对罹患不治之症,而且(尤其是意识不清)处于生命末期的患者终止延命措施(终止医疗),让其有尊严地迎来生命终结的情形。因为尊严死是通过不作为人为地导致死亡结果,因此也面对是否该当杀人罪或者同意杀人罪的构成要件,以及是否成立杀人罪的问题。就此,有的观点认为,尊严死不能否定违法,只能否定责任;有的观点认为,如果存在患者同意、推定同意或者监护人的同意,而且在社会伦理上能够获得承认,可以否定违法;有的观点认为,可以基于患者的自我决定权否定其违法性;还有的观点认为,可以基于治疗行为的无效性与患者的自我决定权否定其违法性②。其实,尊严死与安乐死相似,也可以根据患者的自我决定权(知情同意或者推定同意)、监护人的代位决定权否定尊严死的违法性。

就尊严死的构成要件,目前并无权威标准。引起关注的 2009 年"拔管杀人案"虽然事关尊严死,但是并没有明确说明尊严死的构成要件。最高法院第三小法庭只是认为,虽然被告人是应被害人家属的请求拔管,但是并未告知被害人家属被害人的病情等充分信息,因此不能说案中拔管行为存在患者的推定同意。进而言之,该行为并非法律上许可的治疗行为,成立杀人罪。③ 日本学术会 1994 年 5 月 26 日推出的《死亡与医疗特别委员会报告:尊严死》列举了终止医疗的如下四个要件:第一,从医学的角度来看,患者已经处于不可恢复的状态(只要处于植物人状态即可);第二,如果尚有意思表达能力,患者应表明希望尊严死的意愿,当然该意愿可以撤回;第三,终止治疗是基于医学选择的措施,应由医生实施,而且最

---

① 西田典之=山口厚=佐伯仁志『判例刑法総論』(第 5 版,2009,有斐閣)149 頁参照。
② 大谷実『刑法講義総論』(第 5 版,2019,成文堂)264 頁参照。
③ 平成 19(あ)585,刑集 63・11・1899;浅田和茂『刑法総論』(第 2 版,2019,成文堂)220 頁参照。

好能在获得近亲属同意之后实施;第四,终止的医疗措施,包括通过鼻孔导管与静脉注射补充营养。①

拔管杀人案

[平成 19(あ)585,刑集 63·11·1899]

1998 年 11 月 2 日,被害人 V(时年 58 岁)因支气管炎发作陷入心肺停止状态,被送入 X 医院的 ICU。之后,V 因为大脑功能与脑干功能受损,直至死亡的同月 16 日都处于昏迷状态。被告人 A 是 X 医院的呼吸内科负责人,自 11 月 4 日开始,负责被害人的治疗,并于同日和 V 的妻子会面,告知 V 的入院经过与病情,并说明 V 很难恢复意识,陷入植物人状态的可能性非常高。11 月 8 日,A 根据 V 的情况,判断 V 的大脑不可能恢复功能,并在向 V 的妻子与子女说明情况之后,告知后者在 V 呼吸状态再度恶化的场合也不会再使用呼吸机,获得了后者的同意。11 月 12 日,A 将 V 从 ICU 移至普通病房,13 日,在告知 V 的妻子等人 V 换病房之际,向他们说明移至普通病房发生急变的危险性会增大,并再度和他们确认了发生急变也不采取心肺复苏措施的事情。在普通病房期间,被害人 V 因细菌感染与败血病,病情恶化。11 月 16 日下午,A 与被害人的妻子会面,后者说"大家都考虑过了,希望能够拔掉气管,晚上大家一起来,先拜托了"。A 因此决定拔管。当日下午 5 时 30 分左右,患者家属一起来到病房,一致决定放弃治疗。A 在家属的请求下,拔掉 V 的气管,后因为看到 V 痛苦难当,给其注射肌肉迟缓药物让之窒息死亡。

最高法院第三小法庭认为,被告人直至拔管之时都没有对 V 采取必要的脑电波检查等措施。因为从发病至死亡不过短短两周,V 是否能够恢复、是否还有余命都处于未知状态。V 的妻子等虽然表示放弃治疗并提出请求,但是该请求是在未被告知被害人病情等充分信息的情况下作出的,所以不能说就案中拔管行为存在患者的推定同意,也即,A 的行为并非法律许可的治疗行为,成立杀人罪。

---

① 浅田和茂『刑法総論』(第 2 版,2019,成文堂)221 頁参照。

三、自救行为

自救行为,是指权益受到违法行为侵害者,因为等待国家机关依法救济可能会使权益不可能恢复或者恢复显著困难,而自行恢复被侵害权益的行为(**自力救济**)。理论上可以将自救行为分为以保护请求权为目的的**一般自救**与基于占有权的**占有自救**,就其构成要件,通常认为包括四个方面:①存在对权利的违法侵害,对合法行为不能自救;②如果不实施自救行为,恢复权益在事实上将变得不可能或者非常困难;③自救行为取得了恢复权利的效果;④行为具有相当性,符合法益均衡原则的要求。在针对不正的侵害这一点上,自救行为与正当防卫相似,与紧急避险不同。但自救行为又是发生在侵害结束之后,不具有紧迫性。因此,自救行为的构成要件与正当防卫相比应相对严格,与紧急避险相比应相对宽缓,虽然不需要满足补充性原则,但是应要求法益均衡。①

在大审院时代,判例对于没有明文规定的自救行为普遍持消极态度。② 但是自1946年民主主义的新宪法制定以来,逐渐出现了肯定自救行为的判例。最高法院在1949年的判例中明确认为,自救行为是指权利人为了保护自己的权利,在无暇等待官方救济之际,自行在必要限度内即刻实施的适当行为。例如,被害人跟踪盗窃犯取回被盗物品。③ 在1971年的"毁坏建筑物、毁弃物品案"中,最高法院第二小法庭虽然否定案中行为构成自力救济,但是明确将"自救行为与正当防卫、正当业务行为等都列为阻却犯罪违法性的事由"。④ 在1970年的"长崎破损器物、侵夺不动产案"中,长崎县地方法院一审判决被告人的行为成立破损器物罪与侵夺不动产罪,福冈高等法院二审则明确认为被告人的行为构成自救行为,并

---

① 浅田和茂『刑法総論』(第2版,2019,成文堂)271頁、大谷実『刑法講義総論』(第5版,2019,成文堂)268頁参照。
② 中山研一『口述刑法総論』(補訂2版,2007,成文堂)164頁参照。
③ 浅田和茂『刑法総論』(第2版,2019,成文堂)272頁、中山研一『口述刑法総論』(補訂2版,2007,成文堂)164頁参照。
④ 昭和45(あ)1358,刑集25・5・756。

改判被告人无罪。①

> **长崎破损器物、侵夺不动产案**
> [昭和44(う)667,高刑集23·1·156]
>
> 被告人X不定期租赁了位于长崎县佐世保市a町b番地A的店铺，与B共同贩卖鞋类等物品。之后，因为执行租赁前就设定的抵押权，店铺的所有权从A转移到C。之后，C对B提出让渡请求之诉，并胜诉。B决定停止营业，遂搬出商品、清空店铺，并将卷帘门内外锁的钥匙挂在墙上后离开。C用B留下的钥匙锁上门，取得了店铺的占有。4天之后，被告人X为了保护自己的租赁权以及基于租赁权的占有权，破坏卷帘门的内外旧锁、换上新锁，将汽车停在里面后锁门而去，占有了店铺。一审判决认为，在B放弃占有权之际，被告人X已经失去了对店铺的占有以及基于租赁权的对抗理由，因此判决X的行为构成破损器物罪与侵夺不动产罪。
>
> 福冈高等法院二审认为，被告人X对于C拥有收回占有的占有诉权。而且，X换锁之时距离C占有店铺不过4天，二者之间关于店铺的法律关系尚未确定。在占有侵夺者C的占有尚未确定、形成新的事实秩序之际，被侵夺者X失去的占有仍然是法律保护的对象。所以法律允许X夺回自己对店铺的占有。而且，X取回占有的手段、方法并无不当，所以其行为不具有违法性。因此，改判被告人X无罪。

四、义务冲突

义务冲突，是指行为人身负数个应该履行的义务，但是只能履行其中一个的情况。义务冲突可以分为两种类型：①一般·特别义务冲突型，例

---

① 昭和44(う)667,高刑集23·1·156;西田典之＝山口厚＝佐伯仁志『判例刑法総論』(第5版,2009,有斐閣)108頁以下参照。

如医生负有不得泄露在业务过程中获得的他人秘密的一般义务,但是在治疗传染病之际,负有向保健所报告的特别义务。在这一场合,当然应该以特别义务为重。②**择一义务冲突型**,例如在两个子女同时落水之际,父亲虽然对二者都有救助的义务,但是分身乏术,只能救助其中一个,或者医生面对两个都需要呼吸机的重病患者,但是只有一台呼吸机,只能救助其中一个。父亲与医生所面对的都是处于排他关系的两个义务。①

就义务冲突的性质,存在着独立的违法阻却事由说、法令行为说、特别类型的紧急避险说的分歧。② 因为并无法律明文规定,因此法令行为说缺乏根据。义务冲突与紧急避险都是紧急行为,具有一定的相似性,但是二者的区别显而易见。在紧急避险的场合,如果处于危险之中者放弃法益,也可以不实施避险行为;而在义务冲突的场合,履行义务是法律上的要求。同时,紧急避险是通过作为而为之,而在义务冲突中是怠于履行义务的不作为。比较而言,义务冲突应被视为一种独立的超法规违法阻却事由。

就义务冲突的刑法认定,应认为如果发生冲突的义务价值不等,选择价值高的义务而牺牲价值低的义务,可以否定违法性,反之则违法。例如在1983年的"违反刑诉法第161条案"(记者拒绝作证案)中,日本最高法院大法庭明确认为,在新闻记者的采访来源保密义务与作证义务之间,后者事关司法公正与公共福祉,被告人拒绝作证的行为构成犯罪。③ 当然在后者的场合,可以以缺乏期待可能性为由减免行为人的责任。

---

① 高橋則夫『刑法総論』(2010,成文堂)318 頁以下参照。
② 大谷実『刑法講義総論』(第 5 版,2019,成文堂)269 頁、大塚仁『刑法概説(総論)』(第 4 版,2008,有斐閣)431 頁、団藤重光『刑法綱要総論』(第 3 版,1990,創文社)203 頁参照。
③ 昭和25(あ)2505,刑集 6・8・974。浅田和茂认为,何者优先是法律解释的问题,在该案中应该优先考虑的是采访来源保密义务。浅田和茂『刑法総論』(第 2 版,2019,成文堂)269 頁参照。

记者拒绝作证案

[昭和 25(あ)2505,刑集 6·8·974]

1949 年 4 月 24 日,长野县松本市警察署以松本税务署官员涉嫌受贿为由向松本简易法院的法官申请逮捕令,并于 4 月 25 日上午 10 点获得。同日下午 3 点左右,被告人 A,时任某新闻报社的记者,来警察署告知搜查科科长 B 逮捕令已经颁发,并询问案件进展情况。B 感觉到事情泄露,不得不变更原计划,于当日晚 9 点左右执行逮捕。但是,A 任职的新闻报社在 4 月 26 日就刊载了申请逮捕令的事实与逮捕令记载的被疑事实,而且行文顺序与逮捕令的记载非常相似。这些事实表明,在搜查机关、松本简易法院或者检察机关中有人违反国家公务员法,泄露了根据职权获得的秘密。在检察官依职权将被告人 A 列为证人进行询问之际,A 因为拒不作证,其行为被认定违反《刑事诉讼法》第 161 条"无正当理由拒绝宣誓或者作证"之规定,构成犯罪。

针对辩方提出的对采访来源保密受到《宪法》第 21 条第 1 款规定的言论自由的保护、原判认为新闻记者拒绝并无正当理由的主张,最高法院大法庭全员一致认为,宪法的上述保护是针对一般人的普遍保护,而非针对新闻记者的特别保护。否则,一般人在撰写论文、随笔之际对材料来源进行保密也受到言论自由保护了。宪法规定的这一保护以不违反公共福祉为前提。不能认为在有关尚未计划公开的内容以及对之采访的场合,为保护拒绝作证的权利,可以牺牲对公共福祉最重要的司法公正行使而言不可欠缺的作证义务。

就冲突义务价值相等的情形,有的观点认为,鉴于选择与放弃的义务价值相同,行为人的行为具有社会相当性,所以法律许可其违反特定义务。① 有的观点从"不可能之际无义务"的原则出发,认为义务冲突是不作为犯中独立的违法阻却事由,在价值相同之际履行任一义务都可否定

---

① 大谷実『刑法講義総論』(第 5 版,2019,成文堂)270 页参照。

违法性。还有的观点从结果无价值出发,认为在诸如 A 与 B 两个孩子之中只能救助一个的场合,如果只救助了 A,则侵害了未获得救助的 B 的法益,因此处于违法状态,但是可以依据不可抗力原理,认为不存在不作为。① 简而言之,在冲突义务价值相等的场合也应认为违法性被阻却。

五、宪法权利

理论上,有将行使宪法权利的行为视为法令行为者,亦有将之视为超法规违法阻却事由者。② 从宪法亦是法律的角度而言,将之视为法令行为并无不可。但是若如此,首先,与宪法位于法律体系顶端的地位不符。其次,正当防卫、紧急避险、自救行为、劳动争议、新闻报道等都与人身权、财产权、请愿权以及言论自由等宪法权利相关,若将行使宪法权利的行为视为法令行为,则上述正当化事由都可被视为法令行为。最后,"违反宪法或者对宪法解释错误"是日本《刑事诉讼法》第 405 条规定的上诉理由,一切无法在现有法令与判例中找到不可罚根据的,都应由最高法院根据宪法规定及其精神最终判断。因此,将行使宪法权利的行为视为超法规违法阻却事由更为可取。

有关行使宪法权利的典型判例,是 1964 年的"舞鹤案"③与 1963 年的"东大学生剧团案"④。在"舞鹤案"中,政府机构的非常勤人员 V 在会议转为非公开之后被发现仍然在现场,而且带有记录会议的笔记本。因为怀疑 V 是政府机构派来监测归国者思想动态的,所以归国人员决定让被告人 A、B 等数十人对 V 进行调查。被告人 A、B 等将 V 带至另一场所对其进行了约 4 个小时的询问(第一行为),之后,B 将 V 关到另一室内,对之监视约 1 个小时(第二行为)。一审判决站在实质违法性的立场,认为第一行为虽然该当监禁罪的构成要件,但是违法性得以阻却,第二行为虽

---

① 浅田和茂『刑法総論』(第 2 版,2019,成文堂)270 页参照。
② 浅田和茂『刑法総論』(第 2 版,2019,成文堂)196 页参照。
③ 昭和 36(あ)2865,刑集 18・10・698;西田典之=山口厚=佐伯仁志『判例刑法総論』(第 5 版,2009,有斐閣)132 页以下参照。
④ 昭和 31(あ)2973,刑集 17・4・370。

然超过了相当性,但是根据《刑法典》第36条第2款(防卫过当)的规定免除刑罚。二审判决则认为A、B的行为构成监禁罪。最高法院第二小法庭以如下理由全员一致驳回上诉,维持二审判决:即使V的行为违反《宪法》第19条、第21条的规定,侵害了归国者的集会、思想、言论等自由权利,从恢复受损的权利以及预防未来侵害的角度而言,在当时的具体情况下,被告人的上述行为也超过了社会通念所允许的限度,难以认为其构成《刑法典》第35条规定的正当行为,不具有违法性。在"东大学生剧团案"中,日本最高法院大法庭也是以根据当时情形,警察的行为并未侵犯《宪法》第23条规定的学术自由权为由,推翻了一审与二审的无罪判决。

东大学生剧团案

[昭和31(あ)2973,刑集17·4·370]

在获得校方许可后,东京大学学生团体"大众剧团"于1952年2月20日在校内上演以松川事件为主题的话剧。在演出时,学生们发现观众中混有4名便衣警察,因为怀疑是来监视他们演出的,便将其中3名警察扣押,并强迫写悔过书。日本当局认为,虽然有证据证明警方对校内进行了长期的暗中侦查,但是学生们的行为违反了《暴力行为处罚法》,构成犯罪。东京地方法院一审判决认为,与警察的个人法益相比,《宪法》第23条规定的大学自治以及学术自由更为重要,判决被告人等无罪。东京高等法院也认为被告人的行为是为了排除、阻止官员侵害自由的违法行为,维持原判。检察官向日本最高法院提出上诉。

1963年5月22日,最高法院大法庭判决认为,大学自治与学术自由是指大学与研究人员的自治与自由,即使承认可以及于学生自治,考虑到普通民众可以购票参加本案中的演出,警察入场的行为并未侵犯到大学自治与学术自由。因此,撤销无罪判决,发回重审。

第八章
责任论

第一节 责任论基础

一、责任原则

责任论是犯罪论体系的第三阶段,是就符合构成要件而且违法的行为,针对具体行为人是否应承担责任进行的实质主观判断,是责任原则这一近代刑法基本原则的核心要求。例如在 A 枪杀 V 的场合,如果不存在任何违法阻却事由,可以认为 A 的行为违反杀人罪的构成要件而且违法,但是如果 A 仅有 12 岁,是不具有刑事责任能力的未成年人,则该行为因无法追责而不成立犯罪。

责任原则在消极意义上是指"无责任不处罚",在积极意义上是指"有责任则处罚"。鉴于责任原则是限定犯罪成立而非扩张犯罪成立的原则,主旨在于限制国家的刑罚权,其本来的含义应是消极意义上的"无责任不处罚"。在日本,责任原则更被认为是包含于《宪法》第 31 条实体正当原则之中的宪法原则。①

责任原则的提出与刑罚目的论密不可分。国家制定并实施刑罚的目的之一,在于通过禁止特定的行为,宣告或者实际对违反者予以处罚,以实现犯罪预防。就如平野龙一所言,刑罚的本质不仅仅是痛苦,还是通过将对行为的社会无价值判断传输给行为人本人以及其他社会成员,以抑制类似行为的工具。而一般预防目的的实现的前提,在于行为人在行为之

---

① 浅田和茂『刑法総論』(第 2 版,2019,成文堂)282 页参照。

际存在选择其他合法行为的可能性。如此,就应将刑罚限制于能够选择合法行为却实施违法行为的场合,也即只有存在刑罚可以发挥影响的心理要素之际,才可以进行处罚。① 从上述论断出发,刑罚应该仅限于具有责任能力者的故意或者过失行为,所以即使发生了危害结果,如果不存在故意或者过失也不能处罚,应反对结果责任、严格责任。同时,刑罚应仅限于实施违法行为者本人,而不能及于之外的家属、亲朋等其他人,因此应否定封建时代的连坐制与团体责任。

虽然责任原则在日本被认为是宪法原则,但在司法实践中尚存在例外。例如,对于成立结果加重犯,判例一直坚持行为人无须对其行为产生的加重结果有认识,过失亦不需要。在1957年的判例中,日本最高法院第三小法庭明确指出,成立伤害致死罪,伤害与结果之间必须存在因果关系,但是对致死结果的预见并无必要。② 再如,就违法性认识,最高法院大法庭认为,即使不存在认识到违法的可能性,也可作为故意犯处罚。③ 严格而言,附属刑法中的两罚规定与司法形成的过失推定原则都与责任原则相抵触。

二、责任的本质

那么,到底什么是责任? 就此问题,从意志自由的角度,存在道义责任论与社会责任论的对立;从非难对象的角度,存在行为责任论、性格责任论与人格责任论的分歧;从判断要素的角度,存在心理责任论、规范责任论与实质责任论的争论。

(一)道义责任论与社会责任论

以意志自由(非决定论)为前提的**道义责任论**是旧派的观点。根据该论,人是具有选择自由的存在,如果在可以选择其他行为(**他行为可能性**)之际,却基于自由意志选择违法行为,就可以对之进行道义非难。作

---

① 平野龍一『刑法(総論Ⅰ)』(1972,有斐閣)52頁参照。
② 西田典之=山口厚=佐伯仁志『判例刑法総論』(第5版,2009,有斐閣)227頁参照。
③ 昭和23(れ)1049,刑集4·11·2257。

为这一非难体现的刑罚是对行为人的报应。从坚持意志自由论与认为作为非难对象的违反道义或者社会伦理的行为出发,可以认为道义责任论与行为无价值有着密切的内在关系。与此相对,新派主张的**社会责任论**立足于意志决定论,认为人的意志选择取决于其素质与环境,即使不存在他行为可能性,如果对社会存在危险,也可以为了防卫社会采取一定措施,而且主张以特别预防意义浓厚的保安处分取代刑罚。

道义责任论将刑事责任视为伦理责任,将刑法视为社会伦理的底线,在解释自然犯等方面有其合理性的一面。但是,道义责任论存在混同法与伦理以及刑法伦理化的危险。虽然在保安处分、对精神病人的处理措施中还有社会责任论的影子,但在整体上,因为以决定论为出发点本身就存在问题,社会责任论是被理论界否定的。因此,虽然可以说道义责任论与社会责任论的对立依然存在,但是二者都已经不是站在最初的绝对立场,而是在相互借鉴的基础上形成了新的观点。

旧派学者早就放弃了绝对意志自由,转向相对意志自由,主张人在受到自身素质与客观环境影响的同时,在意思决定阶段具有选择的自由,刑罚的意义不但在于报应,而且在于教育、矫治。在新派的学者之中,也出现了主张社会道义责任论、接受期待可能性与相对意志自由论的学者。例如,师从龙勃罗梭的胜本勘三郎虽然站在新派立场上,但是认为旧派在意志是具有条件的、相对的这一点上是正确的。[①] 相对意志自由论也得到了司法实务的接受,例如,20世纪20年代曾担任日本最高法院院长的泉二新熊虽然对缓刑制度、保安处分、不定期刑等持积极态度,但是他支持相对意志自由论,并主张应从综合报应主义与目的主义的折中立场解释日本的新刑法。[②]

(二)行为责任论、性格责任论与人格责任论

行为责任论,或称个别行为责任论或者意志责任论,以非决定论为基

[①] 中義勝=山中敬一「勝本勘三郎の刑法理論」法律時報50巻10号112頁以下参照。
[②] 小林好信=佐伯千仭「刑法学史」福井正夫=川島武宜等『日本近代法の発達史』(11巻)(1967,勁草書房)258頁参照。

础,从行为原则出发,主张责任非难的对象是具体犯罪行为,因此对思想与人格本身不能进行责任非难,也不能根据行为人的身份对同一行为进行差别非难。同时,不受意志控制的反射行为与梦游行为等也并非非难的对象。**性格责任论**则立足于决定论,否定行为责任论的主张,认为责任非难的对象应是行为人的危险性格,可以说与社会责任论是一脉相承的。**人格责任论**意在克服行为责任论与性格责任论的缺点,主张在行为的背后存在着行为人在素质与环境的制约下通过主体努力形成的人格,犯罪就是行为人人格的现实化,所以责任非难的对象是行为人的人格,就如团藤重光所言,行为是人格的体现,而人格不但是性格自然而然的流露,而且是形成于人格与环境相互作用过程中的主体态度的现实化。①

从行为原则出发,以抽象的危险性格为非难对象的性格责任论并不可取。人格责任论虽然在解释加重处罚累犯与常习犯方面有合理的一面②,但是因为如何就确定人格存在困难,最终不免变为对行为人的现实性格进行非难,所以被认为是过于严苛的刑法理论,不但在"二战"后的德国被理论界所否定③,在日本也受到"违反行为责任原则、不可能区分人格形成过程中能够与不能够非难的部分"的批判,目前支持者甚少。④ 因此,行为责任论成为现在的通说。⑤

但是在实际追究责任之际,行为及其背后的人格、环境因素都在考虑的范围内,例如日本《刑法典》第 57 条规定对再犯、第 186 条规定对常习赌博加重处罚,而行为责任论在说明此类加重处罚方面的确存在缺陷。因此,即使坚持行为责任,也应该承认人格、性格以及行为时的意志自由等要素对责任的影响。

---

① 团藤重光『刑法綱要總論』(第 3 版,1990,創文社)106 頁参照。
② 也有论者认为,人格责任论并不能解释对常习犯的加重处罚。因为人格责任论在将规范意识作为其内容的同时,主张人格限制了他行为可能性,如此,就应该认为常习犯与初犯的责任相同。而且从人格责任论出发,还会得出"偶然犯因为缺少自由意志的约束所以责任最重"这一违反常识的结论。山口厚『刑法總論』(第 2 版,2006,有斐閣)184 頁参照。
③ 内田博文『日本刑法学のあゆみと課題』(2008,日本評論社)148 頁参照。
④ 中山研一『口述刑法總論』(補訂 2 版,2007,成文堂)183 頁参照。
⑤ 浅田和茂『刑法總論』(第 2 版,2019,成文堂)280 頁参照。

(三)心理责任论、规范责任论与实质责任论

心理责任论立足于道义责任,主张在存在责任能力与故意、过失的心理事实之际肯定责任的存在,并认为责任能力是责任的前提,故意与过失是责任的种类,有故意或者过失则有责任,反之则无。① **规范责任论**,首先对心理责任论提出了批判,就如佐伯千仞所言,责任能力、故意以及过失都不是责任非难本身,而是责任非难的基础或者可以推测责任非难可能性的情节②,继而认为,即使存在责任能力、故意与过失,如果不存在期待可能性责任也不成立,因为责任非难与法规范的命令功能相连,只有在能够期待行为人理解并根据命令规范而为之的场合才有意义。③ **实质责任论**则以社会责任论与规范责任论为基础,认为责任的内容在于科处刑罚的实质意义,也即预防目的与回归社会。实质责任论在否定道义责任的同时,认为不能从期待可能性这一规范要素直接判断具体刑罚,应从犯罪预防目的这一实质观点出发理解责任的本质(**可罚的责任论**)。④

心理责任论曾经一度居于通说地位,但是因为存在明显缺陷,例如责任的内核是非难可能性,这是不能从心理事实直接说明的价值判断,所以现在支持者甚少。规范责任论虽然批判但是并不完全否定心理责任论,而是在其基础上加上期待可能性,将责任判断从形式推向实质,汲取心理责任与社会责任之长,超越学派的对立,因此很快成为通说。⑤ 但是批判者认为,规范责任论存在轻视心理事实的倾向,尤其在目的行为论下,故意与过失被从责任阶段移至构成要件阶段,如此责任的内容就出现了空洞化现象。⑥ 在否定或者减少责任的方向上,以规范责任论为基础的实质责任论是可以接受的,笔者也正是在这一方向上支持可罚的责任论(**消极的可罚责任论**)。但必须警惕的是,规范责任论有在必要性的政策

---

① 大谷実『刑法講義総論』(第 5 版,2019,成文堂)309 頁参照。
② 佐伯千仞『刑法講義(総論)』(1974,有斐閣)226 頁参照。
③ 佐伯千仞『刑法講義(総論)』(1974,有斐閣)226 頁以下参照。
④ 前田雅英『刑法総論講義』(第 5 版,2011,東京大学出版会)152 頁参照。
⑤ 大谷実『刑法講義総論』(第 5 版,2019,成文堂)310 頁参照。
⑥ 中山研一『口述刑法総論』(補訂 2 版,2007,成文堂)185 頁参照。

目的推动下不当扩大处罚范围的危险。①

　　总体而言,日本责任理论的发展情况可以简单概括如下:在明治初期,受法国折中主义刑事立法与刑法思想的影响,日本的刑法理论站在了以相对意志自由为基础的古典学派的立场。20世纪初期,因为新派思想占据优势地位,社会责任论的影响逐渐扩大。与此同时,道义责任论也占据一席之地。其后,随着期待可能性被介绍进来,规范责任论在学界逐渐获得了支持。"二战"之后,虽然道义责任论一度占据主流地位,但是人格责任论、性格责任论相继登场并获得了有力支持。20世纪70年代之后,随着刑法修改的展开,日本学界开始探索新的责任理论。② 目前理论界的分歧,主要在于规范责任论与可罚的责任论之间。

第二节　责任的要素

一、理论争议

　　从消极的可罚责任论出发,责任要素既包括主观要素,例如故意、过失、违法认识的可能性、期待可能性的不存在等,也包括客观要素,即影响合法行为可能性以及意志决定的客观要素,例如家庭环境、生育经历、盗窃之际的贫困状态,就此并无争议。但是,就责任能力是否责任要素存在肯定说与否定说的对立。肯定说认为,责任能力是在追究具体行为的责任之际考虑的要素,与故意、过失、违法性认识可能性、期待可能性并列。③ 否定说则认为,责任能力是一般人的人格能力,应与具体行为割裂开来先行进行独立考察,因此是责任的前提。④

---

①　中山研一『口述刑法総論』(補訂2版,2007,成文堂)185頁参照。
②　浅田和茂『刑法総論』(第2版,2019,成文堂)276頁参照。
③　団藤重光『刑法綱要総論』(第3版,1990,創文社)276頁、大塚仁『刑法概説(総論)』(第4版,2008,有斐閣)451頁、野村稔『刑法総論』(補訂版,1998,成文堂)282頁等参照。
④　川端博『刑法総論講義』(第2版,2006,成文堂)481頁、大谷実『刑法講義総論』(第5版,2019,成文堂)315頁、浅田和茂『刑法総論』(第2版,2019,成文堂)276頁等参照。

从立法上单独为精神病人规定了刑罚以外的入院治疗、为未成年犯规定了保护处分等事实来看,责任能力的确有其独立性。但是,因为责任能力既包括年龄等生物学要素,也包括辨别与控制行为的心理学要素,如果将责任能力与具体行为割裂开来,可能会出现对此行为有责任能力,对彼行为无责任能力的情况。例如,具有控告妄想症者对虚假控告可能无责任能力,但是对其他犯罪人仍然具有责任能力。① 同时,先行对责任能力进行判断可能会导致在认定犯罪事实之前先决定处遇措施,不利于未成年人与精神病人的权利保护。例如,在上述控告妄想症的场合,可能会给权力机关利用与其精神疾病无关的其他违法行为,对行为人采取强制措施的机会。因此,肯定说仍然是现在的通说。

笔者支持通说的观点,同时认为,在认定具体行为的刑事责任之际,缺少责任能力固然责任不成立,缺少期待可能性或者故意、过失责任亦不成立。如此,责任能力、期待可能性以及故意、过失处于同等地位,如果责任能力是责任的前提,则至少期待可能性也应是责任的前提。就此而言,也不应认为责任能力是责任的前提,而应是与故意、过失、期待可能性并列的责任要素。

二、责任能力

(一)无责任能力与限制责任能力

1. 概念

责任能力,是指对自己实施的符合构成要件而且违法的行为承担责任的能力。日本《刑法典》并没有从正面规定责任能力,而是从反面在第 39 条规定了无责任能力与限制责任能力的情形,即"心神丧失者的行为不处罚"(第 39 条第 1 款)与"心神耗弱者的行为减轻处罚"(第 39 条第 2 款)。

日本大审院在 1931 年的判例中认为,"心神丧失"是指因为精神障碍而失去辨别行为是非的能力(是非辨别能力)或者根据其辨别行为的能力

---

① 高橋則夫『刑法総論』(2010,成文堂)328 頁参照。

(行为控制能力)的状态,"心神耗弱"则是指是非辨别能力或者行为控制能力因为精神障碍陷入减退的状态。① 日本最高法院在1954年的判例中继而认为,刑法上的"心神丧失",是指行为人在实施犯罪行为之际无法认识到行为的违法性或者根据其认识行为可认为无能力者②,此处的"违法性"与上述的"是非"同义。

显而易见,日本司法实践中的上述定义采用了生物学要件(精神障碍)与心理学要件(是非辨别能力或者行为控制能力)的混合方法。

2. 判断

(1)判断主体

通常认为,"精神障碍"包括狭义的精神持续病变精神病、精神突然异常的意识障碍以及其他情况的精神障碍,例如低能儿。精神病的原因包括外因与内因,前者如传染、打击或者因为酒精、毒品中毒而脑功能受损,后者如综合失调症、狂躁症等,就此在学界并无实质分歧。但是,就生物学要素与心理学要素的关系以及判断主体却存在争议。

有的观点认为,生物学要素是记叙性要素,属于鉴定人的判断范围;而心理学要素是规范性要素,属于法官的判断范围;还有的观点认为二者都是事实判断。③ 判例则认为,二者都属于规范判断,最终决定权在法官。例如,在1983年的"盗窃案"中,上诉人认为被告人具有吸食兴奋剂的历史与盗窃的常习,鉴定结论也认为被告人在盗窃之际陷入迷幻,属于心神耗弱者。原判对此不予承认,认定被告人具有完全责任能力,因此存在重大事实认定错误。最高法院第三小法庭全员一致认为,被告人的精神状态是否属于《刑法典》第39条规定的心神丧失或者心神耗弱是应该由法院最终裁决的法律判断,因此作为其前提的生物学要素、心理学要素最终也应由法院判断。原判基于被告人处于迷幻状态的供述存疑,而肯定其

---

① 高橋則夫『刑法総論』(2010,成文堂)329頁参照。
② 昭和29(し)41,刑集8・7・1231。
③ 高橋則夫『刑法総論』(2010,成文堂)330頁、浅田和茂『刑法総論』(第2版,2019,成文堂)293頁参照。

刑事责任能力合法。①

在1984年的"杀人、杀人未遂案"中,因对女性被害人及其家人极度愤恨,被告人用准备好的铁棒将被害人及其家人等5人伤害致死。一审法院虽然认定被告人患有精神分裂症,但是同时认为与案中罪行无关,因此判决被告人具有完全刑事责任能力,并判处其死刑,二审维持原判。日本最高法院第三小法庭在终审之际再度认为,是否属于心神丧失或者心神耗弱是法律判断,裁决权力属于法院,不受鉴定意见的约束。② 在东京高等法院同年审理的"杀人、杀人未遂案"中,被告人因为妄想曾经与自己交往的A在与B亲密交往,携带霰弹枪往返寻找A,在此期间实施了向巡警开枪、近距离枪杀意图游说其的刑事科长等罪行。一审法院没有采纳被告人在实施犯罪之际因为吸食兴奋剂而处于心神耗弱状态的鉴定结论,认定其具有完全刑事责任能力,并判处其无期惩役。东京高等法院判决认为,应认定被告人处于心神耗弱状态,并撤销原判,改判被告人20年有期惩役。③

理论上,虽然精神鉴定的结论本身也可能因为专业素质、客观要素等的影响存在不确定成分,所以不能认为鉴定结论与法律判断之间存在必然的推定关系,但是鉴于被告人的精神状态本身是根据证据判断的事实问题,在认定之际也应充分尊重鉴定结论④,这也是判例的态度。最高法院第二小法庭在2008年的"伤害致死案"中明确判决认为,从精神障碍的有无与程度这一生物学要素及其对心理要素影响的有无与程度的诊断属于临床精神病学的分内之事来看,在将专家与精神医学业者的意见作为证据的场合,只要不存在不能采用的合理理由,例如鉴定人的公正性与能力存疑、鉴定的前提条件有问题,就应充分尊重并予以采用。⑤

---

① 昭和58(あ)753,裁判集232·95。
② 昭和58(あ)1761,刑集38·8·2783。
③ 中山研一『口述刑法総論』(補訂2版,2007,成文堂)194頁参照。
④ 浅田和茂『刑法総論』(第2版,2019,成文堂)293頁、中山研一『口述刑法総論』(補訂2版,2007,成文堂)195頁参照。
⑤ 平成18(あ)876,刑集62·5·1559。

简而言之,生物学要素与心理学要素的判断主体都是法院,但是有关生物学要素的鉴定结论作为专业人士的判断,也被司法实践充分重视,成为推定责任能力的事实基础。

(2)判断方法

从判例来看,判断被告人是否属于心神丧失或者心神耗弱,法院原则上采取的是综合判断方法,即根据被告人的动机、行为时的心理状态、精神障碍的性质及其对行为能力的影响等因素综合认定。例如,在1984年东京高等法院审理的案件中,得出心神耗弱的结论是基于被告人在实施犯罪行为之际处于伴有幻觉与妄想现象的异常状态、具有人格障碍情形而且因兴奋剂中毒等理由。① 在2015年的"杀人案"中,被告人用剔骨刀依次捅刺了包括亲属在内的8人,致使7人死亡、1人重伤,并将其母现住的住宅用汽油烧毁。一审判决采纳了"被告人在实施犯罪之际患有被害妄想型,是非判断能力显著受损"的精神病鉴定结论,二审判决采纳了"被告人患有情绪不安的人格障碍,认定心神耗弱也并无不可"的二次鉴定结论,认定被告人具有完全责任能力,判处其死刑。最高法院第二小法庭终审认为,被告人的"行为基于同一目的首尾一致,犯罪动机也明显起因于现实情况,案中也并不存在事实表明被告人在行为之际处于爆发性的兴奋状态。虽然被告人因为患有妄想型心理障碍,被害感觉影响甚大,怨恨日渐强烈,但从被告人妄想的内容源自现实中的事情来看,该精神障碍对案中犯罪行为的影响不过尔尔。即使被害意识与怨恨因之增强,也不能仅据此认定判断能力减退"②。此后,在2016年的"现住建筑物放火、杀人、杀人未遂案"中,最高法院第三小法庭判决认为,虽然在被告人形成犯罪动机的过程中存在妄想,但是该精神障碍对其犯罪行为不过起到了间接影响而已,因此维持原审的死刑判决。③

在下级法院审理的案件中,综合判断的方法体现得非常明显。例如,在2017年的"杀人、违反《枪支刀剑等持有取缔法》案"中,神户地方

---

① 中山研一『口述刑法総論』(補訂2版,2007,成文堂)194頁参照。
② 前田雅英『刑事法判例の最前線』(2019,東京法令)72頁。
③ 平成25(あ)1329,裁判集319・1。

法院也在肯定犯罪动机基于妄想产生而且存在药物性精神病影响的同时,认为被告人在进行各犯罪行为时并没有感受到迫切的恐惧,也没有出现促使被告人直接去杀害被害人的幻觉、妄想等症状。而且,被告人在犯罪前生活正常,被逮捕时沉着冷静,这表明其在实施犯罪时病情并未恶化,在决定杀害被害人等及真正行动的过程中,病情也并未产生较大影响。因此,判处被告人死刑。①

杀人、违反《枪支刀剑等持有取缔法》案
[平成 27(わ)930]

因长期大量服用精神刺激药物利他林而罹患药物性精神病,被告人 X 出现体感幻觉、妄想、幻想等症状。在通过互联网与书籍调查造成问题的原因之际,X 产生了"日本政府及其合作人员使用电磁波武器与精神工程武器,对个人进行发动攻击,也即正在发动'精神工程战争'"的想法。以此想法为基础,被告人认为自己及其家人是精神工程战争的受害者,并幻想在附近居住的 A 家与 B 家是攻击自己的特工人员。为实现报复上述被害人,以及通过法庭审判将国家隐藏起来的精神工程战争公布于众之目的,被告人有计划地用军刀杀害了 A 家与 B 家共 5 人。

在审理之际,辩护人提出,被告人实施上述各犯罪行为之际,有可能因为药物性精神病的影响,陷入了心神丧失或心神耗弱的状态。神户地方法院认为,被告人在实施犯罪行为之际,因为长期、大量服用利他林,患有药物性精神病并产生了被害人长年对自己进行精神攻击这一妄想,意在报复被害人,并在法庭上揭露存在精神工程战争。但是,综合被告人行为时的言行、当时的心理状态、有序的杀人行为等因素,几乎看不到精神病症的影响,因此认定被告人行为时具有完全责任能力,判处其死刑。

---

① 平成 27(わ)930。

（二）未成年人

根据日本《刑法典》第41条之规定,不满14周岁者为无责任能力人。虽然在不满14周岁的未成年人之中,能够辨别行为是非者不在少数,但是往往不能够据此控制自己的行为。而且未成年人个体之间的精神发育、成熟程度等存在很大差异,难以进行个别判断,因此立法者对刑事责任年龄进行了统一规定,推定不满14周岁者无责任能力,而且是不容反证的绝对推定。

需要指出的是,日本的《少年法》对《刑法典》第41条的规定进行了修正。根据该法第2条第1款、第41条与第42条之规定,不满20岁者为少年,少年犯罪的案件由家庭法院管辖。家庭法院经调查与审理,可在认为适当之际处以保护处分。但是,根据该法第20条第1款与第45条之规定,如果家庭法院认为案中行为构成可判处死刑、惩役或禁锢之罪,需课以刑罚的,可移送至检察官（逆向移送）,由后者提起公诉。但是根据第20条第2款之规定,在故意导致被害人死亡的案件中,如果犯罪时已满16周岁,家庭法院必须向检察官移送案件,除非综合案中情节,认为可处以刑事处分以外的措施。

从《少年法》的上述规定来看,虽然原则上可以追究已满14周岁少年的刑事责任,但是根据该法第51条之规定,对犯罪时不满18周岁的未成年人应减轻处罚。具体而言,在应判处死刑之际,可判处无期刑罚。在应判处无期刑罚之际,可判处10年以上20年以下的有期惩役或者禁锢。因此,《少年法》在实质上对不满18周岁的未成年人采取了与限制责任能力人相同的必减原则。

同时,从促进少年健康成长、矫正非行少年的性格与改善其成长环境的立法目的出发,《少年法》第52条第1款规定了不定期刑,即如果应对少年处以有期禁锢或者惩役,可以在处断刑的范围内,同时宣告最高刑和最低刑,后者应在不少于最高刑1/2的范围内（如果最高刑期低于10年,则在5年以上最高刑期以下）确定,但是最高不得超过15年,最低不得超过10年。同条第2款继而规定,就上述最低刑,如果为矫治目的所必要,可以在低于处断刑的1/2而且低于最高刑的1/2范围内确定。

根据《少年法》第3条之规定,在都道府县的知事或者儿童相谈所所长向家庭法院移送案件之际,家庭法院也可以审判不满14周岁而触犯刑法的未成年人(**触法少年**),以及具有下述情况之一,根据性格或者环境判断,将来有触犯刑法之虞的未成年人(**虞犯少年**):①有不服保护人正当监督习性的;②无正当理由而不归家的;③与有犯罪倾向或不道德的人交往或者出入不良场所的;④有损害本人或他人德性行为习性的。

(三)原因上自由行为

原因上自由行为,是指虽然在实施构成实行行为的行为(结果行为)之际,处于无责任能力(心神丧失)或者限制(心神耗弱)责任能力状态,但是在实施导致该行为的行为(原因行为)之际具有意志自由与责任能力的情况。例如,A胆小怯弱,为了壮胆大量饮酒,陷入无责任能力状态,然后枪杀V;即将出庭作证的X为了作伪证,在宣誓之前服用精神药品,之后在无责任能力状态下给出虚假证言。原因上自由行为可以分为两种类型:其一,**意志连续性型**,即同一意志贯穿原因行为与结果行为的情况,上述饮酒杀人与服药作证的例子都属于这一类型。其二,**意志不连续型**,即在原因行为之后形成犯罪意志的情况,例如,有暴行习性的人在饮酒之后陷入醉态,殴打同席饮酒的友人或者路上行人。

1. 理论争议

关于原因上自由行为的理论争议主要在于两个方面。

其一,是否应处罚原因上自由行为？否定的观点认为,刑法处罚的对象是实行行为,责任与行为(实行行为)同在既是责任原则也是罪刑法定原则的要求。因此,原因上自由行为不应成为刑罚的对象。然而,肯定说却是现在理论上的通说。因此,就如浅田和茂所言,责任原则与罪刑法定原则是近代刑法最重要的原则,不存在任何学说对此予以否定,但是肯定原因上自由行为的观点却呈压倒之势,这一现象可谓奇妙。①

其二,原因上自由行为理论在实质上是从处罚的必要性出发,处罚

---

① 浅田和茂『刑法総論』(第2版,2019,成文堂)299页参照。

根据责任能力与行为原则不构成犯罪的行为。因为现行日本立法之中并无相关规定,所以处罚原因上自由行为的根源在于判例与刑法理论。那么,在原因上自由行为的场合,对行为人予以处罚的理论根据何在? 是因为设定原因的行为本身就是实行行为的一部分,所以符合责任与行为同在原则,还是因为只要在设定原因行为之际存在责任能力,即使在实施实行行为之际没有责任能力也可以处罚(责任与行为同在原则的例外)? 就此,理论中的争议观点大致可以分为间接正犯模式与例外模式。①

(1)间接正犯模式

间接正犯模式,又被称为构成要件模式,是现在的通说,其意在严守责任能力与行为同在原则。根据该说,在原因上自由行为的场合,行为人是以自己的无责任能力状态为工具实施犯罪,类似于间接正犯的构成。因此,原因行为就是实行行为,例如,在饮酒杀人与服药作证的例子中,饮酒行为与服药行为已经是杀人与伪证的实行行为,因此完全符合责任与行为同在原则的要求,不需要其他任何特别的处罚根据。

对于间接正犯模式的批判有:第一,通说的限制从属说并不承认对无责任能力人的教唆,也不将之作为间接正犯,因此缺乏将利用无责任能力状态的行为作为间接正犯考虑的基础。第二,原因行为应是预备行为,难以将之作为实行行为。第三,如果将原因行为,例如上述的饮酒行为,作为实行的着手,在故意犯的场合,如果饮酒之后睡倒,这岂非也构成未遂? 第四,原因上自由行为理论也适用于限定责任能力的情况,而根据间接正犯模式不能得出这一结论。而且在辨识、控制能力降低的场合,因为构成限制责任能力而减轻处罚,但是如果陷入无责任能力状态,就突然根据原因上自由行为,需要承担完全刑事责任能力,这岂非存在矛盾? 等等。②

---

① 山中敬一『刑法総論』(第2版,2008,成文堂)607頁以下、高橋則夫『刑法総論』(2010,成文堂)333頁以下、中山研一『口述刑法総論』(補訂2版,2008,成文堂)199頁以下等参照。

② 浅田和茂『刑法総論』(第2版,2019,成文堂)299頁以下参照。

（2）例外模式

例外模式，又被称为责任模式、同在原则的实质化说①、同在原则的缓和说、结果行为说②。该说认为，在原因上自由行为的场合，实行着手在于结果行为，借此缓和责任能力与行为同在原则，也即肯定广义上的"行为"与责任能力同在原则。通过重视结果行为的危险（未遂）及其实现（既遂），例外模式能够确保构成要件的明确性，而且可以将限制责任能力的情形包括进来。但是，例外模式的最大问题在于如何解释要放弃责任能力与行为同在原则。最先回答这一问题的是佐伯千仞。从规范责任论出发，佐伯千仞提出了非难可能性说，认为责任是非难可能性，是对行为意志决定的否定性评价，故意与过失不过是推定非难可能性的事实要素。因此，从行为人有责任能力之际的意志态度出发，对无责任能力之际的举动进行非难并无障碍。

在佐伯千仞之后，理论中又形成了形形色色的多种学说，例如：①主张以"在实施原因行为之际，可以支配结果行为"为根据的支配可能性说；②主张"即使不是实行行为，只要在行为开始之际存在最终意思决定即可"的最终意思决定说；③认为"在原因行为者的犯意直接在结果中实现之际，就可以对结果追责"的意思决定实现说；④认为"如果在原因行为与结果行为之间存在因果关联（相当因果关系）与责任关联（故意、过失），就可对源自原因行为的结果追责"的相当原因行为时说；⑤将"事前潜在的实行行为视为具体危险发生之后的实行行为"的事后的实行行为说；⑥认为"成立故意实施的原因上自由行为，行为人不但要认识、预见到自己的犯罪行为，而且需要预见到自己会陷入无责任能力状态"的双重故意说，等等。③ 那么，判例持何种立场呢？

2. 判例立场

判例关于原因上自由行为的可罚性的立场非常明确，即故意与过失

---

① 高桥则夫『刑法総論』（2010，成文堂）335页参照。
② 浅田和茂『刑法総論』（第2版，2019，成文堂）301页参照。
③ 中山研一『口述刑法総論』（補訂2版，2008，成文堂）205页以下、大谷实『刑法講義総論』（第5版，2019，成文堂）325页以下、曽根威彦『刑法総論』（第4版，2006，弘文堂）439页以下等参照。

造成的原因上自由行为都可罚。例如,就故意犯,日本最高法院第三小法庭在 1968 年的"恐吓、违反《道路交通法》案"中明确认为,即使在醉酒驾驶之际因醉酒处于心神耗弱状态,如果能够认定饮酒之际存在醉酒驾驶的故意,则不应适用《刑法典》第 39 条第 2 款的规定减轻处罚。① 就过失犯,札幌高等法院在 1951 年的"业务上过失致死案"中判决认为,如果知道自己一旦饮酒就会陷入病理性醉酒状态,就应承担抑制或者控制饮酒这一导致危险的行为,以防患于未然的义务。因怠于履行这一义务而陷入病理性醉酒,用手枪伤害他人,就应承担业务上过失致死罪的责任。② 在司法实践中,绝大多数都是过失犯的情形。

关于原因上自由行为的处罚根据,判例呈现出如下两个特点:

其一,强调实施原因行为之际的责任能力。例如在 1953 年的"《违反麻药管理法》案"中,最高法院第一小法庭明确认为,根据《麻药管理法》第 4 条与第 60 条之规定,不得"因为麻药中毒扰乱公共安宁或者因为麻药中毒而失去自制力",对违反者可处以 6 个月以上 1 年以下惩役。此处的"因为麻药中毒而失去自制力",是指因连续吸食麻药而中毒并失去自制力的行为。因此,即使被告人在实施失去自制力的行为之际无责任能力,如果在连续吸食麻药之际被告人有责任能力,而且就连续吸食麻药会陷入中毒状态有认识(未必认识),就可以作为原因上自由行为予以处罚。③ 与此相似,名古屋高等法院在 1956 年的"熊野杀人案"中也认定被告人在实施原因行为之际存在未必故意。④

---

① 昭和 42(あ)1814,刑集 22·2·67。
② 昭和 26(う)693,高刑集 4·11·1482。
③ 昭和 25(あ)2985,刑集 7·13·2646。
④ 昭和 30(う)413,高刑集 9·5·411。

熊野杀人案

[昭和 30(う)413,高刑集 9·5·411]

被告人 A 从三重县某中学退学之后在家务农,因为结交了不良之徒,从 1953 年 2 月前后开始吸食海洛因,同年 8 月因中毒呈现幻想症。在接受治疗后症状虽然一时停止,但是好景不长。1954 年 3 月前后,A 离家出走,到其叔叔在名古屋经营的小店帮忙。同年 5 月 12 日前后,A 开始携带购买的约 13 厘米长的短刀流浪,同月 23 日前后来到位于熊野市农村的姐姐 V 的家中帮忙务农,并寄宿在 V 家中。同年 6 月 5 日前后,虽然预见到吸食海洛因可能会引起幻觉与妄想,并用上述短刀对他人实施暴行,A 仍分三次给自己注射了在当地购买的麻黄碱粉末。之后,因为中枢神经过度兴奋引起吸食海洛因的后遗症,产生极度的厌世感,陷入无自由意思决定能力状态。A 决定先杀其姐 V,然后自杀,遂于同月 7 日用上述短刀多次捅刺 V 的头部、背部等部位,致使 V 很快死亡。

三重县地方法院一审虽然认定被告人在行为之际处于心神耗弱状态,但是宣告其构成杀人罪。被告人 A 提出上诉,认为其在犯罪时处于心神丧失状态,应被宣告无罪。名古屋高等法院二审认为,被告人预见到可能会引起妄想症,并在陷入心神丧失状态之际对他人施加暴行、伤害行为甚至导致他人死亡而注射药物,可以认定其在注射药物之际存在暴行罪的未必故意。因此,撤销原判,宣告被告人的行为成立伤害致死罪,判处其有期惩役 3 年,缓刑 5 年。

其二,强调实施原因行为之际的注意义务。例如,在上述 1951 年的"业务上过失致死案"中,札幌高等法院判决明确指出,即使是因为病理性醉酒陷入心神丧失或者心神耗弱状态,只要在饮酒之际处于能够正常履行义务的精神状态,就不应该适用《刑法典》第 39 条。① 在 1951 年"杀

---

① 昭和 26(う)693,高刑集 4·11·1482。

人、买卖赃物案"中,札幌高等法院认为,被告人具有潜在的遗传性精神病,而且有明显的精神病患者特征。同时,被告人是在犯罪时因大量饮酒陷入病理性状态,并在心神丧失的状态下实施了杀人行为,因此宣告被告人无罪。最高法院大法庭则认为,对于诸如该案中存在可能因为大量饮酒陷入病理性醉酒、在心神丧失状态下实施犯罪危险者,具有抑制或者控制饮酒以防止危险发生的注意义务。即使如原判所认定,案中行为是被告人在心神丧失状态下所实施的,因为被告人明知自己的身体素质,而在饮酒之前怠于履行其注意义务,如此而言,其应承担过失致死罪的责任。因此,撤销原判,发回重审。①

从上述两个特征来看,虽然判例重视的无疑是原因行为与结果行为之间的关联,以及行为人实施原因行为之际的心理状态。如此而言,判例的立场与上述"相当原因行为时说"相近。同时,从判例也可以看出,因为在意志连续型的场合,行为人在原因行为之际具有责任能力,在意志不连续型的场合,完全可以根据过失犯与不作为犯处罚,所以原因上自由行为理论的必要性仍存在探讨的空间。

3. 实行行为开始后的特殊情形

实行行为开始后的特殊情形,是指行为人在有责任能力之际产生杀人故意,但在开始实施犯罪之后陷入心神丧失或者心神耗弱状态的情况。例如,A 意欲用匕首杀害 V,在即将用匕首刺入 V 的脖子之际,突然陷入心神耗弱或者心神丧失状态,但是匕首依然刺入 V 的脖子将其杀害。

就此,**传统的观点**认为,只要行为人在实行行为开始之际有完全责任能力就可以追究其既遂责任;**重视责任能力与行为同在原则的观点**认为,如果行为人在有完全行为能力之时实施了突破未遂的行为,可以追究其既遂责任;**否定原因上自由行为的观点**认为,因为 A 是以杀人的故意实行着手,其陷入无责任能力或者限制责任能力状态之前的行为构成杀人未遂。如果之后陷入无责任能力,则其行为应无罪;如果陷入限制责任能力状态,则构成心神耗弱状态下的杀人既遂,即未遂行为被既遂行为所吸

---

① 昭和 25(れ)548,刑集 5·1·20。

收,应减轻其处罚。①

判例中的说理虽然各异,但结论是统一的,即只要在实行行为开始或者导致最终结果的行为开始之际具有完全责任能力,就不适用日本《刑法典》第 39 条第 2 款之规定。例如,东京地方法院在 1978 年的"杀人案"中判决认为,如果在行为开始时存在责任能力,即使在行为过程中陷入心神耗弱状态,也不能适用日本《刑法典》第 39 条第 2 款。东京高等地方法院二审也认为,被告人在有责任能力的状态下实施了重大加害行为,并在继续存在杀意的情况下反复实施同样的行为,而且精神亢奋状态是其自己的行为所致,因此其应承担既遂的责任。在 1992 年的"伤害致死案"中,被告人 A 与妻子 V 发生口角,A 越喝越醉,并持续对 V 实施暴行,致使 V 死亡。被告人辩解认为,虽然在行为开始之际具有完全责任能力,但是在实施案中的核心行为时,其酩酊大醉,处于心神耗弱状态。长崎地方法院判决认为,案中行为是在同一意志支配下连续实施的,在开始实施犯行之际,被告人并非处于心神耗弱状态,而且其陷入酩酊大醉状态是自己行为所致。综合而言,不能认为被告人的非难可能性降低,存在减轻处罚的实质根据,也即不能适用《刑法典》第 39 条第 2 款之规定。②

三、故意

日本《刑法典》第 38 条第 1 款规定,"没有犯罪意思的行为不处罚,法律有特别规定的除外"。通常认为,此处的"犯罪意思"就是指"故意",也被称为"犯意","特别规定"是指过失犯。换言之,刑法以处罚故意犯为原则,以处罚过失犯为例外。

(一)理论基础

1. 体系地位

就故意的体系地位,在构成要件的功能部分已经有所论述。总体而

---

① 浅田和茂『刑法総論』(第 2 版,2019,成文堂)305 頁参照。
② 浅田和茂『刑法総論』(第 2 版,2019,成文堂)303 頁以下、西田典之=山口厚=佐伯仁志『判例刑法総論』(第 5 版,2009,有斐閣)341 頁以下参照。

言,如果从行为无价值,尤其是目的行为论与人的违法观出发,因为违反规范的意志是违法性的基础,所以故意属于违法要素。而且故意作为表现"违反社会秩序程度"的要素,受到的违法性评价比过失更重,因此即使在法益侵害现实发生的既遂犯场合,故意也是违法要素。例如,与在修理手枪过程中不慎走火致人死亡的过失行为相比,故意用手枪杀人导致死亡结果的概率与危险性都更高,因此其违法性也更大。但是此处的"违法性"显然是"结果发生的危险",这在过失犯中也是存在的,这就与上述根据主观认识情况确定客观违法的主张相互矛盾。①

如果从结果无价值出发,因为违法的实质在于法益侵害的结果及其危险,责任的基础是违反规范的意志与非难可能性的基础,所以故意是责任要素。同时,故意的内容包括对违法事实的认识,所以要求形成放弃违法行为的反对动机,如此,其非难可能性高于仅要求存在违法认识可能性的过失。在结果无价值内部,也有观点认为在未遂犯的场合故意是违法要素。例如,A 举枪对准 V,如果 A 没有扣动扳机的意思,就没有发生结果的危险,因此在此处故意是违法的主观超过要素。但反对的观点认为,在这种情况下,严格而言,"A 扣动扳机的意思"是进行下一行为的"行为意志",这才是主观的违法要素。在误将人当熊射杀的过失犯场合,这一行为意志也是必要的,只不过过失犯不处罚未遂,行为意志不成为问题而已。因此,即使在未遂犯的场合,故意也是责任要素,而非违法要素。②

此外,理论中也存在将故意作为构成要件要素,或者将之划分为构成要件故意与责任故意的观点。种种观点虽各有可取之处,但是也不乏明显缺陷。③ 从结果无价值的基本立场出发,笔者采纳传统立场,认为故意是责任要素,故意与过失之间的刑罚差异,其根源在于责任,也即非难可能性的差异。

---

① 中山研一『口述刑法總論』(補訂 2 版,2008,成文堂)210 頁参照。
② 西田典之『刑法總論』(2006,弘文堂)197 頁以下参照。
③ 高橋則夫『刑法總論』(2010,成文堂)160 頁以下参照。

2. 理论分类

(1) 确定故意与不确定故意

以对发生构成要件事实的认识程度为标准,可以将故意分为确定故意与不确定故意。**确定故意**,是指意图实现该当构成要件的事实,或者对发生该当构成要件事实(尤其是结果)有确定认识。前者如以杀人的故意对被害人开枪;后者如为了骗取保险金,明知有人在房中熟睡而放火。**不确定故意**,是指对犯罪事实的发生并无确定认识的情况。

不确定故意又可以分为概括故意、择一故意与未必故意。

概括故意,是指虽然对发生结果有确定认识,但是对构成要件事实只有概括认识的情况。例如,向人群中投掷手榴弹、驾驶卡车冲向游行队伍等情况,行为人虽然有杀人故意,但是并不知道具体对象。在概括故意的场合,判例认为行为人对所有的犯罪客体都有故意。例如,在 1931 年的判例中,被告人 D 为了杀 A,在 A 的热水瓶中投毒。A 之外的其他 3 人虽然也喝了热水,但是因为感到有异味喝得不多,得以幸存。大审院认为,只要行为人对 A 的家人也会喝瓶中热水有预见,对于实际喝水的人都成立杀人未遂。①

择一故意,是指虽然对发生结果有确定认识,但是并不确定是哪一个客体的情况,例如,向并列而立的两人开枪随意杀死一人、以杀人的故意向数名客人中一人的咖啡中投毒但是并不知道是谁。在择一故意的场合,对于死者而言,当然成立杀人既遂。那么,对于幸存者是否成立未遂?肯定的观点认为,犯罪人对数个目标都有认识,因此成立杀人未遂。② 否定的观点则认为,例如在咖啡中投毒的例子,如果在客人端杯喝咖啡阶段才认为实行着手,在此刻只有实际死亡的客人有死亡危险,因此对于其他客人不成立杀人未遂。③ 笔者支持肯定的观点,因为在向两个目标举起枪、将毒药放进咖啡中之际,行为人已经创造出现实而具体的危险。

---

① 山口厚『刑法総論』(第 2 版,2007,有斐閣) 187 頁、西田典之 = 山口厚 = 佐伯仁志『判例刑法総論』(第 5 版,2009,有斐閣) 186 頁参照。
② 高橋則夫『刑法総論』(2010,成文堂) 175 頁参照。
③ 浅田和茂『刑法総論』(第 2 版,2019,成文堂) 309 頁参照。

未必故意,是指认识到可能会发生该当构成要件的事实(尤其是结果)而实施行为的情况。因为在未必故意与有认识的过失的场合,行为人都对该当构成要件的事实有认识,所以认识到什么程度成立未必故意的问题,不但是区分未必故意与有认识的过失的问题,也是区分故意与过失的问题,因此下文独立予以论述。

(2)未必故意与有认识的过失

就如何区分未必故意与有认识的过失,**容忍说**认为,如果认识到可能发生结果,但对此表示无所谓,或者认为结果发生不可避免、对是否发生漠不关心,也即根据是否容忍发生结果来区别故意与过失,其特点在于以认识要素加上意志要素为标准对故意与过失进行实质区别。虽然容忍说是理论上的通说①,但是批判的观点认为,在发生结果的可能性非常低的场合,如果行为人容忍结果发生就存在故意,如此可能使得未遂的范围不当扩大。同时,在结果发生的可能性非常高的场合,如果行为人不容忍结果的发生,如此可能使得既遂的范围不当缩小。②

着眼于上述缺陷的**盖然性说**认为,在只认识到可能发生结果的场合,构成过失,在认识到超过可能性的盖然性而为之的场合,构成未必故意。③ 该说的特点,在于通过将故意限制在存在发生结果的盖然性而且行为人对此有认识的场合,得出恰当结论。虽然在存在发生结果的盖然性之际继续为之,通常是对结果持容忍态度,所以盖然性说与容忍说的实际区别并不大,但仅从结果而言,盖然性说相对更合理。盖然性说的缺陷也很明显,即轻视故意的意志侧面,而且可能性与盖然性仅存在量的差异,很难对二者予以区分。④

在容忍说与盖然性说之外,**认识说**认为,故意的本质在于,尽管认识到结果发生的可能性,并有将之停留于内心的动机(动机说),但是却付诸

---

① 浅田和茂『刑法総論』(第 2 版,2019,成文堂)312 頁、団藤重光『刑法綱要総論』(第 3 版,1990,創文社)295 頁、大塚仁『刑法概説(総論)』(第 4 版,2008,有斐閣)199 頁等参照。
② 浅田和茂『刑法総論』(第 2 版,2019,成文堂)312 頁参照。
③ 前田雅英『刑法総論講義』(第 5 版,2011,東京大学出版会)285 頁等参照。
④ 中山研一『口述刑法総論』(補訂 2 版,2007,成文堂)215 頁参照。

行动。具体而言,如果认识到结果发生的可能性,但并未予以否定而且继续为之,则成立未必故意。认识说兼顾认识要素与意志要素,获得了众多支持者。①

在相关判例中,虽然存在否定者,但大部分学者都肯定存在未必故意。例如,最高法院第三小法庭在1948年的"收购赃物案"中认为,收购赃物是指明知是赃物而购入的行为,认定成立故意不以确定知道欲购买的物品是赃物为要件,只要认识到可能是赃物而有意购买(未必故意)即可。因此,即使出售方并没有明确告知购买方"这是赃物",如果能够认定后者根据购入物品的性质、数量、出售方的态度等诸多情节产生了"或许是赃物"的疑惑而仍然购买,就可以成立收购赃物罪②,就未必故意的认定标准,判例并未明确表明立场。③ 例如上述"收购赃物案",从判决表述来看,通常认为其采纳的是容忍说④,但是从"或许是赃物"的用语出发,从盖然性说与认识说的角度也并非不能说明。⑤ 不过,在1987年"不作为杀人案"中,被告人A将受到重伤的被害人V塞进汽车后备厢,V在汽车行驶过程中死亡。一审判决认定A存在杀人的未必故意,但是东京高等法院二审认为,即使A觉察到V可能因为重症而死亡,也难以认定其容忍死亡结果,因此否定其存在故意⑥,这显然也是采纳了容忍说的标准。

(3)附条件故意

附条件故意,是指虽然实施犯罪的意思本身确定,但是附有一定条件的情况。例如,同居的A与B之间发生矛盾,A对B实施了暴行,B购买了一把匕首,并决定如果A再殴打她就杀掉A。通常认为,在这种情况下根据行为与故意同在的原则解决即可,并不存在特殊问题。⑦ 在以他人行

---

① 曽根威彦『刑法総論』(第4版,2006,弘文堂)177頁、内藤謙『刑法講義総論(下)I』(1991,有斐閣)1090頁、山口厚『刑法総論』(第2版,2007,有斐閣)199頁等参照。
② 昭和22(れ)238,刑集2・3・227。
③ 中山研一『口述刑法総論』(補訂2版,2007,成文堂)216頁参照。
④ 西田典之『刑法総論』(2006,弘文堂)203頁参照。
⑤ 浅田和茂『刑法総論』(第2版,2019,成文堂)315頁参照。
⑥ 中山研一『口述刑法総論』(補訂2版,2007,成文堂)216頁参照。
⑦ 高橋則夫『刑法総論』(2010,成文堂)176頁参照。

为为媒介实现构成要件事实的共犯案件中,如果在正犯实施实行行为之前的阶段,就已经存在实施犯行的确定意思,就可以肯定存在故意。①

　　判例也持上述立场。早在1909年的判例中,大审院就认为"即使以实行阶段发生一定情况为条件,也可以认为存在杀人目的"。② 在1979年的"抢劫预备案"中,行为人在行窃时携带短刀,以备在被发现时使用。最高法院第二小法庭全员一致认为,行为人存在抢劫故意。③ 之后,在1984年的"杀人、违反《枪支刀剑等持有取缔法》、违反《火药类取缔法》案"中,被告人X与A、B、C 3人共谋,以解决债务纠纷为由,将D叫出来并让之上车,因为D进行抵抗,C掏出携带的短刀捅刺D的胸部等部位,致使D失血过多死亡。最高法院第三小法庭认为,在X与A等三人实施杀人行为之前的谋议中有如果D反抗就让A等杀人的内容,那么X的意思是确定的,存在杀人的未必故意。④

　　3. 构成要素

　　故意,是指认识到犯罪事实而实施行为。因此,故意的构成要素,或者说认识对象应是犯罪事实无疑。那么,什么是犯罪事实?从构成要件的罪刑法定主义出发的**形式的故意论**认为,故意的认识对象只是类型化的构成要件事实,违法性认识与其可能性以及期待可能性都不应是故意的要素。⑤ 根据该论,即使认识到违法阻却事由,行为人也存在故意。但是,就如松宫孝明所言,例如,在因误想防卫而杀人的场合,如果行为人只认识到"法律上正当的"事实,如何能够认为其具有"犯罪意志"呢?⑥ 与之相对,**实质的故意论**立足于故意非难,要求存在"一般人能够认识到违法性程度的事实认识",以确定成立故意所必需的事实认识的范围。从在对结果有认识之际应形成反对动机的角度而言,实质的故意论有合理之处,但其紧跟判例,未必以对类型化的构成要件事实的认识为要件,有扩

---

① 山口厚『刑法総論』(第2版,2007,有斐閣)200頁参照。
② 浅田和茂『刑法総論』(第2版,2019,成文堂)311頁参照。
③ 昭和53(あ)643,刑集33・7・710。
④ 昭和58(あ)531,刑集38・5・1961。
⑤ 大谷実『刑法講義総論』(第5版,2019,成文堂)333頁参照。
⑥ 松宮孝明『刑法総論講義』(第4版,2009,成文堂)181頁参照。

大故意的范围之虞。①

通说与判例都认为,如果行为人同时对该当构成要件的事实(积极要素)与构成违法阻却事由的事实(消极要素)有认识,例如假想防卫,则否定故意成立②,也即故意的认识对象包括上述二者。此外,就违法性认识,虽然判例一直站在不要说的立场,但理论中仍然存在争议。

(二)事实认识

1. 对构成要件事实的认识

故意以对构成要件事实的认识为要件是理论界的共识。对构成要件事实的认识,包括对行为、行为客体、结果、行为与结果之间的因果关系的认识,但不包括对目的、动机等主观要素的认识。

就故意的认识对象是否包括结果加重犯中加重结果,例如伤害致死罪中的死亡结果,判例认为,加重结果并非故意的认识对象。③ 理论上通常也认为,如果行为人认识到了加重结果,其行为就构成杀人罪而非过失致死罪。就破产犯罪中的"启动破产程序的决定生效"与事前受贿罪中的"成为公务员"等客观处罚条件是否属于故意的认识对象,居于通说地位的否定说认为,因为在这些犯罪中行为本身已经具有可罚性,只是为了限定处罚范围才特殊规定处罚条件,所以无须行为人对此有认识。④ 肯定说则认为,从责任主义的角度出发,因为客观的处罚条件是有关违法性的构成要件要素,所以行为人至少应存在过失。⑤ 鉴于客观处罚条件属于政策性特殊规定,笔者支持通说的观点。

对构成要件事实的认识,不但包括对事实本身的认识,也包括对其含义的认识。例如,在1951年的"虚假记载公正证书原本案"(寺庙登记簿案)中,被告人误认为寺庙规则已经失效,所以依据没有遵守规则要求作

---

① 中山研一『口述刑法総論』(補訂2版,2007,成文堂)217页参照。
② 山口厚『刑法総論』(第2版,2007,有斐閣)186页以下、西田典之『刑法総論』(2006,弘文堂)198页以下等参照。
③ 西田典之=山口厚=佐伯仁志『判例刑法総論』(第5版,2009,有斐閣)227页参照。
④ 西田典之『刑法総論』(2006,弘文堂)201页以下参照。
⑤ 山口厚『刑法総論』(第2版,2007,有斐閣)189页参照。

出的决议,对寺庙登记簿中的所属宗派、教义进行了变更登记,被以虚假记载公正证书原本罪起诉。日本最高法院第三小法庭终审认为,即使变更登记的事项是虚假的,但是被告人缺乏认识,因此存在构成要件要素的事实错误。① 在同年的"损毁与盗窃案"中,被告人误解犬类饲养规则,认为没有挂牌的狗就是无主的,打死了有主之狗,被以损毁器物罪起诉,最高法院第二小法庭也认为,就"有主"这一点,应认为被告人缺乏认识。②

如果对事实的含义无认识,构成事实认识错误。对含义有认识,对违法性无认识,则属于违法性错误。当然对构成要件事实的认识,并不需要达到专业程度(法律评价),只要达到普通人的认识程度(社会评价)即可。例如,就日本《刑法典》第 175 条规定的贩卖淫秽文书罪中的"淫秽",只要具有普通人"令人厌恶"的认识即可。在 1990 年的"走私、持有兴奋剂案"中,被告人 A 受 B 的威胁将行李带入日本,B 告知 A 行李中是化妆品,其实是兴奋剂。该案中,A 显然并未认识到其走私的是兴奋剂,但是判决认为,被告人已经认识到是对人体有害的违法药物,也即认识到可能是兴奋剂,也可能是其他对人体有害的违法药物,因此存在走私、持有兴奋剂的故意。③

2. 对阻却违法事实的认识

该当构成要件的事实是违法性的积极构成要素。与此相对,违法阻却事由是违法性的消极构成要素。所以,即使存在该当构成要件的事实,如果同时存在阻却违法的事实,例如正当防卫或者紧急避险,在整体上也不能作出违法评价,如果行为人对此有认识,也不应认为其认识或者预见到违法事实,存在故意。换言之,如果对否定违法的事实有认识,故意不成立,如果存在认识错误,行为人有过失,而且存在处罚过失的规定,则成立过失犯。就此在假想防卫部分与假想避险部分已经有所论述。

(三) 事实错误

事实错误,是指客观发生的犯罪事实与主观认识的犯罪事实不一致

---

① 昭和 26(れ)168,刑集 5・8・1411。
② 昭和 25(れ)1242,刑集 5・9・1789。
③ 高橋則夫『刑法総論』(2010,成文堂)165 頁以下参照。

的情况。在事实错误的场合,是否能够认为行为人对客观发生的事实也存在故意?就此问题,日本《刑法典》第 38 条第 2 款仅规定"即使实施了构成较重之罪的行为,如果行为人在行为之际对构成较重之罪的事实并无认识,不得以较重之罪处罚"。例如,在想杀邻居的狗而开枪实际击中人的场合,因为行为人没有认识到人的存在,所以不能以杀人罪处理。所以,如何处理其他情形就成为理论研究的重要课题。

根据客观发生的事实与主观认识的事实是否处于相同构成要件之内,可以将事实错误分为具体事实错误与抽象事实错误。前者是指二者处于相同构成要件的情形,后者则是指二者属于不同构成要件的情形。因为在理论上就如何处理事实错误存在不同观点,所以下文首先介绍分歧观点,然后分别探讨如何处理具体事实错误与抽象事实错误的问题。

1. 理论基础

就如何处理事实错误,**抽象符合说**立足于主观主义的立场,认为只要主观上存在犯罪意思,无论实施任何犯罪行为,都可以体现出行为人的社会危险性,所以客观发生的事实与主观认识的事实只要抽象地符合即可,至少就较轻的犯罪应该存在故意。如上所述,无论采取何种立场,故意的认识对象都包括该当构成要件的事实,而根据抽象符合说,即使没有认识到客观发生的该当犯罪构成要件的事实,也可以成立故意。例如,在以为是狗开枪而射中人的场合,也成立故意损毁器物罪,如此有否定故意与构成要件的关联性与不当扩大故意成立范围之嫌,并不适当。①

与舍弃特定构成要件该当事实的抽象符合说相对,**纯粹的具体符合说**认为,在处理事实错误之际,所有的具体事实都是重要的,也即客观发生的事实与主观认识的事实需完全一致,故意才能成立。但是在该当构成要件的事实之中,既有重要的事实,也有不重要的事实。例如,在杀人罪的场合,认识到意欲杀害的对象是人即可,就其年龄、性别等即使存在错误认识也不能否定杀人故意的存在。因此,纯粹的具体符合说的结论

---

① 山口厚『刑法総論』(第 2 版,2007,有斐閣)202 頁、大谷実『刑法講義総論』(第 5 版,2019,成文堂)166 頁参照。

显然不当,实际上也没有支持者。

法定符合说认为,如果行为人主观预见的事实与客观发生的事实在构成要件上发生重合,那么在重合的范围内成立故意。因为法定符合说根源于将对该当构成要件事实的认识作为故意的见解,因此又被称为**构成要件符合说**。在法定符合说内部,又可以分为具体的法定符合说与抽象的法定符合说。**具体的法定符合说**与抽象的法定符合说一样,也主张在构成要件要素的层面上抽象地理解该当构成要件的事实,但是同时强调不能忽视具体法益主体的个别性,在法益主体之间发生错误的场合,应根据具体的法益主体判断构成要件该当性。例如,在 X 为了杀害 A 而向其开枪,但是子弹未击中 A 却击中 B 的场合,对 A 是杀人未遂,对 B 则是过失致人死亡。具体的法定符合说在学界也有众多的支持者。① **抽象的法定符合说**主张在构成要件要素的层面上抽象地理解该当构成要件的事实,例如,在杀人罪的场合,只要认识到侵害的对象是人即可,至于其年龄、性别等并不重要。抽象的法定符合说既是理论上的多数说②,也是判例的立场,例如,在 1978 年的"抢劫杀人未遂、违反《枪支刀剑等持有取缔法》、违反《火药类取缔法》案"中,最高法院第三小法庭判决认为,成立犯罪故意以认识到构成犯罪的事实为要件,但并不以犯罪人认识到的事实与客观发生的事实具体一致为要件,二者只要在法定范围之内一致即可。所以只要是以杀人的意思实施了杀人的行为,即使承受结果者是犯罪人未认识到的人,对该结果也存在故意③,此处的"法定范围之内"即是指"犯罪类型之内"。④ 笔者基本赞同这一观点。

2. 具体事实错误

理论上,事实错误可存在于主体、客体、行为、结果以及因果关系等所

---

① 西田典之『刑法総論』(2006,弘文堂)207 頁、山口厚『刑法総論』(第 2 版,2007,有斐閣)202 頁、浅田和茂『刑法総論』(第 2 版,2019,成文堂)322 頁等参照。

② 大谷実『刑法講義総論』(第 5 版,2019,成文堂)166 頁、団藤重光『刑法綱要総論』(第 3 版,1990,創文社)298 頁、大塚仁『刑法概説(総論)』(第 4 版,2008,有斐閣)189 頁、前田雅英『刑法総論講義』(第 5 版,2011,東京大学出版会)273 頁等参照。

③ 昭和 52(あ)623,刑集 32・5・1068。

④ 大谷実『刑法講義総論』(第 5 版,2019,成文堂)166 頁参照。

有客观要素之上,但是在实践中,主要存在于客体、方法与因果关系中。

(1)客体错误

客体错误,是指侵害客体发生错误的情形。例如,X认为是A开枪,其实是B的情形。在客体错误的场合,无论是从抽象的法定符合说,还是从具体的法定符合说,都可以得出存在杀人故意的结论。从抽象的法定符合说出发,被害人是A或者B并不重要,重要的是"人",因此只要X在开枪之际认识到B是"人",对B就存在故意。从具体的法定符合说出发,X具有杀害具体法益主体的意思,在开枪之际,"A"就是其意识之中的法益主体,因此X杀害A的故意,在该法益主体实际是"B"的场合,X对B也有杀人故意。

(2)方法错误

方法错误,亦称打击错误,是指结果发生于目标客体之外的情形。具体而言,大致可以分为如下三种情况:①A以杀人的故意向B开枪,但是击中预想之外的C,致使C死亡;②A以杀人的故意向B开枪,致使B身负重伤,C死亡;③A以杀人的故意向B开枪,同时射杀了B和C。从**抽象的法定符合说**出发,在上述三个例子中,A具有杀人故意,也实际导致死亡结果,所以在规范层面并不存在障碍,都可以成立杀人罪既遂,但是就存在几个犯罪故意,存在一个故意说与数个故意说的区别。

一个故意说认为,从责任主义的角度出发,应该限制故意成立的个数,在上述三个设例中应该认为只成立一个故意。如此,在①中,仅对C成立杀人罪既遂;在②中,对B成立过失伤害,对C成立杀人罪既遂;在③中,对B成立杀人罪既遂,对C成立过失致死。但是反对的观点认为,在上述结论之中存在不合理之处。例如,在①中,在A以B为目标扣动扳机之际,其已经实行着手,产生了实质危险,但是却不承担任何责任。在②中,如果B因为受伤数日后死亡,或者在诉讼期间死亡,可能就需要将公诉事实改成对B成立杀人罪既遂、对C成立过失致死。因此,数个故意说的观点应运而生。就上述三种情形,**数个故意说**认为,在A以杀人故意向B开枪之际,与其杀人行为之间存在相当因果关系的所有死亡结果及其危险都具有故意。如此,在①中,对B成立杀人罪未遂,对C成立杀人罪既遂;在②中,与①的结果相同;在③中,对 B 与 C 成立杀人罪既遂,构成想象竞合犯。

  判例站在了数个故意说的立场。在 1933 年的"杀人案"中,X 为了杀害其叔母 A,用日本刀对 A 捅刺 10 余次,将 A 与 A 怀抱的女儿 B 杀死。大审院判决认为,X 存在两个杀人故意。① 在上述 1978 年的"抢劫杀人未遂、违反《枪支刀剑等持有取缔法》、违反《火药类取缔法》案"中,A 为了抢劫 B 警官的手枪,在混乱的人群中用改装枪向其射击,子弹在贯穿 B 的同时击中了 C。因为二者都没有死亡,最高法院第三小法庭判决 A 对 B 和 C 都成立抢劫杀人未遂,以想象竞合犯处理。批判的观点认为,在③的情形下,根据想象竞合犯,以科刑上的一罪处理虽然便利,但是有违反责任主义之嫌,因为在 A 仅有杀害 B 的故意开枪,导致预想之外的 B、C 死亡的场合,将之作为想象竞合处理于理不通。同时,可能还会导致量刑失衡,例如在 A 向 B 开枪,同时导致 C、D 死亡的场合,根据数个故意说,A 的行为成立三个独立的杀人罪,根据日本的量刑惯例,杀害 3 人原则上要判处死刑。② 而且,在仅有杀害 1 人故意的情况下认定数个杀人罪,也有违反罪刑法定原则之虞。③

  强调侵害客体个别特征的**具体的法定符合说**认为,刑罚只能对行为人认识到的事实形成反对动机。例如,在杀人罪的场合,《刑法典》第 199 条规定的命令不是"杀人",而是不要杀行为人所认识到的具体而个别的法益主体 B 或 C,不能将 B 或 C 再抽象到"人"的层面。因此,在上述①、②中,对 B 是杀人罪未遂,对 C 是过失致死;在③中,对 B 是杀人罪既遂,对 C 是过失致死,二者成立想象竞合。批判的观点认为,如果认为不能对侵害客体进行抽象化理解,在对目标客体仅构成未遂、对客观发生的结果构成过失犯的场合,如果不存在处罚规定,就会产生处罚的真空地带。例如,A 对 B 的汽车投石,砸中 C 的汽车,根据具体的法定符合说,A 对 B 构成损毁财物未遂,对 C 构成过失损毁财物,但是在现行刑法下都不

---

① 浅田和茂『刑法総論』(第 2 版,2019,成文堂)324 頁参照。
② 西田典之『刑法総論』(2006,弘文堂)207 頁参照。
③ 浅田和茂『刑法総論』(第 2 版,2019,成文堂)321 頁参照。

可罚。①

从抽象的法定符合说出发,在方法错误的场合,可以分为两种情形认定故意个数:对目标客体以外的客体有认识与无认识的情形。例如,在 A 以杀人的故意向 B 开枪,但是击中 C 致其死亡的场合,如果 A 对击中 C 的可能性有认识,则其对 B 是确定故意,对 C 是未必故意,因此对 B 是杀人罪未遂,对 C 是杀人罪既遂。如果 A 对击中 C 的可能性没有认识,对 B 是杀人罪未遂,如果对 C 的死亡结果存在过失,则构成过失致人死亡。

(3)因果关系错误

因果关系错误,是指侵害的客体并没有错误,但是结果发生之前的因果经过存在错误的情形。例如:①A 想要杀 V,用匕首将 V 刺成轻微伤,但 V 是血友病患者导致出血不止死亡;②A 想将 V 推下河淹死,但是 V 在落河之前,头撞在桥墩上致死;③A 以杀人故意将 V 打成重伤,V 在被急救车送往医院的途中发生交通事故死亡。就这三种情形而言,因为对于侵害客体与方法都不存在错误,所以无论从具体的法定符合说还是从抽象的法定符合说出发,得出的结论都是一样的,也即行为人主观认识的因果关系和客观发生的因果关系在抽象意义上是一致的即可,如果二者都符合构成要件,则可认定成立故意犯的既遂。因此,有的观点认为,因果关系错误并不影响故意的成立与否。②

在因果关系错误之中,韦伯故意(概括故意)是重要的问题之一。韦伯故意,与向人群中扔手榴弹的概括故意不同,是指行为人认为是第一个行为,其实是第二个行为导致预期结果的情形。日本的典型案例是 1937 年的"杀人案"(吸入细沙死亡案),在该案中,为了杀死丈夫前妻的孩子 V,被告人 A 用细麻绳勒 V 的脖子(第一行为),见 V 不再动弹以为其已经死亡,为了防止被发现,将 V 放在海边的沙地上(第二行为),V 吸入细沙而死亡。大审院判决认为,从社会通念而言,被告人主观上有杀人的目

---

① 前田雅英『刑法総論講義』(第 5 版,2011,東京大学出版会)270 頁参照。
② 西田典之『刑法総論』(2006,弘文堂)211 頁参照。

的,客观上实施的第一行为与 V 的死亡之间存在因果关系,第二行为也未能阻断此因果关系,因此其行为构成杀人罪既遂。①

理论上,通常从正反两方面探讨韦伯故意。

从正面,是**预期结果延迟发生**的问题,如上述吸入细沙死亡案。就该案,虽然也有观点从重视第二行为的介入作用出发,主张将第一行为与第二行为分开评价,前者是杀人罪未遂,后者是过失致人死亡。② 但是,理论界普遍认为,既然第一行为已经创造出致死危险,而且这一危险变为现实的死亡结果,而且第一行为的直接结果符合构成要件,所以第一行为与死亡结果之间存在因果关系。如果在实施第一行为之时已经计划实施第二行为,则更是显而易见。③

从反面,是**预期结果提前发生**的问题,即行为人预期通过第一行为之后的第二行为实现结果,但第一行为已经导致结果。例如,A 计划先将 V 打晕,然后扔到海里淹死,实际上在对 V 第一次打击之际 V 就已经死亡。就预期结果提前发生的情形,判例的立场是并不妨碍成立故意犯的既遂。在 1983 年的"放火案"中,被告人为了自杀在室内洒遍汽油,在点火之前,想享受人生最后一根烟,但是在点烟之际引起大火。横滨地方法院判决认为,被告人泼洒汽油之际已经导致起火危险,认定被告人已经着手实施放火行为,成立放火罪的既遂。④ 在 2004 年的"杀人、诈骗案"中,最高法院第一小法庭裁决认为,3 名被告人已经着手实施让被害人 V 吸入氯仿、走神之后开车坠海等一系列行为,并实现了犯罪目的,即使与被告人的认识不同,V 在第二行为之前已经因为第一行为而死亡,也不欠缺杀人故意,3 名被告人成立杀人罪既遂的共同正犯。⑤ 显而易见,判例所重视的是基于同一故意追求同一结果的行为整体,换言之,第一行为与第二行为都是基于同一故意的杀人行为的一部分,在整体上都属于被禁止之列。

---

① 浅田和茂『刑法総論』(第 2 版,2019,成文堂)327 頁参照。
② 曾根威彦『刑法原論』(第 4 版,2016,成文堂)331 頁参照。
③ 山口厚『刑法総論』(第 2 版,2007,有斐閣)214 頁、西田典之『刑法総論』(2006,弘文堂)211 頁参照。
④ 西田典之=山口厚=佐伯仁志『判例刑法総論』(第 5 版,2009,有斐閣)346 頁参照。
⑤ 平成 15(あ)1625,刑集 58・3・187。

杀人、诈骗案

[平成 15(あ)1625,刑集 58・3・187]

被告人 A 意图制造事故让丈夫 V 死亡,以骗取生命保险金,所以委托被告人 B 实施杀害行为。B 虽然为了获得报酬答应下来,但是又想让其他人去做,因此又联系了被告人 C、D 和 E。1995 年 8 月 18 日夜间,B 接到 A 的电话,告知 V 已经出门,B 旋即联系 C 等 3 人,后者遂驾车在路上追尾 V 的汽车,并以协商解决事故为由将 V 骗入汽车的副驾驶,用浸入氯仿的毛巾从背后捂住 V 的口鼻使其昏倒(第一行为),其后,C 等将 V 带至距事发地约两公里处,计划让 B 过来,然后一起将 V 推入海中。B 接到电话后赶到,与 C 等一起将无法动弹的 V 放在自己汽车的驾驶座,并将车推入海中(第二行为)。就 V 是在水中窒息而死还是因为吸入氯仿导致心肺功能不全而死不能确定,而且 V 也可能在被告人等实施第二行为之前就已经因为第一行为死亡。

最高法院第一小法庭裁决认为,从被告人等的计划来看,第一行为是实施第二行为不可缺少的一部分,在第一行为之后并不存在妨碍犯罪计划的特殊情况,而且第一行为与第二行为在时间、空间上密切相连,因此在 C 等 3 人开始实施第一行为之际,死亡的客观危险就已经非常明显,因此可以认为,杀人行为在此时已经着手。即使与 C 等的认识不同,V 因第一行为死亡,也存在杀人故意,C、D 与 E 成立杀人罪的共同正犯,A 与 B 成立杀人罪的共谋共同正犯。

理论上,首先要解决的问题是在诸如上述判例的预期结果提前发生的情形中,是存在一个行为,还是两个行为?如果认为仅存在一个行为,就如判例所言,应成立故意犯的既遂。如果认为存在两个行为,则存在争议的余地。例如,就上述判例中,虽然多数说认为成立故意犯的既遂,但是也有观点认为,第一个行为应成立未遂,第二个行为应成立过失犯。① 从相当因果关系说出发,因为第一行为与客观结果之间存在相当因果关系,而且与第二行为密切相连,所以认定成立故意犯的既遂不存在障碍。从客观归属论出发,因为第一行为创造了危险,而且是在危险存续期间产生了与该危险诱发的反对动机相关联的第二行为,所以也可以将客观结果归属于行为人。②

3. 抽象事实错误

(1)理论争议

抽象事实错误,包括客体错误和方法错误,前者例如认为是狗而开枪实际是人,后者例如向狗开枪但是击中了旁边的人的情形。就如何在抽象事实错误的场合确定故意的成立范围,**构成要件符合说**认为,在客观发生的事实该当的构成要件与主观认识的事实该当的构成要件之间重合的限度内成立故意。**实质符合说**立足于构成要件符合说,但认为应超越形式理解,在实质上理解构成要件的符合。实质符合说是目前的通说。在实质符合说内部又可以分为主张**以法益与构成要件行为的实质符合**为标准的观点和以此为基础的**以社会通念上的构成要件重合**为标准的观点。**不法·责任符合说**认为,构成要件符合说过于形式化,主张从实质意义出发,以构成要件的不法与责任内容的重合为标准,也即否定故意与构成要件之间的关联。**罪质符合说**认为,如果从被害法益与行为方式等因素出发,可以认为数罪的罪质符合即可。**抽象符合说**认为,只要现实与认识的构成要件在抽象上符合即可,无须拘泥于构成要件、罪质以及不法内容的制约。根据该说,例如,在以为是狗而开枪实际打中人的场合,可以认为杀人罪与毁坏器物罪相符合,可以成立故意毁坏器物罪。③

从客观主义与结果无价值的立场出发,立足于主观主义的抽象符合

---

① 曽根威彦『刑法総論』(第4版,2006,弘文堂)188頁、中山研一『口述刑法総論』(補訂2版,2006,成文堂)224頁、浅田和茂『刑法総論』(第2版,2019,成文堂)328頁参照。

② 山中敬一『刑法総論』(第2版,2008,成文堂)373頁参照。

③ 中山研一『口述刑法総論』(補訂2版,2006,成文堂)225頁、大谷実『刑法講義総論』(第5版,2019,成文堂)175頁、浅田和茂『刑法総論』(第2版,2019,成文堂)331頁以下等参照。

说显然并不可取,从上述法定符合说的立场出发,脱离构成要件与故意之间关联的不法·责任符合说与罪质符合说也不可取。因此,应以认识的事实与发生的事实在构成要件方面是否具有共通性为标准。同时,鉴于构成要件是法益侵害行为的类型化,以法益重合为标准的实质符合说更为可取。当然,实质符合说并不排斥构成要件符合说,在一定程度上甚至可以说后者是推定前者的基础。

(2)判例立场

判例采纳的也是实质符合说的观点。例如,在1979年的"违反《麻药取缔法》与《关税法》案"中,被告人以走私进口兴奋剂的故意,实际走私麻药(海洛因),最高法院第一小法庭裁决认为,走私兴奋剂罪与走私麻药罪的取缔目的相同,而且取缔的方式也非常相似,进口、出口、制造、给予、接受、持有等行为样式都在禁止的范围,而且滥用兴奋剂与麻药都能够让人产生身体以及精神上的依赖症(慢性中毒),都能给个人与社会带来重大恶害,外观上也存在相似之处。因此,麻药与兴奋剂在实质上类似,可以视二者为同一法律规制的对象。鉴于走私兴奋剂罪与走私麻药罪仅是目的物不同,其他犯罪构成要件都相同,法定刑也相同,而兴奋剂与麻药具有类似性,可以说二者的构成要件完全重合,案中行为成立走私麻药罪。①

与此相似,在1986年的"违反《大麻取缔法》与《麻药取缔法》案"中,被告人将含有麻黄碱粉末的兴奋剂误认为可卡因,也即以《麻药取缔法》规定的持有麻药罪的故意,实施了构成《兴奋剂取缔法》规定的持有兴奋剂罪的事实。最高法院第一小法庭也认为,虽然这两个罪名的犯罪对象分别是麻药与兴奋剂,而且后者的法定刑比前者重,但是其他的犯罪构成要件都相同,从麻药与兴奋剂类似这一点来看,应该认为两个罪名的构成要件在较轻的前者的限度之内实质重合。因为被告人没有认识到"所持的药物是兴奋剂"这一应该构成较重犯罪的事实,所以不存在持有兴奋剂罪的故意,该罪不成立。但是在两个罪名实质重合的限度内,成立

---

① 昭和52(あ)836,刑集33·2·140。

较轻的持有麻药罪的故意，成立持有麻药罪。①

除上述客体之外其他构成要件都相同的情形，判例承认构成要件重合、认定故意成立的情形还有杀人罪与同意杀人罪等基本构成要件与加重·减轻构成要件的情形，以及杀人罪与伤害罪、抢劫罪与恐吓罪等一方构成要件包括另一方构成要件的情形。例如，在1950年的"抢劫案"中，最高法院第三小法庭裁决认为，被告人与A等共谋恐吓，在到达犯罪现场之后，A实施了超越共谋范围的抢劫罪（既遂），根据《刑法典》第38条第2款之规定，当然应承担恐吓罪（既遂）的责任。② 此外，在以侵占遗失物的意思实施了盗窃罪的场合，判决也认为，如果行为人认识到侵占遗失物等事实，至少在与盗窃罪构成要件重合的侵占遗失物的限度内，认识的内容与发生的事实之间存在共通的构成要件，成立故意。

需要指出的是，就日本《刑法典》第38条第2款关于在以轻罪的故意导致重罪的结果之际，不得以重罪处断之规定，有的观点认为，从文理与实务来看，此处的"处断"是指根据重罪的罪名定罪，处以轻罪的刑法。但是罪名是对犯罪行为的实质评价，不应与科刑相分离，而且上述1979年"违反《麻药取缔法》与《关税法》案"的判决也明确认为，在两罪的构成要件重合的限度内，存在轻罪故意，成立轻罪。③ 因此，此处的"处断"既包括定罪也包括量刑。

（四）违法性认识及其错误

1. 理论现状

违法性错误，也称法律错误或者禁止错误，是指虽然对于该当构成要件的事实没有认识错误，但是并不知道行为是否违法或者误信行为合法的情形。当然，违法性认识不以知晓具体条文为要件，不知晓条文与误解条文属于"具体适用错误"，不阻碍成立故意。日本《刑法典》第38条第3款仅规定，即使不知法也不能据此认为不存在犯罪故意，但是可以根据情

---

① 昭和61（あ）172，刑集40·4·269。
② 昭和24（れ）2893，裁判集17·87。
③ 大谷実『刑法講義総論』（第5版，2019，成文堂）176頁参照。

节减轻处罚,因此就违法性认识的内涵、体系地位、违法性错误的法律效果等,在理论上仍然存在争议。

就违法性认识的内涵,目前主要存在如下三种观点:①违法性认识,是指认识到为法律所禁止,因为违法性认识能够成为强烈非难的基础,就是因为行为人面对法律规范的要求而决意实施违法行为。① ②违法性认识,是指对被刑法所禁止行为的认识,因为违法性认识这一要件认为,在不能够根据法律产生反对动机之际既不能非难也不能科处刑罚。② ③违法性认识,是指可罚的违法性认识,因为如果作为犯罪成立的要件违法性是可罚的违法性,那么违法性认识应是指可罚的违法性认识。③

在自然犯的场合,行为人通常都会认识到自己的行为是被刑法所禁止的,当然也包括"在法律上是不被允许"的内容。同时,在行政犯的数字已经非常庞大,而且仍在日渐增多的当下,以认识到"被刑法所禁止的"或者"可罚的违法性"为违法性认识,在大多数场合可能会陷入不可能的境地。因此,比较而言第①种观点更为可取。

就违法性认识的体系地位,理论上一直存在故意说与责任说的争议。**故意说**认为,事实认识与违法性认识以及违法性认识可能性都是故意的要素。在故意说的内部,又分为以违法性认识为成立要素的**严格故意说**与以违法性认识可能性为成立要素的**限制故意说**。**责任说**将事实认识与违法性认识(可能性)一分为二,主张事实认识是故意的要素,违法性认识及其可能性是责任要素。在责任说内部,又包括认为如果存在对违法阻却事由的认识,则故意不成立的**限制责任说**与认识到该当构成要件的事实就成立故意的**严格责任说**。

从责任说出发,违法性错误是责任的问题,与故意成立与否无关,仅是在何种情况下能够阻却或者减少责任的问题。④ 但是从故意说出发,违

---

① 大谷实『刑法講義総論』(第 5 版,2019,成文堂)335 頁参照。
② 山口厚『刑法総論』(第 2 版,2006,有斐閣)249 頁参照。
③ 浅田和茂『刑法総論』(第 2 版,2019,成文堂)335 頁参照。
④ 大谷実『刑法講義総論』(第 5 版,2019,成文堂)343 頁参照。

法性错误可以影响故意成立。在 20 世纪 40 年代之前,理论中有影响的观点是严格故意说。在此之后,限制故意说成为理论中的主流观点。① 换言之,如果不存在违法性认识的可能性,则不成立故意。

那么,判例是何立场?

2. 判例立场

判例的传统立场是成立故意无须存在违法性认识。早在 1938 年的判例中,大审院就明确认为,虽然因为发生大地震,刊载敕令的公告并没有送达案发地,但是不知法并不妨碍处罚,被告人违反《暴力取缔令》以不当价格出售石油罐的行为仍然构成犯罪。在 1948 年的判例中,最高法院大法庭也判决认为,无论是自然犯抑或行政犯,故意成立都无须违法性认识。② 在 1950 年的"违反《1947 年第 165 号政令》案"中,最高法院第三小法庭也判决认为,即使认为被告人误信搬运驻军物资是法律允许的行为,也不能认为存在否定故意的合理事由。③ 在 1996 年的"违反《地方公务员法》案"(岩手教组案)中,虽然被告人是信赖行为时最高法院的无罪判例而为之,但是最高法院仍然作出了有罪判决。④ 在下级法院的判例中也存在类似情形。例如,在 1986 年的"违反《困扰公众的暴力等不良行为预防条例》案"中,被告人从位于德岛县的宅中多次往香川县的 A 宅打电话,反复对 A 的妻子 B 说"好喜欢你,想见你"等,被以违反《困扰公众的暴力等不良行为预防条例》(香川县条例 1963 年第 50 号)起诉至法院。德岛地方法院一审认为,不能根据香川县的条例处罚被告人,因此宣告被告人无罪。高松高等法院二审认为,原审认为如果适用香川县的条例处罚居住于该县之外的人,因为其很难知道或者不知道条例的存在,所以会导致不知道行为违法者被处罚的结果。但是违法性认识并非故意的必要内容,而且可以认为被告人和普通人一样并无欠缺违法性认识之处。因

---

① 浅田和茂『刑法総論』(第 2 版,2019,成文堂)339 頁参照。
② 西田典之=山口厚=佐伯仁志『判例刑法総論』(第 5 版,2009,有斐閣)246 頁以下参照。
③ 昭和 24(れ)2276,刑集 4・12・2463。
④ 平成 5(あ)694,刑集 50・10・745。

此,撤销原判,改判被告人有罪。①

但是,在下级法院的司法实践中也存在着考虑违法性认识可能性的案例,尤其是在行政犯的案件中。例如,在1969年的"公然陈列淫秽图画案"(黑雪案)中,东京高等法院判决认为,虽然根据之前判例,案中电影在客观上符合《刑法典》第175条规定的"淫秽性"的要求,成立故意也不以行为人认识到"淫秽性"为要件,但本案是映画伦理管理委员会成立16年来,首次由其通过的电影被起诉,非常特殊,因此可以认为不存在《刑法典》第175条规定之罪的故意。② 在1978年的"违反《东京都集会、集体游行与集体示威活动条例》(1950年第44号)案"(羽田机场示威案)中,东京高等法院判决认为,被告人当时并不知道示威活动为法律所禁止,即使认为其知道示威活动没有获得公安委员会的许可,如果其没有想到是法律禁止的,而且具有相当理由,则无应非难之处,该违法性错误阻却犯罪成立。③ 在1980年的"违反《禁止私有垄断法》与《公平交易保护法》案"(石油垄断案)中,东京高等法院再度判决认为,虽然最高法院在判例中一直主张只要存在对构成要件事实的认识就足以成立故意,无须认识到行为的违法性,但该被告人等是根据行政机关的直接指导以及法律规定而为之,诚实相信自己是在履行职务,因此存在相当理由,不能对之进行违法非难与归责。④

简而言之,至少在日本下级法院的判例中,限制故意说是主流观点。⑤ 同时,最高法院的判例其实也体现出改弦易辙的可能。例如,在上述羽田机场示威案中,最高法院第一小法庭虽然以"应认定被告人在行为之际认识到了案中示威活动是法律禁止的"为由,认为原判的事实认定有误,但是并没有完全否定原审关于违法性认识的说理。⑥ 在1987年的"违

---

① 昭和61(う)183,高刑集39・4・507。
② 昭和42(う)1926,高刑集22・4・595。
③ 昭和51(あ)1163,刑集32・4・967。
④ 昭和49(の)1,高刑集33・5・359。
⑤ 西田典之『刑法総論』(2006,弘文堂)212頁参照。
⑥ 昭和51(あ)1163,刑集32・4・967。

反《货币与证券仿造取缔法》案"(旧百元纸币案)中,被告人为了宣传自己经营的饮食店印制了一批优惠券,该优惠券正面与旧百元纸币相同,反面是饮食店的电话号码等宣传内容。在散发优惠券之前,被告人向警察出示了优惠券,后者虽然提出了优惠券的尺寸应该比真币要大等意见,但是态度积极,因此被告人认为应该没有问题。最高法院第一小法庭虽然裁决认为,原判认为案中不存在相当理由是正确的,没有继续探讨是否应采纳"如果就缺少行为的违法性认识有相当理由,犯罪就不成立"的见解,就是认定有罪也没有错误①,但是也并未否定如果不存在违法性认识,就不能成立故意的可能性。

笔者也认为,随着行政犯的大量增加,如果继续坚持违法性认识不要说的立场,有客观归责之嫌,刑罚也有失公正与合理,上述"石油垄断案"以存在相当理由否定责任也体现了这一点。因此,至少就行政犯的故意,应要求违法性认识的可能性。

3. 违法性错误与事实错误

如上所述,对该当构成要件事实的认识包含对其意义的认识。因此,首先要分清对事实意义的认识与违法性认识。在 1957 年的"贩卖淫秽文书案"(《查泰莱夫人的情人》翻译案)中,最高法院大法庭判决认为,根据之前的判例,淫秽物品是指让作为人者产生羞耻厌恶感、有害于普通人正常的羞耻心以及违反善良的性道德观念的东西。《刑法典》第 175 条将传播、贩卖淫秽文书的行为规定为犯罪,也在于法律应在最低限度内维护性道德。就该案中的《查泰莱夫人的情人》是否属于《刑法典》第 175 条规定的"淫秽文书",首先要明确的是,这一判断是法律解释也即法律价值判断,而非事实认定问题。从该书有关性的描述来看,其内容显然超过了社会通念所能够容忍的限度,因此其译本当然构成淫秽文书。就贩卖淫秽文书罪的故意,只要认识到记叙的内容并予以贩卖即可,无须认识到是否具备法条所要求的"淫秽性"。即使主观上误认为不构成淫秽文书,只要客观上存在淫秽性,也只是法律错误,不能否定

---

① 昭和 60(あ)457,刑集 41・5・237。

故意成立。① 上述"让作为人者产生羞耻厌恶感、有害于普通人正常的羞耻心以及违反善良的性道德观念"属于对该当构成要件事实含义的认识,而是否存在《刑法典》第 175 条规定的"淫秽性"则属于违法性认识,即是否"为法律所禁止"的认识。

理论上,违法性错误与事实错误的界限不清,实践中也存在混淆之处。在上述 1951 年的"虚假记载公正证书原本案"(寺庙登记簿案)和"损毁与盗窃案"中,最高法院都是将违法性错误解释为事实错误,对违法性认识不要说的传统判例立场进行了补充。在 1995 年的"违反《公共浴场法》案"中,虽然最高法院第三小法庭以"被告人在其变更申请被受理后,认为有了营业许可,之后也是在这一认识之下继续经营案中浴室",因此存在事实错误为由改判其无罪。但是从全案事实来看,被告人应该是基于"变更申请已经被受理,行政机关也正常开展检查活动等"客观事实,在主观上产生了"营业行为"合法的违法性错误。②

违反《公共浴场法》案

[昭和 60(あ)1591,刑集 43・7・752]

公诉机关认为,被告法人 A 公司在 1966 年成立之初为有限公司,1972 年变更为股份公司,A 公司在变更组织形式之后,继续经营之前在静冈的特种公共浴室(案中浴室)。被告人 C 为 A 公司的董事,实际负责案中浴室的经营。被告人 C 未获得静冈县知事的许可,在 1966 年至 1981 年 4 月 26 日期间,案中浴室收取门票,供他人洗浴,因此实际上以经营公共浴室为业。静冈地方法院一审认定 A 公司与 C 有罪,东京高等法院二审驳回 A 公司的上诉,但是认定对 C 的法律适用有误,因此撤销原判,但是仍然判决有罪。

---

① 昭和 28(あ)1713,刑集 11・3・997。
② 昭和 60(あ)1591,刑集 43・7・752。

1995年7月18日,最高法院第三小法庭终审认为,1966年3月12日,被告人C的父亲D从静冈县知事处获得了营业许可,C作为A公司的法人代表,1972年11月18日,向静冈市南保健所提交了将营业主体从D变更为A公司的变更申请,市南保健所于同年12月9日接受申请,同月12日递交至静冈县知事处,知事于同日受理了变更申请。原判认为,变更申请受理过程中存在重大而且明显的瑕疵,属于无效行政行为,因此不能说A公司获得了营业许可,被告人也认识到A公司并没有获得营业许可。但是,从上述事实明显可以看出,C在变更申请被受理后,认为有了营业许可,之后也是在这一认识之下继续经营案中浴室。直到1981年3月新闻报道变更申请在静冈市议会成为问题,市南保健所一直对案中浴室开展定期检查等,没有人认为A公司的营业许可有问题。因此,不能认为C在从受理变更申请的1972年12月12日至1981年4月26日期间有"无许可营业"的故意,因此,A公司与C的行为不成立无许可营业罪,原判事实认定存在重大错误,应予撤销。

关于违法性错误与事实错误微妙关系的典型案例,是1938年的"鼯鼠与飞鼠案"与1939年的"狸貉案"。① 在"鼯鼠与飞鼠案"中,被告人在禁猎期捕获了禁猎动物鼯鼠,但是在被告人居住的地方,鼯鼠被称为"飞鼠",因此被告人在捕获的时候并没有想到是鼯鼠。大审院终审认为,被告人认为是飞鼠而捕获了鼯鼠,因此其具有事实认识,只是存在法律适用错误而已,应认为故意成立。但是在翌年与该案相似的"狸貉案"中,被告人在禁猎期捕获了禁猎动物"狸",但是认为捕获的是在其居住地被称为"貉"的野兽,与"狸"截然不同。大审院认为,虽然狸和貉在学术上是同一物种,但狸貉的称呼古来就并存,而且习俗也一直将二者区别开来,所以被告人缺少捕捉法律禁猎的"狸"的认识,可以否定其故意成立。

---

① 西田典之=山口厚=佐伯仁志『判例刑法総論』(第5版,2009,有斐閣)259頁以下参照。

就上述案件,有的观点认为,被告人都存在违法性认识错误,在第一个案件中,被告人存在违法性认识可能性,在第二个案件中,违法性认识可能性也不存在,因此结论正确。有的观点认为,"狸貉案"是基于免除被告人刑罚的刑事政策理由,认定案中存在事实错误。还有的观点认为,在"狸貉案"中,因为存在社会意义上的错误,所以否定故意;而在"鼯鼠与飞鼠案"中,因存在社会意义上的认识而成立故意。① 其实,在两个案件中,被告人都存在将"A"误认为"B"的客体错误,也即存在事实错误,应该否定其犯罪故意。

四、过失

(一)理论基础

1. 例外处罚与无规定过失

过失,通常的含义是不注意或者疏忽大意。过失犯,则是指行为人虽非故意实现犯罪事实,但如果适当关注可以认识、避免犯罪事实发生的情况。如上所述,通常认为日本《刑法典》第38条第1款中的"法律有特别规定"是指处罚过失犯的规定,也即刑法以处罚故意犯为原则,以处罚过失犯为例外。同时,根据《刑法典》第8条"本编之规定适用于其他法令之犯罪"的规定,第38条第1款的但书规定也适用于其他法令。

日本《刑法典》规定的过失犯只有失火罪、过失妨碍交通罪、过失伤害罪等少数几种,绝大部分过失犯规定在行政立法中。但是,"法律有特别规定"原则在行政犯中并没有得到很好贯彻,在许多虽然没有明文规定但是被认为应处罚过失犯的场合,法院都从处罚的必要性出发作出了有罪判决。例如,在1953年的"违反《酒税法》《外国人登录令》案"中,日本最高法院第一小法庭全员一致认为,《外国人登录令》第13条中处"违反第10条不携带登录证明书"的规定,从取缔事项的性质来看,将之解释为不仅包括故意而且包括过失未携带证明书的行为具有相当性。② 在1962

---

① 浅田和茂『刑法総論』(第2版,2019,成文堂)338页参照。
② 昭和27(あ)3931,刑集7·3·506。

年的"收购赃物、违反《文物营业法》案"中,最高法院第二小法庭判决认为,原判认定"从取缔事项的性质来看,认为《文物营业法》第 27 条的处罚规定不仅包括故意不在账簿中记载特定事项的行为,也包括过失未记载的行为符合立法主旨"是正当的。[1]

但是,在司法实践中也存在相反观点。例如,在 1962 年的"违反《食品卫生法》业务上过失致死伤案"中,广岛高等法院判决认为,《刑法典》第 38 条第 1 款的规定无疑应适用于规定罚则的《食品卫生法》,将违反该法第 4 条的过失行为作为犯罪处罚,应以存在《刑法典》第 8 条与第 38 条第 1 款中的"特别规定"为前提,而且"特别规定"应仅限于法条中有诸如"不适用刑法总则,成立犯罪不需要故意"等明文规定,或者能够确认成立个罪不需要故意的场合,仅以法律的整体规定、取缔的必要性等不明确的理由,就认为存在处罚过失犯的特别规定,不免有违反罪刑法定原则之虞。[2]

理论上,就是否应处罚上述情况,**积极说**认为可以为行政犯网开一面,**消极说**坚持只要没有明文规定就不能允许,**中间说**则主张在明确规定可以在一定标准下处罚符合构成要件的过失行为之际才可以。[3] 严格而言,既然刑法典总则已经明确规定处罚过失犯以"法律有特别规定"为前提,在没有明文规定之际予以处罚违反罪刑法定原则。

2. 过失的分类

(1) 无认识的过失与有认识的过失

根据对发生犯罪事实的可能性有无认识,可以将过失分为两种情形:①**无认识的过失**,即在实施行为之际,完全没有认识到发生犯罪事实可能性的情形;②**有认识的过失**,从通说的容忍说出发,是指虽然认识到了发生犯罪事实的可能性,但是行为人并不容忍的态度。认识的有无不但影响定性,而且影响量刑。同时,如在未必故意部分所述,即使是有认识的过失,其认识的内容也与故意犯不同。在实践中有认识的过失通常构成重大过失。

---

[1] 昭和 35(あ)2945,刑集 16・5・510。

[2] 昭和 36(う)412,高刑集 15・4・261。

[3] 浅田和茂『刑法総論』(第 2 版,2019,成文堂)346 頁参照。

(2)普通过失、业务过失与重大过失

根据违反注意义务的程度,可以区分为普通过失、业务过失与重大过失。**业务过失**是一部分重大过失的类型化,指违反"业务上的必要注意义务",即违反因基于社会生活地位反复、持续实施的行为而给他人生命、健康造成危害的注意义务,《刑法典》中有第 211 条规定的业务上过失致死伤罪、第 117 条规定的业务上失火罪等。根据判例,成立业务过失不以营利或者获得报酬为要件,亦不要求行为人以业务为职业。① 例如,在 1960 年的"违反《道路交通取缔法》业务上致死伤案"中,东京高等法院明确认为,"以驾驶为业"指反复、持续地实施驾驶行为,并不需要以之为职业或者为了职业而实施。② 但是将和职业完全没有关系的反复、持续行为作为"业务",成立范围未免过大。例如,上班族每天开车上下班,也是从事驾驶业务,也就负有了驾驶业务上的注意义务,如此不免有类推解释之嫌。③ 当然随着 2007 年刑法典修改增设了"驾驶机动车过失致死伤罪",至少在交通事故的场合解决了这一问题。

根据通说与判例,业务过失是加重处罚的理由,并对从业者课以较重的义务。在 1951 年的"业务上过失致电车颠覆与业务上过失致死伤案"中,针对辩护方提出的"根据不能期待普通驾驶员可以预见的事故,追究被告人业务过失的刑事责任,属于违法"的主张,日本最高法院第一小法庭判决认为,即使存在可以归咎于公司一方的间接原因,也不能否定被告人的刑事责任。④ 批判者认为,在相同的情况下应要求相同的注意义务,对从业者加重处罚违反平等原则。反对者则主张,从业者的注意能力更强、预见能力更高,因此在发生同样结果之际可谴责性也更高,所以应对从业者课以比非从业者更重的义务并规定更重的处罚。⑤ 从责任的实

---

① 松宫孝明『刑法総論講義』(第 4 版,2009,成文堂)227 頁参照。
② 昭和 35(う)1600。
③ 松宫孝明『刑法総論講義』(第 4 版,2009,成文堂)227 頁参照。
④ 昭和 26(れ)146,刑集 5・7・1236。
⑤ 井田良『講義刑法学総論』(2008,有斐閣)204 頁、中山研一『口述刑法総論』(補訂 2 版,2007,成文堂)203 頁以下、浅田和茂『刑法総論講義』(第 2 版,2019,成文堂)360 頁以下参照。

质而言,应认为反对者的观点相对更为合理。

重大过失,是指在业务过失之外,可以根据具体情节认定违反注意义务程度显著较高的情形。例如,《刑法典》第117条之二后半段明确规定"因重大过失"导致失火,第211条后半段也明确规定"因重大过失"致人死伤的,比普通过失的场合处以更重的刑罚。不构成业务过失与重大过失的,属于**普通过失**。

(3)监督・管理过失

监督・管理过失,是法人犯罪领域的概念,指违反因处于监督者・管理者地位而负有的指挥、组织、管理以及监督方面注意义务的情形。

监督过失,是指违反监督职员不实施危险行为的义务,导致结果发生的情形。因为在监督者与法益侵害结果之间介入了直接行为人的行为,又被称为"间接防止型过失"。① 因为从过失推定论出发,可以根据直接行为者的不当行为导致法益侵害结果这一事实推定监督者存在过失,所以相应不当行为的预见可能性就成为决定性要素。例如,在锅炉工过失导致火灾的1981年"白石中央医院案"中,札幌高等法院判决认为,管理者不能预见保安与护士的不当行为,因此不存在监督过失。与此相对,在除尘工人过失造成储存罐爆炸并导致死伤的1978年"信越化工厂案"中,新潟地方法院认为,厂长很容易掌握事态并预见到不熟练工人可能导致事故,因此肯定其存在监督过失。②

管理过失,是指违反管理危险设备、物体、动物等方面的义务,导致结果发生的情形。因为与危害结果直接关联,管理过失又被称为"直接介入型过失"。③ 例如,在1990年的"川治王子酒店案"中,虽然整修作业工人的过失是导致火灾、造成旅客死亡的直接原因,但最高法院第一小法庭全员一致认为,该酒店没有设置相应的防火门,对职员也未进行适当的报告火灾与避难引导培训,因此酒店的管理者违反了建立防火体制与进行避

---

① 山口厚『刑法総論』(第2版,2006,有斐閣)239頁参照。
② 中山研一『口述刑法総論』(補訂2版,2007,成文堂)251頁、西田典之=山口厚=佐伯仁志『判例刑法総論』(第5版,2009,有斐閣)317頁以下参照。
③ 山口厚『刑法総論』(第2版,2006,有斐閣)239頁参照。

难训练的义务。同时,酒店存在容易发生火灾的危险以及火灾一旦发生会造成死亡也是很容易预见。所以酒店的法人代表应承担业务上过失致死伤罪的刑事责任。同年的"千日公寓案"、1991年的"大洋公寓大厦案"、1993年的"新日本酒店案"中相继作出了类似的判断。①

理论上,对于监督·管理过失存在许多质疑,例如,在监督过失的场合,因为结果与行为之间是间接关系,所以如何理解实行行为的起点、如何认定因果关系、如何判断预见可能性以及是谁、应在什么范围内承担监督责任都是难题。② 对于管理过失,虽然有的观点从危惧感说或者对预见可能性进行宽缓理解的观点出发予以肯定③,但是许多观点都从发生灾难的危险以及预见可能性的角度出发进行了否定。例如,山口厚认为,在管理过失的案件中,预见可能性通常都很低,因此只能在例外场合肯定过失。在判例中,预见可能性的判断标准是预见并非不可能。虽然处罚如此之轻的过失并不违反责任原则,但是以业务上过失致死伤罪予以处罚,存在差别解释的疑义。④ 浅田和茂也认为,因为如果不能认定存在具体的预见可能性就不能肯定过失,监督·管理过失轻视这一点,不免有立足于危惧感说,肯定结果责任之嫌。⑤

(4)承接过失

承接过失,是指虽然在实施直接导致结果的行为之际,因为主观上的疲劳、醉酒等生理或者心理原因不能认定存在过失,但是可以认为在此前的行为阶段违反注意义务的情形。例如,高度近视的人不戴眼镜开车或者在开车的时候因服用药物眩晕导致事故,虽然不能认为在导致事故的直接行为之中存在过失,但是可以认为不戴眼镜开车以及服用知道可能导致眩晕的药物后开车的行为本身是过失行为,在该时点就违反了结果避免义务。

---

① 山口厚『刑法総論』(第2版,2006,有斐閣)241页以下、西田典之=山口厚=佐伯仁志『判例刑法総論』(第5版,2009,有斐閣)324页以下参照。
② 井田良『講義刑法学総論』(2008,有斐閣)205页参照。
③ 板倉宏『新訂刑法総論』(補訂版,1994,勁草書房)290页以下参照。
④ 山口厚『刑法総論』(第2版,2006,有斐閣)244页以下参照。
⑤ 浅田和茂『刑法総論』(第2版,2019,成文堂)363页参照。

(二)理论争议

在日本刑法界,一直存在着新旧过失论的论争,尤其是20世纪60年代以后,随着交通犯罪、公害犯罪等现代犯罪的出现日趋激烈。因为各种理论的基本立场不同,所以在过失的内容、体系地位以及过失犯的构造等方面也有着较大的差异。

1. 旧过失论

立足于结果无价值的**旧过失论**是传统观点。旧过失论认为,在理论体系上,过失是与故意并列的责任要素,因此在构成要件与违法性阶段并不区别故意与过失。过失的本质是因为不注意而未能预见到危险结果,强调的是结果预见义务,或者说结果预见的可能性。与此相应,虽然就过失的判断标准,在旧过失论中存在行为人注意能力说(主观说)、普通人注意能力说(客观说)以及主张如果行为人的能力高于普通人,注意义务的上限根据客观说确定的折中说等不同观点,但总体而言,旧过失论认为过失的判断标准是主观的"人"的注意能力,也即具体预见危害结果的可能性。

旧过失论的问题在于,应要求预见可能性具体到什么程度。如果认为抽象地预见可能性就足以,则过失责任不免接近于结果责任。尤其是在20世纪60年代之后,随着交通事故的增加,过失犯也快速增加,判例也并不要求具体的预见可能性。[①] 因此,旧过失论的论者也尝试将结果的预见可能性解释为具体的预见可能性,以合理限定过失犯的处罚范围。[②]

2. 新过失论

与旧过失论不同,**新过失论**认为,在理论体系上,过失犯在构成要件与违法性阶段就已经与故意犯有所区别,所以过失是违法要素。过失概念的核心,应是结果回避义务而非结果预见可能性。从限制过失犯的处罚范围这一立场出发,新过失论主张,即使存在预见的可能性,如果尽到了结果回避义务,也不能认为成立过失,并将结果回避义务设定为特定的

[①] 浅田和茂『刑法総論』(第2版,2019,成文堂)347頁参照。

[②] 中山研一『口述刑法総論』(補訂2版,2007,成文堂)246頁参照。

客观行为基准,即认为过失是脱离了基准行为(**基准行为说**)。① 也即,新过失论仍然要求结果预见可能性,同时将脱离基准行为作为附加限制要素提了出来。如此而言,可以说新过失论的理论基础虽然在于行为无价值,但是也吸收了结果无价值的要素。②

允许的危险理论和信赖原则与新过失论有着实质的内在联系。**允许的危险理论**源自交通领域,在 20 世纪 50 年代之后,随着新兴产业的兴起迅速延展到公害、新药开发、核电等存在安全问题的尖端技术领域。③ 根据该理论,对于社会有益而且必要的行为,即使伴随着法益侵害的危险,也应该在一定范围内认为其具有合法性。由此出发,不仅仅是实施这些伴随着法益侵害危险的行为是合法的,进一步而言,即使实际发生了法益侵害也应该认为其合法。当然,不能简单地因为是对社会有益且必要的行为,就推论所有产生允许危险的侵害行为都合法,因为即使采纳允许的危险理论,也应将行为自身的适当性作为其合法性要件。④

与允许的危险相关联的**信赖原则**,是指如果行为人在实施允许的危险行为之际,能够信赖其他参与人也实施适当行为,则即使因为被害人或者第三人的不适当行为导致了结果,行为人也不对该结果承担过失责任。信赖原则是德国和澳大利亚等国在交通高速化与效率化的社会背景下提出的理论,意在减轻高速交通参与人的义务负担⑤,在 20 世纪 30 年代随着交通事故的增加进入了日本下级法院的案例,之后在 20 世纪 40 年代逐渐进入了日本最高法院的案例。例如,在 1966 年的"业务上过失伤害案"中,最高法院第三小法庭判决认为,在交通事故犯罪中,汽车驾驶员如果能够信赖其他驾驶员也会遵守交通秩序并采取适当措施,即使仍然导致交通事故,也可以认定被告人无罪。⑥ 此后,在 1967 年的"业务上过失

---

① 福田平『刑法総論』(全訂 3 版,1996,有斐閣)194 頁参照。
② 山口厚『刑法総論』(第 2 版,2007,有斐閣)226 頁参照。
③ 内藤謙『刑法講義総論(中)』(1986,有斐閣)721 頁以下参照。
④ 福田平「過失版の構造」日本刑法学会編『刑法講座』(1963,有斐閣)122 頁参照。
⑤ 浅田和茂『刑法総論』(第 2 版,2019,成文堂)357 頁参照。
⑥ 昭和 40(あ)1752,刑集 20・10・1212。

致死案"中,最高法院进一步扩大了信赖原则的适用范围,将之适用于行为人自身违反交通法规的情形。①

> **业务上过失致死案**
> [昭和 41(あ)1831,刑集 21·8·1097]
>
> 骑电动自行车向右转的 Y,在道路中心线偏左侧发出右转的信号,并以时速 20 公里的速度开始右转。B 骑小型摩托车以时速 60 公里以上的速度准备在右后方超车。Y 和 B 发生剐蹭,致 B 摔倒受伤,并于次日死亡。
>
> 大阪高等法院认定被告人 Y 的行为成立业务上过失致死罪。被告人提出上诉。1967 年 10 月 13 日,最高法院第二小法庭判决认为,Y 没有义务预见到可能会有车辆故意违反交通法规,甚至不惜高速穿过道路中心线超车,也没有义务采取措施预防事故发生。因此撤销原判,宣判 Y 无罪。

与危险的理论相似,信赖原则也逐渐从交通犯罪领域进入了医疗等其他领域。例如,在 1976 年的"业务上过失伤害案"(电子手术刀案)中,由 A 主刀的 9 人医疗小组用电子手术刀为幼儿患者做手术,因为护士 B 接驳电缆出错发生火灾,致使被害人不得不切除右下肢。检察官对 A 与 B 提出控诉,但是一审认定 B 有罪,A 无罪,检察官与 B 同时提出上诉。札幌高等法院二审认为,被告人 A 作为医疗团队的主刀医生,负有准确无误完成危险性极高手术之义务,但是在当时的情况下,A 在开始手术之前,信赖 B 这样富有经验的老手,让之负责接驳电缆这样非常容易的辅助作业并非不合理。因此,应否定 A 主观上存在义务。②

3. 危惧感说

以森永奶粉案③判决为契机,在主张企业组织责任论的同时,板仓宏与藤木英雄提出了**危惧感说**(不安感说、新·新过失论),主张在认定过失

---

① 昭和 41(あ)1831,刑集 21·8·1097。
② 昭和 49(う)219,高刑集 29·1·78。
③ 西田典之=山口厚=佐伯仁志『判例刑法総論』(第 5 版,2009,有斐閣)275 页参照。

之际,只要存在对结果可能发生的危惧感或者不安感,而且并没有采取必要的措施回避结果(违反结果回避义务),消除这种不安感,就可以认定存在过失。① 与新过失论相似,危惧感说的主旨也是意在在公害犯罪、药物犯罪以及食品犯罪增加的情况下,针对未知灾害追究法人组织领导的过失责任。② 批判的观点认为,因为企业组织体责任说主张即使具体行为人没有过失,如果企业组织存在过失,其成员也应承担过失责任,所以根据危惧感说对过失犯进行处罚接近结果责任,明显违反责任原则。需要指出的是,不仅在森永奶粉案之后并无正面肯定危惧感说的判例,而且即使是支持新过失论的论者,一般也持批判态度。③ 因此,现在的理论争议,主要还是在旧过失论与新过失论之间。

森永奶粉案

1955 年,森永乳业的德岛加工厂不慎在婴幼儿奶粉中添加了混有砷的劣质磷酸钠作为乳质安定剂,导致患病的幼儿逾万人,死亡 110 余人。之后,德岛加工厂的厂长与制造科科长被"以业务上过失致死伤罪"提起公诉。一审判决认为,当时添加的劣质磷酸钠购自从来没有发生问题的供货商,而且被告人没有订购标明成分规格的货物以及检查交付货物的义务,因此判决被告人无罪。二审判决则肯定被告人有注意义务,撤销原判,发回重审。之后,虽然被告人就二审判决向最高法院提出上诉,但被驳回。

在发回重审之后,德岛地方法院一审就预见可能性判决认为:是否已经采取措施合理地履行了预防结果发生的义务,取决于技术层面的可行性。在这一场合,没有必要要求预见到具体的因果关系,只要存在某种不能确定但又不能忽视的危险并非绝对不存在的危惧感即可,并认定制造科科长有罪,厂长无罪。

---

① 藤木英雄=板倉宏『刑法案内』(1980,日本評論社)213 頁参照。
② 浅田和茂『刑法総論』(第 2 版,2019,成文堂)349 頁参照。
③ 浅田和茂『刑法総論』(第 2 版,2019,成文堂)350 頁、中山研一『口述刑法総論』(補訂 2 版,2007,成文堂)246 頁参照。

(三)注意义务

过失犯的本质是违反注意义务。虽然旧过失论认为违反注意义务是指违反结果预见义务,新过失论认为违反注意义务是指违反结果避免义务。但是二者并不矛盾,而是存在相通之处,因为预见与避免的对象都是该当构成要件的事实。从新过失论的视角来看,还可以说二者是递进关系,因为如果没有预见义务,自然没有避免义务。

1. 结果预见义务

结果预见义务的核心是预见可能性,需要深入研究的问题包括预见可能性的对象、程度以及判断标准。

(1)预见可能性的对象

与故意犯相同,过失犯中预见可能性的对象也是犯罪事实,尤其是构成要件的结果与因果关系。

构成要件的结果,是指法益侵害及其危险性。因此,结果预见可能性应以预见实际发生结果的客体的可能性为前提,但是从不同的立场出发,可能也存在一定的争议。例如,在1991年的"业务上过失致死伤案"中,被告人在驾驶普通载货机动车的过程中没有严格履行按照限速行驶、系安全带、踩刹车等注意义务,以时速约65公里/小时的速度在限速30公里/小时的道路上高速前行,在发现对向来车之后,慌张之中紧急向左转向,在要撞上左侧护栏之际又急忙向右转向,因此失去操控,后部车厢撞上了道路左侧的信号灯柱,致使后面车厢中的 A 与 B 死亡,副驾驶座的 C 负伤。虽然难以认定被告人知道后面车厢有偷偷搭车的2人,但是应该认为,行为人应当认识到如果像上述那样随意驾驶,可能会引起死伤事故。即使被告人没有认识到 A 与 B 乘车的事实,也不妨碍成立业务上过失致死罪。① 就该案,从通说的抽象法定符合说出发,因为主观上存在预见到"人"死伤的可能性,客观上发生了死伤的结果,所以过失成立。但是,具体法定符合说的论者批判认为,如果认为成立过失不需要认识到对应事实的存在,因为通常都可以肯定行为人存在疏忽,原则上在任何场合

---

① 昭和61(あ)193,刑集43·3·262。

都可以肯定过失存在,而这一结果是不恰当的。换言之,成立过失应该要求认识到发生现实侵害结果的客体。①

虽然在理论上也存在成立过失犯无须认识现实因果关系可能性的观点,但是多数说认为,过失犯也存在相当于因果关系错误的情况,因此虽然无须对详细经过有预见可能性,但是预见到具体因果经过"基本部分"的可能性还是必要的②,这也是判例的立场。例如,在1979年的"业务上失火、业务上过失致死案"中,日本最高法院第二小法庭裁决认为,如果长时间使用案中所涉的组合式浴桶,木制坐凳可能因电磁炉加热而起火。被告人等作为开发与制造的负责人,在开展业务过程中,负有探讨、确保产品的耐火性以及防止火灾发生的注意义务,其行为构成业务上失火罪。③ 之后,在1982年的"业务上过失致死伤案"(熊本水俣病案)中,福冈高等法院也明确认为,行为人如果在实质上预见到了特定构成要件的结果,以及导致该结果的因果关系的基本部分,就不能说缺少构成业务上致死伤罪的注意义务的预见可能性。同时,因为能够充分认识到不应将工厂废水向企业外部排放是防止被害人患病的措施,而未采取该措施,也不能说不存在结果避免义务的前提。所谓因果关系的"基本部分",是指能够据以推定存在结果预见可能性的预兆、机会、经验等事实④,就如上述案例中的木制坐凳长时间加热可能起火、排放废水可能使人患病等。

(2)预见可能性的程度

通常认为,预见可能性应是对结果发生的"具体预见可能性"。但在实际上,行为无价值的观点通常要求"相对缓和的"预见可能性,尤其是在监督与管理过失的场合,结果无价值的观点会要求"达到某种高度的"预

---

① 山口厚『刑法総論』(第2版,2007,有斐閣)234頁参照。
② 中山研一『口述刑法総論』(補訂2版,2007,成文堂)246頁、西田典之『刑法総論』(2006,弘文堂)248頁参照。
③ 昭和53(あ)989,刑集33·7·728。
④ 松宮孝明『刑法総論講義』(第4版,2009,成文堂)220頁、前田雅英『刑法総論講義』(第5版,2006,東京大学出版会)311頁以下参照。

见可能性。① 司法实践中,虽然也存在诸如森永奶粉案等体现危惧感说立场的判例,与上述"电子手术刀案"仅要求预见可能性达到"有导致伤害之虞"程度的判例,但是后续的判例基本上是站在严格解释预见可能性的立场。例如,在1970年的"业务上过失致死案"中,经营饮食店并兼任调理师的被告人给5名客人食用了已经充分用水冲洗但含有微量肝脏的河豚,其中1人第二天中毒死亡,其他4人无恙。大阪高等法院判决认为,成立业务上过失致死罪,需要从事相同业务的一般人在行为人所处环境下,根据当时的具体情况能够预见到结果发生(存在客观的预见可能性)。根据神户地方的习惯,不要说被告人,就是提供河豚料理的一般从业人员以及负有指导监督职责的保健所也无法预见该案的致死结果。在1976年的"业务上致死伤案"中,被告人下雨天驾驶大型客车在高速路上高速行驶,忽然车体打滑,造成车辆侧翻,致使乘客死伤。大阪高等法院认为,该案的关键之处是被告人能否预见到产生极度容易侧滑的危险。就此,仅仅是专家或者特定的驾驶员在当时情况下能够认识到还不行,必须是一般的汽车驾驶员,尤其是高速客车驾驶员在当时能够认识到才可以。②

但是,不能将预见可能性与结果发生的概率等而视之。预见可能性高而且具体,并不意味着发生结果的概率高,就如中彩票的概率很低,但是也能预见到可能中奖一样,即使结果发生的概率很低,也不能就说难以预见,诸如护士取错药、驾驶员踩错油门或者刹车等纯粹错误的场合也是如此。因此,发生此类错误的概率虽然很低,但是在很多情况下发生结果的概率很高。③

(3)预见可能性的标准

就预见可能性的标准,**客观说**主张以相应活动范围(例如驾驶行业、

---

① 山口厚『刑法総論』(第2版,2007,有斐閣)237頁、中山研一『口述刑法総論』(補訂2版,2007,成文堂)249頁参照。

② 西田典之=山口厚=佐伯仁志『判例刑法総論』(第5版,2009,有斐閣)285頁以下参照。

③ 西田典之『刑法総論』(2006,弘文堂)251頁参照。

医疗行业)内的一般人能力为标准。与此相对,**主观说**认为应当以行为人能力为标准。**折中说**或者认为原则上应以行为人能力为基准,但在行为人能力超过一般人的场合以一般人能力为限度,或者在支持主观说的同时,主张在普通人无法预见但行为人能够预见的场合,从法律的适用对象是一般人的立场出发适用一般人标准。① 对于主观说的批判在于,如果以行为人能力为标准,对平时就疏忽大意的人而言,会陷入"因为没有预见到,所以不能预见到"的窘境,没有承认预见可能性的余地。对于客观说的批判,在于如果对所有情况都以一般人为基准,处罚的原因就不是因为行为人不注意,而是因为其能力低于一般人,未免有强人所难因而违反责任主义之虞。同时,折中说也受到了能力比一般人高的人,就必须承担与其能力相应的注意义务,因此有违公正的批判。②

虽然判例站在了客观说的立场③,但是在理论上区分说的观点也很有影响,也即在有关疲劳、醉酒、兴奋、近视等身体能力与运动能力的场合采纳主观说的观点,如此就可以将因为突然胃痛而无法驾驶等身不由己的情况排除在过失的范围之外。当然,如果能够预见到陷入此类状况而为之,例如违反停止驾驶的义务,也可以认为成立过失。在责任非难等规范判断的场合,则采纳客观说的观点,因为规范对行为人应在多大程度上体现出对法益尊重的期待是客观的,而且在驾驶行业、医疗行业等特殊领域,从业人员应该具有比普通人更高的规范意识。④ 从过失的预见对象是犯罪事实以及过失是责任的构成要素出发,区分说的观点相对更为可取。

2. 结果避免义务

根据新过失论,过失犯不但违反预见义务,而且脱离基准行为,所以如何确定基准行为就成为新过失论必须解决的问题。需要指出的是,基

---

① 浅田和茂『刑法総論』(第2版,2019,成文堂)352頁参照。
② 西田典之『刑法総論』(2007,弘文堂)242頁参照。
③ 井田良『講義刑法学総論』(2008,有斐閣)215頁参照。
④ 中山研一『口述刑法総論』(補訂2版,2007,成文堂)250頁、井田良『講義刑法学総論』(2008,有斐閣)215頁以下等参照。

准行为难以界定也是旧过失论者对新过失论批判的重点之一,就如西田典之所言,新过失论并不必然和具体预见可能性相连接,而且很容易转化为危惧感说。因为对基准行为难以进行具体判断,最终还是以行政法规规定的义务为判断标准,例如,道路交通法规中的安全确认义务、停止义务、车距保持义务等,违反这些义务就构成过失。如此,业务上过失致死伤罪,就成为违反这些义务的行为的结果加重犯。①

信赖原则与允许的危险固然能够将一部分行为排除在处罚范围之外,但如何证明行为人自己做出的行为是适当的、对被害人和第三人的期待是合理的,以及是否及如何采取合理措施将危险控制在允许的范围内却是必须但却难以解决的问题,尤其是在以过失推定论追究责任的法人犯罪的场合,虽然如在行为主体部分所述,根据两罚规定的无过失免责条款与判例,如果法人能够证明在法益侵害结果发生之前,已经采取了必要预防措施,并未违反注意义务,可以免予追责,但是如何能够超越合理怀疑地证明仍悬而未决,如果简单地委托给行政立法,不免陷入上述批判所言的境地。

笔者认为,在自然人犯罪的场合,可以上述折中说为标准,来判断行为人是否采取了合理措施避免结果发生,进而判断是否脱离基准行为。在法人犯罪的场合,可以以近年来在日本理论界获得大量支持的合规计划为依据,判断其是否采取了必要预防措施履行了结果避免义务以及脱离了基准行为。"合规计划"是指法人为了提高经营效率、预防内部违法行为而主动制定并实施的内部措施,主要内容包括高层参与、行为规则、内部制裁、审计监督、定期改善等。② 尤其是在法人犯罪的场合,是根据监督·管理过失追究法人的刑事责任,判断监督·管理过失的基础主要是法人的人事选任、内部管理与预防机制等,而这恰恰是合规计划关注的核心,所以二者之间存在天然的内在联系。

---

① 西田典之『刑法総論』(2007,弘文堂)242 頁参照。
② 今井猛嘉「企業の刑事責任」甲斐克則『企業活動と刑事規制』(2008,日本評論社)19 頁以下参照。

五、期待可能性

（一）理论基础

期待可能性是规范责任论的核心理论,认为以责任能力、故意与过失为要素的心理责任并非责任非难本身,而是责任非难的基础或者认定责任非难的事实,只有从刑法规范的命令功能出发才能理解责任非难的本质。因为刑罚规范的对象必须是具有理解其命令、禁止并在此基础上决定之能力者,所以只有在行为人能够正常发挥这一能力之际,方可期待其实施合法行为。责任非难正是在行为人能够而没有实施合法行为的场合才成为可能。① 期待可能性并非刑法明文规定的责任阻却事由,因此被视为超法规的存在。②

期待可能性理论的源头可以追溯至 1897 年德国帝国法院判处的"癖马案",20 世纪 20 年代在德国成为成型的理论。20 世纪 30 年代,期待可能性理论开始传入日本,20 世纪 50 年代,经佐伯千仭系统介绍与引入,逐渐成为日本刑法理论中的通说。日本《刑法典》第 36 条第 2 款规定的防卫过当、第 37 条但书中的避险过当、第 105 条(隐匿犯罪人与毁灭证据罪)中豁免亲属处罚的规定,以及法定刑较轻的第 212 条规定的堕胎罪等都可以从期待可能性的角度予以考虑。③

（二）判例发展

1933 年的"第五柏岛丸案"被视为期待可能性判例的先驱。在该案中,第五柏岛丸号因为实际乘客超过荷载人数的 5 倍在濑户内海覆没,造成 28 人死亡、多人受伤的严重后果。原判以业务上过失致死罪判处该船船长 6 个月禁锢。大审院认为,在案发之际,乘客因为急于上班,所以不顾船员的警告争先恐后登船,负有管理责任的警察也不得不听之任之。同时,因为该船的航行费用也是依赖超员的费用才能实现收支平衡,所以船主对船长

---

① 佐伯千仭『刑法講義(総論)』(1974,有斐閣)226 頁以下参照。
② 団藤重光『刑法綱要総論』(第 3 版,1990,創文社)326 頁参照。
③ 大谷実『刑法講義総論』(第 5 版,2019,成文堂)353 頁参照。

的多次建议都置之不理。鉴于此,改判被告人罚金 300 日元。① 但是在当时特殊的社会背景下,期待可能性并没有得到司法实践的重视。

"二战"之后,日本颁布了新的民主主义的宪法。与此同时,经济困顿、民生艰难催生了市民运动,导致大量的劳动争议案件以及违反社会管理法规案件。在这一背景下,期待可能性在司法实践中大放异彩。虽然当时的日本最高法院对违反经济管理法规的行为持严厉态度,在 1948 年的"福冈粮食配给诈骗案"中,在认为利用虚假证明书获得粮食配给的行为在结果并非不当的同时,认定该行为成立诈骗罪。② 但是在下级法院审判的案件中,出现了大量以不具有合法行为期待可能性为理由,判决被告人无罪的案件。③

福冈粮食配给诈骗案

[昭和 23(れ)508,刑集 2・12・1446]

因为被告人 D 雇用的 A 等 5 人没有证明书而无法获得粮食配给,D 就利用从 C 处获得的 B 等 5 人证明书,将 A 等 5 人作为自己的同住者进行了虚假申报,用法定的价格购买了超量的大米与麦子。本案一审法院与二审法院都认为,无论 B 等 5 人是否存在,因为他们并非被告人的同住者,所以无权在当地获得粮食配给。被告人使用欺诈手段,让工作人员陷入错误认识,获得了大米与麦子的配给,其行为当然构成诈骗罪。

最高法院也以如下理由驳回被告人的上诉:如果认为 B 等 5 人并非虚构的人物,则其在国内有权获得定量的粮食配给。如此,被告人以他们的名义获得粮食配给这一结果也并非不正当。但是,配给制度是针对如果放任不管则全体国民无法获得必要的最低限度的粮食这一现实规定的制度。被告人利用虚假的证明书欺骗工作人员获得粮食配给的行为,破坏了该制度的实施,其行为成立诈骗罪。

---

① 山中敬一『刑法総論』(第 2 版,2008,成文堂)679 頁参照。
② 昭和 23(れ)508,刑集 2・12・1446。
③ 内田博文『日本刑法学のあゆみと課題』(2008,日本評論社)62 頁参照。

同时,在下级法院审理的劳动争议案件中也出现了以缺乏期待可能性为由认定被告人无罪的判决。例如,在"可罚的违法性"部分所述的1956年"三友煤矿案"中,福冈地方法院饭塚支部一审是以案中行为属于正当争议行为为由,宣告被告人无罪,也即否定了其违法性,接到检察官上诉的福冈高等法院虽然稍退一步,但是仍然以缺乏合法行为的期待可能性为由,维持一审的无罪判决。①

在下级法院大量适用期待可能性理论的情况下,日本最高法院的态度也有所改变,将之应用于判例之中。例如,在1958年的"违反《失业保险法》案"中,最高法院第一小法庭全员一致认为,因为不能期待被告人履行缴付保险金的义务,所以应认定其无罪。但需要指出的是,最高法院对期待可能性理论一直采取审慎的态度,避免从正面作出肯定或者否定的结论,在上述"违反《失业保险法》案"中,最高法院第一小法庭明确指出,虽然裁判文书中使用了"期待可能性"的表述,但不能认为这是肯定或者否定期待可能性的结论。在同年的"非法监禁、违反《暴力行为处罚法》案"(三菱煤矿案)中,针对上诉方提出的"在没有期待可能性应该否定责任的情况下,原判认定有罪,属于违法判决"的主张,日本最高法院第三小法庭继而明确指出,即使认可期待可能性理论,如果被告人的行为符合构成要件、违法,被告人具有责任能力而且存在故意、过失,只要没有法律规定的责任阻却事由,就必须举出足以否定罪责的证据。②

---

① 内田博文『日本刑法学のあゆみと課題』(2008,日本評論社)63頁参照。
② 昭和30(あ)1996,刑集12·15·3439。

> **违反《失业保险法》案**
>
> [昭和 28(あ)5469,刑集 12・11・2471]
>
> 根据日本当时的《失业保险法》第 32 条的规定,所有营业主都必须从失业保险的被保险人的工资里扣除一部分,作为失业保险金在规定的期日之前予以上交。但是工厂主 A 却违反了第 32 条的规定。被告人在一审、二审以及第一次控诉审中都被认定有罪,但是在第二次控诉审之际,二审法院采纳了辩护人的如下意见:鉴于当时该工厂经营困难、融资枯竭,行为人不具有如期缴纳保险金的期待可能性,所以判决 A 与该工厂无罪。
>
> 东京地方检察厅向最高法院提出上诉,认为原判决的如下判断违反大审院、最高法院以及高等法院的判例:即使如第一审判决所示,被告人违反《失业保险法》不缴纳保险金的事实在证据上非常明确,但是就其履行缴付义务人的义务缺乏期待可能性,因此不能认定其存在犯罪故意。1958 年 7 月 10 日,最高法院第一小法庭经审理,维持二审判决,驳回上诉。

20 世纪 60 年代之后,司法实践中以缺乏期待可能性为由认定被告人无罪的案件骤减,并销声匿迹。这一改变既反映了随着日本社会在整体上逐渐进入稳定时期,期待可能性失去了适用土壤的社会转变①,也反映了司法机关在适用"含义、理论构成与适用界限都未得到充分释明"的期待可能性理论方面的踌躇。② 事实也是如此,虽然从提出期待可能性的概念到现在已逾百年,但是围绕该理论尤其是在体系地位与判断标准方面仍然存在较大争议。

(三) 争议问题

1. 体系地位

虽然就期待可能性属于责任论已经形成通说,但是就其在责任论内

---

① 内田博文『日本刑法学のあゆみと課題』(2008,日本評論社)63 頁参照。
② 山中敬一『刑法総論』(第 2 版,2008,成文堂)680 頁参照。

部的地位仍然存在争议。**故意与过失要素说**认为,责任的形式只有故意与过失,而且都包括非难可能性,缺乏期待可能性意味着不存在故意与过失。① 对此,批判的观点认为,不能以理解故意、过失的方式去理解期待可能性,将期待可能性这一规范要素作为心理活动,将之视为故意的要素并不恰当。② **独立要素说**认为,期待可能性是客观责任要素,故意、过失是主观责任要素,不能混为一谈,二者是并列的积极要素。③ **责任阻却事由说**认为,不存在期待可能性是例外否定犯罪成立的情节,属于《刑事诉讼法》第335条第2款规定的否定犯罪成立的理由。如果辩护方提出这一主张,法院应予以判断。④ 但是,批判的观点认为,期待可能性不仅影响责任的有无,而且影响责任的轻重,如此,仅将之视为消极的责任要素并不适当。⑤ **可罚的责任阻却、减少说**认为,与不存在责任能力不同,不存在期待可能性并不意味着没有责任,只是意味着没有可罚的责任,例如法益价值相同场合的紧急避险。同时,在期待可能性减少之际可罚的责任也减少,例如防卫过当与避险过当,以及安乐死与尊严死。⑥

　　从期待可能性产生的背景以及判例的立场来看,期待可能性显然并非故意或者过失的构成要素,而且将之作为故意与过失的要素有混淆有无期待可能性和有无预见能力之嫌。但是,将之视为积极要素是否适当尚可斟酌,毕竟在认定违法行为是否成立犯罪之际,并不需要积极地证明存在期待可能性。只要行为人具有责任能力,存在故意或者过失,即可推定其存在实施合法行为的期待可能性。此外,在法益相同的紧急避险以及防卫过当、避险过当的场合,减免处罚的主要理由可能还是在于法益得到了保护。因此,如果认为责任阻却包括完全阻却与部分阻却,责任阻却事由说更为可取。

---

　① 团藤重光『刑法綱要総論』(第3版,1990,創文社)324頁参照。
　② 山中敬一『刑法総論』(第2版,2008,成文堂)681頁参照。
　③ 大塚仁『刑法概説(総論)』(第4版,2008,有斐閣)459頁参照。
　④ 川端博『刑法総論講義』(第2版,2006,成文堂)443頁、前田雅英『刑法総論講義』(第5版,2011,東京大学出版会)372頁参照。
　⑤ 大塚仁『刑法概説(総論)』(第4版,2008,有斐閣)459頁参照。
　⑥ 山中敬一『刑法総論』(第2版,2008,成文堂)682頁以下参照。

2. 判断标准

就如何判断存在合法行为的期待可能性，从被期待一方出发的**行为人标准说**认为，应该根据行为时的具体情节，以行为人是否能够实施合法行为为标准判断，即使一般人存在期待可能性，如果行为人不存在，也不能对之予以谴责。① 与此相对，立足于期待一方的**国家标准说**认为，应该根据期待合法行为的国家或者法律规范的标准来判断。虽然国家不能忽视个人的能力，但是也并不以其现实的能力为标准，要求其提起精神、提高注意。② 位于二者之间的**平均人标准说**则认为，行为人标准说容易陷入"理解所有、允许所有"的境地，国家标准说无异于"自问自答"。因为刑法是针对社会一般人的规范，并不区分勇者与弱者，因此应该以平均人为标准。③ **规范·可罚的评价类型说**从上述可罚的责任阻却、减少说出发，认为应根据行为的具体情节，在合法行为的期待可能性与处罚的必要性之间，将规范的、可罚的评价类型化，并以之为标准。④ 因为规范的制定者是国家，所以该说其实也可以说是国家标准说的修正形式。

就上述争议，有的观点认为，各种标准是在不同层面，因此并不相互矛盾。如果认为责任是非难可能性，行为人本人的期待可能性划定责任非难的界限，那么期待可能性的标准就应该是行为人标准说。从法律是以一般人为对象制定的，则平均人标准说是适当的。而国家标准说应该作为可罚的责任论，另行论述。⑤ 笔者赞同这一观点，同时认为，鉴于责任的实质在于非难，期待可能性理论的本意就在于例外地为有可恕之情者网开一面，以及期待可能性的有无最终是由位于国家一侧的司法机关判断，从平衡的角度来讲，应采纳行为人标准说。

---

① 団藤重光『刑法綱要総論』（第 3 版，1990，創文社）329 頁、大塚仁『刑法概説（総論）』（第 4 版，2008，有斐閣）460 頁、曽根威彦『刑法総論』（第 4 版，2006，弘文堂）181 頁、大谷実『刑法講義総論』（第 5 版，2019，成文堂）355 頁参照。

② 平野龍一『刑法（総論Ⅱ）』（1975，有斐閣）278 頁、佐伯千仭『刑法講義（総論）』（1974，有斐閣）229 頁以下参照。

③ 川端博『刑法総論講義』（第 2 版，2006，成文堂）447 頁、前田雅英『刑法総論講義』（第 5 版，2011，東京大学出版会）374 頁参照。

④ 山中敬一『刑法総論』（第 2 版，2008，成文堂）684 頁以下参照。

⑤ 浅田和茂『刑法総論』（第 2 版，2019，成文堂）368 頁以下参照。

(四)期待可能性的错误

期待可能性的错误大致可以分为两种:积极错误与消极错误,前者是指认为存在不可能实施合法行为的外部事实,而实际不存在的情形;后者是指存在不可能实施合法行为的外部事实,而没有认识到的情形。

就积极错误的处理,**故意阻却说**认为,积极错误是事实错误,因此否定故意。**责任阻却说**认为,与禁止性错误相同,如果该错误无法避免,则否定责任。**过失犯说**认为,虽然从行为人的精神状态而言,没有期待可能性,但是如果就错误状态存在过失,则成立过失犯。例如,根据日本《刑法典》第 105 条之规定,对因为犯罪人是亲属而藏匿者可视为不存在期待可能性,否定责任。在误将他人作为自己的亲属而藏匿的场合,故意阻却说从期待可能性是故意的构成要素出发,主张对被藏匿者身份的认识错误属于事实错误,所以行为人不存在藏匿的故意,其行为无罪。责任阻却说认为,应该按照法律认识错误的原则,判断该错误是否可以避免。过失犯说则认为如果该错误是因过失而产生的,应继而从原因上自由行为的角度出发,综合判断该过失是否成立。

从期待可能性是独立于故意、过失与责任能力的要素,以及其阻却责任的根据在于外部事实对行为人内心的影响出发,笔者支持浅田和茂的观点,即在积极错误的场合,直接根据行为人的心理状态判断期待可能性的有无即可,也即以是否存在足以否定期待可能性的心理状态为标准。[1] 对消极错误,按照有关积极错误的原则处理即可。同时,鉴于在这种情况下存在阻却责任的客观事实,无论行为人主观上是否存在认识,都应该认为阻却责任。即使认为存在错误,如果对于该错误不存在期待可能性,也应该以不存在期待可能性为由否定责任。[2]

---

[1] 浅田和茂『刑法総論』(第 2 版,2019,成文堂)371 頁以下参照。
[2] 大谷実『刑法講義総論』(第 5 版,2019,成文堂)356 頁参照。

第九章
未遂犯

第一节　未遂犯基础

一、犯罪的发展阶段

刑法分则条文规定的犯罪都是单独犯的既遂形态。与此相应,刑法采纳了两个路径扩大处罚范围:其一,行为路径,即将行为既遂之前的未遂、预备以及阴谋阶段(**未完成犯罪**)纳入处罚范围。其二,行为人路径,即将二人以上共同实施犯罪的行为(**共犯**)纳入处罚范围。

从日本《刑法典》第43条第1款出发,**未遂**在形式上是指已经着手实施实行行为但未完成的情形,在实质上则是指对于构成要件保护的法益具有现实侵害危险的行为。从《刑法典》第44条"处罚未遂犯,由相应各条规定"之规定出发,可以认为对未遂犯是以不处罚为原则,以处罚为例外。预备犯与阴谋犯并非由刑法总则而是由分则具体规定。理论上,**预备**是指为了实现犯罪,以谋议以外的方法实施的准备行为;**阴谋**是指二人以上为实施一定的犯罪进行谋议并达成一致。① 目前,日本《刑法典》规定的预备犯有11个罪名:内乱预备、外患预备、私战预备、放火预备、货币伪造预备、不正制作支付卡预备、取得不正指令电磁记录等预备、杀人预备、准备凶器集合与集结、以获取赎金为目的的拐骗预备、抢劫预备,阴谋犯有3个罪名:内乱阴谋、外患阴谋与私战阴谋。

特别刑法予以处罚的预备犯与阴谋犯有:为组织实施的以营利为目

---

① 大谷実『刑法講義総論』(第5版,2019,成文堂)358頁以下参照。

的的拐骗罪的预备犯(《组织犯罪处罚法》第6条)、劫持航空器罪的预备犯(《劫持航空器等处罚法》第3条)、使用爆炸物罪的预备犯(《爆炸物取缔法》第3条)、散播沙林等罪的预备犯(《沙林等防止法》第5条),以及以政治为目的实施的放火、破坏爆炸物、颠覆汽车、杀人、抢劫等罪的预备犯与阴谋犯(《破坏活动防止法》第39条)和为政治目的实施的骚乱罪的预备犯与阴谋犯(《破坏活动防止法》第40条)。①

需要指出的是,虽然犯罪通常可以分为预备、未遂、既遂,但主要是指结果犯而言,诸如伪证罪等举动犯,因为只要开始实施实行行为就达到既遂,所以立法中并无处罚举动犯未遂形态的规定。

二、未遂的分类

首先,以止步于未遂的原因为标准,可以将未遂分为障碍未遂与中止未遂。中止未遂是指因"自己的意志"而止步于未遂的情形。与之相应,障碍未遂是指因"自己的意志"以外的原因没有完成犯罪的情形,例如,因为在开枪之际被第三人推倒所以没有杀死被害人。下文如无特殊说明,所谓"未遂"是指狭义上的障碍未遂。

其次,以实行行为是否完成为标准,可以将未遂分为着手未遂与终了未遂。着手未遂是指已经着手实施但尚未完成实行行为的情形;终了未遂则是指虽然实行行为已经终了(实行未遂),但是没有发生预期结果的情形。

最后,以行为本身是否具有导致构成要件结果发生的性质为标准,可以将未遂分为能犯未遂与不能犯未遂,诸如将焚烧符咒的纸灰作为毒药杀人,就是典型的不能犯。

三、未遂的处罚根据

(一)主观说与客观说

围绕未遂犯的处罚根据,具体而言,是否应该以及在多大程度上重视主观方面还是客观方面,首先存在立足于新派理论的主观说与站在旧派

---

① 浅田和茂『刑法総論』(第2版,2019,成文堂)372页以下参照。

立场的客观说的对立。**主观说**认为刑事制裁的对象是行为人的危险性格，如果犯罪意志已经在外部表现出来，无论是否存在实现犯罪的可能性，从特别预防的角度出发都应该予以处罚。但是根据新派理论的"犯罪征表说"，如果行为人的主观恶性已经表露出来，犯罪就已经成立，所以在实质上难以区分既遂与未遂。因此，现在几乎没有论者支持主观说。**客观说**的理论基础是报应刑论，即刑罚是作为对"已然之罪"的反制而实施的制裁，所以应该重视的不是行为的主观方面，而是客观方面，也即处罚未遂应以法益侵害或者发生结果的危险为要件。客观说是现在的通说。

从客观说背后的客观主义犯罪论出发，刑罚的量应与法益侵害结果的有无以及大小成比例，因此对未遂犯应采取"必减原则"，这也是日本旧刑法的立场。与此相对，根据主观说背后的主观主义犯罪论，刑罚的量应与行为人的社会危险性相适应，在未遂犯的场合，行为人已经将自己的社会危险性表露无遗，所以对未遂犯应采取"不减原则"。正因如此，理论界普遍认为现行《刑法典》第 43 条中对未遂犯"可以减轻处罚"（得减原则）的规定是主观说与客观说的折中产物。①

（二）行为无价值与结果无价值

在客观说内部，又可以区分出行为无价值与结果无价值的观点。**行为无价值的观点**立足于人的不法论，重视行为对规范的违反，从刑法的任务在于确保行为规范的效力出发，认为即使在未遂犯的场合，也可以对违反禁止性规范的行为予以否定性评价。虽然批判的观点认为，如果将人的不法论贯彻到底，未遂本身就是犯罪原型，未遂的中心要素是故意，如此几近于主观说的观点。② 但是拥护的观点指出，即使立足于行为无价值，以纯粹的行为不法为处罚理由，将未遂视为犯罪，也可以通过附加发生结果的现实危险等结果无价值的要素，增加行为的违法性。③

结果无价值的观点则立足于物的不法论，重视的是"结果"侧面，即发

---

① 西田典之『刑法総論』（2006，弘文堂）276 頁、浅田和茂『刑法総論』（第 2 版，2019，成文堂）374 頁以下参照。
② 浅田和茂『刑法総論』（第 2 版，2019，成文堂）375 頁参照。
③ 井田良『講義刑法総論』（2008，有斐閣）395 頁参照。

生法益侵害的危险性,认为无须考虑是否存在故意,客观地判断有无违法性即可。如此,未遂犯与既遂犯相同,都是事后判断。在这一观点内部又存在两种主张:①认为可以在未遂的场合例外地承认故意,也即将故意视为客观事实之外的主观违法要素。① ②认为应该否定主观的违法要素,并主张如果以发生结果的具体危险为未遂的构成要件,则对具体危险的认识不应该是主观的违法要素,而应该是责任要素。② 第二种主张是少数说。③ 这两种主张在实行着手与对不能犯的解释方面存在不同。

从判例的立场来看,在未遂犯中应例外地承认主观的违法要素,因为如果不考虑主观的行为计划就无法确定行为的危险性。例如,在上述2004年的"杀人、诈骗案"中,如果第一行为不是一连串杀人计划的一部分,就难以认定在第一行为之时已经杀人着手④,下文所引用的一系列判例也同样站在了这一立场。

四、准备实施恐怖活动等罪

日本的司法实践虽然处罚共谋共同正犯,但是立法与司法都没有采用共谋罪的概念。在2000年12月批准《联合国打击跨国有组织犯罪公约》之后,日本国会提出了在《有组织犯罪处罚法》中增设共谋罪的立法议案。但是,因为共谋罪有导致处罚思想犯、妨碍市民活动,推动日本走上警察国家的危险,所以遭到刑法学界的严厉批判⑤,2003年、2005年、2009年连续三次在日本国会成为废案,没有获得通过。最终,日本政府将共谋罪改为"准备实施恐怖活动等罪",坚称增设该罪是恐怖主义对策不可缺少的一环,于2017年6月15日在国会强行通过了《修正〈有组织犯罪处罚与犯罪收益规制法〉等法部分内容的法律》(2017年第67号法

---

① 平野龙一『刑法(総論Ⅱ)』(1975,有斐阁)313页参照。
② 内藤谦『刑法講義総論(上)』(1983,有斐阁)221页、浅田和茂『刑法総論』(第2版,2019,成文堂)376页参照。
③ 中山研一『口述刑法総論』(補訂2版,2006,成文堂)258页参照。
④ 西田典之『刑法総論』(2006,弘文堂)285页参照。
⑤ 足立昌勝「共謀罪をめぐる刑法学会の状況」『法学セミナー』51卷7号(2006)、浅田和茂「共謀罪が犯罪論に及ぼす影響」『法律時報』9号(2006)参照。

律），并自同年 7 月 11 日开始实施。

该法第 6 条之二第 1 款规定，以下各项中的行为，如果作为恐怖主义集团等有组织犯罪集团的团体活动，由二人以上计划通过组织来实施的，在参与该计划的任何一人根据计划实施了筹备资金或物品、预先勘查相关场所等实施计划的犯罪的准备行为之际，处以各项规定处罚。但是在着手实行前自首的，可减轻或者免除处罚：①附表四所列犯罪中，规定了死刑、无期或者 10 年以上惩役或禁锢的，处以 5 年以下惩役或禁锢。②附表四所列犯罪中，规定了 4 年以上 10 年以下惩役或禁锢的，处以 2 年以下惩役或禁锢。因为该法的附表将 250 多个罪名列为处罚对象，虽然将最初的"计划"换成了"共谋"，但是其内容并没有发生变化，而且该罪的主体不限于"恐怖主义集团"还包括"其他集团"，"准备行为"也未必是犯罪行为，还可以包括散布与在 ATM 机上取现等行为。如此，难免沦为处罚思想犯，让人不禁想起"二战"之前的治安维持法。①

第二节　实行着手

一、基本立场

(一) 理论争议

未遂犯是指已经着手实施实行行为但未完成的行为，如果尚未着手，只能构成基本上不予处罚的预备犯或者阴谋犯。因此，如何判断行为人已经实行着手就成为判断未遂犯是否成立的核心问题。理论上，就判断"实行着手"的标准，主要存在新派的**主观说**、旧派的**客观说**以及**折中说**的争议。立足于主观主义刑法理论的**主观说**以"犯意"为基准，认为在可以根据行为人的行为确定其犯意、犯意已经明确地表现出来或者就犯意的存在已经没有争议而且犯意不可消除之际，就可以认定行为着手。② 例如，为了杀人购买毒药、为了抢劫购

---

① 浅田和茂『刑法総論』（第 2 版，2019，成文堂）378 页参照。
② 大谷实『刑法講義総論』（第 5 版，2019，成文堂）363 页参照。

买匕首等。但是，如此就难以区分预备与未遂，而且将未遂的处罚根据置于犯意之上，导致处罚范围过于扩大，因此现在几乎没有论者支持。

在客观说的内部，又可以区分出形式的客观说与实质的客观说。**形式的客观说**着眼于构成要件，认为在开始实施该当构成要件的行为之际可以认定实行着手。例如，主张在开始实施可以自然地被理解为与该当构成要件的行为直接相连的行为、在整体上构成定型的构成要件内容的行为或者该当构成要件行为之前的行为之际，就可以认定实行着手。从将"开始实施实行行为"视为实行着手可以看出，形式的客观说是立足于行为无价值的观点，认为行为的反规范性是未遂的处罚根据。所以，在邮寄毒药杀人的隔离犯和利用无犯罪故意者实施犯罪的间接正犯的场合，根据形式的客观说，实行着手应该在邮寄毒药与实施利用行为之时。**实质的客观说**是忠实于客观未遂论与结果无价值的解释，主张在开始实施该当构成要件的行为或者与之直接连接的行为，并导致结果的紧迫危险之际是实行着手，所以认为未遂犯都是具体的危险犯。例如，在上述隔离犯与间接正犯的例子中，实行着手应该在毒药到达与被利用行为开始之际。

在上述主观说与客观说的基础上，产生了各种折中说的观点。**主观的客观说**主张以行为人的整体意图为基础，主张在对特定构成要件造成直接危险的行为中看出犯罪意图之际可以认定实行着手。**个别的客观说**认为，在参照行为人的犯罪计划，法益侵害危险变得紧迫之际可以认定实行着手。**实质·形式客观说**则认为，只有在存在实行行为并且导致发生结果的实质危险之际才成立未遂。[1] 笔者认为，如果不考虑未遂犯都是具体危险犯的主张，并认为实行行为是构成要件的行为，实质·形式客观说与实质的客观说并无本质区别，从犯罪的实质与刑法的谦抑性出发，应该赞同该说。

（二）判例立场

虽然在20世纪30年代的判例中存在支持形式客观说者，例如，大审院在1934年的盗窃案中认为，如果以盗窃的目的侵入他人住宅，实施了与形成对他人财物的事实支配紧密相关的行为，就构成盗窃罪的着手，但之后的

---

[1] 浅田和茂『刑法総論』（第2版，2019，成文堂）381页以下参照。

判例逐渐采纳了实质客观说的观点。例如,在 1953 年的"盗窃及盗窃未遂案"中,广岛高等法院判决认为,应根据"行为是否导致发生结果的客观状态"为判断实行着手的标准,该判决也得到了最高法院的支持。① 在 2014 年的"违反《海关法》案"中,被告人将意图走私的鳗鱼装入贴上"已检查"标签的行李箱并交付办理托运手续,最高法院第二小法庭判决认为,该行为已经明显产生了装机的客观危险性,因此构成未遂。②

违反《海关法》案

[平成 25(あ)1333,刑集 68・9・963]

被告人与 A 等人共谋走私鳗鱼。2008 年 3 月 29 日,被告人在东京成田机场第二候机楼搭乘航班之际,在未向海关申报的情况下,将载有 59.22 公斤鳗鱼的 6 个行李箱,伪装成手提行李,贴上事先获取的"已检查"标签,未经 X 射线检查,将行李交给柜台办理托运手续。之后,因为海关职员检查发现了行李箱内的鳗鱼,被告人未达成其目的。第一审判决认为,被告人的行为构成无许可出口罪未遂,判处被告人 88 万日元罚金。被告人以量刑不当为由提出上诉。第二审判决认为,一审判决适用法律有误,被告人的行为构成无许可出口罪的预备,判处被告人 50 万日元罚金。对此,检方向日本最高法院提出上诉。

2014 年 11 月 7 日,日本最高法院第二小法庭经审理,推翻了二审判决,维持了一审判决,判决认为:在办理搭乘手续划定区域的入口处,设有 X 光检查机,行李在经 X 射线检查之后,会贴上"已检查"的标签。在办理航空托运手续的一系列环节中,如果在发现走私可能性最高的安检环节被认为没有问题,通常不会再次检查而直接装机。因此就本案而言,可以认为在将行李带入划定区域、贴上非法取得的"已检查"标签之际,已经明显产生了装机的客观危险性。所以,被告人的行为构成《海关法》第 111 条规定的无许可出口罪的着手。

---

① 大谷実『刑法講義総論』(第 5 版,2019,成文堂)364 頁参照。
② 平成 25(あ)1333,刑集 68・9・963。

此后，在 2018 年的"诈骗未遂案"中，被害人 V 居住于长野市，2016 年 6 月 8 日，不知名者 A 假冒其外甥 B 之名给 V 打电话，撒谎说因为工作原因需要现金。V 受骗，给声称是 B 所在公司职员的人 100 万日元现金。被害人 V 同年 6 月 9 日接到假冒警察的不知名者 C 的电话，骗她说从抓到的犯罪人那里获知了其姓名，并问她昨天是否受骗了、账户里是否还有钱，让她现在立刻到银行将钱全部取出来，并希望她能够协助取回昨天的 100 万日元（第一次电话）。同日下午，假冒警察的不知名者 C 再次给 V 打电话，告诉她说现在正在向你那里去，你那边也准备好（第二次电话）。被告人 X 于 2016 年 6 月 8 日夜间，从不知名者 C 那里接到了去长野市的指示，同月 9 日早晨，明知自己是去拿诈骗款而起程去长野市，同日下午接到了不知名者 C 的电话，告知他被害人的住址并告诉他假装刑事侦查人员去拿钱。被告人 X 在去被害人家的路上被警察抓获。假冒警察两次打电话的不知名者 C 的计划是让 V 相信他们是警察，并将从银行取出来的钱给他们。

根据上述事实，一审法院认定被告人 X 的行为构成诈骗未遂，二审法院则认为不存在欺骗行为，公诉事实不构成犯罪，宣告被告人无罪。2018 年 3 月 22 日，日本最高法院第一小法庭以如下理由撤销二审判决，判决被告人诈骗未遂：在第一次电话中，C 假装是警察与 V 通话，骗她说有必要把账户里的钱取出来，并说为了取回前一天被骗的钱，要与警察合作。之后 C 给 V 打了第二次电话，欺骗 V 说警察会到她家里去。"让被害人相信案中的谎言是真实的"这一行为，大大提高了让被害人根据很快到其住处询问的被告人的要求，现场交付现金的危险。因此，案中的谎言是连续行为的一部分，在对被害人说谎之际，即使没有明确对被害人说交付现金的字眼儿，也构成诈骗罪着手。①

显而易见，最高法院上述 2014 年、2018 年的判例在认定实行着手之际，都明确认为应以是否对特定构成要件保护的法益产生实质的侵害危险为标准。

---

① 平成 29（あ）322，刑集 72·1·82。

二、具体分析

虽然判例站在了实质客观说的立场,但是也存在有争议的判断。以下试从常见的事例予以分析说明。

(一)盗窃罪的着手

盗窃是社会生活中的常见犯罪,而且盗窃着手与否,对之后为逃走而实施的暴行与胁迫等行为是否构成事后抢劫具有决定性作用,因此盗窃着手的判断标准对于司法实践而言非常重要。① 虽然在1949年的"抢劫杀人案"中,东京高等法院认为,不能仅根据以盗窃目的侵入住宅的行为认定未遂②,但是判例通常站在"物色说"的立场。在1948年的"侵入住宅、盗窃未遂案"中,被告人等共谋盗窃马铃薯以及其他食物,因此侵入A的养蚕室,正在用怀中的手电筒照明寻找食物之际被警察发现。最高法院第二小法庭判决认为,被告人等以盗窃目的侵入他人住宅,并开始物色财物,当然应认为已经着手盗窃。③ 在1954年的"盗窃、盗窃未遂案"中,最高法院第一小法庭裁决认为,在被告人为盗取被害人长裤口袋中的现金而向该口袋伸手并碰到外侧之际,已经着手盗窃。④ 之后,在与上述1948年判例相似的1965年"盗窃、准抢劫、抢劫案"中,被告人在凌晨侵入商店,用怀中的手电筒照明后才发现周围都是五金电器,因为想偷的是钱,就潜向左边的烟草店,但是因为被害人回家没有得逞。最高法院第二小法庭也认为被告人已经着手盗窃。⑤

显而易见,上述最高法院的三个判例都是在考虑被告人盗窃计划的基础上,以发生"窃取"这一法益侵害结果的危险为实行着手的标志。

(二)强制性交罪的着手

强制性交,即2017年刑法修正之前的强奸罪,是指以暴力或者胁

---

① 西田典之『刑法総論』(2006,弘文堂)280頁参照。
② 昭和24(を)新280,高刑集2・3・292。
③ 昭和22(れ)340,刑集2・4・399。
④ 昭和28(あ)5267,刑集8・5・634。
⑤ 昭和39(あ)2131,刑集19・2・69。

迫手段,强制他人进行性交等行为。虽然在下级法院的审判中,也存在认为根据行为的暴行程度判断,被告人难以将被害人塞入车内,因此否定在此际已经着手的观点①,但是判例通常认为,在暴力、胁迫开始之际就可以认定着手。例如,在 1963 年的"强奸未遂(原审认定暴行)案"中,被告人 D 以强奸的意思,想用自行车将被害人带到山里去。在被害人因为感到不安而跳车逃走之际,D 一边抱着被害人的身体一边用左手捂住其嘴巴,并伴有其他暴行。水户地方法院一审认定 D 的行为构成暴行罪,东京高等法院二审认为,D 的暴行是强奸行为的一部分,其行为构成强奸罪未遂。② 在 1966 年的"强奸致伤、违反《道路运输法》、强奸未遂、抢劫案"中,被告人 D 让素未谋面的 23 岁女性被害人 V 搭乘其驾驶的汽车,然后违反 V 的意志,向山中驾驶。V 在途中伺机跳车逃离,但是被 D 抓住,并强行向车里推搡。高松高等法院判决认为,此时从外部来看强奸的客观危险已经产生,可以认为强奸行为已经着手。③ 此后,在 1970 年的"强奸致伤案"中,被告人在与朋友 A 为了寻找女性开车游荡,看到了独自一人走在路上的 B,一边喊着"让你搭车"一边尾随 B 约 100 米,因为 B 没有理会,A 就下车走向 B,从背后抱住 B 拖向车子的副驾驶座,被告人以与 A 相同的强奸故意,一起将拼命反抗的 B 塞进副驾驶座,并将在开到 5000 米外强奸了 B。同时,在将 B 塞进副驾驶室之际造成了大约需要 10 天才能痊愈的伤害。最高法院第三小法庭裁决认为,在被告人开始将 B 塞进副驾驶室之际发生强奸的客观危险已经非常明显,因此该时强奸行为已经着手。④

当然,只有在作为强奸的手段而实施暴力与胁迫行为之际,才能认为在开始实施行为之际实行着手。同时,对于上述 1970 年的"强奸致伤案",质疑的观点认为,因为拉人入车的地方与实施强奸的地方距离 5000

---

① 西田典之『刑法総論』(2006,弘文堂)282 頁参照。
② 昭和 37(う)956,高刑集 16・4・358。
③ 昭和 40(う)336,高刑集 19・5・520。
④ 昭和 45(あ)619,刑集 24・7・585。

(三) 放火罪的着手

在放火罪中,判例也同样体现出实质客观说的立场。例如,在被告人为了自杀洒遍汽油然后在点烟之际引起火灾的 1983 年"放火案"中,横滨地方法院判决认为,汽油已经达到了刺痛鼻子、不能张目的浓度,再考虑到汽油本身的易燃性,只要有任何火星就可以点燃,已经处于发生火灾的必然状况。因此,在这一阶段已经产生了侵害法益(烧毁自家房屋)的迫切危险,也即已经着手放火。③

对于上述判例,理论上,反对的观点认为,行为人是洒完汽油 30 分钟之后才点烟引起火灾,认定成立放火罪的既遂与实行着手都存在疑问④,而且刑法条文规定的"放火",在"火"点燃之前就认定已经着手并不适当,因此应该以放火预备与失火罪处理。⑤ 支持的观点则认为,如果可以将实行着手回溯至实行行为之前或者密切联系的行为,也可认为实行着手能够存在于点火之前的行为之中,例如洒汽油、装自动点火装置的行为。⑥ 笔者认为,从实质客观说的角度出发,行为人在吸烟之前已经创造了火灾的危险,其后虽然通过自身的另一行为引起了最终结果,但并不能切断与前一行为的因果关系,因此认定为放火罪并无不可。

(四) 隔离犯的着手

隔离犯,是指在行为人实施行为与发生构成要件结果之间,存在时间、空间上隔离的犯罪。例如,为了杀害朋友,而将投毒的饮料送至朋友住处的情况。就隔离犯的实行着手,从主观说与形式客观说出发的**发送**

---

① 中山研一『口述刑法総論』(補訂 2 版,2006,成文堂)260 頁参照。
② 浅田和茂『刑法総論』(第 2 版,2019,成文堂)385 頁以下参照。
③ 西田典之 = 山口厚 = 佐伯仁志『判例刑法総論』(第 5 版,2009,有斐閣)346 頁参照。
④ 中山研一『口述刑法総論』(補訂 2 版,2006,成文堂)260 頁参照。
⑤ 浅田和茂『刑法総論』(第 2 版,2019,成文堂)386 頁以下参照。
⑥ 井田良『講義刑法学総論』(2008,有斐閣)402 頁参照。

说主张以行为为基准,实行着手成立于发送之时;立足于实质客观说的**到达说**则主张,在存在发生结果的具体危险之际才成立未遂。

判例站在了到达说的立场。在1918年的邮寄毒砂糖杀人案中,大审院就判决认为,实行着手成立于被害人收取毒砂糖,其本人与家人能够食用之际。在1965年的毒果汁杀人案中,被告人计划将下毒的果汁放在父亲与家中兄弟经常通行的路边,让他们拾到后喝下死亡,然后自己也喝下毒果汁自杀。之后,被告人按照计划在路边放好了果汁,但是被路过的被害人A拾得喝下,A死亡。宇都宫地方法院判决认为,实行着手成立于行为到达有结果发生可能的客观状态之时,也即在对保护客体产生直接危险或者产生侵害法益的现实危险之时。① 需要指出的是,有的观点认为,在现在的邮寄条件下,即使认为在发送之时就已经产生了实现犯罪的现实危险也非不当。② 考虑到现在邮寄的准确性与及时性,的确需要重新思考隔离犯的着手标准。

最高法院第三小法庭在2014年的"杀人未遂案"(强迫他人自杀案)中裁决认为,因为在案发当时,V已经陷入了无法抗拒A的精神状态,A命令V从渔港岸上开车入海自杀的行为具有高度现实危险性,所以其行为构成杀人罪的实行行为,成立杀人未遂。③ 显而易见,虽然A强迫V自杀的行为持续了很长时间,但也只在具有导致死亡结果的高度现实危险性之际才成立着手,构成杀人罪的实行行为。

---

① 西田典之=山口厚=佐伯仁志『判例刑法総論』(第5版,2009,有斐閣)356頁以下参照。
② 大谷実『刑法講義総論』(第5版,2019,成文堂)368頁参照。
③ 平成14(あ)973,刑集58・1・1。

强迫他人自杀案

[平成14(あ)973,刑集58·1·1]

被告人A强迫被害人V与自己结婚,然后为了获得V的巨额人身保险金,通过暴行、威胁让一直对其极度恐惧的V假装出事故自杀。2000年1月11日凌晨2点左右,A在爱知县的某渔港命令V开车冲入海内自杀,V尽管并没有决意自杀,还是服从A的命令开车入海,但之后从落水的车中逃脱,幸免于难。

最高法院第三小法庭裁决认为,被告人A为获得保险金,计划让被害人V假装出事故自杀。在行为的前一天,A在渔港殴打、逼迫一直对自己感到极度恐惧、言听计从的V自杀,并让哀求不已的V保证第二天自杀,使V陷入只能服从自己的命令开车入海自杀的精神状态。在案发当时,A命令陷入上述精神状态的V从渔港岸上开车入海自杀的行为具有高度现实危险性,构成杀人罪的实行行为,因此成立杀人未遂。

(五)间接正犯的着手

简单而言,间接正犯是指将他人作为"工具"使用,实现构成要件的情况。就间接正犯的着手,存在如下数种学说的分歧:①**利用者标准说**认为,间接正犯的着手成立于利用者开始实施致使被利用者犯罪的行为之际,因为被利用者的行为不过是因果关系的过程而已,脱离利用者的支配实行行为不可能开始,而且也不能将实行行为的意志主体与实施主体相分离。① ②**被利用者标准说**是判例的立场,认为根据利用者标准说着手的时间过于提前,所以主张间接正犯的着手应成立于被利用者开始实施实

---

① 団藤重光『刑法綱要総論』(第3版,1990,創文社)355頁、大塚仁『刑法概説(総論)』(第4版,2008,有斐閣)174頁参照。

行行为之际,就如上述邮寄毒砂糖杀人案与毒果汁杀人案的判决所言。① ③**个别化说**则认为,在具有发生构成要件结果的现实危险之际才成立实行着手。② ④**故意行为区别说**认为,原则上应以利用者的行为为标准,但是利用他人故意行为的场合例外,应采纳被利用者标准。例如,A 明知是现住建筑物而欺骗 B 去放火,B 认为是非现住建筑物而放火的场合,即使背后的 A 完成了欺骗行为,也不能肯定结果会自动发生,因此需要等待发生结果的时间紧迫性。③

鉴于违法或者犯罪的实质在于侵害法益,间接正犯的实行着手应以是否发生构成要件结果的现实危险为标准。同时,就如何判断已经发生了现实危险,应根据利用者的诱致行为与最终结果之间有无障碍来判断。有障碍的情形,例如,在上述 A 诱致 B 对现住建筑物放火的例子中,在利用者 A 的行为与现住建筑物被焚毁的结果之间,存在 B 的故意这一可能发生变化的障碍,例如 B 在获知是现住建筑物之后可能放弃放火。无障碍的情形,例如,医生命令不知情的护士给病人注射和正常药物完全无法区分的毒药,无论是命令护士现场注射还是距离一段时间注射,都可以认为在医生的行为与病人死亡之间并无障碍,可以认为在给出命令之际就已经产生了现实而紧迫的危险。再如,犯罪人 A 将装有自动爆炸装置的炸弹伪装成礼品并密封起来,然后让快递公司送到被害人家中,当犯罪人 A 向快递员交付炸弹之际就已经产生了现实危险。同时,从抽象的法定符合说出发,这一危险可能导致的结果既可以发生在 A 意图杀害的人身上,也可以发生在快递人员的身上。

(六)不作为犯的着手

不作为犯以作为义务为前提,因此在发生作为义务,处于保障人地位者怠于履行这一义务之际,就可以认定实行着手。在下级法院的审判

---

① 高橋則夫『刑法総論』(2010,成文堂)369 頁、井田良『講義刑法学総論』(2008,有斐閣)403 頁参照。
② 平野龍一『刑法(総論Ⅱ)』(1975,有斐閣)318 頁、高橋則夫『刑法総論』(2010,成文堂)370 頁以下参照。
③ 井田良『講義刑法学総論』(2008,有斐閣)405 頁参照。

中,也存在体现这一立场的先例。例如,在1970年的"杀人未遂案"中,被告人A开车发生事故撞伤被害人V,为了救助V将之放入自己车中,然后又改变心意将V抛弃在寒冷的农村道边,V因为及时得到救助幸免于难。浦和地方法院认为,在A将V拉下车之际已经实行着手,因此其行为构成杀人未遂。① 当然,如果保障人以逃脱履行义务的目的将自己置于无法履行的状态,例如新生儿的母亲为了饿死婴儿,故意到无法及时赶回来的远处去,应该认为在作为义务发生之前就已经实行着手。②

第三节 不能犯

一、理论基础

(一)不能犯的含义

不能犯,是指行为因本身不具有导致结果的危险而不符合未遂犯构成要件的情形。虽然这种情形也被称为不能未遂,但只是因为没有发生结果而如此称呼而已,不能作为未遂犯处罚(不可罚的不能未遂)。③ 例如,在诸如相信用针扎人偶、用符箓诅咒等方法可以杀人而为之的迷信犯的场合,虽然行为人主观上具有杀人故意,但其行为本身并不具有造成死亡结果的危险,将之作为未遂犯处罚相当于处罚思想犯。此外从犯罪的本质在于侵害法益出发,迷信犯等场合也不具有可罚性。当然,不能犯之中也存在可罚的例外。例如,即使杀人未遂不可罚,也可能该当伤害罪的构成要件。

不能犯的构成核心是行为导致结果的危险性。因此,危险的概念以及判断危险的基础要素与标准就成为必须解决的问题,下文将在介绍相关判例之后,结合判例予以探讨。

---

① 中山研一『口述刑法総論』(補訂2版,2006,成文堂)260頁参照。
② 井田良『講義刑法学総論』(2008,有斐閣)405頁参照。
③ 浅田和茂『刑法総論』(第2版,2019,成文堂)388頁参照。

（二）不能犯的种类

理论上，可以将不能犯划分为三类：①主体不能，例如不是公务员者误认为自己是公务员而受贿、未宣誓的证人认为自己作伪证。也有观点认为幻觉犯，即将不构成犯罪的事实（例如通奸）误认为犯罪的情形也是主体不能①，但幻觉犯的主要问题是存在认识错误，作为主体不能处理可能并不恰当。②客体不能，即构成要件的结果因为犯罪客体不存在而不可能发生，例如误认为口袋中有钱包伸手盗窃、误认为床上有人而开枪杀人等情形。③方法不能，例如以杀人的故意扣动扳机但未装子弹、误将砂糖作为砒霜投毒杀人的情形。实践中的问题主要集中在客体不能与方法不能。

1. 客体不能

在客体不能的场合，既有肯定也有否定成立未遂犯的判例。认为成立未遂犯予以处罚的判例，例如在1914年的"抢劫未遂案"中，被告人意欲将被害人推倒夺取其怀中之物，但是被害人怀中并无任何财物，大审院审理认为，普通人都会认为路上行人怀中携带财物，因此被告人的行为构成抢劫未遂。② 在1961年的"杀人等被告案"中，被害人因受枪击处于生死不明状态，被告人Y又用日本刀捅刺其胸部。在一审程序中，辩护人提出，在被告人Y伤害被害人之时，被害人已经死亡，因此Y的行为仅构成损毁尸体罪。一审法院采纳了被告人Y的捅刺行为发生在被害人生前的鉴定结论，认定Y的行为构成杀人罪既遂。在判决被害人是因枪击而死亡的同时，广岛高等法院认为，即使在被告人实施加害行为之前被害人已经死亡，也不过是因为意外障碍没有产生预期结果而已，不能认为行为不具有导致结果的危险，所以被告人的行为并非不能犯，而是未遂犯。③ 认为构成不能犯的判例，例如，在1927年的"堕胎案"中，大审院认为堕胎罪

---

① 平野龍一『刑法（総論Ⅱ）』（1975，有斐閣）332頁、大谷実『刑法講義総論』（第5版，2019，成文堂）380頁参照。

② 西田典之＝山口厚＝佐伯仁志『判例刑法総論』（第5版，2009，有斐閣）366頁以下参照。

③ 昭和34（う）294，高刑集14・5・310。

的对象应该是在实施堕胎行为之际存活的胎儿,如果在实施行为之际胎儿已经死亡,则不构成犯罪。①

2. 方法不能

在方法不能的场合,同样存在肯定与否定的判例。认定构成不能犯的判例,例如,在1917年的"硫磺杀人案"中,虽然被告人A为了杀害V,将硫磺粉末投入汤药中让V喝下(第一行为),但只是增加了已经生病的V的痛苦,所以A最终还是将V勒死(第二行为)。就第一行为,大审院认为绝对不能引起死亡结果,构成不能犯。在1954年的"手榴弹案"中,被告人虽然拔掉手榴弹的安全栓意图杀人,但是因为长时间掩埋在地下,手榴弹的雷管与导火线失去连接,东京高等法院判决认为,案中行为不存在发生被告人追求的危险状态的可能性,构成不能犯。② 在此后的1962年的"违反《兴奋剂取缔法》案"中,东京高等法院判决认为,从一审认定的事实来看,不能认定存在制造兴奋剂的事实,因为虽然被告人等根据特定的制造工艺制造了产品,但是其使用的原料中不含有有毒物品,所有的产品都已经废弃。在主要原料不真而不能制造兴奋剂的场合,绝对不存在发生结果的危险,所以也不构成制造兴奋剂罪的未遂。③

但是相对而言,认定构成未遂犯予以处罚的判例更多。例如,在1960年的"违反《兴奋剂取缔法》案"中,最高法院第三小法庭裁决认为,被告人主观上存在制造兴奋剂的意图,采用的方法也具有科学依据,使用案中的药品与工艺,本来是可能制造出兴奋剂的,但因为所使用某种药品的剂量未达到必要的程度,所以未获得成品。在如果使用2倍或者3倍的量就能够制造兴奋剂的场合,被告人的行为构成制造兴奋剂罪的未遂犯,不能认为是不能犯。④ 之后,在1962年的"杀人未遂案"中,针对辩护人提出的"向人体注射空气,即通过所谓的空气栓塞杀人绝对不可能"的主

---

① 大谷実『刑法講義総論』(第5版,2019,成文堂)380頁、中山研一『口述刑法総論』(補訂2版,2006,成文堂)269頁参照。
② 中山研一『口述刑法総論』(補訂2版,2006,成文堂)269頁、西田典之=山口厚=佐伯仁志『判例刑法総論』(第5版,2009,有斐閣)360頁以下参照。
③ 昭和36(う)2505,高刑集15・4・210。
④ 昭和33(あ)2060,刑集14・12・1559。

张,最高法院第二小法庭判决认为,如一审判决及予以维持的二审判决所示,即使向静脉中注射的空气在致死量之下,也不能说绝对不存在发生死亡结果的危险。① 就下级法院的判例,例如,在1953年的"杀人未遂案"(空枪案)中,被告人因为要被警察A逮捕,就想杀死A逃走。被告人遂夺过A的配枪,向其腹部扣动扳机,但非常偶然的是A没有在枪中装子弹,福冈高等法院认定被告人成立杀人未遂。② 在1983年的"放火未遂案"中,东京高等法院判决认为,即使炉中之火不具有点燃炉壁内侧木材等可燃物的可能性,未发生烧毁的结果,也不构成否定放火罪未遂犯的理由。③

二、不能犯与未遂犯

(一)理论争议

从上述判例可以看出,就客体不能与方法不能,都是既存在肯定的判例,也存在否定的判例。那么究竟应该如何判断不能犯与未遂犯的界限? 就此,虽然曾经存在过主观说,但是因为该说主张未遂犯的处罚根据在于行为人的危险,即"只要实施了体现行为人的危险性格与想要实现犯罪目的的行为"就应该处罚,无论结果是否发生或者存在发生的危险,如此就不存在成立不能犯的余地,所以已经淡出了理论界。④ 现在的理论争议,主要在于抽象危险说、具体危险说、客观危险说以及相关修正形式。

1. 抽象危险说

抽象危险说(主观的客观说)主张,假设行为人认识的事实真实存在,而且一般人在该情形下也能够感觉到危险,则可以肯定危险存在,构成未遂犯。例如,即使是空口袋,如果行为人认为里面有钱,或者即使是空床,如果行为人认为床上有人,根据行为人认识的事实,一般人也会认

---

① 昭和36(あ)2299,刑集16・3・305。
② 井田良『講義刑法学総論』(2008,有斐閣)417頁、西田典之=山口厚=佐伯仁志『判例刑法総論』(第5版,2009,有斐閣)363頁以下参照。
③ 西田典之=山口厚=佐伯仁志『判例刑法総論』(第5版,2009,有斐閣)364頁参照。
④ 井田良『講義刑法学総論』(2008,有斐閣)408頁参照。

为存在危险,则可以认定成立未遂。

显而易见,抽象危险说是将违法性的根据置于违反规范的意志之上,属于行为无价值的结论,事实上在以行为无价值为通说的德国,抽象危险说也是主流观点。也正因如此,根据抽象危险说,在迷信犯之外,原则上就不存在不能犯。①

2. 具体危险说

同样立足于行为无价值的具体危险说是现在理论上的通说②,该说主张在判断发生结果的危险性之际,应以一般人能够认识的情况与行为人特别认识的情况为基础,从一般人的视角进行判断,也即如果一般人能够感知到危险,则成立未遂,否则构成不能犯。例如,即使床上实际上没有人,但是如果一般人也会认为有人,则成立杀人未遂。可见,具体危险说与抽象危险说相似,也是以"行为时"为标准进行事前判断。

因为抽象危险说主张根据行为人认识到的事实进行判断;具体危险说认为仅在其与事实相一致或者一般人也能够认识到的场合可以以之为判断基础,所以具体危险说相对更加客观。但是批判的观点认为,具体危险说以行为人的认识有无来判断有无危险并不合理。例如,在行为对象患有严重糖尿病的场合,让之食用砂糖在客观上存在危险。但是如果知道就有故意,如果不知道就无故意,这是应该在责任阶段解决的问题。③ 同时,除非行为人的误信与迷信犯等同样荒唐无稽,可能通常都会与一般人的误信相同,如此也就几乎没有成立不能犯的余地。此外,在审判时将明显完全没有发生结果危险的情况和并非完全没有危险的情况等而视之也并不适当。④

3. 客观危险说

客观危险说,亦称绝对不能·相对不能区分说,主张自始至终就不存

---

① 西田典之『刑法総論』(2006,弘文堂)286 頁以下、中山研一『口述刑法総論』(補訂 2 版,2006,成文堂)266 頁参照。

② 井田良『講義刑法学総論』(2008,有斐閣)412 頁、西田典之『刑法総論』(2006,弘文堂)287 頁以下参照。

③ 西田典之『刑法総論』(2006,弘文堂)287 頁以下参照。

④ 浅田和茂『刑法総論』(第 2 版,2019,成文堂)395 頁参照。

在发生结果可能性的情形属于绝对不能,虽然存在发生结果的可能性,但是在具体状况下没有发生结果的情形属于客观不能,前者成立不能犯,后者成立未遂犯。例如,上述的堕胎案属于客体绝对不能、空口袋盗窃案属于客体相对不能,硫磺杀人属于方法的绝对不能、注射空气杀人属于方法的相对不能。

客观危险说是结果无价值的结论,与抽象危险说、具体危险说相比,其优点在于排除主观认识进行客观判断,并将直至审判之时可以确定的情况纳入考察范围,扩大了不能犯的成立范围。但是客观危险说也并非完全没有问题。例如,向床上的人开枪但是没有打中,如果有命中的可能性应成立可罚的未遂。但是,根据客观危险说,应在事后进行严密的科学判断并寻找没有击中的科学依据。如果因为枪口存在裂痕射出的子弹会偏移,可能应认为此刻的行为构成不能犯。更进一步说,如果根据事后的严密科学标准来判断危险的有无,可能所有的未遂犯都会变成不能犯。① 因此,出现了对客观危险说进行修正的诸多观点。

例如,**社会通念说**认为,即使在科学技术层面并非绝对不能,如果根据社会通念判断绝对不能,也应该认为构成不能犯。② **假定的盖然性说**认为,就结果发生的可能性判断,当然需要探究没有发生结果的原因。但同时也必须查明发生什么情况的变更就可能产生结果,该情况变更发生的盖然性有多大。如果该盖然性为零或者很低,则应否定危险性,认为成立不能犯。③ **假定事实的存在可能性说**主张分为两个阶段判断具体危险:第一,从科学的角度,查明结果没有发生的原因,以及存在什么事实可能发生结果。这一阶段不考虑一般人的认识可能性。第二,判断能够引起结果的事实(假定事实)是否能够存在。例如,在制造兴奋剂的案件中,如果制造工艺是正确的,只是因为药品的使用量不足而未获得成品,鉴于使用足量药品的可能性是存在的,因此成立未遂犯。如果主要原料不真就不

---

① 西田典之『刑法総論』(2006,弘文堂)289 页参照。
② 浅田和茂『刑法総論』(第 2 版,2019,成文堂)393 页参照。
③ 西田典之『刑法総論』(2006,弘文堂)289 页参照。

可能获得成品,如此就可以否定未遂犯。① **科学的一般人说**认为,如果根据行为时的客观事实,具有通常科学知识的一般人能够感知到危险,构成未遂;如果感知不到,成立不能犯。②

上述各种学说的目的,都是合理划定未遂犯的处罚范围,具体危险说、抽象危险说与客观危险说的确存在过于扩大或者过于缩小的问题。笔者主张立足于结果无价值,从一般预防的刑罚目的出发确定未遂犯与不能犯的界限,也即以行为时的客观事实为依据,以一般人的认识为标准,如果涉及化学、医学等专业领域,这里的一般人是指相应专业领域的一般人。

(二)判例立场

总体而言,判例的立场并不明确。在表面上,传统的判例采纳了绝对不能·相对不能区分说,例如,上述1917年硫磺杀人案的判决明确以"行为方法绝对不能导致结果"为理由认定成立不能犯,并未提及行为人或者一般人能否感知危险的问题;1954年手榴弹案的判决也未提及行为人或者一般人的危险感,而是以不可能产生被告人所追求的危险状态认定成立不能犯。

但是实践中认定不能犯的案例很少,在实质上又与具体危险说的立场接近。例如,上述1914年盗窃案的判决明确认为,即使实际并无财物,如果本人与一般人都会认为存在即可认为存在危险性,所以认定成立盗窃罪的未遂,这明显是具体危险说的结论。1953年杀人未遂案的判决认定成立杀人未遂的理由,也是在当时情况下枪中装有子弹是社会通识,因此扣动扳机具有导致死亡结果的危险。此后,1961年广岛杀人案的判决也认为,即使被害人已经死亡,但如果行为人与一般人都不能得知被害人当时已经死亡,能够感知到危险,就应成立杀人未遂,也站在了具体危险说的立场。

同时,就结果未发生的原因,有的判决也明显体现出对科学判断的依

---

① 山口厚『刑法総論』(第 2 版,2007,有斐閣)276 頁参照。
② 曽根威彦『刑法総論』(第 4 版,2006,弘文堂)245 頁参照。

赖,例如,上述1962年违反《兴奋剂取缔法》案的判决并没有考虑行为人或者一般人的危险感,而是认为在科学判断层面不存在危险性,所以成立不能犯。与此相似,同年的注射空气杀人案判决以客观上并非绝对没有发生结果的危险,否定成立不能犯,从反面体现出对科学判断的重视。

简言之,就如中山研一所言,在客体不能的场合,尽管客体完全不存在,只要行为人与一般人都能感觉到危险,判例大多否定成立不能犯;在方法不能的场合,以没有科学依据为理由肯定不能犯的例子也并不少。①

第四节 中 止 犯

一、减免根据

中止犯也是未遂犯,但是"因自己的意志"而停止犯罪,所以日本《刑法典》第43条但书对之规定了更轻的处罚,不但能够而且必须"减轻或者免除处罚"。那么对中止犯减免处罚的根据何在?就此,传统上大致分为政策说与法律说两类观点。

政策说认为,中止犯规定主要是出于刑事政策的考虑,给予宽大处理的"特别规定",其目的在于通过为尚未达到既遂的犯罪人架起"回归之桥",奖励中止犯罪者,保护法益免受侵害,与自首、自白以及在为获取赎金而拐骗的场合主动释放被拐骗者等"特别规定"一样,期待通过奖励与特殊对待引导犯罪人的行为。② **法律说**认为,中止犯减免的根据在于其本身的法律性质。在法律说的内部又存在多种不同观点。**责任减少说(法定量刑事由说)** 从将故意视为责任要素的立场出发,认为对中止犯减免处罚是因为行为人放弃故意,所以责任有所减少。在责任说内部,虽然就责任减少的原因存在反社会性降低、人格态度改变等主张,但基于规范责任

---

① 中山研一『口述刑法総論』(補訂2版,2006,成文堂)271頁参照。
② 山口厚『刑法総論』(第2版,2007,有斐閣)277頁、井田良『講義刑法学総論』(2008,有斐閣)421頁参照。

论提出的非难可能性减少的主张相对更为合理。① **违法减少说**认为,减免中止行为处罚的根据在于其减少了已经成立的未遂犯的违法性。在这一学说的内部,从行为无价值出发的观点,主张基于本身的意志中止行为这一主观要素影响违法评价,从结果无价值出发的观点,则认为是中止行为减少了已经招致的现实危险。②

在修正上述观点的基础上,又产生了诸多新的学说。例如**综合说(违法·责任减少说)**认为,对中止犯减免刑罚是因为行为人消除了既遂的具体危险而给予的奖赏,同时也必须存在质的奖赏与特殊对待的心理状态。③ **结合说**认为,《刑法典》第43条的但书规定有着刑事政策层面的考虑,同时也是对违法以及责任减少情况的类型化规定,因此在非因悔悟而中止行为的场合以违法性减少为主,在因之而中止的场合应重视责任的减少④,或者认为,未遂犯的处罚根据在于创造了发生结果的现实危险性,因此在危险产生之后自动放弃行为或者防止结果发生,意味着减少了违法性。同时,通过宽大处理中止犯,也可以实现预防未然之罪的一般预防效果。⑤ **可罚性减少说**认为,中止犯减免规定的基础在于中止行为消除了实行行为导致的具体危险性。⑥

其实,政策说与法律说属于不同层面的解释,前者解释了对中止犯减免处罚的整体合理性,后者提供了减免的具体标准。也即虽然政策说在整体上说明了减免处罚的合理性,但是却不能回答"如何减免、减免的程度"问题,而这正是法律说的意义所在。因为中止犯的减免规定是规定于未遂犯的条款之中,以成立未遂犯为前提,因此应重视行为违法性减少的一面。同时,但书规定明确要求因"自己的意志"而中止犯罪,所以也不能忽视行为人责任减少的另一面。此外,如上所述,未遂

---

① 浅田和茂『刑法総論』(第2版,2019,成文堂)403頁参照。
② 平野龍一『刑法(総論Ⅱ)』(1975,有斐閣)333頁、福田平『全訂刑法総論』(第3版,2004,有斐閣)232頁参照。
③ 山口厚『刑法総論』(第2版,2007,有斐閣)280頁参照。
④ 大塚仁『刑法概説(総論)』(第4版,2008,有斐閣)257頁参照。
⑤ 大谷実『刑法講義総論』(第5版,2019,成文堂)383頁参照。
⑥ 高橋則夫『刑法総論』(2010,成文堂)382頁参照。

犯的场合可以例外地承认主观的违法要素,因此在法律说的内部,笔者赞同综合说的观点。

二、构成要件

(一)客观要件

1. 中止行为

(1)着手中止与实行中止

成立中止犯,在客观上首先必须存在中止行为,而且在实施之际,中止行为必须能够阻挡犯罪发生。与上述未遂行为的分类相应,中止行为也可以分为着手中止与实行中止。前者是指着手未遂场合的中止,后者是指实行未遂场合的中止。判例与多数说认为,在实行行为终了之前的着手未遂的场合,中止实行行为(不作为)本身就足矣,但在实行行为终了之后的实行未遂的场合,需要为防止发生结果积极而为之(作为)。[1] 与此相对,反对者认为,区分着手中止与实行中止并无必要,现行法上也无此要求,而且在隔离犯的场合,如果不采纳发送主义,这一基准也并不适用。[2] 例如,在 A 意图开枪杀死 B 的场合,如果是在瞄准的阶段不继续为之就构成中止行为。在开枪没有击中之际,虽然构成实行未遂,不作为也并非没有构成中止的余地,如果枪中还有子弹,不继续射击也足以构成中止。同时,在行为人枪中没有子弹,但还携带日本刀的场合,如果没有继续用日本刀实施杀人行为,也构成中止。[3]

这里所涉及的实质问题,是如何判断实行行为已经终了。**主观说**认为,应该根据行为人最初的意思与犯罪计划来确定,在上述设例中,如果行为人的计划就是开一枪,则在开第一枪后实行行为已经终了,不继续开枪不构成中止。但是在可以继续而主动放弃开枪的场合,不承认存在成立中止犯的余地并不合理。**客观说**则认为,实行行为是否终了取决于从

---

[1] 昭和 60(う)643,高刑集 39・1・1;井田良『講義刑法学総論』(2008,有斐閣)426 頁、大塚仁『刑法概説(総論)』(第 4 版,2008,有斐閣)261 頁参照。
[2] 浅田和茂『刑法総論』(第 2 版,2019,成文堂)407 頁参照。
[3] 西田典之『刑法総論』(2006,弘文堂)296 頁参照。

外形上看其能否达到既遂状态,例如在上述设例中,开第一枪的行为客观上来看是实行行为,而且已经终了,因此不继续开枪不构成中止犯。与主观说存在同样的问题。①

为了克服主观说与客观说中存在的问题,**因果关系遮断说**认为,应根据是否已经达到即将导致既遂结果的状态来判断,即如果导致结果的因果经过还没有开始,只要中止实行行为即可;如果已经开始,则必须积极采取行动防止结果,否则不构成中止行为。② **行为的持续可能性说**认为,中止行为的意义在于消除危险,所以如果行为人仍然可能继续实施行为,实现既遂的危险依然存在,不作为也可构成中止。③ 例如,在上述设例中,在开了第一枪之后,如果行为人可以继续开枪而主动放弃,则构成中止。

如上所述,构成中止犯需要主客观两个方面的要件,因此仅从主观或者客观的角度来判断实行行为已经终了并不适当。同时,从构成中止犯以未发生结果为前提出发,可以认为中止行为的本质在于消除发生结果的危险,因此行为的持续可能性说更为合理。在实践中也可以看到支持该说的判例。例如,在命令手下砍被害人肩头一刀之后,被告人命令手下停止再砍第二刀,将被害人带到医院去,然后自行离去。东京高等法院二审认为,被害人的伤害程度并不重,所以杀人的实行行为尚未终了,构成不作为的中止犯。④ 在该案中,在被告人命令手下砍了被害人第一刀之后,朝向死亡的因果过程已经开始,但是因为存在持续行为的可能性,所以可以认为构成不作为的中止犯。

(2)真挚性

在作为型的中止行为场合,虽然在通常情况下被告人应亲力亲为,但是也可以借他人之手而为之。例如,被告人在给被害人造成严重伤害,且呼叫急救车或者委托他人救治之后,就立即逃之夭夭的,因为被害人获得

---

① 中山研一『口述刑法総論』(補訂 2 版,2006,成文堂)276 頁参照。
② 大谷実『刑法講義総論』(第 5 版,2019,成文堂)388 頁参照。
③ 山口厚『刑法総論』(第 2 版,2007,有斐閣)282 頁以下参照。
④ 中山研一『口述刑法総論』(補訂 2 版,2006,成文堂)277 頁参照。

救助的确定性很低,其行为不足以成立中止行为,但是如果将被害人送至医院,详细向医生说明情况并请求医生救治的,应认为可以根据《刑法典》第 43 条但书的规定减免处罚。

同时,判例认为中止行为应具有"真挚性",即被告人应付出"真挚努力",在实施中止行为时应自己采取行动确保结果不发生,在借他人之手之际不应完全委托他人,因为这并不能确保不发生结果。例如,福冈高等法院在 1986 年的"杀人未遂案"中判决认为,被告人 X 因一时激情产生未必杀人故意,用刀捅了同室 V 的颈部一刀,并无再次继续攻击的意图。从 X 一刀致使 V 受到伤害并有可能因失血而死亡的事实来看,该案行为应属于实行未遂。同时,X 为了防止发生死亡结果付出了真挚努力,致电消防局要求派急救车,用毛巾捂住 V 的颈部阻止出血,再加上消防员和医生处置得当,V 幸免于难。X 的犯行后的行为构成中止行为。① 在 1962 年的"杀人案"中,被告人在以杀人的目让被害人喝下安眠药后,幡然悔悟并及时向警察报告,东京地方法院认为,作为没有医疗知识的普通人,被告人已经采取了适当的行为,成立中止犯。

关于反面的先例,例如,在 1937 年的"放火案"中,被告人在放火之后,仅仅向邻居大喊一声"起火了,拜托了",就逃之夭夭。大审院认为,即使第三人扑灭了大火,被告人的行为也不成立中止犯。之后,在 1954 年的判例中,大阪高等法院也判决认为,被告人用厨刀将被害人捅伤后,虽然将被害人送到了医院,但是隐藏了自己是犯罪人,并未为防止结果发生付出真挚努力,因此其行为不构成中止行为。②

理论上,也有观点认为,中止行为必须是为防止结果发生而付出"真挚努力"的行为。③ 与此相对,否定的观点认为,条文仅要求"中止犯罪"即可,在必须积极作为的场合也并未要求付出真挚努力④,过于强调这

---

① 昭和 60(う)643,高刑集 39・1・1。
② 西田典之『刑法総論』(2006,弘文堂)297 頁参照。
③ 井田良『講義刑法学総論』(2008,有斐閣)427 頁、中山研一『口述刑法総論』(補訂 2 版,2006,成文堂)276 頁参照。
④ 浅田和茂『刑法総論』(第 2 版,2019,成文堂)409 頁、大谷実『刑法講義総論』(第 5 版,2019,成文堂)387 頁参照。

一点,有超越文理、过于强调道义责任之虞。① 考虑到在理论层面,成立中止行为不以最终放弃犯罪为要件,即使还有在日后实施犯罪的意图,只要行为当时自动中止犯罪也可以成立中止行为②;在实践层面,虽然上述案例使用了"真挚努力"的表述,但究其实质是要求行为人的行为"足以"防止结果的发生,否定说的观点更为可取。

2. 未发生结果

未发生结果是与违法性减少相关联的另一客观要件。中止犯是未遂犯的一种,所以未发生结果是其成立的前提。如果发生了结果,即使违法性减少,也不能适用《刑法典》第43条但书的规定减免刑罚。例如,在1995年的"杀人未遂案"中,被告人X以杀人的故意,用厨刀捅刺其13岁的养女A,并将自家点燃。在听到A可怜兮兮的求救声后,X将A从着火的室内救出,并将A拖到附近居民B的院内,之后X失去意识倒在地。之后,偶然通过的行人发现了情况,拨打报警电话,A及时获得救治。在判断被告人X的行为构成杀人罪未遂还是中止犯之际,东京地方法院认为,从当时的情况来看,X的行为并未达到可以视为自己防止结果发生的程度,而且A获得救治是因为偶然原因,因此不能认为是X的中止行为现实防止了结果发生。③

问题是,在中止行为与未发生结果之间,是否需要存在因果关系?就此,**肯定说**认为,如果以未发生结果为要件,则中止行为与未发生结果之间应存在因果关系,而且条文也明确规定"因自己的意思中止犯罪",也即通过自愿行为防止了结果发生。大审院在上述1937年的放火案中"即使第三人扑灭了大火,被告人的行为也不成立中止犯"的判断,表明判例是站在肯定说的立场。④ 与此相对,**否定说**认为,如果以二者之间的因果关系为要件,则在从最初就不可能达到既遂的场合,永远也不能成立中止

---

① 中山研一『口述刑法總論』(補訂2版,2006,成文堂)278頁参照。
② 井田良『講義刑法学總論』(2008,有斐閣)427頁参照。
③ 前田雅英=星周一郎『最新重要判例250刑法』(第12版,2020,弘文堂)19頁参照。
④ 井田良『講義刑法学總論』(2008,有斐閣)425頁、山口厚『刑法總論』(第2版,2007,有斐閣)281頁、大谷實『刑法講義總論』(第5版,2019,成文堂)389頁以下参照。

犯。例如,行为人以盗窃的目的进入金库,而后自动终止,如果金库内有财物,构成中止;如果没有,则不构成。再如,在意图毒杀被害人而自动中止的场合,如果投的毒分量足以致死,构成中止;如果不足以致死,因为不存在死亡的客观危险,行为人无论如何努力防止结果也不能成立中止。为了防止如此不当结论,不应以中止行为与未发生结果之间的因果关系为要件。①

笔者赞同肯定说的观点,并认为在从最初就不可能达到既遂状态的场合,将行为人的努力作为减免的量刑情节即可,就如日本20世纪70年代颁布的《改正刑法草案》第24条第2款所规定的,在行为人付出了足以预防结果发生的努力之际,如果未发生结果是因为其他原因,与前款相同。

(二)主观要件

1. 理论争议

成立中止犯,行为人在主观上必须自愿而为之,即具有自愿性,就此并无异议。但是,就如何判断自愿性,理论上存在诸多学说,争议较大的主要有:①**纯粹的主观说**认为,没有受到外部影响,纯粹因心中生成的动机而放弃的是自愿中止。批判的意见认为,在实践中不受任何外部情况影响而产生内心动机的情况可能并不存在。而且,在因被害人哀求而主动放弃犯罪的场合,如果否定行为人的自愿性并不合理。② 换言之,纯粹的主观说并不可取。②**主观说**认为,应以妨碍犯罪完成的外部情况是否影响了行为人中止的动机,也即以行为人的主观认识为判断标准。根据该说,没有障碍认为有而放弃的是障碍未遂(欲为不能为而不为),有障碍认为没有而放弃的是中止未遂(欲为能为而不为)。主观说的问题在于,如果认定心理上的自愿性完全不考虑中止行为的动机,那么在因为被害人献出钱财等没有褒奖的政策理由场合也应认为成立中止犯,有过于宽泛之嫌。③ ③**限

---

① 大塚仁『刑法概説(総論)』(第4版,2008,有斐閣)262頁、団藤重光『刑法綱要総論』(第3版,1990,創文社)365頁、曽根威彦『刑法総論』(第3版,2006,弘文堂)230頁参照。

② 井田良『講義刑法学総論』(2008,有斐閣)430頁参照。

③ 中山研一『口述刑法総論』(補訂2版,2006,成文堂)280頁参照。

定主观说认为,应以行为人是否因悔过、同情、怜悯等广义的悔悟之心为判断标准。从责任减少说的视角出发,该说无疑是恰当的。① 反对的观点认为,该说有混同法律评价与伦理评价之嫌,而且附加条文没有规定的要件,有不当限制中止犯成立范围之虞。② ④**客观说**认为,应以行为人所认识的外部情况对一般人而言是否能够构成障碍为标准。该说虽然最初由主观主义论者提出,但以一般人为标准的类型化判断在一般情况下也容易被接受。③ 然而,"因自己的意思"表述的直接解释是指行为人的主观,而且加上"一般人"这一条文没有规定的要件,与限定的主观说相同,也会不当限制中止犯的成立。④

综合而言,虽然主观说有过于宽泛的可能,但是该说忠于条文规定,在接近违法减少说的同时,与责任减少说也不矛盾。此外,中止犯减免处罚的政策根据,就在于为犯罪人搭起"回归之桥",所以主观说的主张相对合理。

2. 判例立场

就自愿性的判断标准,判例的立场并不明确。在1949年的"强奸致死案"中,被告人于10月中旬某日18时30分左右,将人事不省的被害人带到墓地中,欲进行奸淫。但是被告人当时并无性经验,正在焦虑之际,忽然被进站停车的车灯照了正着,灯光不但瞬间照亮了现场,而且被告人看到红黑色的鲜血从其插入被害人阴部的手指流到了手掌上,在惊愕之余中止了强奸行为。原审认为,被告人的行为构成障碍未遂,而非中止未遂。最高法院第二小法庭也判决认为,上述诸般情况作为让被告人停止强奸行为的障碍,并非不具有客观性,因此原审有理由不认定被告人是因为反省、悔悟而终止所为。虽然惊愕是被告人中止犯行的动机,但是从造成惊愕的原因等诸般情况来看,案中情节具有构成犯行障碍应具备

---

① 西田典之『刑法総論』(2006,弘文堂)299頁、高橋則夫『刑法総論』(2010,成文堂)388頁。
② 井田良『講義刑法学総論』(2008,有斐閣)431頁参照。
③ 大谷実『刑法講義総論』(第5版,2019,成文堂)385頁参照。
④ 浅田和茂『刑法総論』(第2版,2019,成文堂)405頁参照。

的客观性。简言之,被告人的行为构成障碍未遂,而非中止未遂。① 从"案中情节具有构成犯行障碍应具备的客观性"的表述来看,该案判决接近于客观说的立场。

在1957年的"杀害尊亲属未遂案"中,在案发之日凌晨,被告人A在熄灯后用棒球棒用力击打就寝中的母亲V,听到V的呻吟声后,认为V已经死了,就把棒球棒留在现场,回到自己的房中就寝,但是不久后因听到V的呼声再度来到V的房中,打开灯,看到V头颈部满是鲜血痛苦不堪,因此惊愕、恐怖不已,没有继续实施杀害行为,实现预期的杀害目的。日本最高法院第三小法庭认为,在上述被告人因完成犯罪的意志受到压迫而中止行为的情况下,应认为存在阻碍犯罪完成的障碍,不构成《刑法典》第43条规定的因自己的意志而中止犯行。② 与上述强奸致死案相似,"被告人因完成犯罪的意志受到压迫而中止行为"的表述又体现出主观与客观折中的观点。

在1962年的"杀人案"中,福冈高等法院因被告人幡然悔悟而认定成立中止。在1990年的判例中,名古屋高等法院也认为,因看到对方的表情心生爱意而放弃犯罪的行为成立中止犯。在1992年的"强奸案"中,浦和地方法院同样认为,因被害人的哀求而放弃犯罪的行为构成中止犯。这些判决又体现出主观说的立场。

三、预备中止

(一)理论争议

预备中止,是指在实施预备行为之后,自愿不开始实施实行行为的情形。从日本《刑法典》第43条但书中的"已经着手实施犯罪"的表述来看,中止不应存在于预备罪之中。但是在解释论上,就是否应在预备(阴谋)犯的场合准用中止犯的规定减免刑罚存在肯定说与否定说两种对立的观点。

---

① 昭和23(れ)1252,刑集3・8・1174。
② 昭和30(あ)1418,刑集11・9・2202。

肯定说是目前的通说，认为预备行为是未遂行为的前一阶段，既然对未遂行为能免除处罚，对预备行为当然也可以。而且，如果不对在预备阶段中止行为者免除处罚，对于计划在预备阶段中止行为者而言，还不如在着手之后再中止行为更为有利，如此明显不当。因此，应将中止犯的规定准用于预备犯。① 与此相对，**否定说**认为，预备行为是实行着手以前的行为，适用中止犯的规定缺少条文依据②，而且预备罪是举动犯，即使中止行为也会被评价为预备罪。就如西田典之所言，《刑法典》第43条但书中的中止犯是成立未遂犯之际的法定量刑事由，因此不必将中止犯的规定适用于预备罪。③

肯定说与否定说争论的核心是应否适用中止犯的规定免除预备罪的处罚。但是在预备罪中，也存在规定了免除处罚者与未规定者，前者如放火预备罪与杀人预备罪，后者如抢劫预备罪、伪造货币等预备罪。对于前者而言，并无适用中止犯规定的必要，因为对中止行为已经规定于相应的条文之中。对于后者而言，因为中止犯在本质上是政策性产物，在缺乏明文规定的情况下难以准用于预备犯，但是即使不准用中止犯的规定，也可以认为存在对没有规定免除处罚的预备罪免除处罚的可能性。④

(二) 判例立场

虽然肯定说是理论上的通说，但是判例非常明确地站在了否定说的立场。在1954年的"抢劫、抢劫预备与盗窃案"中，最高法院大法庭判决认为，被告人主观上存在抢劫故意，客观上实施了抢劫的预备行为。因为预备罪中无中止未遂观念的存在余地，所以不能采纳被告人的所为构成中止未遂的主张。⑤

---

① 浅田和茂『刑法総論』(第2版, 2019, 成文堂) 411頁、団藤重光『刑法綱要総論』(第3版, 1990, 創文社) 367頁、大塚仁『刑法概説(総論)』(第4版, 2008, 有斐閣) 248頁、大谷実『刑法講義総論』(第5版, 2019, 成文堂) 391頁参照。

② 井田良『講義刑法学総論』(2008, 有斐閣) 433頁参照。

③ 西田典之『刑法総論』(2006, 弘文堂) 300頁以下参照。

④ 井田良『講義刑法学総論』(2008, 有斐閣) 433頁、山口厚『刑法総論』(第2版, 2007, 有斐閣) 288頁参照。

⑤ 昭和24(れ)1881, 刑集8・1・41。

第十章
共犯论

第一节　共犯论基础

一、共犯的概念

(一)共犯的含义

共犯可在广义与狭义两个层面理解。广义的共犯,包括日本《刑法典》第60条中"二人以上共同实施犯罪"的共同正犯、第61条中"教唆他人让之实施犯罪"的教唆犯以及第62条、第63条中"帮助正犯"的帮助犯。狭义的共犯,仅指教唆犯与帮助犯。

(二)共犯的分类

根据构成要件是否原本就设想以多数人的参与为要素,可以将共犯分为任意共犯与必要共犯。**任意共犯**,即日本《刑法典》第60条至第63条规定的广义共犯,是指二人以上共同实施作为单独犯规定的犯罪。**必要共犯**,是指原本就设想以多数人的参与为要件,单独不能实施的犯罪。必要共犯又可分为集团犯与对向犯。**集团犯**,又被称为集合犯与聚众犯,是指以多数人为同一目标而实施的共同行为为要件的犯罪,例如,日本《刑法典》第77条规定的内乱罪与第106条规定的骚乱罪。**对向犯**,是指以相对方的行为为要件的犯罪,例如,日本《刑法典》第184条规定的重婚罪与第197条、第198条规定的贿赂罪。对向犯包括三种类型:①双方行为人处罚相同的类型,例如,根据日本《刑法典》第184条之规定,有配偶而重婚的,处2年以下惩役;与重婚者结婚的,亦同。②双方行为人处罚不同的类型,例如,根据日本《刑法典》第197条之规定,公务员受贿的,处5年以下惩役。根据日本

《刑法典》第 198 条之规定,行贿的处 3 年以下惩役或者 250 万日元以下罚金。③只处罚一方行为人的类型(**片面的对向犯**),例如,根据日本《刑法典》第 175 条之规定,在贩卖淫秽物品的场合,只处罚贩卖的一方。通常认为,必要共犯是立法者予以特定规定的共犯类型,原则上不适用总则中的共犯规定,直接根据分则规定处理即可。但是就如下两个问题,在理论上仍然存在争议。

第一,在集团犯的场合,对于在集团外部,为集团行为加功的行为是否适用日本《刑法典》总则中的共犯规定?就此,否定说认为,集团犯的目的在于处罚参与集团活动者,并以此为限度,因此不属于"参与"这一行为类型,不在处罚范围之内。① 肯定说是目前的通说,主张虽然就集团成员不适用共犯规定,但是对集团之外为集团行为加功者,应适用共犯规定。② 的确,如果根据否定说的观点,例如,在骚乱罪的场合,暴动集团的首领呼吁追随者参加暴动的行为不构成骚乱罪的教唆行为,在暴动集团外部进行教唆行为的,也不能作为骚乱罪的教唆犯处罚,这一结论不但不当,而且没有理论根据。因此,应支持通说的观点,即如果必要共犯关系以外的人实施了对必要共犯的加功行为,对之应适用共犯规定,例如,教唆、帮助准备凶器集合、第三人受贿的行为。③

第二,在对向犯的场合,只处罚一方行为人的理论依据何在?**立法意思说**认为,因为对向犯也是以相对方行为为要件的,对一方行为人免予处罚是立法者的意思选择。④ **实质说**则认为,如果根据立法意思说,例如,在贩卖淫秽物品罪的场合,如果买方积极而执拗地劝诱卖方,前者可能构成教唆犯。因此,在必要共犯中必须进行实质考察,不处罚相对方行为的理由在于其行为不具有违法性,或者行为人不存在责任。例如,在贩卖淫秽物品的场合,买方在某种程度上也是"受害人",因此其积极劝诱的行为不具有违法性,不构成教唆犯。在藏匿犯人罪的场合,犯人请求他人藏匿自

---

① 団藤重光『刑法綱要総論』(第 3 版,1990,創文社)434 頁参照。
② 山中敬一『刑法総論』(第 2 版,2008,成文堂)782 頁参照。
③ 大谷実『刑法講義総論』(第 5 版,2010,成文堂)394 頁参照。
④ 団藤重光『刑法綱要総論』(第 3 版,1990,創文社)432 頁参照。

该伤害是由何人造成的,即使不构成共同正犯,也以共同正犯处理。在1951年的"伤害致死案"中,日本最高法院第一小法庭明确判决认为,原判决虽然没有认定在被告人之外还有两名共同正犯,但是已经载明无法查明是否由二人以上施以暴行并导致伤害结果,所以即使适用日本《刑法典》第207条的特别规定,也不存在违法之处。① 在2016年的"伤害、伤害致死案"中,最高法院第三小法庭也认为,在不存在共犯关系的二人或者二人以上实施暴行并造成死亡结果的伤害致死案中,只要行为人不能证明自己参与的暴行不构成死亡原因,就应对伤害以及伤害导致的死亡结果承担责任。即使能够肯定某一暴行与死亡结果之间存在因果关系,也应认为不属于例外,不影响第207条之适用。②

伤害、伤害致死案

[平成27(あ)703,刑集70·3·1]

被告人A与B是位于案发大厦4楼酒吧的服务员,在案发时负责招呼客人等业务。被告人C是酒吧之前的客人,在案发日应B之邀来店消费。被害人V在凌晨4时30分左右与两名女性来到酒吧消费。但是在付款之际发生困难,一直到凌晨6时50分左右也未能全额付款。之后,被害人在没有就支付余额作出表示的情况下走出店外。A与B在4楼电梯处追上V,在6时50分至7时10分,共同对V实施了脚踢、用V的头撞电梯、用烟灰缸打V头部等暴行(第一暴行)。C在7时04分左右出现在4楼电梯,看上去是想和同店的服务员D制止A和B,但是在D与A刚离开V,就踩了被打倒在地的V的后背一下,在B的劝阻下才回到酒吧。之后,C再次出现在4楼电梯,看A和B踢打V,并踢了V的后背一下。

---

① 昭和26(れ)797,刑集5·10·1937。
② 平成27(あ)703,刑集70·3·1。

A让V交出驾驶证,并将之带回酒吧,让之在支付餐费的和解书上签字。之后,A与B继续工作,C也在店内未走。V开始坐在酒吧出口附近,之后突然跑出店外。C追出来并在4楼到3楼的楼梯之间追上V,将之制住。C对V施加了踩踏V的头部、胸部、面部,拉着V的双脚将之拉下3楼等暴行(第二暴行)。之后,V被接到报警的警察送到医院,因急性硬膜下血肿造成急性脑肿胀而死。因为第一暴行与第二暴行都可能造成急性硬膜下血肿,所以无法查明到底是谁的行为造成被害人的伤害结果。一审判决认为,即使认为第一暴行已经造成了伤害结果,也可以推定第二暴行加重了伤害,二者都与被害人的死亡结果之间存在因果关系。因此,缺乏适用第207条"为了避免找不到应负责任者的不当结论"而设立的同时伤害致死特例。二审判决认为一审判决有误,将案件发回重审。A与B的辩护人提出上诉。

　　2016年3月24日,日本最高法院第三小法庭裁决认为,第207条特例规定的意义在于,在二人以上施加暴行,难以确定伤害原因之际,即使难以证明存在共犯关系也可以例外以共犯处罚。适用该条的前提是,检察官证明各暴行具有导致伤害结果的危险性,而且各暴行在外形上是共同实施的。在这一场合,只要各行为人不能证明自己的暴行没有导致伤害结果,就不能免除其伤害的责任。因此,二审判决并无不当。

二、共犯与正犯

(一)正犯的概念

　　日本刑法中并无正犯的定义。通常认为,实施该当构成要件行为(实行行为)者为正犯。在共同正犯的场合,不过是将实施了部分实行行为者也视为正犯而已。正犯可以分为直接正犯与间接正犯。**直接正犯**,是指自己实施实行行为者。**间接正犯**,简单而言,是指以他人为工具实施犯罪者。

关于正犯的概念,通说认为,实施实行行为者是正犯(**限缩的正犯概念**),教唆犯与帮助犯是将处罚范围向正犯以外扩张的理由(**刑罚扩张原因**)。与此相对,**扩张的正犯概念**认为,所有参与犯罪者都是正犯,教唆犯与帮助犯是特别限制处罚的理由(**刑罚缩小原因**)。① 从日本刑法典的规定来看,以处罚自己实施实行行为者为原则,处罚共同正犯、帮助、教唆等该当处罚扩张类型者为补充,更符合限缩的正犯概念的内涵。②

(二)正犯与共犯的区别

1. 区别标准

就共犯(帮助犯与教唆犯)与正犯的区别,传统上存在主观说与客观说的分歧。**主观说**是德国判例的传统立场,认为共犯与正犯的区别在于行为人的主观方面,即以正犯意思实施犯罪的是正犯,以加功意思实施犯罪的是共犯。例如,在母亲意欲杀害自己孩子之际,姐姐提供帮助,并实际将孩子按在浴桶中淹死的判例中,母亲被认定为正犯,姐姐被认定为从犯。③ 主观说的背后,是因果关系中的条件说(等价说),即所有的客观参与行为对结果都是等价的,因此只能根据主观意思区分正犯与共犯。但是,主观意思是难以判断的,而且在诸如盗贼团伙的头目在盗窃场所之外望风的场合,将其认定为共犯显然也是有问题的。④

客观说则主张根据客观行为区别共犯与正犯,包括实质的客观说与形式的客观说。在**实质客观说**的内部,也存在不同观点。例如,有的观点从因果关系说出发,认为其行为构成原因者为正犯,构成条件者为共犯(**原因条件区别说**)。有的观点从目的行为论出发,认为有目的地支配、操纵因果过程者,即支配行为者为正犯,其他参与者为共犯(**行为支配说**)。⑤ 20 世纪,随着构成要件论的普及而成为德国通说的**形式客观说**

---

① 浅田和茂『刑法総論』(第 2 版,2019,成文堂)416 頁参照。
② 前田雅英『刑法総論講義』(第 5 版,2011,東京大学出版会)452 頁参照。
③ 浅田和茂『刑法総論』(第 2 版,2019,成文堂)417 頁参照。
④ 松宮孝明『刑法総論講義』(第 4 版,2009,成文堂)259 頁参照。
⑤ 浅田和茂『刑法総論』(第 2 版,2019,成文堂)417 頁以下、前田雅英『刑法総論講義』(第 5 版,2011,東京大学出版会)454 頁参照。

(**定型说**)则主张以构成要件为标准区别正犯与共犯,认为实施该当构成要件行为者为正犯,实施其他行为参与者是共犯。

原因条件区别说的问题很明显,例如,在教唆犯的行为与结果之间也可能存在相当因果关系,而且构成其理论基础的原因说之中也存在问题,难以支持。行为支配说的理论基础是目的行为论,偏向于行为无价值,与笔者的基本立场不同,而且"支配"本身也存在模糊之处。形式客观说虽然在解释间接正犯,尤其是对被利用者也有故意的场合存在困难①,但是形式客观说简洁明了,易于理解、操作,而且现在形式客观说认为既可以自己也可以通过他人之手实施该当构成要件的行为,肯定没有实行行为的"共谋共同正犯",解决了解释间接正犯等场合存在的难题,因此笔者支持这一立场。

需要指出的是,虽然现在理论上仍然存在形式客观说与实质客观说的分歧,但是因为判断行为是否该当构成要件之际难免进行实质解释,行为支配说中的"行为"也应是构成要件的行为,所以二者在结论上几乎没有区别。②

2. 间接正犯

间接正犯是指虽然将他人作为工具,但是可以被认为等同于自己实施犯罪,也即可以肯定利用者的正犯性的情形。在判例中,间接正犯大致包括如下几种情形:

①利用无责任能力者的情形。该情形大致可以分为两种情形:其一,利用无意志能力者与无判断能力者的情形。例如,在1933年的判例中,当时的大审院认定欺骗智障人让之服毒自杀者构成间接正犯。③ 其二,利用未达到刑事责任年龄者的情形。例如,在1983年的"盗窃案"中,被告人平常以用烟头烫脸、殴打等暴行,让12岁的养女B因恐惧不敢反抗,绝对服从自己的意志,然后带着B四处盗窃。最高法院第一小法庭

---

① 松宫孝明『刑法総論講義』(第4版,2009,成文堂)260頁参照。
② 中山研一『口述刑法総論』(補訂2版,2007,成文堂)286頁参照。
③ 西田典之『刑法総論』(2006,弘文堂)308頁参照。

认为，即使 B 具有判断能力，被告人也构成案中盗窃行为的间接正犯。① 当然，如果被告人的行为未达到足以压制 B 的程度，其可能构成共同正犯。例如，在 2001 年的"抢劫案"中，被告人 X 让其 12 岁的长子 Y 到快餐店店主 A 的家中抢劫。Y 携带 X 准备的工具，潜入 A 家中，并在现场根据自己的判断，通过关闭快餐店出入口等方法，限制 A 的自由，强迫其交出现金。本案第一审与第二审法院都认定 X 与 Y 成立共同正犯，最高法院第一小法庭也认为："在案发之际，Y 具有是非辨别能力，X 的指示命令并未达到压制 Y 意志的程度，Y 根据自己的意志决定实施抢劫行为，并临机应变完成了抢劫行为。从如此明显的事实来看，显然不能认为 X 成立案中抢劫行为的间接正犯。……X 也非案中抢劫行为的教唆犯，而是成立共同正犯。"②

②压制被害人或者第三人意志的情形。例如，在上述 2004 年的"强迫他人自杀案"中，被告人通过持续暴力对被害人形成精神强制，让之自杀，最高法院第三小法庭认定其构成间接正犯。③ 在胁迫他人杀人的场合，胁迫者也构成间接正犯。如果被胁迫者的行为构成紧急避险，则胁迫者构成利用合法行为的间接正犯。

③让他人陷入错误的情形。例如，欺骗搬家公司的人让之搬运赃物的、明知屏风之后有人而欺骗不知情者让之开枪射击屏风的，等等。

④利用不知情者的情形。例如，在 1918 年的判例中，大审院认定利用不知情邮递员邮寄毒药杀人者成立间接正犯。在 1957 年的"制作、使用虚假公文书诈骗、受贿案"中，被告人 A 是有权制作公文书的公务员的辅助人员，其以使用的目的拟定虚假内容并利用不知情的上司制作公文书，最高法院第二小法庭认定 A 成立间接正犯。④ 在 1969 年的"违反《麻药取缔法》案"中，被告人 A 假装并让医生相信其腹痛，并为之注射麻药。

---

① 昭和 58（あ）537,刑集 37・7・1070。
② 平成 12（あ）1859,刑集 55・6・519。
③ 平成 14（あ）973,刑集 58・1・1。
④ 昭和 29（あ）3851,刑集 11・10・2464。

最高法院第三小法庭认为 A 构成使用麻药罪的间接正犯。①

⑤利用他人的故意行为。例如,在 1950 年的"违反《粮食管理法》案"中,担任会社社长的被告人 A 命令他人违反《粮食管理法》,命令 S 运送大米,最高法院第一小法庭认为,因为 A 并无教唆 S 或者与之共谋之意,因此无论 S 是否知情,A 都构成运送行为的实行正犯。② 同时,利用有故意而无目的者的,也成立间接正犯。例如,A 假装没有使用目的,让 B 以为是合法行为而制造假币,A 构成伪造货币罪的间接正犯。公务员 X 命令业务在其管理范围内的 Y 代其接受贿赂,X 构成受贿罪的间接正犯。

⑥利用合法行为的情形。例如,X 欺骗警察,让之相信 Y 是抢劫罪的现行犯,将 Y 逮捕,X 是利用正当行为的逮捕罪的间接正犯。在 1921 年的判例中,当时的大审院也认为,在 A 欺骗医生,让之相信孕妇有生命危险,为了紧急避险而实施堕胎手术的场合,A 构成堕胎罪的间接正犯。③

(三)共犯的处罚根据

刑法的处罚对象,应该是实施该当构成要件的违法行为而且负有责任者。那么,为何要处罚未实施该当构成要件行为者?

责任共犯论认为,共犯的处罚根据,在于其让正犯堕落,陷于罪责与刑罚之中。因此,处罚共犯,应以正犯实施了该当构成要件、违法且有责的行为为前提。**不法共犯论**认为,共犯的处罚根据,在于其诱发或者推动正犯实施了该当构成要件的违法行为。在不法共犯论的内部,又存在行为无价值型的不法共犯论与结果无价值型的不法共犯论。前者认为,共犯的处罚根据在于共犯行为导致正犯的行为违法;后者则以法益侵害说为基础,认为共犯行为导致法益的侵害与侵害的危险才是处罚共犯的根据(**修正的惹起说**)。**因果共犯论(惹起说)**则认为,共犯的处罚根据,在于共犯通过正犯的行为共同惹起了构成要件结果,只不过共犯是以教唆或者帮助行为,正犯是以实行行为而已。在因果共犯论的内部,进而分为

---

① 昭和 43(あ)498,刑集 23・11・1471。
② 昭和 25(れ)96,刑集 4・7・1178。
③ 西田典之『刑法総論』(2006,弘文堂)310 頁参照。

纯粹的惹起说与混合的惹起说两种观点。**纯粹的惹起说**认为,是共犯本身惹起了构成要件结果,因此其违法性与正犯的违法性无关。**混合的惹起说**则认为,共犯是通过正犯的行为惹起了构成要件结果,因此共犯的违法性以正犯的违法性为要件。

根据责任共犯论,正犯与共犯不仅在构成要件与违法性阶段,而且在责任阶段都是连带的,但是责任以年龄、认识能力等个人要素为要件,无法连带。因此现在几乎没有支持责任共犯论者。行为无价值型的不法共犯论与笔者的基本立场有别,而结果无价值型的不法共犯论忽视了共犯行为本身。从下文所述共犯从属说的立场出发,笔者支持混合的惹起说。

(四)共犯与正犯的关系

1. 独立说与从属说

就共犯与正犯的关系,存在独立说与从属说的分歧。**独立说**立足于主观主义刑法理论与犯罪征表说,认为成立共犯只要存在教唆或者帮助行为即可,不以正犯已经实施实行行为为要件,因为正犯与共犯的处罚根据都是其本身的反社会性,教唆行为与帮助行为已经表现出共犯的反社会性格。根据该说,即使教唆行为或者帮助行为以失败而告终,也可以追究行为人的共犯责任。如此,教唆行为与帮助行为本身就成为可以适用《刑法典》第43条与第44条规定的实行行为,而正犯的实行行为不过是共犯的客观处罚条件而已。因为主观主义刑法已经完全式微,而且将处罚的根据完全置于行为人的反社会性格之上有处罚范围不当扩大的倾向,例如,即使被教唆杀人者没有实施杀人行为,教唆杀人者的行为也构成未遂。此外,帮助行为与教唆行为本身也并无实现构成要件结果的现实危险。所以现在独立说没有支持者。①

与独立说相对,**从属说**从客观主义刑法理论出发,认为帮助犯与教唆犯的处罚根据,是其通过正犯的实行行为间接导致构成要件结果。因此,成立共犯应以正犯实施该当特定构成要件的行为为要件。根据该说,共犯的可罚性,始自正犯开始实施犯罪,共犯的未遂也仅限于正犯未

---

① 中山研一『口述刑法総論』(補訂2版,2007,成文堂)287頁参照。

遂的场合。从属说目前是理论中的通说。

从日本《刑法典》第61条中"教唆他人实行犯罪"与第62条中"帮助正犯"的表述出发,可以认为立法也是站在了从属说的立场。在特别刑法中,虽然存在独立处罚共犯的规定,但是并未排除,而是强调实行行为的必要性。例如,1952年制定的《破坏活动防止法》第38条规定,对教唆实施《刑法典》第77条(内乱)、第78条(预备和阴谋)、第82条(援助外患)之罪者,处7年以下惩役或者禁锢,将教唆行为独立成罪。但是,《破坏活动防止法》第41条继而规定,在被教唆者实施了被教唆之罪时,本法有关教唆之规定不排除《刑法典》总则中的教唆规定,从一重处罚。

2. 要素从属

就从属说中的"从属",可以在三个层面上理解:实行从属、要素从属与罪名从属。实行从属,如上所述,是指共犯的可罚性,取决于正犯是否着手实施实行行为。罪名从属,将在下文关于犯罪共同说与行为共同说部分论述。因此,此处仅论述要素从属,即成立共犯,正犯应该具备何种程度的要件的问题。对这一问题的回答,既影响到共犯成立的范围,也影响到间接正犯成立的范围。就此,在理论上主要存在如下观点:

①极端从属说。该说主张成立共犯,正犯的行为必须该当构成要件、违法而且有责。极端从属说在"二战"之前的日本是理论界的通说,也是判例的立场。[①] 从教唆犯是教唆他人实施犯罪者、帮助犯是帮助"正犯"实施犯罪者的字面理解,因为犯罪是该当构成要件、违法且有责的行为,所以极端从属说是形式上的忠实解释。但是,极端从属说是责任共犯论的结论,而且在正犯无责任能力的场合可能会导致不合理的结论,例如,在教唆无刑事责任能力者盗窃之际,对于教唆者只能认为是间接正犯或者无罪。因此极端从属说已经成为少数说。

②限制从属说。该说认为,成立共犯,只要正犯实施了该当构成要件的违法行为即可,责任成立与否并不重要。限制从属说既符合因果共犯论与责任独立性的要求,也与违法共犯论有着内在联系,符合"违法是连

---

① 浅田和茂『刑法総論』(第2版,2019,成文堂)423页参照。

带的,责任是独立的"传统理解,而且现在许多法律也是从不涉及责任的角度使用"犯罪"一词,例如1999年的《犯罪搜查通讯监听法》、2006年的《以犯罪被害财产等支付恢复被害金法》、2000年的《保护犯罪被害人等权利附带刑事诉讼措施法》等。因此,限制从属说是现在的通说。①

需要指出的是,在特殊规定的场合,例如,参与自杀罪,因为正犯(自杀者)的行为不该当构成要件,帮助行为与教唆行为也被规定为可罚行为,所以在这些场合正犯的行为违法即可。

③最小从属说。该说认为,成立共犯,只要正犯的行为该当构成要件即可,即使在正犯的行为构成正当防卫的场合,也可以成立共犯。但是,该说在正犯合法、共犯违法这一点上存在疑问,结论不符合常理。② 而且从结果无价值出发,构成要件该当性与违法性体现了行为的客观属性,只要二者不存在,刑法就无须介入。因此,即使行为该当构成要件,如果其不具有违法性,也不应成为刑法禁止的对象。③

④夸张从属说。需要指出的是,理论上还存在不但要求正犯行为必须该当构成要件、违法、有责,而且要求符合处罚条件的夸张从属说的观点,但是目前在日本学界并无支持者。主要理由之一是日本《刑法典》第65条中关于共犯与身份的规定、第244条与第257条中关于亲亲相隐的规定不适用于不具有亲属身份的共犯的规定等都明确规定处罚条件不及于共犯。

(五)共犯的本质

1. 理论争议

就共犯的本质,尤其是共同正犯的本质,存在着犯罪共同说与行为共同说的对立。**犯罪共同说**认为,"共犯"是指共同实施客观上特定的犯罪。在犯罪共同说内部,又存在完全犯罪共同说与部分犯罪共同说的分歧。**完全犯罪共同说**认为,因为共犯是共同实施特定的犯罪,所以共犯之间的

---

① 中山研一『口述刑法総論』(補訂2版,2007,成文堂)288頁、大塚仁『刑法概説(総論)』(第4版,2008,有斐閣)272頁、団藤重光『刑法綱要総論』(第3版,1990,創文社)384頁参照。
② 前田雅英『刑法総論講義』(第5版,2011,東京大学出版会)467頁参照。
③ 山口厚『刑法総論』(第2版,2007,有斐閣)311頁参照。

罪名应该是一致的(**罪名从属**),在因为错误等原因导致共犯之间的罪名不同之际,应根据较重的罪名处理。从完全犯罪共同说出发,共犯的处罚根据应该是责任共犯论或者行为无价值型的不法共犯论。**部分犯罪共同说**则认为,如果数人实施的犯罪之间存在重合,则在重合的犯罪范围内可以成立共犯,也即根据较轻的罪名处理。从部分犯罪共同说出发,共犯的处罚根据应该是结果无价值型的不法共犯论。但是无论是从完全犯罪共同说还是从部分犯罪共同说出发,特定的犯罪仅指"故意犯罪",因此无犯意联络的过失共犯与片面共犯都应予否定。

行为共同说认为,在理论上,曾经存在**主观主义的行为共同说**,主张在不符合法律构成的事实的场合也足以成立共犯,但是该说站在了共犯独立说的立场,就错误论采纳的也是抽象符合说,有不当扩大共犯成立范围之虞。因此,现在的行为共同说,是**客观主义的行为共同说**,认为"共犯"是共同实施与结果之间存在因果关系的行为,因此共犯之间的罪名不必一致,共犯者在共同导致的构成要件该当事实范围内各自负责。从这一学说出发,共犯的处罚根据是因果共犯论,在特定的故意犯罪之外,过失共犯与片面共犯也可能存在,即使在实施犯罪之处,各行为人即使以不同犯罪为目标,也可以在重合的范围内成立共犯,例如,实施抢劫致伤行为者与实施强奸致伤行为者之间也可以成立共犯。笔者赞同行为共同说的观点。

虽然部分犯罪共同说的论者也尝试通过承认过失共同正犯,调和部分犯罪共同说与行为共同说的立场,但是如上所述,二者在处罚根据等方面存在本质区别,因此难以调和。①

2. 判例立场

有关共犯的本质,判例曾经采纳完全犯罪共同说的立场。例如,在1960年的"抢劫伤害案"中,X以恐吓的故意将V诱骗至公园,Y以抢劫的故意实施了伤害行为并劫取了现金。最高法院第一小法庭认为,X与Y的行为成立抢劫罪,但是根据《刑法典》第38条第2款"即使实施了构成较重之罪的行为,如果行为人在行为之际对构成较重之罪的事实并无

---

① 中山研一『口述刑法総論』(補訂2版,2007,成文堂)291頁参照。

认识,不得以较重之罪处罚之"的规定对 X 处以恐吓罪的刑罚。① 但是,1978 年的"伤害致死、妨害执行公务等案"明确否定了上述判例中完全犯罪共同说的立场。在该案中,7 名暴力团成员共同对巡查 V 实施暴力伤害行为,D 在激愤之际以未必故意用刃长约 12.7 厘米的匕首捅 V 腹部下方一刀,致使 V 死亡。最高法院第一小法庭裁决认为,杀人罪与伤害罪的差别仅在于主观上是否存在杀人故意,其他构成要件的要素都相同。因此,D 之外没有杀人故意的其他 6 名犯罪人,在故意杀人与伤害致死的构成要件重合的限度内,成立较轻的伤害致死罪的共同正犯。② 此后,在上述 2005 年的"超能力治疗杀人案"中,日本最高法院第二小法庭在认定被告人 A 的行为成立不作为杀人罪的同时,认定没有杀人故意的被害人家属在保护人遗弃致死罪的限度内成立共同正犯。③

虽然有的观点认为,上述 1978 年与 2005 年的判例采纳的是行为共同说的观点④,但是根据案中事实,无论是从部分犯罪共同说还是从行为共同说出发,都可以得出在较轻犯罪的范围内成立共同正犯的结论,而且判例并没有说明实施杀人行为的 D 或者 A 是否成立伤害致死罪或者遗弃致死罪的共同正犯,所以判例现在采纳的是部分犯罪共同说还是行为共同说并不十分明确。

第二节 共同正犯

一、共同正犯的概念

根据日本《刑法典》第 60 条之规定,共同正犯,是指二人以上共同实施犯罪者。共同正犯与单独正犯的区别之一,是共同正犯要承担共同实

---

① 昭和 35(あ)1081,裁判集 135·503。
② 昭和 52(あ)2113,刑集 33·3·179。
③ 平成 15(あ)1468,刑集 59·6·403。
④ 前田雅英『刑法総論講義』(第 5 版,2011,東京大学出版会)420 頁、川端博『刑法総論講義』(第 2 版,2006,成文堂)504 頁参照。

施的整个行为的刑事责任,换言之,即使仅分担实行行为的一部分,也应为全部犯罪负责(**部分实行,全部负责**)。例如,X、Y与Z 3人共同入室抢劫,X与Y威胁被害人,Z则寻找财物,3人都成立抢劫罪的正犯,而非X与Y的行为构成胁迫罪,Z的行为构成盗窃罪。

就共同正犯中"共同实施犯罪"的含义,根据犯罪共同说,是指数人共同实施特定的犯罪(数人一罪),而根据行为共同说,则是指数人共同实施犯罪的行为,因此数人的罪名可以不同(数人数罪)。当然,此处的"行为"并非指所有的作为或者不作为,而是指在实现犯罪这一点上具有重要性的行为,也即构成各自犯罪的"实行行为"者。①

笔者赞同行为共同说的观点,因此认为共同正犯中的"犯罪",是指该当构成要件的违法行为,不以对方的责任为要件。在2001年的"抢劫案"中,日本最高法院第一小法庭判决认为,虽然当时B年仅12岁,但是具有辨别是非的能力。被告人的指示命令并未达到足以压制B的意志的程度,B是根据自己的意志决定并临机应变完成了案中抢劫行为。从案中事实来看,被告人构成间接正犯的主张不成立。被告人为了获取生活费,计划了案中抢劫行为,在教给B犯罪方法的同时,交给B犯罪工具,并命令B实施犯罪,因此其并非抢劫的教唆犯,而是共同正犯。② 简而言之,成年人与无刑事责任能力的12岁少年也可以成立抢劫罪的共同正犯。如果该当构成要件行为的违法性被阻却,也不是此处的"犯罪"。例如,在1994年的"伤害案"中,日本最高法院第三小法庭判决认为:数人针对同一侵害为了防卫而实施暴行的场合,在侵害终了之后,其中部分行为人继续实施暴行的,就没有参与之后暴行者的行为是否构成正当防卫的问题,应将侵害进行时与侵害终了后分开考察。在侵害进行时的暴行构成正当防卫之际,应该判断侵害终了后的暴行是否脱离了为共同防卫而实施暴行的意思、成立了新的共谋。在认定新的共谋成立之后,才能够将侵害进行时与终了后的连续行为作为整体考察,判断其是否具有防卫行为的相当性。在该案中,就被告人D

---

① 山中敬一『刑法総論』(第2版,2008,成文堂)830頁参照。
② 平成12(あ)1859,刑集55・6・519。

而言,其反击行为成立正当防卫,而且不能确认存在追击行为的新的共谋,所以不能将反击行为与追击行为作为整体综合判断。①

伤害案

[平成2(あ)335,刑集48·8·509]

1988年10月22日夜,被告人D和A、B、F以及G为了给G的朋友H送别相聚一起用餐。23日凌晨,几人餐后在路边闲聊时,醉酒的E将A停在附近的车上的天线折弯,并且不道歉就想离开。不高兴的A就对E说"等等"。但是E没有理会,进入附近的大厦,不久又出来,看到被告人等还在路边闲聊,就带着凶狠的表情走向被告人等,并不客气地大喊"刚才是谁",A说"是我",E就抓住A前面的G的长头发,实施暴行。D、A、B和F等人为了制止E,让他放开G的头发,就抓住E的手腕,对其身体与面部进行了殴打。D踢了E的肩膀附近、肋部两次。但是,E就是不放开G的头发,踢打A的胃部,并拽着G的头发横越宽约16.5米的马路,进入停车场。上述4人追了过来,为了让E放手,对之进行了踢打,被告人D也踢了E背部一脚,E也对打。之后,E放开G的头发,但是对站在附近辱骂的D等4人做出对打姿势,之后跑向停车场中间,D等4人同时追了上去。在停车场中间,B用拳头殴打了还在摆出对打姿势的E,之后被F制止。A之后欲殴打E,F再次将二人隔开。但是,A还是用拳头殴打了E的面部,将之打倒在地。E受到了外伤性小脑内血肿、头盖骨骨折等伤害。E放开G头发的地方距离A殴打E的地方不到20米,4人中的B和F不知道E什么时候放开了G的头发。

一审判决认为,案中被告人等的行为是连续的整体,属于防卫过当,构成伤害罪。判处被告人D惩役10个月,缓刑2年,二审维持原判。1994年12月6日,最高法院第三小法庭判决撤销原判,宣告被告人D无罪。

---

① 平成2(あ)335,刑集48·8·509。

二、共同正犯的要件

(一) 共同实行的意思

成立共同正犯,各行为人在主观上应存在共同实行的意思。就共同实行意思的含义,犯罪共同说认为,是指二人以上的行为人共同实施实行行为的意思,也即各行为人相互利用彼此的行为实现犯罪目的的意思。因此,成立共同实行的意思以行为人之间的犯意联络为要件。① 行为共同说则认为,共同实行的意思是指行为人预见到或者可能预见到本人行为与他人行为之间存在因果关系,能够共同实现犯罪。因此,各行为人之间是否存在犯意联络并不必要。显而易见,犯罪共同说与行为共同说关于共同实行意思的分歧集中体现在各行为人之间是否应存在犯意联络,也即是否应承认片面共同正犯的问题上,就此在下文另行论述。

需要指出的是,共同实行的意思在行为之际存在即可,无须事前存在共谋,就如最高法院第三小法庭在 1948 年的"妨害执行公务案"中所言,虽然构成共同正犯以行为人之间存在意思联络为要件,但是并不以事前合谋为要件,只要存在对共同行为的认识,并相互利用对方的行为,共同实现犯罪即可。②

(二) 共同实行的行为

成立共同正犯,客观上还必须存在共同的实行行为。所谓"共同",是指行为人的行为对他人的行为产生因果影响,包括物理影响与心理影响。从日本《刑法典》第 60 条"二人以上共同实施犯罪"的表述来看,成立共同正犯,以行为至少分担部分实行行为为要件。当然成立共同正犯不以同时实施部分实行行为为要件,各行为人在共谋之后分阶段实施实行行为的,也构成共同正犯。例如,X 与 Y 共谋抢劫,X 负责用暴力殴打被害人,命令被害人将财物交给随后而来的 Y,X 与 Y 也成立抢劫罪的共同

---

① 大塚仁『刑法概説(総論)』(第 4 版,2008,有斐閣) 276 頁、大谷実『刑法講義総論』(第 5 版,2019,成文堂) 412 頁参照。
② 昭和 23(れ) 754,刑集 2・13・1751。

正犯。

三、共同正犯的特殊形态

(一)片面共同正犯

如上所述,可否承认片面共同正犯是犯罪共同说与行为共同说分歧的焦点所在。犯罪共同说认为,共同加功的意思是指双方都有共同实施特定犯罪的意思,只要共犯之间没有意思联络,就不成立共同正犯。因此,应否定犯罪意思仅存在于一方犯罪人的片面共同正犯。在1936年的判例中,大审院也认为共同正犯与单独正犯的不同之处,就在于行为人之间相互有意思联络,协力实现犯罪。因此,在没有和其他行为人进行联络的情况下,以客观上相同的犯意参与犯罪者,不构成共同正犯。① 与此相对,行为共同说认为,共同加功的意思应因人考虑,只要存在利用对方的行为实施自己的犯罪的意思,就可以成立共同正犯。

在上述肯定说与否定说之间,折中说的观点在否定片面共同正犯的同时,承认片面从犯的存在。虽然折中说现在是理论上的通说,也是判例的立场。但是,如果是基于犯罪共同说的立场,为什么能够在否定片面共同正犯的同时,承认片面帮助犯与片面教唆犯?这在理论上是存在疑问的。②

(二)共谋共同正犯

1. 判例概览

共谋共同正犯,指二人以上就实施一定的犯罪进行共谋,如果其中部分共谋者实施了共谋之罪,对于所有参加共谋者都以共同正犯追究责任的共犯形式。③ 共谋共同正犯是明治时期的大审院通过1895年的判例所确立的一种共犯形式。在1946年的《刑事诉讼法》全面改革之后,共谋共同正犯的概念非但没有被废除,适用范围反而从原本被限制于恐吓罪等

---

① 西田典之=山口厚=佐伯仁志『判例刑法総論』(第5版,2009,有斐閣)403頁参照。
② 中山研一『口述刑法総論』(補訂2版,2007,成文堂)296頁参照。
③ 川端博『共犯の理論』(2008,成文堂)4頁参照。

所谓的以精神支持为主要特征的"知能犯罪"逐渐扩大到放火罪、盗窃罪、杀人罪、抢劫罪等实力犯以及行政犯。日本最高法院 1958 年的练马案判决,因为进一步扩大了共谋共同正犯的适用范围,被视为共谋共同正犯史上最重要的判例之一。①

> **练马案**
>
> [昭和 29(あ)1056,刑集 12·8·1718]
>
> 位于东京都练马区的某公司出现劳动争议,第一工会和第二工会之间敌对情绪高涨。第一工会的会员对第二工会的委员长 A 和负责处理纷争的练马警察局的 B 非常反感。借此机会,X 与 Y 计划对 A 施以暴力以镇压第二工会的活动,同时计划对 B 施以暴力,以扩大权利斗争的影响,并商定由 Y 负责执行。之后,在 Y 的联系与指导下,Z 等多人于 1951 年 12 月 26 日深夜将 B 骗至街上,用铁管和木棍殴打 B 的后脑部,致使其头部受伤,当场死亡。
>
> 东京地方法院与东京高等法院在第一审与第二审中都认定,包括未在现场参加伤害行为的 X 和 Y 在内的全部被告人都构成伤害致死罪的共同正犯。因此,被告人等上诉至最高法院。最高法院大法庭虽然是按照 X 与 Y、Y 与 Z 的顺序认定共谋,但仍然认定被告人成立共同正犯,维持原审有罪判决。

此后,共谋共同正犯的适用范围继续扩大,尤其是在进入 21 世纪之后,几乎陷入无法停止的状态。② 例如,在 2003 年的"违反《枪支刀剑等持有取缔法》案"中,被告人是某暴力团的组长,为了保护其免遭对手的袭击,K 和 M 持有管制枪支在从车站到酒店的路上以及酒店中为其警卫。大阪地方法院一审认为,被告人虽然认识到 K 与 M 持有枪支为之提供警卫,但就是否容忍该行为还存在合理疑问。而且,对于被告人与 K 等就持

---

① 川端博『共犯の理論』(2008,成文堂)36 页参照。
② 浅田和茂『刑法総論』(第 2 版,2019,成文堂)430 页参照。

有枪支进行共谋不存在直接证实的证据,也不存在谋议记录等间接证据,因此宣告被告人无罪。大阪高等法院二审认定被告人有罪。最高法院以如下理由,驳回上诉,维持有罪判决:在案发之时,被告人与属下同行,其中有人持有枪支为之警卫,被告人是具有确定认识并予以容忍的。因此,可以认为在实质上是被告人让组员持有枪支,其构成携带、持有枪支罪的共谋共同正犯。① 显而易见,该案判决并没有贯彻严格证明的客观立场,而且扩大了共谋共同正犯的范围,即只要对实行者的行动有认识、容忍,就可以认定成立共谋共同正犯。在2017年的"违反《废物处理与清扫法》案"中,A公司的5名代表人委托B处理该公司含有硫酸、沥青的铁桶,B在与其他几人共谋后,违法将之作为废弃物扔掉。最高法院第三小法庭裁决认为,A公司的5名代表人尽管与B以及实际处理废物者之间并无违法投弃的确定认识,但是其对违法投弃的可能性具有高度认识,并认为不得不委托B处理。因此,该5人主观上存在未必故意,应承担共谋共同正犯的责任。②

针对共谋共同正犯的适用范围在实践中不断扩大的倾向,日本学界不但保持着相当的警惕性,而且提出了批判。佐伯千仞早就指出,如果"忘记对实务的否定,成为权力的侍女,这样的法学理论不配被冠以'学问'之名。在最近关于共谋共同正犯的态度中就可以感觉到一些这样的危险"③。针对上述2003年"违反《枪支刀剑等持有取缔法》案",共谋共同正犯肯定说的代表人物西原春夫也认为,21世纪之后的一系列判例,许多是依据外部态度(某种行为支配)来认定责任,有可能无限制地将法律向道德扩散。④

2. 理论争议

通常认为,成立共谋不以参与谋议者知道犯行细节为要件,而且共谋可以是默示共谋,无须明示的意思联络,也可以是顺次共谋,共谋者无须

---

① 平成14(あ)164,刑集57·5·507。
② 平成19(あ)285,刑集61·8·757。
③ 浅田和茂「共謀罪の犯罪論に及ぼす影響」法律時報9号(2006)53頁。
④ 浅田和茂「共謀罪の犯罪論に及ぼす影響」法律時報9号(2006)参照。

全员在同一场所进行谋议,可以通过不同行为人顺次进行共谋。例如,A与B共谋后,B再与C、D共谋,还可以是现场共谋,即共谋可以在事前成立也可以在行为现场当场形成。① 在结果加重犯的场合,如果就基本犯存在共谋,行为人全体就加重结果成立共同正犯。② 在1949年的"强奸致伤、非法监禁案"中,最高法院第三小法庭明确判决认为,被告人等共谋强奸被害人F,并在强奸之际给F造成伤害,因此共谋者构成共同正犯,承担强奸致伤罪的责任。③

但是,目前围绕共谋共同正犯仍然存在理论争议,主要存在于如下两个方面:

其一,是否应承认共谋共同正犯?对于判例确定的共谋共同正犯概念,在20世纪初期,不但站在客观主义立场的大厂茂马等旧派学者提出了批判,站在主观主义立场的牧野英一也表示反对。④ 在20世纪50年代与60年代,刑法学界也大多从形式犯罪论出发,认为既然共同谋议者没有分担实行行为,就不可能构成正犯。⑤ 例如,团藤重光从其提倡的"构成要件定型说"出发,主张共谋共同正犯缺少定型性⑥;佐伯千仭也认为不能支持共谋共同正犯的观念,如果只是参与了谋议,没有分担实行行为,最多构成教唆犯或者帮助犯⑦。

但是,在上述1958年的练马案判决后,肯定共谋共同正犯的学者日渐增多,现在已经成为多数。⑧ 例如,团藤重光曾经坚定反对共谋共同正犯观念,但是在就任日本最高法院法官之后,改变了此前的观点,究其原因,与其说是因为在不是作为学者而是作为法官接触现实的案件之际,在已经现实地确立起共谋共同正犯论的情形下,即使叙述学者的意见也徒

---

① 前田雅英等编『条解刑法』(第2版,2007,弘文堂)210頁以下参照。
② 斎藤金作『刑法総論』(改正版,1955,有斐閣)239頁参照。
③ 昭和24(れ)933,刑集3·8·1237。
④ 内田博文『日本刑法学のあゆみと課題』(2008,日本評論社)51頁参照。
⑤ 前田雅英『刑法総論講義』(第4版,2006,東京大学出版会)436頁以下参照。
⑥ 団藤重光『刑法綱要総論』(第3版,1990,創文社)106頁以下参照。
⑦ 佐伯千仭『刑法講義(総論)』(1974,有斐閣)351頁参照。
⑧ 山口厚『刑法総論』(第2版,2007,有斐閣)323頁、中山研一『口述刑法総論』(補訂2版,2007)301頁参照。

劳无功,不如说是因为作为法官必须注意裁判的国民意识基础,而要反映国民的意识,承认共谋共同正犯就是必然的事情。①

但是,否定说在理论界依然有着有力支持②,就如松宫孝明所言,虽然在严格意义上共同正犯并不限于共同实施着手后的行为,尤其是在隔离犯的场合,存在原因行为即可。但是即便如此,仅根据共谋就认定共同正犯成立显然跨过了界,而且违反《刑法典》第 60 条"二人以上共同实施犯罪"的规定。③

其二,共谋共同正犯的处罚根据何在?就此,在判例中,时任大审院法官的草野豹一郎在 1936 年的"盗窃案"中提出的**"共同意思主体说"**一度占据通说地位。根据该说,共犯的本质,是二人以上一体同心、相互依靠、相互援助,共同实现自己的犯意,对实施的特定犯罪也共同承担全部责任。就共同实现的手段而言,部分谋议者根据谋议形成的共同意志实施犯罪虽然与所有人都亲手实施犯罪存在形式上的差异,但在同心协力发挥作用这一点上并无实质区别。因此,可以成立共同正犯。此后,判例采纳了上述 1958 年练马案中的**"间接正犯类似说"**的立场,即只要能够认定行为人参与了共谋的事实,即使其没有参与直接的实行行为,在以他人行为为手段实施犯罪这一点上,并无理由认为其刑事责任存在不同。④

理论上,主要存在行为支配说、优越支配共同正犯说与重要作用说等不同观点。⑤ **行为支配说**认为,正犯是支配该当构成要件行为者,不限于直接实施者,所以如果行为人让直接实施者根据自己的意思行动,其自身也是实现犯罪的主体。⑥ **优越支配共同正犯说**主张,如果根据社会通念,可以认为没有参与实行行为的共谋者对他人施加了强大心理约束,使

---

① 川端博『共犯論序説』(2001,成文堂)65 頁参照。
② 中山研一『口述刑法総論』(補訂 2 版,2006,成文堂)301 頁参照。
③ 松宮孝明『刑法総論』(第 4 版,2009,成文堂)275 頁参照。
④ 西田典之=山口厚=佐伯仁志『判例刑法総論』(第 5 版,2009,有斐閣)313 頁以下参照。
⑤ 浅田和茂『刑法総論』(第 2 版,2019,成文堂)430 頁以下参照。
⑥ 団藤重光『刑法綱要総論』(第 3 版,1990,創文社)401 頁以下参照。

之实施了实行行为,则可以认定其为共同正犯。① **重要作用说**认为,将明显具有规范障碍的实行者视为工具并不合理,优越支配与行为支配的标准既不具体也不明确,因此主张共谋共同正犯的处罚根据,在于行为人在客观上对实现犯罪发挥了重要的影响力。② 但是,重要作用说的结论与共同意思主体说相近,不但违反其行为共同说的理论前提,而且重要作用的判断标准更加不明确。③

(三)承继的共同正犯

1. 理论争议

承继的共同正犯,是指在前行为人已经着手实施犯罪后,后行为人与前行为人经意思联络共同参与实施部分实行行为的情况。在这一场合,后行为人是否应对其参与之前的行为承担刑事责任?例如,A 以抢劫的目的将 V 杀死,B 之后与 A 一起将财物运走,B 是否应承担抢劫杀人的责任?就此,**否定说**认为,让行为人对过去的行为承担责任并不合理,因为其对之并未施加任何因果影响。④ **肯定说**则认为,让行为人对过去的行为承担责任的实质根据,在于行为人认识到前行为人已经实现的事实,并积极予以利用,或者在与前行为人进行意思联络之后共同实施剩余的实行行为。尤其是从主张"数人一罪"的犯罪共同说出发,更容易得出因为前行为人与后行为人的行为在共犯成立上具有"一体性",所以后行为人应对整体犯罪行为承担责任的结论。⑤

2. 判例立场

就承继的共同正犯应否对过去行为承担刑事责任,判例也存在分歧。在 1959 年的"强奸致伤、盗窃案"中,被告人 D 在数名前行为人中的部分人强奸被害人 V 后,与剩余前行为人沟通后,趁 V 无力抵抗将之奸淫。广

---

① 大塚仁『刑法概説(総論)』(第 4 版,2008,有斐閣)306 頁以下参照。
② 平野龍一『刑法(総論Ⅱ)』(1975,有斐閣)400 頁、大谷实『刑法講義総論』(第 5 版,2019,成文堂)456 頁参照。
③ 浅田和茂『刑法総論』(第 2 版,2019,成文堂)431 頁参照。
④ 曽根威彦『刑法総論』(第 3 版,2006,弘文堂)286 頁、平野龍一『刑法(総論Ⅱ)』(1975,有斐閣)382 頁参照。
⑤ 山中敬一『刑法総論』(第 2 版,2008,成文堂)853 頁参照。

岛高等法院判决认为,在前行为人已经开始实施的犯罪途中介入者,其责任应仅限于介入后的行为。因此,该案中的 D 不应对上述共谋成立之前的其他行为人的行为承担责任。同时,虽然 V 在被强奸过程中受到了伤害,但是无法证明伤害结果是产生于 D 介入之前还是 D 介入之后,所以仅能在强奸的范围内追究 D 的责任。① 也即否定承继的共同正犯应为前行为负责。在 2012 年的"伤害、抢劫等案"中,最高法院第二小法庭也认为,被告人仅就其共谋加担后的伤害结果承担共同正犯的责任。②

大多数判例的立场认为,如果后行为人认识到参与之前的行为并积极予以利用则应承担全部责任。例如,在 1987 年的"业务上过失伤害、违反《道路交通法》等案"中,大阪高等法院判决认为,将在前行为人实施犯罪过程中加担的后行为人作为共同正犯,追究其包括前行为人的行为在内的犯罪整体责任的实质根据,仅在于后行为人将前行为人的行为作为实施自己犯罪的手段积极予以利用。因此,成立承继的共同正犯,不仅要求后行为人在主观上认识、容忍前行为人的行为及其导致的结果,而且要求其有意将之作为实施自己犯罪的手段积极予以利用。③ 再如,在 2017 年的"获奖诈骗未遂案"中,被告人 X 是在 Y 等已经实施完诈骗行为之后才参与进来,负责接收财物。最高法院第三小法庭裁决认为,虽然被告人 X 在共犯者实施诈骗行为之后才参与进来,但是其为了获得报酬积极实施了接收行为,这与之前诈骗行为构成一个整体,因此其构成诈骗未遂的共同正犯。④ 的确,如果行为人对其参与之前的行为有明确认识,并积极加以利用,则应认为其至少存在容忍心理。因此,根据行为人参与之后的行为追究其全部罪行的责任具有合理性。

---

① 昭和 33(う)283,高刑集 12・1・36。
② 平成 24(あ)23,刑集 66・11・1281。
③ 昭和 61(う)1108,高刑集 40・3・720。
④ 平成 29(あ)1079,刑集 71・10・535。

获奖诈骗未遂案

[平成29(あ)1079,刑集71·10·535]

Y等通过共谋,使A误信自己在特别抽奖中中奖。被告人X给A打电话,说A因为没有及时支付100万日元款项,其所获的奖金被误支付给其他人,因此需要支付297万日元的违约金,并问A能否准备一半的150万日元。X的计划是,让A将150万日元的现金邮递至某市的一个空房间,然后从邮递员处接收该笔款项。但是,A识破了X的谎言,在与警察交流后,开始实施反制措施,将没有放入现金的空盒子邮寄至指定房间。X为了从Y处获得报酬,虽然认识到是在承担接收诈骗犯罪所得的角色,仍然接收了A邮寄过来的空盒子。

一审判决认为,就案中行为,X与Y之间事前并无共谋,虽然可以认为诈骗行为之后存在共谋,但是就X的行为之前的诈骗行为所产生结果的危险性,不能对X进行追责,而且X加入之后,反制措施已经开始,所以不能说X与Y共同实施了诈骗的实行行为,也即不能追究X诈骗未遂共同正犯的责任。因此宣告X无罪。在检方上诉之后,二审判决认为,一审判决事实认定有误,认定X构成诈骗未遂的共同正犯。之后,辩方向日本最高法院提出上诉。

2017年12月11日,日本最高法院第三小法庭经审理认为,在本案中,被告人X在共犯者实施诈骗行为之后,并未认识到反制措施已经开始,与共犯者共谋,为了完成诈骗而实施了其行为。其接收行为与诈骗行为构成一个整体。因此,应该就X加入之前的诈骗行为承担责任,以诈骗未遂的共同正犯追究其刑事责任。

(四)过失共同正犯

1. 理论争议

就应否承认过失共同正犯的问题,传统上,犯罪共同说因为主张共同正犯主观上的"相互联络"只有在故意犯罪中才可能存在,所以认为在没有犯意联络的过失场合不存在共同正犯。与此相对,行为共同说主张故意、过失是责任要素,因此在故意犯罪与过失犯罪中都可以存在共同正犯。随着新过失论的出现,在犯罪共同说的论者中,也出现了主张在客观上共同违反共同义务的场合,可以成立过失共同正犯的主张,因为是否存在共同义务不受行为人之间是否存在意思联络所左右,所以并不需要任何共同实施行为的意思。① 但是这一主张明显违反论者的基本前提。② 在行为共同说的论者中,也有观点认为,如果在具体案件中必须要求存在不让对方的行为产生危害结果的注意义务,那么在认定"共同违反共同义务"的案件中,对案中所涉个人几乎都可以根据其违反监督、监视义务而追究其过失责任,如此就无须过失共同正犯的存在。③ 但是,如若否定过失共同正犯可能会失去处罚单独不能成立过失犯情况的有利之处。目前,肯定过失共同正犯是理论上的多数说。

2. 判例立场

判例一度否定过失共同正犯。例如,在 1912 年的"过失致死案"中,大审院明确认为在共同过失伤害致人死亡的场合,不适用《刑法典》第 60 条的规定。④ 但是现在承认过失共同正犯已经是判例的主流观点。在 1953 年的"违反《有毒饮品管理法》案"中,共同经营一家饮食店的两名被告人,未对从另一饮食店购入的所谓"威士忌"液体进行检查确定不含有甲醇,而是直接出售。一审与二审法院都认定二人违反《有毒饮品管理法》第 4 条第 1 款的规定,过失向顾客出售含有法定含量以上的甲醇的有毒饮品。辩护方向日本最高法院提出上诉。1953 年 1 月 23 日,日本最高法院第二小法庭判决认为,两名被告人经过意思联络,共同经营饮食店,都负有充分检查所售卖饮品中是否含有甲醇而后才能出售的义务。两名被告人没有充分履行义务,轻信所售饮品中不含有超量甲醇,因此共

---

① 大塚仁『刑法概説(総論)』(第 4 版,2008,有斐閣)296 頁以下参照。
② 松宮孝明『刑法総論』(第 4 版,2009,成文堂)269 頁参照。
③ 前田雅英『刑法総論講義』(第 5 版,2011,東京大学出版会)506 頁参照。
④ 西田典之=山口厚=佐伯仁志『判例刑法総論』(第 5 版,2009,有斐閣)405 頁参照。

同过失违反了《有毒饮品管理法》第4条第1款的规定。① 此后,在1986年的"业务上失火案"中,钢铁厂的工人A与B在进行焊接之际,一人焊接,一人监视,因为没有采取遮挡措施导致失火,名古屋高等法院判决认为二被告人并非单独各自实施案中的危险行为。在案中的情况下,两名被告人违反共同注意义务的行为导致火灾,因此二人并非业务上失火的同时犯,而是失火罪的共同正犯。②

就成立过失共同正犯,判例认为应以共同违反共同的注意义务为要件,即本应分担危险行为并互相监督,但是怠于履行义务。否则,仅能成立过失的同时犯,在某些具体案件中甚至连过失犯也不能成立。例如,在2016年的"烟火大会业务上过失致死伤案"中,最高法院第三小法庭明确认为,成立业务上过失致死伤的共同正犯,必须违反共同的注意义务。案中的被告人X与B地区的负责人之间不存在共同的注意义务,因此二人不成立业务上过失致死伤的共同正犯。

> **烟火大会业务上过失致死伤案**
>
> [平成26(あ)747,刑集70・6・411]
>
> 在2001年7月21日明石市夏日烟火大会期间,由于人员过于密集导致在步行桥发生踩踏事件,造成11人死亡,183人受伤。2010年5月31日,日本最高法院第一小法庭经审理,判决负责该次活动的明石市3名工作人员、明石警察署B地区的负责人等5人的行为构成业务上过失致死伤罪。

---

① 昭和25(れ)1688,刑集7・1・30。
② 昭和57(う)293,高刑集39・4・371。

> 被告人 X 时任明石警察署副署长,辅助警察署署长处理事务,在决定本案活动的警备计划之际,也提供了建议,并出席了明石市举办的研讨会等。在发生事故的当天,X 担任警备总部的副长官,负有通过与现场警官电话联系等收集信息,向署长汇报、提供建议,以让署长正确行使职权的义务。同时,B 地区的负责人有权指挥其部下,并根据现场情况,决定相关事项,例如出动机动人员。本案中的死亡结果发生于 2001 年 7 月 28 日,如果不存在中止时效的理由,对被告人的起诉已经超过时效。因此,检方以 X 与之前已经被认定有罪的 B 地区的负责人构成共犯为由,主张时效中止,对 X 提出指控。
>
> 2016 年 7 月 12 日,日本最高法院第三小法庭终审认为,成立业务上过失致死伤的共同正犯,必须违反共同的注意义务。在本案中,X 与 B 地区的负责人之间不存在共同的注意义务,因此二人不成立业务上过失致死伤的共同正犯,对 X 的追诉时效已过。

第三节　教唆犯与帮助犯

一、教唆犯

(一) 教唆犯的概念与要件

根据日本《刑法典》第 61 条第 1 款"教唆他人让之实施犯罪"之规定,教唆是指通过教唆行为让没有犯意者产生犯意并实施犯罪。可见,教唆犯的处罚根据在于通过他人的实行行为导致法益侵害或者侵害危险。因此,成立教唆犯应具备教唆故意、教唆行为与被教唆者实施犯罪三个要件。

1. 教唆故意

就教唆故意的内容,**行为容忍说**认为是教唆者决定通过自己的教唆行为让被教唆者实施具体犯罪,并对实施实行行为持容忍态度,**结果认识**

说则认为是对实现基本构成要件也即发生犯罪结果的认识。① 从上述第61条第1款的规定出发,只要教唆者故意让他人产生犯意并实施犯罪行为即可,而且根据结果认识说,可能得出教唆者认识到了正犯的实行行为,但是因为没有认识到结果的发生而不可罚的不合理结论,所以行为容忍说更具有合理性。换言之,成立教唆犯,不以教唆者认识到其教唆行为与正犯造成的构成要件结果之间的因果关系为要件。

在教唆者从一开始就以让被教唆者的行为终于未遂的故意实施教唆行为的场合(**未遂教唆**),例如,D明知V的包中没有财物,而教唆X去盗窃,X实施了盗窃行为。X的行为当然构成盗窃未遂,问题是对D的行为应如何定性?就此,否定的观点认为D的行为不可罚,肯定的观点认为D的行为构成盗窃未遂的教唆。② 否定的观点是站在了结果认识说的立场,而肯定的观点则站在了行为容忍说的立场,因此应该支持后者。

那么,在未遂教唆的场合,如果与教唆者的预期相反,发生了犯罪结果,又应该如何处理?例如,D将自认为不足以毒死人的毒药交给A,教唆其去投毒杀V,A投毒后V当真被毒死。就此,**过失犯说**认为,如果D对毒药的致死数量存在过失,其行为构成过失致死罪;**故意犯说**则认为,D的行为构成杀人未遂的教唆。③ 其实在这一情形中,D在主观上存在事实错误,因此以杀人未遂的故意,导致了杀人既遂的结果,应根据日本《刑法典》第38条第2款"即使实施了构成较重之罪的行为,如果行为人在行为之际对构成较重之罪的事实并无认识,不得以较重之罪处罚之"的规定,认为其行为构成杀人未遂的教唆。

虽然在理论上,就过失教唆存在争议,但是从日本《刑法典》第38条第1款"没有犯罪意思的行为不处罚,法律有特别规定的除外"的规定出发,在不存在特殊规定的情况下,显然不能处罚过失教唆行为。

---

① 団藤重光『刑法綱要総論』(第3版,1990,創文社)406頁、大塚仁『刑法概説』(第4版,2008,有斐閣)311頁、大谷実『刑法講義総論』(第5版,2019,成文堂)435頁参照。
② 前田雅英『刑法総論講義』(第4版,2011,東京大学出版会)374頁、大谷実『刑法講義総論』(第5版,2019,成文堂)436頁参照。
③ 大谷実『刑法講義総論』(第5版,2019,成文堂)436頁参照。

2. 教唆行为

教唆行为是指足以让他人产生实施具体犯罪故意的行为。就教唆行为的手段与方法，日本最高法院第一小法庭在 1951 年的"教唆违反《物价管制令》《临时物资调配法》案"中判决认为，教唆内容不具体的行为不足以成立教唆行为，需要达到让教唆对象产生实施特定犯罪的决意，至于行为方式，不论指示、命令、劝诱、嘱托、煽动等皆可。①

成立教唆行为，教唆者未必是一人。二人以上共同教唆并各自实施教唆行为的，各行为人当然都应承担教唆犯的责任。那么，二人以上就教唆行为共谋之后，其中部分人实施了教唆行为（共谋共同教唆），对于其他共谋者能否追究教唆犯的责任？虽然在理论上存在认为未实施教唆行为的共谋者是间接教唆犯的观点②，但是判例显然是站在了肯定"共谋共同教唆"的立场。例如，在 1948 年的"伪造公文书、教唆、帮助使用伪造的公文书、受贿案"中，A 与 B 在共谋之后决定由 B 伪造诊断书，B 又教唆 C 让之伪造诊断书，最高法院第二小法庭判决认为，即使 A 没有直接参与案中伪造公文书的教唆，但是其最初的共谋教唆行为与案中结果存在因果关系，因此必须对结果承担责任。③

根据日本《刑法典》第 61 条第 2 款"教唆教唆者的，依据前款规定处罚"之规定，成立教唆犯，不以直接向教唆对象实施教唆行为为要件，间接教唆、再间接教唆也可处罚。例如，在 1922 年的判例中，被告人 D 教唆 A 威胁议员 X 等，让之按照自己的意愿履职，A 又与 C 等 5 人共谋，各自对 X 等实施了威胁行为，大审院认为 D 也成立教唆犯。④

教唆对象虽然应该是特定的，但未必是一人。如果教唆的对象为不特定多数人，可能构成《国家公务员法》等法律规定的煽动罪。同时，从共犯从属说的角度出发，如果被教唆者是无责任能力者或者主观上存在过

---

① 昭和 26（れ）1780，刑集 5·13·2485。
② 团藤重光『刑法綱要総論』（第 3 版,1990,創文社）405 頁、大塚仁『刑法概説』（第 4 版,2008,有斐閣）317 頁参照。
③ 昭和 23（れ）652，刑集 2·11·1386。
④ 西田典之＝山口厚＝佐伯仁志『判例刑法総論』（第 5 版,2009,有斐閣）411 頁以下参照。

失,则教唆者应成立间接正犯而非教唆犯。

此外,成立教唆犯,不以被教唆者明知教唆行为的存在为要件。因为从上述条文的规定来看,只要教唆者以教唆的故意实施了教唆的行为,被教唆者基于教唆行为产生了犯罪决意并实施了犯罪行为即可。因此,至少在理论上应该承认片面教唆存在的余地。

3. 被教唆者实施犯罪

除法律另有特殊规定,成立教唆犯以被教唆者应基于教唆行为产生犯意并实施犯罪为要件。换言之,教唆行为与被教唆者产生犯意、实施犯罪之间存在因果关系。在1950年的"教唆盗窃、教唆侵入住宅、帮助抢劫案"中,最高法院第三小法庭就是以被告人的教唆行为与案中的侵入住宅、抢劫行为是否存在因果关系存疑为理由,将案件发回重审。① 因此,在行为人虽然实施了教唆行为,但是被教唆者并未实施犯罪,或者被教唆者虽然实施了犯罪,但是与教唆行为之间并无因果关系的场合,教唆犯不成立。

当然,此处的"实施犯罪"是指实行了该当构成要件的行为。从共犯从属说出发,成立共犯只要正犯的行为导致法益侵害或者危险即可,因此即使被教唆者的行为止步于未遂教唆的也成立教唆犯,在处罚预备的场合,预备罪的教唆犯当然也成立。

(二)独立的教唆犯

独立的教唆犯,是指只要实施了教唆行为,无论被教唆者是否产生犯意或者实施犯罪行为,都作为教唆犯予以处罚的情形。② 在实质上,相当于将教唆行为予以正犯化。例如,《破坏活动防止法》第4条第2项将教唆同条第1项的行为规定为独立的"暴力主义破坏活动",《爆炸物取缔法》第4条将教唆该法第1条规定的犯罪的行为规定为独立的犯罪予以处罚。相似的立法还有《国家公务员法》《地方公务员法》相关条文中规定的煽动罪等。在1954年的"违反《地方公务员法》案"中,最高法院第三小法庭判决认为,构成《地方公务员法》第61条第4款规定的"煽动

---

① 昭和24(れ)3030,刑集4·7·1261。
② 大谷実『刑法講義総論』(第5版,2019,成文堂)442頁参照。

罪",不以对方产生犯意或者助长了犯罪事实为要件。①

> **违反《地方公务员法》案**
>
> [昭和27(あ)5779,刑集8·4·555]
>
> 被告人D向福岛县石川郡某镇的警察职员散发宣传物,其中内容包括:值此祖国立于重大歧路之际,和诸君就未来立约如下:其一,对为人民的利益积极助力者,我们以人民的名义宣誓,即使是警察干部甚至是居于高位者,将来我们将给予最大限度的宽大待遇。其二,对从事警备(信息)、搜查、特务工作者以及镇压劳动者尤其是命令开枪、使用瓦斯的干部我们绝不容情,我们将把这些人民的敌人一一铭记在心,并在未来以人民的名义施以最严厉的处罚。
>
> D在被判决成立煽动罪后向最高法院提出上诉,主张成立《地方公务员法》第61条第4款规定的煽动罪,必须存在导致他人产生实施特定违法行为(本案中是指息于履行职责的行为)的犯意或者助长既有犯意的事实,否则违反《宪法》第21条之规定。1954年4月27日,最高法院第三小法庭判决认为,被告人以通过散发宣传物,追求降低自治团体警察工作效率的息于履行职责的行为之目的,实施了足以催生实施上述行为犯意的行为,创造了使煽动对象产生新的犯意、实施犯罪的危险性,因此无论对方是否产生犯意、是否存在助长事实,其行为都构成《地方公务员法》第61条第4款规定的煽动罪,对之予以处罚不违反《宪法》第21条之规定。

二、帮助犯

(一)帮助犯的概念与构成要件

根据《刑法典》第62条之规定,帮助犯(从犯),是指帮助正犯者。从共犯从属说与最高法院第二小法庭在1949年"运送赃物、帮助抢劫等案"

---

① 昭和27(あ)5779,刑集8·4·555。

中"帮助犯是以加功他人犯罪的意思,以有形或者无形的方法提供帮助,让他人容易实施犯罪"的判决出发①,成立帮助犯应具备帮助故意、帮助行为与被帮助者实施犯罪三个要件。

1. 帮助故意

帮助故意,是指认识到正犯的实行行为,并且认识到自己的行为能够让该实行行为更加容易而实施行为的意思。成立帮助故意,不以认识到正犯行为能够实现基本构成要件为要件,帮助犯是否认识到其帮助行为与构成要件结果之间的因果关系不重要。同时,帮助犯的故意是未必故意即可,如果正犯行为与帮助犯的认识之间存在差异,可根据错误理论处理。例如,在1950年的"伤害致死案"中,D认为正犯A正在实施伤害行为而将匕首借给A,后者却实施了杀人行为,最高法院第三小法庭判决认为,应根据《刑法典》第38条第2款"即使实施了构成较重之罪的行为,如果行为人在行为之际对构成较重之罪的事实并无认识,不得以较重之罪处罚之"的规定,认定行为人成立伤害致死罪的帮助犯。②

在未遂帮助,即帮助犯预期正犯的实行行为止步于未遂而实施帮助行为的场合,因为成立帮助犯不以对构成要件结果的认识为要件,所以如果正犯行为的未遂具有可罚性,未遂帮助作为未遂犯的帮助犯亦可罚。

与教唆相似,帮助行为也仅限于行为人存在故意的场合,过失帮助不可罚。虽然在理论上,从行为共同说出发可以得出过失帮助犯也可以成立的结论,但是因为过失犯仅在有特殊规定的场合可罚,所以处罚过失帮助行为违反罪刑法定原则,而且在共同导致过失犯中的犯罪结果的场合,如果行为人也违反了注意义务,以过失共同正犯处罚即可。③

2. 帮助行为

帮助行为,是指实行行为以外的让正犯实施实行行为更容易的行为。虽然帮助的对象应该是特定的,但是帮助的方法可以是不特定的,既包括物理的、有形的方法,例如借给犯罪人工具、将诈骗对象介绍给诈骗犯

---

① 昭和24(れ)1506,刑集3·10·1629。
② 昭和25(れ)400,刑集4·10·1965。
③ 前田雅英等编『条解刑法』(第2版,2007,弘文堂)224页参照。

等,也包括精神的、无形的方法,例如鼓励犯罪人、传授方法与手段等。① 例如,在2013年的"危险驾驶致死伤案"中,最高法院第三小法庭也裁决认为,X与Y明知A醉酒驾驶,全程沉默未实施任何制止行为,增强了A的犯意,使其更容易实施犯罪,因此成立危险驾驶致死伤罪的帮助犯。

危险驾驶致死伤案

[平成23(あ)2249,刑集67・4・437]

被告人X与被告人Y系运输公司的驾驶员,A不但是其同事,而且是前辈、好友。2008年2月17日13时30分左右至当日18时20分左右,X、Y与A等数人饮酒后,明知A已经高度醉酒,却相约一起到B店继续饮酒。之后,A先驾车到B店停车场。X与Y到达后,A提议在等待B店营业期间,开车兜一圈。X向A点头,Y说"好的",都表示同意。如此,A虽然在酒精的影响下已经处于难以驾驶的状态,仍然上路高速驾驶,以约100~120公里的时速冲入对向车道,与两辆车先后发生冲撞,致使2人死亡,4人受伤。在此期间,X与Y并未表示不同意见或者制止A,而是一直保持沉默。一审法院经审理,认定X与Y构成危险驾驶致死伤罪的帮助犯,分别判处2年惩役。在二审维持原判后,辩护方向日本最高法院提出上诉,认为X与Y仅仅保持沉默,其行为不构成帮助。

2013年4月15日,日本最高法院第三小法庭判决认为,就案中A的驾驶行为,A向同乘的X与Y征求了意见并获得同意,X与Y明知A醉酒却同意A驾驶车辆,且全程沉默未实施任何制止行为,他们的认可与继续沉默加固了A的驾驶意志,使得其更容易实施犯罪,因此二人成立危险驾驶致死伤罪的帮助犯。

---

① 大谷实『刑法講義総論』(第5版,2019,成文堂)444頁、前田雅英等编『条解刑法』(第2版,2007,弘文堂)226頁参照。

帮助行为在大多数情况下是作为，但也可以是不作为。在 2000 年的"伤害致死帮助案"中，在同居男友 D 对 3 岁次子 A 实施殴打面部、头部以及其他暴行并致使 A 死亡之际，独自负有监护义务的母亲 B 未加阻止，札幌高等法院判决认为，不作为的帮助犯是指负有阻止正犯犯罪行为义务者，明知存在通过作为阻止正犯犯罪行为的可能性，而不履行义务，使正犯实施犯罪行为更加容易的情况。①

帮助行为既可以是事前帮助（预备帮助），例如，在事前帮助准备犯罪工具或者传授犯罪方法，也可以是事中帮助（随附帮助），例如，在正犯实施犯罪时帮助望风。但是，事后帮助行为不构成帮助犯，例如，在犯罪之后藏匿犯罪人或者赃物的，刑法将之规定为独立的犯罪予以处罚。

帮助行为可能是直接行为，例如，明知正犯要杀人而递刀，也可能是间接行为，即帮助帮助犯的情形。在理论上，就是否应承认间接帮助，否定说认为，《刑法典》第 62 条明确规定帮助正犯者才构成帮助犯，帮助行为不是正犯行为，因此提供间接帮助者不构成帮助犯。肯定说则认为，帮助行为的处罚根据在于使得正犯行为易于实施，应既包括直接也包括间接使实行行为易于实施的行为，而且帮助行为是符合修正的构成要件的行为，存在成立共犯的余地。② 多数说与判例都站在了肯定说的立场。③ 在 1969 年的"帮助公然陈列猥亵图画案"中，被告人 D 明知 A 以及 A 的老客户 B 具有让不特定多数人观看的故意，而将案中的猥亵电影胶片借给 A，A 又将之借给 B，B 将之复制后，供十余人观看，构成公然陈列。最高法院第一小法庭裁决认为，D 间接帮助正犯 B 的犯行，成立帮助犯。④ 就应否处罚再间接帮助，有的观点认为，从帮助行为本身的可罚性较低的角度出发，应该附加一定的限制，以维持刑法的谦抑性。⑤

帮助行为可以由一个人单独实施，也可以由多人共同实施。在共谋

---

① 大谷実『刑法講義総論』（第 5 版，2019，成文堂）445 頁参照。
② 平野龍一『刑法（総論Ⅱ）』（1975，有斐閣）352 頁、大谷実『刑法講義総論』（第 5 版，2019，成文堂）449 頁参照。
③ 井田良『講義刑法学総論』（2008，有斐閣）491 頁参照。
④ 昭和 43（あ）1889，刑集 23・8・1061。
⑤ 中山研一『口述刑法総論』（補訂 2 版，2007，成文堂）310 頁参照。

共同帮助,即多人共谋实施帮助行为之后,部分共谋者实施了帮助行为的场合,虽然如共谋共同教唆相似,在理论上存在争议,但是判例也明确认为,其他共谋者也应该承担帮助犯的责任。①

如上所述,成立帮助犯不以帮助者与正犯之间的犯意联络为要件,因此不但支持行为共同说的论者,就是支持犯罪共同说的论者也大多认为可以承认片面帮助犯。例如,D 知道 A 计划进入 B 的家中盗窃,就事先将 B 家的门锁打开。即使 A 对此毫不知情,D 也构成帮助犯。② 大审院早在 1925 年的"帮助开设赌场案"中就判决认为,成立共同正犯要求共同犯罪人之间存在意思联络,也即相互认识到共同犯罪为要件,但是成立帮助犯,只要帮助者认识到正犯的行为并存在帮助的意思即可。此后,在 1928 年的"帮助干涉选举案"中,被告人 D 是某镇议员选举委员会的委员长。A 跟随中风的 B 进入投票处,并在没有正当理由的情况下接受 B 的委托代替其投票。D 看到了这一情况,并没有予以制止。大审院认为,不作为的帮助犯,是指认识到他人的犯罪行为,但是违背自己承担的法律义务,通过自己的不作为让他人实施犯罪更加容易,不以共同犯罪人之间的意思联络或者共同认识为要件。因此,D 成立干涉选举罪的帮助犯。③

3. 被帮助者实施犯罪

与成立教唆犯相似,除法律另有规定,成立帮助犯也以正犯实施犯罪为要件。此处的"犯罪",也是指具有法益侵害或者侵害危险的该当构成要件的行为,不以正犯的可罚性为要件。从帮助犯的处罚根据出发,帮助必须在物理或者心理上促进了正犯行为,也即帮助行为与正犯行为之间应该具有因果性。在 1990 年的判例中,被告人 D 为了防止手枪声音外泄,而在地下室望风,但是杀人行为是在其他场所进行,正犯也没有认识到 D 的望风行为。因此,东京高等法院认定 D 不成立帮助犯。④

---

① 大谷実『刑法講義総論』(第 5 版,2019,成文堂)446 頁参照。
② 井田良『講義刑法学総論』(2008,有斐閣)491 頁、中山研一『口述刑法総論』(補訂 2 版,2007,成文堂)308 頁参照。
③ 西田典之=山口厚=佐伯仁志『判例刑法総論』(第 5 版,2009,有斐閣)402 頁以下参照。
④ 中山研一『口述刑法総論』(補訂 2 版,2007,成文堂)307 頁参照。

就因果关系的内容,在理论上存在帮助行为与正犯行为之间的因果关系、帮助行为与正犯造成的结果之间的因果关系、帮助行为与正犯法益侵害危险的增加之间的因果关系等不同见解。① 从帮助犯的构成要件仅指帮助正犯行为,是使之容易实施的行为出发,成立帮助犯不以帮助行为与实行行为之间的条件关系为要件,就如上述2013年"危险驾驶致死伤案"所示,帮助行为只要在具体情境中产生了实行行为更加容易实施的效果即可。在A为了帮助有意毒杀C的D,而提供毒药给D的场合,即使D最后没有使用毒药,而使用手枪杀死C,也可以肯定A的帮助行为与D的杀人行为之间存在因果性,因为该行为让D在心理上觉得杀人行为变得容易。②

(二) 帮助犯与共同正犯、教唆犯的区别

1. 帮助犯与共同正犯的区别

在形式上,可以认为帮助犯与共同正犯的区别在于前者并不分担实行行为。但是在实质上,尤其是在承认"共谋共同正犯"的情况下,以"是否实施了实行行为"为标准难以区分帮助犯与共同正犯,因为未实施任何实行行为者也可以被认定为共同正犯。例如,在1982年的"违反《大麻取缔法》《海关法》案"中,计划从泰国走私大麻的A希望被告人D具体实施走私行为,D虽然以正在缓刑期为由予以拒绝,但是将自己的朋友B介绍给A代替自己,并为获得部分走私的大麻而提供了部分资金。最高法院第一小法庭裁决认为,D构成共同正犯。③ 因此,在区别帮助犯与共同正犯之际,必须采取综合标准:在客观上,根据行为人作用的大小、行为的内容、利益归属、犯罪前的行为方式等情节,考虑是否可以将犯罪评价为行为人自己所为;在主观上,根据行为人的犯罪动机、行为人与实行犯之间的意思联络情况来判断。④ 如果在客观上可以将犯罪评价为行为人自己

---

① 井田良『講義刑法学総論』(2008,有斐閣)495頁、大谷実『刑法講義総論』(第5版,2019,成文堂)447頁参照。
② 大谷実『刑法講義総論』(第5版,2019,成文堂)448頁参照。
③ 昭和56(あ)1588,刑集36・6・695。
④ 前田雅英『刑法総論講義』(第5版,2011,東京大学出版会)520頁参照。

所为,该行为人在主观上为了实现自己的目的而与其他实行犯积极联络,则应认为其构成共同正犯,而非帮助犯。

在帮助犯与共同正犯的区别之中,望风行为最具有争议性。从只有实施实行行为者才能构成正犯的立场出发,实施该当实行行为以外的行为者应构成帮助,例如,赌博以及开设赌场的案件中的望风者通常都被认定为帮助犯。① 但是从判例来看,即使望风者并未分担实行行为,也可能被评价为共同正犯,尤其在杀人、盗窃以及抢劫案中更是如此。例如,在1948年的"抢劫、盗窃案"中,最高法院第三小法庭判决认为,在数人共谋实施抢劫或者盗窃的场合,即使部分共谋者是在屋外望风也成立共同正犯,这是大审院数次判例都明确坚持的立场而且并无修正的理由。在该案中,被告人与他人共谋,在其他共谋者进入工厂内偷窃之际望风,其行为构成盗窃罪的共同正犯。② 因此,在判断望风者是构成帮助犯还是共同正犯之际应区分犯罪类型,并采纳综合标准予以判断,即使某一行为在形式上不构成实行行为,从是否存在共谋、共谋的内容以及具体行为状态出发,也可以肯定成立共同正犯。③

2. 帮助犯与教唆犯的区别

帮助犯与教唆犯具有一定的相同之处。就如最高法院第二小法庭在上述1949年的"运送赃物、帮助抢劫等案"中所言,在自己并不直接实施实行行为这一点上,帮助与教唆并无不同。④ 在有形帮助的场合,帮助犯与教唆犯的区别相对明显。但是,在无形帮助的场合,二者的区别就非常微妙。通常认为,无形帮助,是指对已经存在实施犯罪意思者,通过建议或者激励等巩固其犯意;而教唆是指对尚未决意实施犯罪者,通过诱导等行为使之产生新的犯意。⑤

---

① 前田雅英『刑法総論講義』(第5版,2011,東京大学出版会)521頁参照。
② 昭和22(れ)235,刑集2・3・220。
③ 前田雅英等编『条解刑法』(第2版,2007,弘文堂)227頁参照。
④ 昭和24(れ)1506,刑集3・10・1629。
⑤ 大谷実『刑法講義総論』(第5版,2019,成文堂)449頁参照。

三、教唆犯与帮助犯的处罚及其限制

根据《刑法典》第 61 条第 1 款的规定,对于教唆犯,处以正犯之刑。此处的"正犯之刑"是指可以适用于正犯的法定刑,也即根据正犯的法定刑处罚教唆犯。① 从犯罪停止形态而言,如果正犯是犯罪既遂,则在既遂犯的法定刑范围内处罚,如果正犯是犯罪未遂,则在未遂犯的法定刑范围内处罚,并不从属于正犯被判处的刑罚,因此在实践中教唆犯的宣告刑也可能重于正犯的宣告刑。同时,处罚教唆犯,不以正犯被起诉或者处罚为前提。②

因为相比于正犯而言,帮助犯的责任相对较轻,所以《刑法典》第 63 条规定,对于帮助犯比照正犯之刑减轻处罚。所谓"减轻处罚",是指比照正犯的法定刑,按照《刑法典》第 68 条规定的"法律上的减轻方法"选择处断刑,而非比照正犯的宣告刑减轻处罚。因此与教唆犯的情形相似,在实践中帮助犯的宣告刑也可能重于正犯的宣告刑。

应当指出的是:第一,《刑法典》第 64 条规定,对只应判处拘役或者科料之罪的教唆犯与帮助犯没有特别规定的不予处罚。所谓"只应判处拘役或者科料",是指法定刑仅规定了拘役或者科料,或者对二者择一适用的情况,不包括含有其他刑罚选择或者并科的情况。例如,《刑法典》第 231 条规定,对侮辱罪处以拘役或者科料,因此对教唆或者帮助侮辱的行为如无特别规定就不能处罚。"特别规定"主要存在于特别刑法与附属刑法之中,例如《轻犯罪法》第 1 条规定,实施该条规定各罪的处以拘役或者科料,根据《刑法典》第 64 条之规定,对教唆或者帮助行为不应处罚,但是同法第 3 条规定,教唆或者帮助他人实施第 1 条规定之罪的,以正犯论处。《醉酒防止法》第 4 条第 1 款规定,醉酒者在公共场所或者公共交通工具中实施严重扰乱公众的粗野或者狂暴行为的,处拘役或者科料;同条第 3 款继而规定,教唆或者帮助他人实施第 1 款规定之罪的,以正犯论处。第二,虽然根据《刑法典》第 63 条之规定,对从犯应比照正犯减轻处罚,但是有的

---

① 昭和 25(れ)1303,刑集 4·12·2586。
② 前田雅英等编『条解刑法』(第 2 版,2007,弘文堂)222 页参照。

立法作出了例外规定。例如《国家公务员法》第111条、《地方公务员法》第62条等都规定对于帮助犯处以与正犯相同的刑罚。

第四节 相关问题

一、共犯与身份

日本《刑法典》第65条第1款规定,在对由犯罪人的身份构成之罪加功之际,无身份者亦构成共犯;第2款继而规定,在根据身份特别规定刑罚轻重之际,对无身份者处以通常之刑。就《刑法典》第65条第1款与第2款的关系,通说与判例都认为,第1款是有关构成(真正)身份犯的规定,第2款是关于加减(不真正)身份犯的规定。就如最高法院第一小法庭在1966年的"尊亲属杀人案"中所言,《刑法典》第200条规定的并非由犯人身份特殊构成的犯罪,而是基于存在尊卑亲属身份的理由特别加重了刑罚。因此,对于不具有直系后辈关系的共犯者应根据《刑法典》第65条第2款之规定处断。[①]

(一)共犯

从共犯从属说出发,《刑法典》第65条第1款规定的共犯包括教唆犯与帮助犯在理论上并无异议,例如,不具有公务员身份的人教唆或者帮助公务员受贿,也构成受贿罪。但就是否包括共同正犯,存在肯定说、否定说与区别说的分歧。否定说认为,在真正身份犯的场合无身份者不可能实施实行行为,因此"共犯"仅限于教唆犯与帮助犯,不包括共同正犯[②];区别说则主张,在真正身份犯的场合,仅包括教唆犯与帮助犯,在不真正身份犯的场合包括所有的共犯形式。[③]

---

① 昭和30(あ)3263,刑集10・5・734。
② 浅田和茂『刑法総論』(第2版,2019,成文堂)463頁参照。
③ 団藤重光『刑法綱要総論』(第3版,1990,弘文堂)420頁、大塚仁『刑法概説』(第4版,2008,成文堂)333頁参照。

通说与判例都站在了肯定说的立场。① 在1965年的"强奸、恐吓案"中,最高法院第三小法庭裁决认为,强奸罪的行为主体仅限于男性,因此符合《刑法典》第65条第1款所谓的由身份构成的犯罪。但是无身份者也能够利用有身份者的行为侵害强奸罪保护的法益,因此如果无身份者与有身份者进行共谋,对犯罪行为进行加功,应该根据《刑法典》第65条第1款,认定其成立强奸罪的共同正犯。② 在2005年的"违反《商法》《法人税法》案"中,最高法院第三小法庭也裁决认为,被告人的行为很明显可以被评价为 A 等特别背任行为的共同加功行为,因此其成立特别背任罪的共同正犯。③

(二)身份

就《刑法典》第65条中的"身份",1952年的"恐吓未遂、侵占案"判决认为,不仅是指男女性别、本国人与外国人的区别、亲属关系、公务员资格等,还包括犯人与特定犯罪之间的关系这一笼统的特殊地位或者状态。例如,在《刑法典》第252条规定的侵占罪中,犯罪人与侵占目的物之间的关系是"占有"这一特殊状态,也即犯罪人处于"物的占有者"这一特殊地位是犯罪成立的条件,属于《刑法典》第65条规定的身份。④ 判例中言及的身份还有《刑法典》第156条规定的制作虚假公文书罪中的公务员、第169条规定的伪证罪中的证人、第197条规定的受贿罪中的公务员、第238条规定的事后抢劫罪中的盗窃犯、第247条规定的背任罪中的处理他人事务者、第186条第1款规定的常习赌博罪中的常习者、第212条规定的自己堕胎罪中的怀孕的妇女、第214条规定的业务上堕胎罪中的医师等。⑤

就"目的"是否构成此处的"身份"在理论与实务中都存在争议。否

---

① 中山研一『口述刑法総論』(補訂2版,2007,成文堂)314頁、前田雅英『刑法総論講義』(第4版,2011,東京大学出版会)528頁参照。
② 昭和37(あ)2476,刑集19·2·125。
③ 平成15(あ)59,刑集59·8·1108。
④ 昭和27(れ)103,刑集6·8·1083。
⑤ 前田雅英等編『条解刑法』(第2版,2007,弘文堂)236頁参照。

定说认为，身份以一定的持续性为前提，因此不包含诸如"目的"等暂时存在的主观情况。① 肯定说则认为，虽然在通常语义上，身份是指社会关系中人的上下地位，需要以持续性为前提。但是身份能够成为刑法中的问题，是因为人的要素关系到犯罪的成立与否和刑罚的轻重。目的虽然是暂时性的事务，也是有关犯罪行为的人的特殊状态，影响到犯罪的成立与刑罚的轻重。②

判例也曾一度持否定的态度。例如，在 1925 年的判例中，大审院认为，《刑法典》第 225 条规定的"拐骗营利罪"中的"营利目的"并非身份。③ 但是在 1967 年的"违反《麻药取缔法》案"中，最高法院第三小法庭判决认为，《麻药取缔法》第 64 条第 1 款规定，违反该法第 12 条第 1 款之规定进口麻药的，处 1 年以上惩役；第 2 款规定，以营利目的实施上述违法行为的，处无期或者 3 年以上惩役，或者根据情节处无期或者 3 年以上惩役，并处 500 万日元以下罚金。如此而言，对于违反《麻药取缔法》第 64 条和第 12 条第 1 款的规定进口麻药者，根据犯罪人是否具有"营利目的"这一特殊状态的差异，区别应该判处刑罚的轻重，符合《刑法典》第 65 条第 2 款中"因身份特别加重或者减轻处罚"的规定。因此，在有营利目的与无营利目的者共同违反《麻药取缔法》第 12 条第 1 款规定进口麻药的场合，应该根据《刑法典》第 65 条第 2 款，对有营利目的者处以第 64 条第 2 款规定的处罚，对无营利目的者处以同条第 1 款规定的处罚。④ 简而言之，"营利目的"属于身份。从影响犯罪成立与刑罚轻重的角度而言，应该支持肯定说的立场。

(三)《刑法典》第 65 条第 2 款的解释

1. 无身份者加功有身份者行为的情形

从条文表述来看，《刑法典》第 65 条第 2 款毫无疑问适用于无身份者加功有身份者行为的情形，该款中的"通常之刑"，是指无身份者构成单独

---

① 大塚仁『刑法概説』(第 4 版，2008，成文堂)329 頁参照。
② 大谷実『刑法講義総論』(第 5 版，2019，成文堂)451 頁参照。
③ 西田典之＝山口厚＝佐伯仁志『判例刑法総論』(第 5 版，2009，有斐閣)428 頁参照。
④ 昭和 41(あ)1651,刑集 21・2・417。

犯之际应该科处的刑罚。问题是，在根据该款进行处罚之际，对无身份者应该如何定罪？例如，在无身份者 X 帮助有身份者 Y 实施业务侵占罪的场合，从犯罪共同说数人一罪的立场出发，应认为 X 成立业务侵占罪的共犯，但是根据第 65 条第 2 款的规定，应处以普通侵占罪的帮助犯的刑罚。从行为共同说数人数罪的角度出发，应认为 X 成立普通侵占罪的帮助犯，当然也是根据普通侵占罪的法定刑处罚。

就此问题，判例也存在争议。例如，在 1920 年的判例中，X 是普通人，Y 是医师。X 教唆怀孕的 A 堕胎，A 表示同意。X 又教唆 Y 给 A 实施堕胎手术。大审院判决认为，X 教唆 A 的行为成立《刑法典》第 212 条规定的堕胎罪的教唆，教唆医师 Y 的行为成立《刑法典》第 214 条规定的业务上堕胎罪的教唆，构成竞合关系，因此成立业务上堕胎罪的教唆，但是 X 并无医生的身份，因此根据《刑法典》第 65 条第 2 款的规定，处以同意堕胎罪的刑罚。① 上述 1966 年的"尊亲属杀人案"判决也认为，不具有直系后辈身份者成立尊亲属杀人罪的共犯，只是根据《刑法典》第 65 条第 2 款的规定处以普通杀人罪的刑罚而已。这显然是犯罪共同说的结论。

与此相对，在 1913 年的无赌博常习的 X 帮助有赌博常习的 Y 的判例中，如果根据犯罪共同说 X 应成立《刑法典》第 186 条规定的常习赌博罪的共犯，然后根据第 65 条第 2 款规定处以第 185 条规定的普通赌博罪的刑罚，但是大审院认定 X 成立普通赌博罪的帮助犯，并处以普通之刑。这显然是行为共同说的结论。上述 1967 年的"违反《麻药取缔法》案"判决也认为，在有营利目的者与无营利目的者共同违反《麻药取缔法》第 12 条第 1 款进口麻药的场合，应该根据《刑法典》第 65 条第 2 款，对有营利目的者处以第 64 条第 2 款规定的处罚，对无营利目的者处以同条第 1 款规定的处罚。② 在 2022 年 6 月 9 日判决的"职务侵占案"中，最高法院第一小法庭也认为，无身份者与有身份者共同实施职务侵占行为的，对无身份者应根据侵占罪的法定刑确定追诉时效。③

---

① 前田雅英等编『条解刑法』（第 2 版，2007，弘文堂）237 頁参照。
② 昭和 41（あ）1651，刑集 21·2·417。
③ 令和 3（あ）821。

2. 有身份者加功无身份者行为的情形

因为《刑法典》第 65 条第 2 款的表述是"在根据身份特别规定刑罚轻重之际,对无身份者处以通常之刑",所以就是否可以根据该款规定,在有身份者加功无身份者行为之际,例如,有赌博常习的 X 帮助无赌博常习的 Y 实施赌博行为,对前者处以身份犯的刑罚存在争议。否定说认为,既然帮助行为并非实行行为,在条文没有规定对有身份者处以身份犯的处罚的情形下,承认"不是被害人的直系后辈""不是赌博常习犯"这样的消极身份,非但是"身份概念"的自杀,而且违反条文的文理解释。① 此外,从犯罪共同说的立场出发,结果也应该是"既然正犯 Y 成立普通赌博罪,X 作为帮助犯也成立普通赌博罪"。多数说则认为,既然正犯和共犯可以成立不同的犯罪,将从属性尤其是罪名从属性贯彻到底并不恰当,在对正犯行为的重要部分实施了加功行为的场合,共犯行为成立比正犯行为更重的罪名是可能的。因此对于《刑法典》第 65 条第 2 款的解释应该是根据参与者的具体情况选择罪名。同时,虽然否定说对多数说提出批判,认为多数说是共犯独立说的结论,违反共犯从属说,但是多数说也是以共犯从属于符合构成要件的行为为前提,所以否定说的批判并不恰当。②

大审院在 1914 年的判例中也曾认为,在赌博常习犯对非赌博常习犯的赌博行为提供帮助之际,即使帮助者有赌博常习,也不成立常习赌博罪的帮助,而是成立普通赌博罪的帮助。但是,之后在 1918 年的判例中,大审院改变了立场,认为如果帮助或者教唆行为体现出赌博的癖好,应该适用《刑法典》第 65 条第 2 款之规定。在 1923 年的儿子教唆第三人杀害父亲的判例中,大审院也认为对于儿子应科处尊亲属杀人罪教唆犯的刑罚。因此,就犯罪与科刑的关系,判例并没有采纳"有身份者可以成为无身份者的共犯,然后根据第 65 条第 2 款处以加减身份犯共犯的刑罚",而是采纳了"有身份者根据本条第 2 款构成加减身份犯本身的共犯,所以处以加减身份犯本身的共犯之刑"的观点,站在了行为共同说的立场。③

---

① 团藤重光『刑法綱要總論』(第 3 版,1990,弘文堂)424 頁参照。
② 大谷実『刑法総論講義』(第 5 版,2019,成文堂)460 頁参照。
③ 前田雅英等編『条解刑法』(第 2 版,2007,弘文堂)238 頁参照。

二、共犯错误

共犯错误,是指共犯者主观认识的犯罪事实与正犯者实行的犯罪事实不一致,例如,数人共谋实施伤害行为,但是其中一人在犯罪现场产生杀人故意并杀死被害人;X 教唆 Y 伤害 Z,Y 却产生杀人故意并杀死 Z。对共犯错误,原则上应根据单独正犯中的错误理论处理。在具体事实错误的场合,例如,D 教唆 X 到 A 处盗窃,X 实际上到 B 处实施了盗窃,或者 D 教唆 X 杀 A,但是 X 实际杀了 B。在这种情况下,判例都是站在法定符合说的立场,认定 D 成立盗窃罪既遂/杀人罪既遂的教唆犯。[1] 在抽象事实错误的场合,应根据实质符合说在实质上理解构成要件的符合,在不同构成要件实质重合的范围内认定共犯是否成立。

(一)实际实施较重犯罪的情形

在共犯者共谋实施较轻的犯罪,其中一人实施较重犯罪的场合,例如,A 与 B 共谋到 X 处盗窃,但是 B 实施了抢劫,或者 A 教唆 B 盗窃 X 的财物,B 在被 X 发现之际实施了抢劫,应认为可在盗窃罪与抢劫罪实质重合的范围内,追究 A 盗窃罪的共同正犯或者教唆犯的刑事责任。

在这一情形中需要特别讨论的是结果加重犯的共犯问题。例如,在上述 A 教唆 B 盗窃 X 的财物 B 却实施抢劫的场合,如果 B 在抢劫过程中致使 X 死亡,或者 A 与 B 共同实施抢劫,B 在抢劫行为之后杀害了 X,A 是否应该为 X 的死亡结果承担责任,即承担抢劫致死罪的刑事责任?对于结果加重犯中的结果,判例坚持过失不要说,因此持肯定立场。例如,在 1948 年的"伤害、伤害致死案"中,最高法院大法庭一致判决认为,在多人聚团,共谋对他人实施暴行之际,即使共谋者之一因为偶然原因没有及时赶到犯罪现场,或者在犯罪现场没有直接对实行行为加功,如果能够认定其通过其他共谋者的实行行为实现了自己的犯意,则就其他共谋者造成的伤害以及致死结果,该行为人也应承担共同正犯的责任。[2]

---

[1] 前田雅英『刑法総論講義』(第 4 版,2011,東京大学出版会)536 頁参照。
[2] 昭和 23(れ)296,刑集 2·11·1267。

理论上,有的观点认为,构成结果加重犯就加重结果应存在过失,因此主张在对过失共同正犯或者过失犯予以教唆与帮助之际,可以成立对结果加重犯的教唆与帮助。但是反对的观点认为,如果认为共犯的处罚根据在于通过正犯行为导致犯罪结果,过失犯的共犯与结果加重犯的共犯并无实质区别。同时,在结果加重犯的共犯场合,真正的问题在于责任非难,而在认识到基本犯的场合,很难想象对加重结果没有预见可能性。①

(二)实际实施较轻犯罪的情形

在共谋实施较重的犯罪,实际实施了较轻犯罪的场合,例如,A 教唆 B 去盗窃 C 的财物,但是 B 在盗窃现场产生了侵占的故意,并实际上侵占了 C 的遗忘物,或者 A 教唆 B 去杀 C,B 临时又产生了伤害故意,并对 C 造成了伤害结果。在这种情况下,应在不同构成要件实质重合的范围内,认定 A 成立侵占罪或者伤害罪既遂的教唆犯。

这里需要回答的问题是:第一,在实质重合的范围内认定成立较轻之罪,是否符合实行从属的要求?例如,在上述 A 教唆 B 实施盗窃,B 却实施了侵占的例子中,A 教唆 B 实施盗窃,正犯者 B 也产生了盗窃故意,A 在形式上应成立盗窃罪的教唆未遂。但是,因为 B 的行为在实质上不构成盗窃罪的实行行为,所以认定 A 构成侵占罪的教唆犯才是实行从属的要求所在。第二,较重之罪的教唆内容是否包括较轻之罪?具体而言,例如,盗窃的教唆之中是否包括了侵占的教唆?从不同的构成要件存在实质重合出发,可以认为对重罪的认识之中包括对轻罪的认识,因此虽然在文字上可能有所偏差,但是就正犯实际实施的该当较轻之罪构成要件的行为,也应认为成立教唆,这也符合共犯者的罪责从属于正犯者的实行行为与因果判断的要求。

三、共犯的中止与脱离

(一)共犯的中止

虽然单独犯与共犯的具体形式存在差异,但是《刑法典》第 43 条因

---

① 前田雅英『刑法総論講義』(第 4 版,2011,東京大学出版会)539 頁参照。

本人意志中止犯罪的减轻或者免除刑罚的规定也适用于共犯。例如，在共同正犯的场合，如果共犯者在实行着手以后全体同意中止犯罪，当然成立犯罪中止。即使全体共犯者是因为其中一人全力游说而中止犯罪，也应认为全部成立犯罪中止。如果共犯者中仅一人决定中止犯罪，全力阻止其他共犯者实施犯罪并防止了结果发生，当然仅其一人成立犯罪中止。

那么，在实行着手之后，共同正犯中的一人虽然实施了中止行为，但是结果仍然发生的场合，该行为人是否成立犯罪中止？就此问题，可以分为两种情况：其一，该行为人虽然自愿中止犯罪并努力劝阻其他共犯者，但是其他共犯者继续实施实行行为并导致犯罪结果。在这一情况下不存在中止未遂的问题；其二，该行为人成功阻止了其他共犯者的实行行为，消除了实行的危险。在这种情况下，即使其他共犯者之后产生新的犯意，实施犯罪并达到既遂阶段，也应认为该行为人成立犯罪中止。也即，如果能够认定行为人是基于自己意志中止实行行为并脱离共犯关系，可以否定其共犯行为与最终结果之间的因果关系，认为其成立中止犯。

虽然教唆犯与帮助犯本人并不实施实行行为，在形式上并不符合《刑法典》第43条后半段的但书规定，但是从设立中止犯的目的出发，在正犯者着手之后，如果教唆犯与帮助犯成功阻止其犯罪达到既遂，也应该认为成立中止犯。① 当然，中止的效果仅及于中止犯本人。

(二) 共犯的脱离

如何判断行为人已经脱离了共犯关系，或者说其与其他犯罪人之间的共犯关系已经消解？**犯意联络缺乏说**认为，如果已经不存在共同正犯之间的意思联络，之后的行为就应被视为单独犯。判断意思联络是否已经中止的重要标准，是行为人是否为阻止发生结果付出了真挚努力。**共同正犯脱离说**认为，在共犯场合，如果存在真挚的中止行为，可认为已经

---

① 団藤重光『刑法綱要総論』(第3版,1990,創文社)430頁、大塚仁『刑法概説総論』(第4版,2008,有斐閣)347頁参照。

脱离了共犯关系,作为障碍未遂处理。即使未能阻止结果发生,如果已经切断了脱离之前行为的影响力,也应作为未遂处理。**因果影响消除说**认为,应该将脱离与中止分开考虑,如果行为人消除了自己的加功行为对结果的因果影响,可认为成立未遂,如果其中止犯罪是基于自己的意志,则成立中止犯。①

犯意联络缺乏说显然是从犯罪共同说出发得出的结论,因为行为共同说不以犯意联络为共同正犯的要件,而且为阻止结果发生付出真挚努力是中止犯成立的判断标准,该说显然是将共犯脱离的问题与中止犯的问题混为一谈。共同正犯脱离说的结论之中显然也存在着缺陷,因为脱离共犯关系并不以真挚的中止行为为要件,而且认为存在真挚的中止行为成立未遂也存在疑问。因此,应该支持因果影响消除说,即如果行为人通过脱离共犯关系消除了因果影响,则其对以后的实行行为都不应承担责任。即使其他共犯者导致犯罪结果的发生,行为人也构成未遂犯。这也是判例的立场。

1. 着手前的脱离

在1950年的"盗窃伤害案"中,东京高等法院判决认为,如果与他人共谋实施犯罪者在着手之前明确告诉其他共犯者自己中止实行犯罪并获得同意,应该认为其不应为其他共犯者根据之后共谋实施的犯罪承担责任。② 在1953年的"教唆抢劫、违反《枪支刀剑等持有取缔令》案"中,福冈高等法院判决认为,在数人共谋进行抢劫并实施了准备行为,其中一人D幡然悔悟,为脱离该抢劫行为而离开现场的场合,即使D没有阻止也未明确表示脱离该犯行,如果剩余的其他共谋者意识到D脱离的事实,并在共谋后继续实施上述抢劫行为之际,应认为其他共谋者默示承认了D的脱离。因此,D仅承担最初共谋的抢劫罪的预备责任,不承担之后抢劫的共同正犯责任。③ 显而易见,这两个案例都认为,判断正犯着手实施实行行为之前的脱离是否成立,应以行为人是否已经就其脱离获得其他共犯

---

① 浅田和茂『刑法総論』(第2版,2019,成文堂)479页以下参照。
② 昭和25(わ)61,高刑集3・3・407。
③ 昭和27(う)2926,高刑集6・1・1。

者同意为标准。

同时,判例也认为,在某些场合,尤其是脱离者在参与犯罪并提供了信息或者工具之际,单单得到共犯者的同意还不足以消除共谋关系。例如,在 2009 年的"侵入住宅、抢劫致伤案"中,被告人 D 与其他数人共谋进入他人住宅实施抢劫,在部分共犯者侵入被害人住宅之后,负责望风的 D 给侵入住宅的共犯者打电话说"还是停止犯罪为好,我先回了",然后没有采取任何防止之后犯罪行为的措施,就从望风的位置离开,剩下的共犯者继续实施了抢劫行为。最高法院第三小法庭裁决认为,即使剩下的共犯者知道了 D 脱离的事实,也不能认为最初的共谋关系已经消解,应认为共犯者之后的抢劫行为是基于最初的共谋,D 成立抢劫致伤罪的共谋共同正犯。① 因此,即使是在着手前脱离的场合,在某些情况下也需要行为人采取一定措施防止之后的犯罪行为,才能消除其与实行行为之间的心理与物理的因果关联。

2. 着手后的脱离

从判例来看,在正犯着手实施实行行为之后,如果部分共犯者想脱离共犯关系,摆脱其后行为所产生的刑事责任,仅仅将其脱离的决意通知并获得其他共犯者的同意尚有不足,必须积极作为,防止结果发生,才能消除其与犯罪结果之间的因果关联。在 1949 年的"强奸致伤、非法监禁案"中,被告人 D 等共谋强奸 F。被告人 E 在意欲实施强奸之际,因为 F 的哀求而中止。最高法院第三小法庭认为,只要 D 与其他共犯者共谋强奸 F,而且其他共犯者实施了强奸行为并在此过程中造成了伤害结果,D 就应该与其他共犯者一样承担共同正犯的责任,也即只要在强奸之际致使被害人受伤,即使强奸未遂,也成立强奸致伤罪,不存在强奸致伤罪未遂的观念。② 在同年的"抢劫案"中,最高法院第二小法庭判决认为,即使被告人 D 放弃 A 的妻子交出的 900 日元现金并从现场离开,只要其并没有阻止与之共谋的 B 抢劫上述现金,就不能成立中止犯。因此,D 也应该承

---

① 平成 19(あ)1580,刑集 63・5・475。
② 昭和 24(れ)933,刑集 3・8・1237。

担 B 所实施的抢劫罪（既遂）的刑事责任。① 在 1994 年的"伤害致死、遗弃尸体案"中，最高法院第一小法庭也裁决认为，在被告人 D 归去之际，A 继续实施伤害的可能性并未消灭，但是 D 并没有特别采取防止措施，不过是甩袖而去而已，所以 D 与 A 之间最初的共犯关系在该时点并未消解，应该认为 A 之后实施的暴行是基于最初共谋。因此，即使认为 B 的死亡结果是因为 A 在 D 归去之后实施的行为所致，D 也应承担伤害致死的责任。②

同时，从判例来看，在着手之后成立脱离，也不以将因果关联归零为要件，只要达到"没有必要对结果进行归责"的程度即可。例如，某暴力团组长 X 与 Y 为了杀害 A，将之绑架并吊起来，在 X 向 A 的脑袋举枪扣动扳机之际，Y 因为被 A 的苦苦哀求打动，为了阻止 X 杀害 A，将 X 推开，子弹打偏。之后，Y 一边将 A 的绳子解开，一边劝说 X 放弃杀人，盛怒的 X 对 Y 进行了殴打，致使其死亡，之后立刻又将意欲逃走的 A 射杀。Y 虽然是共同正犯，但不过是被动参与而已，而且 Y 对于 X 的心理影响随着极力劝阻 X 杀人已经毫无疑问地消除了，物理影响随着解开绳子也已经断绝了，因此追究 Y 的既遂犯责任并不合理。③

四、中立帮助行为

中立帮助行为，是指形式上无害，但是客观上对正犯行为起到了帮助作用的行为。例如，五金店的老板 D 偶然得知来店里买菜刀的 X 是用来杀人仍出售菜刀。就中立帮助行为是否可作为帮助犯处罚，肯定的观点认为，在存在重大权益侵害的场合，如果认识到违法行为的盖然性，可以构成帮助犯。④ 否定的观点则认为，诸如贩卖商品、驾驶出租车等日常交易行为，只要外形上是正常交易，即使行为人主观上存在"可能被犯罪人利用"的未必故意也不构成帮助，因为构成要件是可罚的违法类型，中立

---

① 昭和 24（れ）1800，刑集 3・12・2028。
② 昭和 63（あ）948，刑集 43・6・567。
③ 前田雅英『刑法総論講義』（第 4 版，2011，東京大学出版会）545 頁以下参照。
④ 前田雅英『刑法総論講義』（第 4 版，2011，東京大学出版会）514 頁参照。

行为不符合帮助犯的构成要件。①

就中立行为是否成立帮助犯,实践的态度并不一致。例如,在 1990 年的"斡旋卖淫案"中,一审法院判决认为,在印刷等正当业务行为被规定为特别刑法犯的帮助犯之际,处罚对象应仅限于深度参与正犯行为,并获得相当利益的场合。该案中两名被告人参与犯罪的程度较低,只是实施了自己的正常业务行为而且获利不多,因此不能追究其斡旋卖淫帮助犯的刑事责任。但是东京高等法院二审认为,只要满足了帮助犯的要件,即使印刷通常是正当业务行为、获利不多,也不能认为不能追究责任。之后,在 1994 年的"不缴纳交易税案"中,被告人知道自己低价售卖汽油对不缴纳汽油交易税的行为有帮助作用而有意为之,熊本地方法院判决认为,被告人的行为并未超过售卖者的位置,正犯犯行的实现不过是被告人为了追究自己的利益而客观产生的结果而已,不构成不缴纳罪的帮助犯。也即,即使行为人认识到日常交易活动偶然在客观上促进了犯罪行为,也不能仅据此就认为成立共犯。②

上述判例都是从客观上探讨中立帮助行为能否成立帮助犯。最高法院在 2011 年的"WINNY 案"中从主观上对这一问题进行了分析。在该案中,被告人 X 因为开发的共享软件 WINNY 被用于侵犯著作权而被以侵犯著作权罪的帮助犯起诉。东京地方法院一审认定 X 的行为构成侵犯著作权罪的帮助犯,东京高等法院二审认定无罪。虽然控诉方提起上诉,但是最高法院第三小法庭维持二审判决认为,虽然在客观上不能否定 WINNY 软件被用于侵害著作权的盖然性很高,但是并无充分证据证明 X 在主观上对之有认识并予以容忍。③ 也即,X 因缺乏帮助侵犯著作权罪的故意而不成立帮助犯。

---

① 松宫孝明『刑法總論講義』(第 4 版,2009,成文堂)290 頁、浅田和茂『刑法總論』(第 2 版,2019,成文堂)141 頁参照。
② 松宫孝明『刑法總論講義』(第 4 版,2009,成文堂)290 頁以下参照。
③ 平成 21(あ)1900,刑集 65・9・1380。

WINNY 案

[平成 21(あ)1900,刑集 65·9·1380]

被告人 X 开发了共享软件 WINNY,将之在网上公开,免费提供给网民使用并多次予以改进。正犯者 A 与 B 使用该软件将他人享有著作权的游戏软件等信息向网民自动公开,其行为被认定违反《著作权法》第 23 条第 1 款的规定构成侵犯著作权罪。X 因提供并改进 WINNY 软件被作为帮助犯起诉。

一审判决认定 X 的行为构成侵犯著作权罪的帮助犯,处以 150 万日元罚金。控方认为量刑不当,提起上诉。大阪高等法院二审判决认为,对在网络中提供软件的行为是否成立帮助犯以及是否应处以刑事处罚,应从罪刑法定出发慎重考虑。就在网络中提供价值中立软件的行为,认定其使正犯实行行为变得容易,软件提供者认识到并容忍不特定多数的使用者中有用之实施违法行为的可能性与盖然性尚有不足,只有在诸如通过让他人将软件仅或主要用于违法行为,为在网络上劝诱而提供的场合才成立帮助犯。本案中,虽然可以认为 X 在公开、提供 WINNY 软件之际,认识到并容忍出现侵害著作权行为的可能性与盖然性,但是并不能认定 X 是让他人将该软件仅或主要用于侵害著作权,因此认定 X 不成立帮助犯,宣告无罪。控方随之向最高法院提出上诉。

2011 年 12 月 19 日,最高法院第三小法庭裁决认为,帮助犯是指行为人实施让他人犯罪变得容易的行为,并对之存在认识、予以容忍。本案被告人 X 明显并非在认识并容忍具体著作权侵害行为的情况下,公开并提供 WINNY 软件。虽然在客观上,不能否定被告人提供的软件在难言例外的范围被用于侵害著作权的盖然性很高,但是在主观上,并无充分证据证明 X 在提供软件之际认识到并容忍上述客观盖然性。因此,X 缺乏帮助侵犯著作权罪的故意,不成立帮助犯。

从上述判例可以看出,判断中立帮助行为是否成立帮助犯,应着重考察如下三个要素:①中立行为的正常性,例如,是否为正常的交易行为、是否超过了交易的范围;②中立行为与正犯行为实现之间因果关联的必然性及其大小;③中立行为人对其行为被用于实施犯罪的盖然性的认识及其大小。如果某一中立行为是正常的交易行为,并不必然促进正犯行为,而且行为人相信其行为被利用的盖然性很小,可认为该中立行为不构成帮助犯。

第十一章
罪数论

第一节 罪数论基础

罪数论解决的是一个行为人实施数个犯罪行为时应该如何处理的问题。具体而言,包括两个问题:其一,成立一罪还是数罪? 其二,如果成立数罪,应该如何处断? 例如,D 非法侵入 V 的家中,在抢劫了财物之后,将 V 杀死。然后又将 V 的妻子 A 杀死。在这种情况下,D 的行为成立何罪,又如何进行处断?

一、罪数影响

罪数论的影响不但及于实体法,而且及于程序法。在实体法层面,首先,确定成立何罪的同时,决定适用的法律条文及其个数。例如,在上述设例中,D 的一系列行为在外形上成立非法侵入住宅罪、抢劫罪与对 V 和 A 的两个杀人罪。如果认为各个行为都独立成罪,则应根据相应的数个条文以并合罪处罚。如果认为非法侵入住宅是抢劫行为的一部分,可将对 V 和 A 的两个杀人行为视为一个杀人罪,根据《刑法典》第 240 条有关抢劫杀人的结合犯的规定处理即可。其次,在存在数个尚无确定裁判的犯罪之际,决定如何处断。如果数罪属于科刑上的一罪,根据《刑法典》第 54 条以一罪处以最重之刑即可。如果数罪不属于科刑上的一罪,则应根据《刑法典》第 45 条中关于并合罪的规定处断。在程序法层面,实体法上一罪还是数罪的判断可能影响到禁止双重处罚的范围、诉因变更的界限、一事不再理的适用、公诉时效的计算等。① 例如,最高法院第二小法庭在1967年的"常习累犯盗窃案"中判决认为,在前诉的诉因是常习盗窃罪(常习特殊盗窃罪与常习累犯盗窃罪),后诉诉因是剩余的单纯盗窃罪或者相反的场合,虽然单纯盗窃罪与常习盗窃罪并不构成一罪,但是比较前、后诉因的陈述,二者在实体上很可能构成一罪,因此应考虑诉因本身记载的事实在实体上是否构成单纯盗窃罪或者常习盗窃罪、单纯盗窃罪是否体现了常习性以及前、后诉因的公诉事实是否相同。② 最高法院第三小法庭在2003年的"侵入建筑物、盗窃案"中则判决认为,本案的前、后诉因都是单纯盗窃罪,所以不需要就被告人的常习性进行实体判断。③

二、判断标准

罪数论的任务之一是区分一罪与数罪,因此确定判断二者的标准是罪数论的核心关注问题。就此,在理论上存在以行为个数为标准的**行为标准说**、新派学者提出的**故意标准说**、立足于客观主义的**法益标准说**以及强调类型化的**构成要件标准说**等不同观点。④ **故意标准说**站在主观主义的立场忽视犯罪定型,因此并不可取。从侵害同一法益的行为存在不同样态、同一行为因为与结果的关系不同也可能该当数个犯罪类型出发,**行为标准说**与**法益标准说**也存在明显缺陷。因此在20世纪50年代之后,在日本理论界与实务界影响较大的是**构成要件标准说**,也即罪数取决于能够根据构成要件评价的次数,根据构成要件能够进行一次评价构成一罪,能够进行两次评价构成两罪。在进行评价之际应综合考虑被害法益、行为样态等因素。⑤ 虽然批判的观点认为,在意欲根据构成要件进行评价之际,可能会陷入必须再次考虑故意、行为、结果等要素的循环判断。

---

① 前田雅英『刑法総論講義』(第4版,2011,東京大学出版会)176頁、松宮孝明『刑法総論講義』(第4版,2009,成文堂)334頁参照。

② 昭和42(あ)2279,刑集22・3・153。

③ 平成14(あ)743,刑集57・9・1002。

④ 前田雅英『刑法総論講義』(第4版,2009,東京大学出版会)553頁、大谷実『刑法講義総論』(第5版,2019,成文堂)477頁参照。

⑤ 団藤重光『刑法綱要総論』(第3版,1990,創文社)438頁参照。

而且该当构成要件一次构成一罪,在区别单纯一罪之际可能会发生作用,但是怎样才算是该当一次并不明确。① 因为犯罪是以构成要件该当性为标准成立的,在确定成立几个犯罪的场合,只能以构成要件该当性为标准。②

需要指出的是,近年来在理论中出现的**犯罪标准说**认为,因为犯罪是符合构成要件、违法而且有责的行为,所以在决定犯罪个数之际应该综合考虑犯罪成立要件,即如果能够在构成要件层面判断的,就在构成要件层面处理,如果不能则考虑法益侵害及其危险,或者再进一步在必要场合考虑责任判断。③ 从犯罪标准说的主张来看,其是以构成要件为起点,综合考虑违法性与责任来判断罪数,在实质上与构成要件标准说并无二致。

第二节　一罪与数罪

日本《刑法典》在第54条规定了科刑上的一罪,在第45条以下规定了科刑上的数罪(并合罪)。基于此,刑法理论将罪数的种类分为本来的一罪、科刑上的一罪与并合罪。

一、本来的一罪

本来的一罪,是指仅该当构成要件一次,成立一个犯罪的情形,包括单纯一罪和包括一罪两种情形。

(一)单纯一罪

单纯一罪,是指仅该当同一构成要件一次,无须多次评价的情形。单纯一罪,包括实施一个行为、造成一个结果,仅构成一罪的情形,例如,

---

① 中山研一『口述刑法総論』(補訂2版,2007,成文堂)323頁参照。
② 前田雅英『刑法総論講義』(第4版,2009,東京大学出版会)553頁、大谷実『刑法講義総論』(第5版,2019,成文堂)477頁参照。
③ 浅田和茂『刑法総論』(第2版,2019,成文堂)488頁参照。

一枪将正在跑步的被害人杀死,以及法条竞合的情形,即侵害一个法益的行为看上去该当数个构成要件,触犯数个刑法条文,但是根据构成要件理论仅适用一个法条。

法条竞合,进而又可以分为如下四种情形:①特别关系,即触犯的数个条文之间存在普通法与特别法的关系。在这一情形下,适用特别法优于普通法的原则。例如,在单纯赌博罪与常习赌博罪、单纯侵占罪与业务上侵占罪的场合,如果成立后者,当然也成立前者,但是因为后两者属于特别法规定,因此仅以常习赌博罪与业务上侵占罪处罚。②补充关系,即触犯的数个条文之间存在基本构成要件与补充构成要件的关系。在这一情形,优先适用基本法,在不成立基本法规定的犯罪之际,适用补充法。例如,《刑法典》第110条规定的现住建筑物放火罪、非现住建筑物放火罪与其他物品放火罪与第261条规定的毁弃文书、建造物罪和毁弃其他物品罪,如果成立前者,则不成立后者,后者其实起到了补充前者的作用。③择一关系,即在触犯的数个条文之间只能适用一个的情形。例如,银行职员违反规定,在没有担保的情况下将资金贷给数人的情形,既构成侵占罪也构成背任罪;冒充暴力团成员威胁他人交出财物的情形,既构成诈骗罪也构成恐吓罪,但是只能以一个罪名处罚行为人。④吸收关系,即根据一个构成要件的评价完全被根据另一个构成要件的评价完全吸收的情形。例如,在杀人预备、未遂之后达到既遂的场合,预备行为与未遂行为被既遂行为吸收,在通过暴行、胁迫进行抢劫的场合,暴力行为与胁迫行为被抢劫行为吸收。

(二)包括一罪

包括一罪,是指外形上数次该当构成要件的复数行为,可能构成数罪,但在实质上被评价为实体法上的一罪,仅适用一个法条的情形,可以分为同一构成要件内的包括一罪和不同构成要件间的包括一罪。

1. 同一构成要件内的包括一罪

同一构成要件内的包括一罪,是指行为在外形上数次该当同一构成要件,但是在进行实体法上的评价之际,概括认为其该当一次构成要件的情形,也可称为狭义上的包括一罪。

(1) 集合犯

同一构成要件内的包括一罪类型,首先是集合犯,即将数个同种行为规定为构成要件行为的情形,包括常习犯与营业犯。**常习犯**,是指将体现行为人常习性的行为作为处罚对象的犯罪。例如,具有赌博常习的行为人无论实施几次赌博行为,都被根据《刑法典》第 186 条第 1 款规定的常习赌博罪的构成要件概括评价为一罪,就如最高法院第三小法庭在 1951 年的"常习赌博案"中所言,常习赌博罪中的数个赌博行为,概括而言是单纯一罪的组成部分,所以原审未认定的二次赌博行为不过是对被告人一个公诉事实的一部分而已。① **营业犯**,是指作为职业或者以营利为目的反复实施犯罪的情形。例如,对多人多次传播、贩卖淫秽物品的行为,也仅概括成立一个传播、贩卖淫秽物品罪。

(2) 阶段犯

阶段犯,是指在同一构成要件内针对同一法益侵害的数个行为样态,因为被视为实现同一犯意的行为,被认为该当一次构成要件,概括成立一罪的情形。例如,《刑法典》197 条第 1 款将要求、约定、收受贿赂的行为规定为一罪,第 256 条第 2 款将运输、保管、有偿受让盗窃赃物的行为规定为一罪,第 220 条将逮捕、监禁同一人的行为视为一罪。

(3) 接续犯

接续犯,是指在同一场所、利用同一机会,在相近的时间内实施数个同种行为,被概括作为一罪处理的情形。例如,在 1949 年的"盗窃案"中,最高法院第二小法庭判决认为,被公诉的三次盗窃行为发生在短短两个小时之内,而且是在同一场所、利用同一机会,盗窃对象也相同。因此,应认为是在单一犯意支配下的一系列动作,构成一罪,而非独立的三个犯罪。② 之前大审院的判例也认为,同一人在同一时间、同一场所实施数个赌博行为,仅该当一次构成要件,成立一个赌博罪;同一人以同一诈骗行为数次诈骗同一人,仅成立一个诈骗罪。③

---

① 昭和 25(れ)1453,刑集 5・5・825。
② 昭和 24(れ)297,刑集 3・8・1373。
③ 大谷実『刑法講義総論』(第 5 版,2019,成文堂)482 页参照。

(4) 连续犯

连续犯,是指该当同一构成要件的数个行为虽然在场所与时间上并不相近,但是具有连续性,因此被概括视为一罪的情形。例如,在 1956 年的"违反《麻药取缔法》》案"中,被告人是持有麻药使用许可证的执业医师,为缓和麻药中毒患者 A 的中毒症状,在两个时间段分别给其注射了 54 次与 35 次吗啡。最高法院第二小法庭判决认为,上述行为在各自期间内具有时间上的连续性,而且在同一地点因同一原因对同一对象作为,该当同一构成要件、侵害同一法益,可以认为是单一犯意支配下的行为,构成包括一罪。① 第二年,同样是在"违反《麻药取缔法》》案"中,被告人 D 也是持有法定麻药使用许可证的医师,同样是出于治疗的目的,在约 4 个月的时间内 38 次给麻药中毒患者 A 开出吗啡。最高法院第三小法庭同样判决认为,D 的行为成立包括一罪。②

近年的判例,例如,在 2010 年的"违反《职业稳定法》、诈骗、违反《有组织犯罪处罚与犯罪收益规制法》案"中,被告人 D 假借救助患病儿童的名义在街头募捐,在约两个月的时间内从无数的行人处获得了约 2480 万日元的现金。最高法院第二小法庭再度裁决认为,虽然该案中单个被害人的被害金额难以确定,但显而易见的是,捐款者的数量众多,因此被告人的行为不是对单个被害人的诈骗,而是针对不特定多数的行人,在适当的日子、适当的场所,连日进行的同一内容的行为样态。在此类街头募捐中,通常情况下伸出援手的被害人投入募捐箱的现金比较少,而且不留名就离开,又因为其投入募捐箱的现金直接和其他被害人投入的现金混在一起而失去了特定性,但是也并非从单个人处受领的东西。从案中街头募捐诈骗的相关特征,例如,从响应募捐的被害人的人数、被告人募捐的方法、根据该方法募捐的期间、场所以及诈骗的总金额来看,应该将之评价为一个整体,成立包括一罪。③ 在 2014 年的"遗弃尸体、伤害致死等案"中,最高法院第一小法庭也认为,在 4 个月左右的时间内,对同一被害

---

① 昭和 29(あ)180,刑集 10·8·1202。
② 昭和 30(あ)2847,刑集 11·7·2018。
③ 平成 21(あ)178,刑集 64·2·111。

人反复实施种种伤害的行为,构成包括一罪。[①]

2. 不同构成要件间的包括一罪

不同构成要件间的包括一罪,是指行为在外形上该当不同的构成要件,但是从被害法益的角度出发,将之概括为一罪处理的情形。其中,轻罪被重罪吸收,在重罪构成要件内概括作为一罪评价的情形,被称为**吸收的一罪**。例如,开枪杀人,子弹先穿透被害人的名贵外衣然后将之杀死,仅作为杀人罪一罪处罚(**随附犯**),在盗窃之后又损坏偷盗物品的,仅评价为盗窃罪一罪(**共罚的事后行为**),虽然行为在形式上也成立损坏财物罪,但是根据杀人罪、盗窃罪的构成要件已经可以充分评价,因此损坏财物的行为被杀人行为与盗窃行为吸收,不再独立予以评价。

二、科刑上的一罪

日本《刑法典》第54条规定,在一个行为触犯两个以上罪名,或者犯罪的手段行为或者结果行为又触犯其他罪名之际,根据最重之刑处断。在理论上,前一种情形被称为想象竞合犯,后一种情形被称为牵连犯。

(一)想象竞合犯

想象竞合中所谓"触犯两个以上罪名",是指一个行为数次触犯法条,数次该当构成要件。通说与判例都认为,想象竞合包括同种竞合与异种竞合。[②] **同种竞合**,是指同一行为导致数个结果、数次该当同一构成要件,例如,一颗子弹同时杀死3人、同时向数人行贿以及同时使用数份伪造私人文书的情形,这些都并非包括一罪,而是构成数个相同的罪名。**异种竞合**,是指同一行为造成数个结果、数次该当不同构成要件,但是因为各构成要件存在重合而作为想象竞合处理。例如,最高法院第一小法庭在1986年的"违反《有线电机通讯法》、妨害业务以及教唆案"中裁决认为,被告人用可以妨害信号发送功能的机器取代电话公司的电话线路,在妨害信号发送的同时,让发出信号一侧的电话计数器停止工作,因此其行

[①] 平成23(あ)1224,刑集68·3·368。
[②] 大谷实『刑法講義総論』(第5版,2019,成文堂)491頁参照。

为同时构成妨害有线电气通讯罪与妨害业务罪,属于《刑法典》第 54 条第 1 款规定的想象竞合。①

想象竞合中的"**一个行为**",并非指该当一个构成要件的行为,根据最高法院大法庭在 1974 年的"违反《道路交通法》、业务上过失致死案"中的判决,是指通过抛开法律评价、舍去构成要件观点的自然观察,在社会意义上能够将行为人的动作评价为一个的情形。② 在 2009 年的"违反《儿童卖淫、儿童色情物品等行为处罚与儿童保护法》等案"中,最高法院第二小法庭也裁决认为,儿童色情物品与《刑法典》第 175 条规定的淫秽物品相同。因此,贩卖淫秽物品与提供儿童色情物品、为贩卖而持有淫秽物品与为提供而持有儿童色情物品作为社会与自然现象都是同一行为,存在想象竞合的关系,整体上构成一罪。③ 根据这一标准,判例认为无证驾驶与醉酒驾驶、违反交通法规规定的救护义务与报告义务属于想象竞合,而无证驾驶与超速、醉酒驾驶与业务上过失致死伤④以及携带与持有兴奋剂⑤属于并合罪。

近年来,侵犯法益的个数在判断是想象竞合还是并合罪之际也被考虑进来。在 2009 年的"违反《儿童福祉法》《儿童卖淫、儿童色情物品等行为处罚与儿童保护法》案"中,被告人 D 在担任中学教员之际,于 2004 年 1 月至 2005 年 5 月间,明知在其任职学校就读的被害儿童不满 18 岁,让之与自己性交或者做与性交相似的事情。同时,在 20 余次让儿童实施淫行的过程中,D 通过摄影等方法制造了儿童色情物品。一审判决与二审判决都认为 D 的行为同时违反《儿童福祉法》与《儿童卖淫、儿童色情物品等行为处罚与儿童保护法》,构成两个罪名,属于想象竞合。但是最高法院第一小法庭裁决认为,被告人同时触犯《儿童福祉法》第 34 条第 1 款第 6 项与《儿童卖淫、儿童色情物品等行为处罚与儿童保护法》第 7

---

① 和 58(あ)612,刑集 40・1・1。
② 昭和 47(あ)1896,刑集 28・4・114。
③ 平成 20(あ)1703,刑集 63・6・507。
④ 中山研一『口述刑法総論』(補訂 2 版,2009,成文堂)327 頁参照。
⑤ 平成 12(あ)1345,刑集 57・10・1031。

条第 2 款,这两个行为虽有部分重合之处,但并非通常相伴相随,从其性质来看可以认为二者在社会意义上属于独立的个别行为,并非《刑法典》第 54 条第 1 款规定的想象竞合关系,而是同法第 45 条规定的并合关系。①

在想象竞合的场合,根据"最重之刑"处断。就"最重之刑"的判断原则,最高法院第三小法庭在 1953 年的"伤害、妨害执行公务、违反《外国人登陆令》案"中判决认为,是指在根据数个罪名中规定的法定刑最重的法条处断,不能处以低于其他法条规定的法定最低刑,也即在确定数个罪名的刑罚之际,应在各法条规定的法定刑最上限与最下限的范围内处断。② 该判例确定的处断原则,并非单纯的吸收原则,而是综合原则,因此在理论上获得了普遍支持。③

(二) 牵连犯

根据《刑法典》第 54 条第 1 款后半段的规定,牵连犯,是指手段行为或者结果行为又触犯其他罪名的情形。与想象竞合相似,此处的"触犯其他罪名",也是指数个行为数次该当构成要件,当然也包括同种牵连与异种牵连。

就判断数个行为之间是否存在手段与结果关系的标准,在理论上存在客观说、主观说、折中说的分歧。**客观说**认为,相应犯罪与手段或者结果之间只要客观存在牵连关系即可;**主观说**认为,行为人主观上必须存在让各个行为相互牵连的故意;**折中说**则主张,成立牵连犯,数个行为之间在性质上应通常存在手段与结果的关系,而且行为人主观上应有让之相互牵连的故意。④

在认定数行为之间是否为牵连关系之际,判例在重视数行为之间应客观上存在手段或者结果关系的同时强调手段和结果与相应犯罪之间的

---

① 平成 19(あ)619,刑集 63・8・1070。
② 昭和 27(あ)664,刑集 7・4・850。
③ 中山研一『口述刑法総論』(補訂 2 版,2009,成文堂)329 頁参照。
④ 大谷実『刑法講義総論』(第 5 版,2019,成文堂)493 頁、団藤重光『刑法綱要総論』(第 3 版,1990,創文社)461 頁等参照。

关系,在经验法则上应是通常存在的。例如,在 1949 年的"强奸致伤、非法监禁案"中,最高法院第三小法庭判决认为,《刑法典》第 54 条中所谓的"犯罪手段",是指意图的犯罪在性质上通常作为手段使用的行为,犯罪结果是指犯罪当然会导致的结果。因此,成立牵连犯,意图的犯罪与手段或者结果构成的犯罪之间必须存在紧密的因果关系。如果现实所犯的两项犯罪是偶然处于手段与结果的关系,二者并不构成牵连犯。在该案中,非法监禁与强奸致伤是偶然处于手段与结果的关系,在通常情况下非法监禁并非强奸罪的手段。所以被告人等所犯的非法监禁罪与强奸致伤罪不构成牵连犯,应该作为并合罪处罚。①

此后,在 1988 年的"杀人、藏匿犯人、逮捕监禁案"中,最高法院第二小法庭也判决认为,虽然在逮捕监禁之前杀人故意已经固定,但是逮捕监禁行为本身并非杀人行为,只不过是计划另行实施杀人行为,首先逮捕监禁而已。因此将逮捕监禁的事实视为杀人行为的一部分并不适当。② 最高法院第一小法庭在 2005 年的"监禁致伤、恐吓案"中同样判决认为,即使在将监禁作为恐吓的手段而实施的场合,也不能认为这两个罪名之间通常存在牵连关系,构成牵连犯。③ 从一系列的判决来看,判例的立场更接近客观说。

在牵连犯中,存在着所谓的"纽带现象",即本来应该构成并合罪的数罪,因为与某一犯罪之间存在想象竞合与牵连犯的关系,结果数罪全部作为一罪处理。例如,在 1984 年的"杀人案"中,犯罪人侵入他人住宅,依次杀死 3 人,最高裁判所第一小法庭裁决认为,侵入住宅行为与三个杀人行为都存在牵连关系,整体作为科刑上一罪处理即可。④ 也即以侵入住宅行为为纽带,将案中数个成立并合罪的行为连接为科刑上一罪。

在理论上,有的观点认为,在诸如上述场合,判例的结论并不恰当,因为作为科刑上一罪处理,可能致使刑罚变得过于轻缓,所以提议仅肯定侵

---

① 昭和 24(れ)933,刑集 3・8・1237。
② 昭和 59(あ)1551。
③ 平成 16(あ)2077,刑集 59・3・283。
④ 昭和 29(あ)543,刑集 8・5・741。

入住宅行为与其中一个杀人行为存在牵连关系,与其他两个杀人行为构成并合罪,或者侵入住宅行为同时与三个杀人行为都构成牵连犯,在整体上作为并合罪处理。① 但是在理论上难以解释牵连关系不能及于其他两个杀人行为,也无法对侵入住宅的行为这一"纽带"进行数次重复评价,因此,在诸如此类场合应该通过量刑予以调整。②

与想象竞合犯相同,对于牵连犯也应根据"最重之刑"处断,就其含义此处不再重述。

三、并合罪

根据《刑法典》第45条之规定,并合罪是指未经确定裁判的两个以上数罪。并合罪包括两种情形:①构成数罪的犯罪事实都没有经过确定裁判(**同时的并合罪**);②在构成数罪的犯罪事实中,有经过确定裁判者,而且判处的是禁锢以上的刑罚(**事后的并合罪**)。例如,在 A、B、C、D、E 五项犯罪都没有经过确定裁判的场合,五项犯罪同时构成并合罪。在其中的 B 罪已经经过确定裁判并被判处禁锢以上刑罚之后,行为人又实施了 C、D、E 三项犯罪,C、D、E 构成并合罪,A 罪与 B 罪构成事后的并合罪。

此处的"确定裁判",是指具有一事不再理效果的有罪、无罪的判决、免予起诉的决定、刑事诉讼法规定的略式命令、道路交通法规定的即决裁判等;"未经"是指裁判尚未达到确定的阶段。例如,行为人在1年之内连续实施了盗窃、抢劫、强奸、杀人四项犯罪,无论各罪是否正处于审理过程中,只要裁判还没有确定,即构成并合罪。

对于并合罪的处罚原则,理论上存在如下三项原则:①吸收原则,即根据并合罪之中最重的法定刑处断;②加重原则,即在最重法定刑的基础上加重处断;③并科原则,即对各项犯罪各自量刑,然后合并执行。从《刑法典》第46条至第53条的规定来看,日本刑法典采取了以加重原则为主,根据刑罚种类兼采吸收原则、并科原则的限制加重原则。也即如果在

---

① 大谷実『刑法講義総論』(第5版,2019,成文堂)498頁、浅田和茂『刑法総論』(第2版,2019,成文堂)504頁参照。
② 中山研一『口述刑法総論』(補訂2版,2009,成文堂)329頁参照。

并合罪中存在判处死刑、无期自由刑的场合,就不再判处其他刑罚。例外的是,在判处死刑的场合可以并处没收,在判处无期自由刑的场合可以并处罚金、科料。

就吸收原则的主旨,最高法院第二小法庭在2007年的"侵入住宅、抢劫致伤、强制猥亵、抢劫强奸等案"中裁决认为,根据《刑法典》第46条之规定,如果在存在并合关系的数罪中,其中之一罪被判处死刑或者无期自由刑,不再科处其他刑罚。这并非不处罚该罪之外的其他各罪,而是将其刑罚吸收入死刑或者无期自由刑,一并处罚。因此,不能说在对其中一项犯罪判处死刑或者无期自由刑不相当的场合,就不能适用其他各项犯罪的刑罚。而且,刑种选择是量刑的一部分,当然应该允许考虑案中存在的其他犯罪事实以及犯罪内容等情节。①

在判处数个自由刑的场合,在最重之罪法定刑的1.5倍之下确定刑期,但是总和刑期不能超过30年,也不能超过各罪法定最高刑的刑期。例如,行为人同时实施了法定最高刑为10年有期惩役的盗窃罪与法定最高刑为3年有期惩役的损坏财物罪,根据并科原则,法院可以在1个月以上15年以下的期间内选择惩役刑,但是因为两罪的法定最高刑合计仅为13年有期惩役,因此最后的宣告刑不能超过13年。

罚金以及拘留、科料原则上可以与其他刑罚并科适用。

根据《刑法典》第52条之规定,如果并合罪中的一罪或者数罪被宣布大赦,应重新确定其他各罪的刑罚,前提是被宣布大赦与未宣布大赦的各罪仅被宣告了一个刑罚。

---

① 平成18(あ)2455,刑集61·2·8。

下编
刑罚论

第十二章　刑罚种类
第十三章　刑罚适用
第十四章　保安处分

第十二章
刑罚种类

第一节 主 刑

根据日本《刑法典》第9条之规定,主刑包括死刑、惩役、禁锢、罚金、拘留与科料。

一、死刑

(一) 死刑及其合宪性

作为剥夺生命的最严厉刑罚,死刑在日本刑法中可适用于16种犯罪,包括:①《刑法典》规定的12种犯罪,即第77条规定的内乱罪、第81条规定的诱致外患罪、第82条规定的援助外患罪、第108条规定的对现住建筑物等纵火罪、第117条规定的使爆炸物破裂罪、第119条规定的侵害现住建筑物等罪、第126条规定的颠覆火车等致死罪、第127条规定的交通危险致使火车颠覆、沉没致死罪、第146条规定的将毒物混入水道致死罪、第199条规定的谋杀罪、第240条规定的抢劫·谋杀罪、第241条规定的强制性交·谋杀罪。②《刑法典》之外四部法律规定的四种犯罪:《爆炸物控制法》第1条规定的使用爆炸物罪、《危害航空安全行为处罚法》第2条规定的致使飞行器坠毁并导致死亡结果罪、《劫机惩罚法》第2条规定的劫机并导致死亡结果罪、《通过劫持人质强取行为惩罚法》第4条规定的杀害人质罪。其中,除《刑法典》第81条规定的诱致外患罪中的死刑为强制性,其他都为选择性。

死刑在日本也曾多次面临合宪性挑战。就死刑本身的合宪性,1948

年的"尊亲属杀人、杀人、遗弃尸体案"中的辩护人在向最高法院提出上诉之际明确主张,新《宪法》第 36 条明确规定绝对禁止公务员实施拷问或者酷刑,死刑是最残酷的刑罚应该废除。因此,原判根据《刑法典》第 199 条与第 200 条的规定判处被告人死刑违宪。在承认生命尊贵,死刑在所有刑罚中最为严厉、是不得已而适用的刑罚的同时,最高法院大法庭判决认为,从各国的刑罚史来看,死刑制度及其适用,总体而言与其他刑罚制度相同,随着时代与环境而变迁、转变与进化。如果将来随着环境与时代的变化,死刑与其他刑罚制度一样,从人道主义的角度来看被认为具有残酷性,当然可以说是酷刑。但是,在当前社会环境下,死刑作为刑罚制度并不属于《宪法》第 36 条规定的酷刑。①

就《刑法典》第 11 条规定的绞首这一死刑执行方法的合宪性,在 1955 年的"抢劫杀人、诈骗等案"中,被告方在上诉之际主张绞首构成《宪法》第 36 条禁止的酷刑,最高法院大法庭判决认为,此前判例已经明确,死刑本身并不违反《宪法》第 36 条之规定。同时,与现在各国采用的斩首、枪决、电椅、毒瓦斯等执行方法相比,并无理由认为绞首特别具有残酷性。因此,不能认为其构成《宪法》第 36 条禁止的酷刑。② 就死刑是否违反《宪法》第 13 条"全体国民都作为个人而受到尊重。对于谋求生存、自由以及幸福的国民权利,只要不违反公共福利,在立法及其他国政上都必须受到最大的尊重"之规定,最高法院大法庭在 1951 年的"盗窃案"中判决认为,根据此前判例,死刑并不违反上述规定。③

(二)死刑适用及其标准

虽然如上所述,日本刑法中的死刑罪名很多,但是从 1999 年以后的司法实践来看(如图 12-1 所示),死刑仅适用于导致死亡结果的犯罪,尤其是杀人罪与抢劫致死罪。而且,自 1999 年以来,一审判处死刑的犯罪人总数不过 174 人,平均每年仅为 7.9 人,而且呈逐年下降的趋势。从整

---

① 昭和 22(れ)119,刑集 2・3・191。
② 昭和 26(れ)2518,刑集 9・4・663。
③ 昭和 24 新(れ)335,刑集 5・5・923。

体来看，自 2010 年以来，在一审程序中仅有 43 人被判处死刑，年均 3.9 人。从各年度来看，在近 20 年中，一审判处被告人死刑数量最高的为 2002 年，为 18 人，之后数量逐年下降，2014 年仅有 2 人一审被判处死刑，之后连续 6 年保持在 2~4 人。

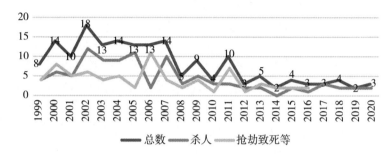

图 12-1：一审判处死刑情况（1999—2020 年）
数据来源：日本法务省历年《犯罪白书》

日本的死刑判决能够保持较低数字的重要原因之一，是法院在适用死刑之际一直坚持最高法院在 1983 年"永山则夫连环杀人案"中确定的死刑适用规则，即"现行法律制度下的死刑制度，需要从决定犯罪本质、犯罪动机、犯罪样态（杀人手段、杀人计划的执拗性、残虐性）、犯罪结果的重大性（被杀害数量、遗属的被害感情、社会的影响、犯人的年龄、前科、犯行后的情节）等各种情节综合考察，被告人的刑事责任十分重大，不能不说从罪刑均衡以及一般预防的角度来看，只能选择死刑"①。这一判决被称为"永山规则"，是近 40 年来稳定的死刑适用标准。

近年来，围绕日本最高法院 2006 年"光市母女被杀案"第一次上诉审判决，理论界就司法实践是否已经改变了"永山规则"产生了一定的疑问，因为该判决改变了对未成年人不能判处死刑的立场。② 但是，从最高法院第二小法庭在 2014 年"侵入住宅、抢劫杀人案"裁决中"被害人尚有

---

① 昭和 56（あ）1505，刑集 37・6・609。
② 永田憲史「死刑選択の基準」龍谷法学 4 号（2015）。

改善更生的余地,其实施犯罪的部分原因,也是因为无法就业、事事不顺而自暴自弃。因此,判处死刑尚有疑问"的表述来看,法院在死刑实践中坚持的仍然是"永山规则"。①

侵入住宅、抢劫杀人案
[平成 25(あ)1127,刑集 69·1·1]

被告人以抢劫财物之目的,非法侵入东京港区的某住宅,因在宅内发现了时年 74 岁的被害人,遂决定将之杀害,并抢劫财物。之后,被告人以厨刀捅刺被害人的颈部,后者因动脉被刺穿,失血而死。一审判决认为,被告人杀人故意强烈,为实现其抢劫目的,杀害没有反抗余地的被害人,犯罪方式冷酷无情,结果重大,而且具有杀害二人被判处 20 年惩役等前科、在出狱不足半年之内又抢劫杀人等应该予以重视的情节,即使慎重考虑,也别无考虑,应判处死刑。

二审判决以如下理由改判被告人无期惩役:虽然被告人杀人故意强烈,犯罪方式冷酷无情,而且结果重大,但是被害人只有一人,在侵入住宅之际是否具有杀人故意无法确定,之前也并无杀人计划或者杀人故意,如果不考虑前科情节难说必须选择死刑,而且在被害人是一人的抢劫杀人案件中判处死刑的案件大多是被判处无期惩役而被假释、前罪也是与抢劫杀人罪类似的案件。在本案中,前罪的性质与抢劫杀人罪并不具有可比性,被告人尚有改善更生的余地,其实施犯罪的部分原因,也是因为无法就业、事事不顺而自暴自弃。因此,判处死刑尚有疑问。对此,控方向日本最高法院提出上诉。

2015 年 2 月 3 日,日本最高法院第二小法庭判决驳回上诉,维持二审量刑。

司法实践表明,在被害人数超过三人的场合,判处死刑的可能性非常高。在被害人为一人或者二人的场合,法院主要考虑如下情节确定是否

---

① 平成 25(あ)1127,刑集 69·1·1。

判处死刑:是否具有要求赎金以及保险的目的、犯罪的计划性、杀人故意的确定性、杀人行为的样态、在共同犯罪中的作用、是否有性侵行为、是否立即死亡、被害人的年龄、犯罪后的悔罪情况、被告人的年龄、被害人家属的情感、社会影响的大小、是否有前科、是否曾生育等。① 例如,最高法院第一小法庭2021年1月28日在"抢劫、杀人案"的判决中指出,"可以认为,杀人方式冷酷且残忍,杀人故意坚固。对于被告人经济贫困、犯罪动机以及经过等,并无特殊需要考虑的地方。剥夺毫无过错的二人的生命,结果重大,而且遗属也表示出极其严厉的处罚感情",因此维持二审的死刑判决。②

需要指出的是,在裁判员制度开始实施之前,死刑在日本的民意支持率较高。在日本内阁府历年所进行的民意调查中,认为"无论如何都应废除死刑"比例逐年下降,在1994年为13.6%,1996年为8.8%,2004年为6.0%,至2010年已降至5.75%。与此相对,认为"有些情况必须适用死刑"的比例逐年上升,在1994年为73.8%,1996年为79.3%,2004年为81.4%,至2010年已升至85.6%。日本最大的媒体之一"读卖新闻社"进行的公众舆论调查,也体现出相同的趋势。在1993年、1998年与2006年所进行的公众舆论调查中,选择"应该保留死刑"的比例,1993年为31.5%,至2006年已上升至56.9%;而选择"应该废除死刑"的比例,则由1993年的7.4%下降至2006年的5.3%。选择"如果要选,选择保留"与"如果要选,选择废除"的比例,也呈现出相同的升降趋势。③ 因此,日本理论界与实务界都担忧普通民众参与死刑案件审理会增加死刑判决的数量。但是如上所述,自2009年以来,死刑判决的数量不增反降,这在一定程度上说明死刑的民意支持率与死刑判决之间并无必然联系。

---

① 前田雅英『刑法講義総論』(第5版,2011,東京大学出版会)581頁以下参照。
② 平成30(あ)1270。
③ 参见段蔚、周振杰:《日本裁判员制度实施现状评析》,载赵秉志主编:《京师法律评论》(第6卷),北京师范大学出版社2012年版。

二、自由刑

(一) 自由刑类型

日本《刑法典》第 12 条、第 13 条与第 16 条分别规定了三种自由刑：惩役、禁锢与拘留。

惩役包括有期惩役与无期惩役，有期惩役的期限为 1 个月以上 20 年以下。根据《刑法典》第 14 条之规定，在加重处罚之际可以提高至 30 年。无期惩役虽然在形式上是终身惩役的意思，但是因为在执行 10 年之后可以对犯罪人宣告假释，所以并非绝对的终身刑或者不定期刑。被判处惩役者，拘押在刑事设施之内，从事规定的业务，即法律法规规定的刑务所的业务。根据《刑事收容设施法》的规定，对于从事业务者，给予一定的报酬，当然这里所谓的"报酬"与劳动合同中的"对价"在性质上并不相同。无论是从各法条法定刑的配置还是从刑法犯的处罚实践来看，惩役在自由刑中都占据核心地位。①

与惩役相似，禁锢也分为有期禁锢与无期禁锢，期限也相同。被禁锢者也是拘押在刑事设施之内，与惩役的区别在于，禁锢并不强制被判刑者参加劳动。当然，如果被判刑者希望也可以参加刑务所的业务活动。实际上因交通犯罪等被判处禁锢的受刑者几乎都参加劳动。②

拘留的期限是 1 日以上 30 日以下。在并合罪的场合，虽然每个具体犯罪的拘留期限不能超过 30 日，但是数个犯罪的拘留期限总和并无期限限制。例如，在犯罪人实施 5 个犯罪的场合，如果每个犯罪都被判处 29 日拘留，则总和期限可以为 145 天。与惩役和禁锢相同，被判处拘留者也被拘押于刑事设施之内。与禁锢相似，受刑者并无参加劳动的义务，但如果希望也可以参加劳动。同时，因为拘留已经是非常轻缓的处罚，所以对被判处拘留者不能宣告缓刑，而且对于法定刑仅为拘留的犯罪，如果没有特别规定，不处罚教唆犯与帮助犯，也不能判处没收。

---

① 前田雅英等编『条解刑法』(第 2 版, 2009, 弘文堂) 26 页参照。
② 前田雅英等编『条解刑法』(第 2 版, 2009, 弘文堂) 27 页参照。

(二)合宪性判决

日本《刑法典》中规定的自由刑也曾数次面临合宪性质疑。

首先,无期自由刑是否构成酷刑的问题。在 1949 年的"抢劫杀人未遂、违反持有枪支等禁令案"中,最高法院大法庭判决认为,既然死刑作为现行刑罚制度并不违宪,无期惩役作为刑罚制度当然也不违宪,不构成《宪法》第 36 条规定的绝对禁止酷刑。同时,针对"与死刑施加的痛苦转瞬即逝相反,无期自由刑在犯人的整个生涯中剥夺其作为人存在的前提的自由,并施加不必要的精神与肉体的痛苦,与死刑相比更加残酷"的上诉理由,大法庭在承认如果不考虑赦免、假释等,无期自由刑的确是剥夺犯人的终身自由,但是从该案犯行的残忍性与结果的重大性出发,不能认为判处犯罪人无期惩役构成施加"不必要的精神与肉体的痛苦"的酷刑。① 在 1956 年的"抢劫杀人、遗弃尸体案"中,针对上诉方"无期惩役违反《宪法》第 31 条禁止酷刑的规定与第 13 条尊重个人的规定"之上诉主张,最高法院第三小法庭再次重申,从之前认定死刑并不违反《宪法》规定的判例的主旨出发,没有理由认为无期惩役违反相同规定。②

其次,禁锢是否违反《宪法》第 27 条的问题。在 1958 年的"违反《道路交通取缔法》、违反《道路交通取缔法实施令》、业务上过失致死伤案"中,针对"禁锢刑仅是将受刑者关押在监狱中并不让之从事劳动,国家免费提供食粮让之不劳而食,违反《宪法》第 27 条第 1 款'全体国民都有劳动的权利与义务'之规定"的上诉主张,最高法院大法庭判决认为,禁锢刑将受刑者留置在监狱之中,限制其自由,并让之根据《监狱法》等法律规定的严格纪律生活,如果本人希望也可以参加劳动,绝不是让受刑者不劳而食的制度。不仅如此,《宪法》第 27 条第 1 款保障的是普通国民劳动的权利与义务,作为对犯罪的处罚,对犯罪人科以自由刑,限制其作为普通国民的权利自由是理所当然之举。因此,禁锢作为自由刑并不违宪。③

---

① 昭和 23(れ)2063,刑集 3·12·2048。
② 平成 25(あ)1127,刑集 69·1·1。
③ 昭和 31(あ)38,刑集 12·13·2897。

三、财产刑

(一) 财产刑种类

《刑法典》第 15 条与第 17 条分别规定了两种财产刑作为主刑:罚金与科料。罚金的数额为 1 万日元以上。在减轻处罚之际,可以少于 1 万日元。罚金的内容虽然是科处金钱负担,但从刑罚的一身专属性出发,除有例外规定的情形,例如,《刑事诉讼法》第 491 条关于税务等专卖法律中罚金的规定、第 492 条关于判处罚金的法人在判决确定之后因合并而消亡情形的规定,即使被判处罚金者是在判决确定之后才死亡,也不能执行其留下的继承财产。

与罚金相同,科料也是以剥夺一定数额的金钱为内容的财产刑,但是其数额仅为 1000 日元以上 1 万日元以下。虽然科料不能加重适用,但是与拘留相似,可以并科适用,例如,犯罪人实施了三个应判处科料的犯罪,可以就每个犯罪判处 1 万日元科料,三个犯罪共判处 3 万日元科料,合计金额不受上述限制。同时,如果没有特别规定,对于法定刑仅为科料的犯罪,不处罚教唆犯与帮助犯,也不能判处没收。

(二) 劳役场留置

1. 基本含义

《刑法典》第 18 条规定了"劳役场留置"。根据这一制度,对于不能全部缴纳罚金者在 1 日以上 2 年以下的期间内,对于不能全部缴纳科料者在 1 日以上 30 日以下的期间内,留置于劳役场。在并处罚金或者并处罚金与科料的场合,留置的期间不得超过 3 年,在并处科料的场合,留置的期间不能超过 60 日。

在宣告罚金或者科料之际,应同时宣告不能全部缴纳罚金或者科料所确定的留置日期。在罚金判决确定后的 30 日内、在科料判决确定后的 10 日内,非经本人同意不得执行留置。对于已经缴纳部分罚金或者科料者,留置的日期为剩余数额减去留置 1 日相应数额后折抵的天数,但不满 1 日的视为 1 日。留置于劳役场,并非仅仅将受刑者留置于劳役场,因为劳役场就是科处"劳役"的场所,所以与被判处惩役的场合相同,受刑者也应参加劳动。①

就劳役场留置的性质,理论上存在是取代罚金或者科料科处自由刑的易科刑,还是罚金与科料的特别执行方法的争议。在形式上,因为《刑法典》第9条并没有将之规定为刑罚的一种,所以不能认为劳役场留置是刑罚的一种。但是在实质上,也难以否定其通过剥夺自由而替代财产刑的易科刑的一面。②

2. 合宪性判决

就劳役场留置的合宪性,1950年"盗窃、违反《物资需求临时调整法》案"中的上诉方主张,《物资需求临时调整法》第4条规定对违反该法第1条第1款命令的处10年以下惩役或者1万日元以下罚金,《刑法典》第18条规定了刑罚易科制度。这一规定违反《宪法》第14条"全体国民在法律面前一律平等。在政治、经济以及社会的关系中,都不得以人种、信仰、性别、社会身份以及门第的不同而有所差别"(平等原则)之规定。最高法院大法庭以如下理由,认定易科制度并不违反平等原则,判决驳回上诉:

首先,如《宪法》第14条前半段所言,虽然在法律上人人是平等的,但是个人在经济、社会等方面的差异是事实存在的,在法律制定与适用过程中难免会产生不均等的现象。如果存在社会一般观念上的合理根据,就不能说此类不均等违反平等原则。

其次,罚金的确会因受刑者的贫富程度产生效果上的差异,而且受刑者忍受的痛苦程度也不同。但罚金刑是刑法规定的刑种之一,《刑法典》第18条规定的易科制度是为了提高罚金效果而规定的特别执行方法。如果沿着上诉理由"规定罚金刑与易科制度的条款违宪"的逻辑推论下去,就应该否定罚金这一刑罚制度本身。尽管罚金存在因受刑者贫富不同而效果有所差异的缺点,但总体来看对受刑者能够产生刑罚效果。其实不仅是财产刑,所有刑罚带来的痛苦都因人而异,只不过罚金产生的差

---

① 前田雅英等编『条解刑法』(第2版,2009,弘文堂)31頁参照。
② 前田雅英等编『条解刑法』(第2版,2009,弘文堂)32頁参照。

异因为贫富程度较为明显而已,也即在法律层面罚金与易科制度对于所有人而言是平等的,受刑者感触的痛苦存在差异,并非法律本身必然产生的结果。

最后,在裁量刑罚之际,法院会考虑犯罪本身等各种情节,在适用罚金之际也会特别考虑犯人的财产情况以提高刑罚效果。《刑法典》第25条规定对于被判处5万日元以下罚金者可以根据情节宣告缓刑,第30条第2款也允许根据具体情节假释被留置于劳役场者,这些方法都在某种程度上可以缓解因贫富程度不同而产生的不均等。

简而言之,从制定刑罚法规以维护社会秩序的大局出发,应该认为刑罚适用中的差异无法避免,而且存在社会一般观念上的合理根据。因此,劳役场留置并不违反宪法规定的平等原则。[1]

第二节　附　加　刑

日本《刑法典》第9条规定,没收为附加刑。没收是指剥夺犯罪人对物的所有权等将之收归国库的处罚,在宣告主刑时附加适用。没收虽然是《刑法典》规定的刑种之一,但是在实质上也有保安处分的一面,因为其意在消除物的危险性,剥夺犯罪人的犯罪所得。根据日本《刑法典》第19条之规定,下列物品可以没收:①组成犯罪行为之物;②供或者将供犯罪行为使用之物;③犯罪行为产生、取得之物或者作为犯罪报酬取得之物;④作为上述物品的对价取得之物。没收的对象应为不属于犯罪人之外者的所有物,但是在犯罪后知情而取得该物的,可以没收。

一、犯罪行为

《刑法典》第19条中的"犯罪行为",是指构成主刑基础的犯罪事实,包括该当基本构成要件的实行行为与修正构成要件的教唆行为和帮

---

[1] 昭和24(れ)1890,刑集4·6·956。

助行为。在预备行为独立成罪的场合，预备行为本身当然也属于犯罪行为。在共同犯罪的场合，犯罪行为是指共犯行为。在 1950 年的"抢劫、盗窃案"中，被没收的日本刀属于被告人 D，但是实际用之抢劫的是被告人 A，因此上诉方主张原判没收日本刀违法。最高法院第三小法庭判决认为，犯罪行为不仅指被告人自身的犯罪行为，而且包括共犯者的行为。被告人将自己的所有物提供给他人实施犯罪，可以予以没收。①

二、没收对象

（一）物的含义

构成没收对象的"物"，是指有体物，既包括动产也包括不动产。利益、债券等无体物虽然不能没收，但是如果其体现为有价证券等形式，则可以成为没收的对象。同时，物既包括主物也包括从属之物与果实。例如，短枪与其中的子弹、手枪及其弹匣、刀与刀鞘等，在没收前者之际，后者当然也能没收。如果没收对象是在犯罪行为之后产生的果实，在能够认为是没收对象自然增加的场合，例如，在犯罪行为当时怀胎的动物，因为幼崽与母兽是一体的，可以没收。如果是在犯罪行为之后利用没收对象创造的新的物品，则不能没收。

如果没收的对象为金钱，在因为被扣押而不能确定特定性的场合不可没收，但是即使换成了外汇，如果可以确定其特定性也可以没收。如果没收对象已经被加工成为其他物品，如果没有丧失同一性，例如，仅用受贿的布料做成衣物，则该衣物可以没收。如果已经丧失了同一性，例如，用受贿的布料作为衬里做成衣物，则衣物不能成为没收的对象。

虽然在被判决没收之际，没收对象不必已经被法院或者搜查机关扣押，只要实际存在即可，但是在实践中，法院通常仅没收已经被扣押的物品，而且不会没收未在公开审理之际作为证据调查的物品，究其理由，就如最高法院第二小法庭在 1948 年"抢劫伤人案"的判决中所言，扣押物品虽然未必构成证据，但是在将之作为供犯罪使用的物品没收之际，必须认

---

① 昭和 24(れ)3119，刑集 4·5·760。

定其构成供犯罪使用的物品,因此就必须作为证据资料予以调查。①

(二) 具体物品

1. 组成之物

没收对象的第一类物品,是组成犯罪行为之物,即构成犯罪行为不可欠缺的要素之物。例如,使用伪造的公文书罪中的公文书、贿赂罪中的贿赂与传播、陈列淫秽物品罪中的淫秽物品。赌客用来或者将用来赌博用的赌金,是赌博罪的构成要素,但是并非开设赌场营利罪的构成要素,就如东京高等法院在 1963 年"开设赌场营利案"的判决中所言,成立开设赌场营利罪,只要以营利为目的开设由自己主宰让他人进行赌博的场所即可,不以现实的赌博行为为要件。因此,赌金并非该罪法定的构成要素。②

2. 使用之物

作为没收对象,使用之物是指并非犯罪行为不可欠缺的要素,但是为了实施犯罪而使用的物品。例如,杀人用的匕首与手枪、赌博用的物品、伪造文书用的假印章等。使用之物不仅包括直接供实施实行行为使用之物,还包括实行行为着手之前或者完成之际用于实施实行行为、逃走的物品,以及用于和实行行为密切相关的保护犯罪成果的行为之物。例如,为了侵入住宅实施盗窃而使用的铁棒、在盗窃家畜之后为了容易运送分解家畜时用的刀具。

使用之物既包括实际使用之物,也包括想要用于犯罪之物,即为了用于犯罪目的而准备但是并没有实际使用之物,即使之后行为人以其他手段实施了犯罪行为,仍然可以作为想要供犯罪使用之物予以没收。与此相似,在行为人为了实施犯罪准备了多种工具,仅使用了其中之一的场合,其他未使用的工具也属于想要供犯罪使用的物品,可以没收。此外,即使某一物品构成组成之物,在尚未实际使用的阶段也可以被视为想要用于犯罪之物,例如,在赌博罪中想要用于赌博的金钱。③

---

① 昭和 23(れ)439,刑集 2・9・1105。
② 昭和 38(う)1854,高刑集 16・9・846。
③ 前田雅英等编『条解刑法』(第 2 版,2009,弘文堂)38 页参照。

3. 产生、取得或者报酬之物

犯罪行为产生之物，是指因犯罪行为而存在之物，例如，伪造货币罪中伪造的货币、伪造文书罪中伪造的文书。但是，被害人因被骗而出具的文件并非犯罪产生之物，含有虚假内容的公证书原件也非犯罪产生之物，因为公证书原件是公务员基于权限制作的物品。

因犯罪行为而取得之物，是指犯罪人通过犯罪行为获得之物。例如，通过恐吓取得的契约、有偿取得的赃物、作为贿赂贷出的款项、贩卖淫秽物品获得的金钱、赌博赢得的财物等。盗窃的物品虽然也是行为人通过犯罪行为获得之物，但是因为所有权仍然属于被害人，也即属于犯罪人以外之人，因此不是没收的对象。但是，在被害人放弃所有权或者犯罪人盗窃他人占有的本人所有物之际，可予以没收。

作为犯罪报酬取得之物，是指作为实施犯罪行为的对价而取得的报酬，包括实施帮助以及教唆行为而取得的报酬。例如，因向组织卖淫者租赁房屋而取得的租金等。①

4. 对价之物

没收作为犯罪行为产生、取得之物或者作为犯罪报酬取得之物的对价而取得的物品，不以取得的行为构成犯罪为要件。例如，处理盗窃赃物的行为可能不构成犯罪，但可以没收所涉对价物。同时，此处的对价物包括在出售赃物之后，利用取得物品所获得的对价物，而且不能扣除处理赃物所支出的非法费用。例如，在 1952 年的"盗窃与出售赃物案"中，两名被告人在出售盗窃赃物后，购买了两头公牛，之后又用两头公牛与他人交换来两头阉过的牛。广岛高等法院判决认为，本应没收这两头阉过的牛，但是因这两头牛已经出售给他人，所以无法没收。因此，向被告人追缴同等价额的财产，而且在出售上述公牛之际支付的费用不能扣除。②

对价之物不必为金钱。例如，在 1955 年的"盗窃案"中，针对上诉人"在案中赃物是金钱的场合，用之购买的物品不构成《刑法典》第 19 条第

---

① 前田雅英等编『条解刑法』（第 2 版，2009，弘文堂）39 页参照。
② 昭和 26（う）734，高刑集 5·4·585。

1款第4项规定的对价之物"的主张,仙台高等法院判决认为,利用盗窃的现金购买的物品亦属于作为犯罪行为所得之物的对价获得物品,如果并非犯罪人之外者的所有之物,毫无疑问应该没收。①

(三)例外情形

日本《刑法典》第19条第2款规定了没收适用的例外情形,即只有不属于犯罪人之外者的所有之物,才可以没收。但是,即使属于犯罪人以外者之物,如果是该人在犯罪后知情而取得的,也可以没收。

1. 不属于犯罪人之外者的所有之物

(1)犯罪人

此处的"犯罪人",既包括被判决没收的被告人本人,也包括共犯,即共同正犯、教唆犯、帮助犯。根据最高法院大法庭在1963年"违反《关税法》《物品税法》等案"中的裁决,还包括根据两罚规定处罚的法人或者自然人。②

(2)无主物与违禁品

不属于犯罪人之外者的所有之物,是指犯罪人之外的人没有所有权以及其他物权之物。即使属于犯罪人所有之物,如果第三者对之有其他物权权利,也不能将之没收。但是在第三者权利是债权之际可以没收。③ 那么,无主物与违禁品是否可以没收?

对于无主物,因为不属于犯罪人之外的人,所以可以没收。对于所有者不明之物,根据最高法院第二小法庭在1955年"诈骗、侵占与盗窃案"中的判决,应该返回被害人,所以不能没收。④ 对于违禁品,例如,伪造的货币、伪造的文书等法律禁止所有的物品,判例认为无论存在何种权利关系,都可以没收。但是,在理论上,对于某些特殊情形,还应考虑没收的适当性。例如,就伪造的货币,如果犯罪人使用第三人存放在其处的黄金伪造的金币,将之作为违禁品予以没收可能并不适当。就麻药与兴奋剂等

---

① 昭和30(う)535,高刑集8·8·1113。
② 昭和34(あ)126,刑集17·4·457。
③ 昭和38(あ)1071,刑集19·4·490。
④ 昭和28(あ)1570,刑集9·1·52。

药物,因为法律允许正当所有或者持有,所以在第三者正当持有之际,不能将之作为违禁品予以没收。就淫秽物品,如果持有者并无贩卖的目的也不能将之作为违禁品没收。①

(3)时间标准

根据判例,判断是否属于犯罪人以外者的所有之物,应以宣告判决时为时间标准。即使在犯罪时属于犯罪人的物品,如果在裁判时已经为第三人合法取得,或者因犯罪人死亡成为继承人的所有物,也不能没收。与此相反,在犯罪时属于第三人的物品,如果在裁判时成为犯罪人的所有物,则可以没收。

2. 在犯罪后知情而取得之物

犯罪后知情而取得,是指在认识到《刑法典》第19条第1款各项规定的事实的情况下而取得。此处的"认识",不必是确定认识,未必认识即可,而且不必认识到具体的犯罪事实,只要抽象地认识到犯罪行为与《刑法典》第19条第1款的各项规定有关即可。"取得",既包括取得所有权也包括取得担保物权或者用益物权。取得的方式可以是买卖、赠予、继承、合并等,可以是直接从犯罪人处取得,也可以是从犯罪人处取得之人处转手取得。在转手取得的场合,即使直接取得者是善意取得,如果第三人是恶意取得,也可以予以没收。

三、追缴

《刑法典》第19条之二规定,如果不能没收《刑法典》第19条第1款第3项与第4项所列之物的部分或者全部,可以追缴其价款。

(一)追缴的性质

追缴的客体是因犯罪行为产生、取得之物或者因犯罪报酬取得之物以及犯罪行为的对价之物不能没收的全部或者部分。从其内容而言,追缴的目的也是剥夺犯罪收益,而且是作为没收的补充制裁适用,因此具有准没收的性质。

---

① 前田雅英等编『条解刑法』(第2版,2009,弘文堂)40页以下参照。

追缴并不是日本《刑法典》第 9 条规定的刑罚种类,只是作为没收的补充适用,因此在判处罚金的同时,可以附加科处追缴。追缴属于裁量性处分,是否处以追缴、在允许的金额范围内追缴多少,完全取决于法官的裁量,就如最高法院在 1950 年"诈骗、违反《物价统治令》案"的判决中所言,在剥夺犯罪人所获犯罪收益之际,是处以罚金,还是处以没收或者追缴,或者二者并科适用,由法官根据个案情节自由裁量决定。①

(二)追缴的对象

追缴的对象当然是获得犯罪收益者。在共犯的场合,原则上仅应对实际受益的犯罪人进行追缴。例如,在 1958 年的"违反《昭和 21 年第 311 号敕令》、违反《海关法》案"中,最高法院大法庭判决认为,在被共同起诉的共犯者中一人或者数人是赃物持有者非常明显的场合,未必一定要对共犯者全员各自独立追缴全额,从追缴的主旨出发,仅对赃物持有者进行追缴,既不违反案中所涉法律,也不违反《宪法》第 14 条规定的法律之下人人平等原则。② 当然就共犯者已经缴纳了全部或者部分价款之际,不能重复追缴。

在共同受贿案件中,判例曾经主张根据所得数额确定追缴对象,如果分配的数额不明确,则推定贿赂在共犯者中平均分配,对所有共犯者进行追缴。但是,在 2004 年的"受贿案"中,最高法院第三小法庭裁决认为,在受贿的共同正犯者共同收受贿赂的场合,可以对共犯者各自处以全部没收,在不能没收的追缴的场合,从其是没收的易科处罚的特征出发,也可以命令对共犯者各自全额追缴。即使在共同受贿者中存在不具有公务员身份者,也无差别处罚的理由。只要能够满足不让受贿人保留不正当利益的要求,即使是必要的追缴,也不必对共同受贿的全部共犯者都命令全额追缴。法院在命令对共犯者进行追缴之际,在不正当利益在共犯者之间的归属、分配非常明确的情况下,法院可以裁量追缴各人所得的数额,也可

---

① 昭和 24(れ)3179,刑集 4・7・1155。
② 昭和 26(あ)3100,刑集 12・3・384。

以仅命令对部分共犯者进行追缴。① 但是,在帮助犯的场合,仅能在从帮助行为中获得的收益范围内予以追缴,就如最高法院第三小法庭在2008年"违反《大麻与精神药品管理法》等特别法案"的判决中所言,"能够向帮助犯追缴的,仅限于帮助犯从药物犯罪帮助行为中所获得的财产"②。

(三) 追缴的价额

在没收对象是金钱的场合,追缴的价额就是金钱数额,在没收对象是物的场合,追缴价额就是该物的客观价格。例如,在1956年的违反《烟草专卖法》案中,就该法规定的必要追缴,判例认为无论实际交易的价格如何,追缴数额就是相应物品的客观、公正的数额。如果存在公开定价,根据价格确定。如果不存在,则根据客观上公正的价格确定。在客观价格与犯罪人处理的价格不一致之际,则没收其实际所得的对价。在特别法规定的必要追缴的场合,无论犯罪人处理的价格是否高于客观价格,客观价格是必要追缴的数额,在处理价格高于客观价格之际,法院可以裁量是否追缴、没收其差额。③

就追缴价额的计算时间,**犯罪行为时说**主张以犯罪行为时的价格为准,**没收不能时说**主张以不能没收之际的价格为准,**裁判时说**则主张以宣告判决时的价格为准。从判例的主张来看,应该是站在了犯罪行为时说的立场。例如,在1968年的"受贿、加重受贿、制作、使用有印虚假公文书案"中,最高法院大法庭判决认为,受贿者通过接受贿赂之物,获得了相当于该物当时价额的利益。在收受之后,该物的价额发生增减是基于其他原因。因此,应该追缴的价额应根据收受贿赂之时的价额确定。④ 在存在必要没收、追缴相关规定之际,如果犯罪人以比收受之际高的价格处理了相应物品,差额也可以成为追缴的对象。

---

① 平成13(あ)25,刑集58・8・905。
② 平成19(あ)1055,刑集62・5・1528。
③ 前田雅英等编『条解刑法』(第2版,2009,弘文堂)44页参照。
④ 昭和41(あ)1257,刑集22・9・871。

第十三章
刑罚适用

第一节 刑罚裁量

一、法定刑的轻重

法定刑,是指分则各条对应构成要件规定的刑罚。规定法定刑的方式,有相对法定刑主义与绝对法定刑主义两种,前者是指仅规定法定刑的范围,由法官在此范围内自由裁量,后者则是指具体规定法定刑的种类和数量,不允许法官自由裁量。日本《刑法典》采纳的是相对法定刑主义。同时,如上所述,日本《刑法典》是在新派思想的影响下制定的,因此法定刑的范围很广,给予法院非常大的自由裁量权限。就法定刑的范围,在自由刑的场合,上限被称为最高刑期,下限被称为最低刑期;在财产刑的场合,上限被称为最高额,下限被称为最低额。

日本《刑法典》第9条规定了六种主刑。鉴于在诸如刑罚变更、并合罪等场合需要比较法定刑的轻重选择适用法条,《刑法典》第10条继而规定了确定法定刑轻重的标准:①在刑罚种类不同之际,根据第9条排列的顺序确定。但是在无期禁锢与有期惩役之间,在有期禁锢的最高刑期超过有期惩役最高刑期的场合,禁锢为重刑。在有期禁锢的期间超过有期惩役的期间2倍之际,禁锢为重刑。②同一刑种,最高刑期较长、最高数额较大的为重,最高刑期或者最高数额相同,则最低刑期较长、最低数额较大的为重。③在两个以上死刑、最高刑期与最高数额以及最低刑期与最低数额都相同的场合,根据犯罪性质、犯罪理由以及被害情况等犯罪情节综合确定。

就在不同罪名的不同刑种中如何选择或者在合并处罚之际应如何比

较刑罚轻重,刑法典中并无规定。但是,早在 1948 年的"违反《食量管理法》《物价统治令》案"中,最高法院第一小法庭就指出,从《刑法典》第 10 条的逻辑出发,应比较最重的法定刑确定。① 例如,A 罪的法定刑为 3 年以下惩役、禁锢或者 50 万日元以下罚金,B 罪的法定刑为 15 年以下惩役或者 50 万日元以下罚金,二者相比较,应该选择 B 罪的刑罚。因此,虽然在理论上有的观点提出应综合比较各刑种予以确定,但是多数说还是支持重点比较的立场。②

二、法定刑的加减

如果存在加重、减轻刑罚事由,应据之对法定刑进行修正,如此形成的刑罚在理论上被称为处断刑。以是否为刑法明确规定的事由为标准,可以将法定刑的加减事由分为法定事由与酌定事由。加重事由只有法定事由,包括并合罪与累犯。同时,判例认为常习犯也适用累犯加重。减轻事由则既有应当型事由,例如心神耗弱、中止犯、从犯等,又有可以型事由,例如防卫过当、避险过当、未遂犯、自首、自白等。

(一)刑罚加重事由

1. 累犯

(1) 累犯的含义

累犯可以在广义与狭义两个层面理解。在广义上,累犯是指在被判处确定有罪之后,再次实施新罪;在狭义上,则是指满足一定要件被加重处罚的情况,包括《刑法典》第 56 条规定的再犯与第 59 条规定的实施三次以上犯罪的情况。

根据《刑法典》第 56 条之规定,累犯加重应具备如下条件:第一,行为人之前因犯罪被判处惩役、因相当于惩役的犯罪和性质相同的犯罪被判处死刑或者因并合罪被处断过。第二,行为人被宣告刑罚,而且已经执行完毕或者被免予执行。第三,在刑罚执行完毕或者免予执行之日起 5 年

---

① 昭和 22(れ)222,刑集 2·4·307。
② 山中敬一『刑法総論』(第 2 版,2008,成文堂)1039 頁参照。

内再犯新罪。第四,再犯之罪也应被判处有期惩役。对于实施三次以上犯罪的人,依照再犯规定处罚。

(2)加重的根据

根据《刑法典》第57条与第14条之规定,再犯的刑罚为该罪规定惩役的最高刑期2倍以下,但是不能超过30年。同时,只能加重最高刑期,不能提高最低刑期。就对累犯加重处罚的根据,**人身危险性说**主张,是因为之前的刑罚执行未能达到特殊预防的效果,因此延长刑期。**责任增加说**认为,是因为行为人在被执行刑罚之后再次违反规范,体现出比并合罪更高的非难可能性。**刑事政策说**则认为,累犯加重是基于刑事政策的考虑制定的例外于责任主义的制度。① 如果仅强调人身危险性的话,行为人是否曾被科刑、新罪是否应被判处惩役等客观条件似乎并不必要。同时,即使行为人的非难可能性增加,能否增加到超过通常法定刑范围的程度也存在疑问。因此,刑事政策说更为可取。

就累犯加重的合宪性,最高法院也已经数次予以肯定。在1949年的"盗窃、诈骗案"中,最高法院大法庭判决认为,《刑法典》中的再犯加重的规定不过是以"构成再犯"这一事实为基础,加重新犯之罪的法定刑、科处较重的刑罚而已,其主旨并非动摇前罪的确定判决或者对之再科处刑罚,因此不违反《宪法》第39条关于禁止双重处罚的规定。② 就累犯加重是否违反《宪法》第14条"法律面前人人平等"原则,最高法院第三小法庭在1950年的"诈骗、盗窃案"中判决认为,对犯罪的处罚并非毫无理由的差别处遇,而是根据刑罚目的,适当处置各种犯罪、各个罪犯,在不同案件中当然会有所差异。即使在犯罪方面与其他犯罪人相似,从犯罪人的性格、年龄、环境、犯罪后的情况等情节出发,对之处以较重刑罚,也不违反宪法上的平等原则。③

2. 常习犯

常习,是指反复实施特定种类犯罪的癖性。常习犯,则是指行为人对

---

① 浅田和茂『刑法総論』(第2版,2019,成文堂)527頁、高橋則夫『刑法総論』(2010,成文堂)510頁、井田良『講義刑法学・総論』(2009,有斐閣)559頁参照。

② 昭和24(れ)1260,刑集3·12·2062。

③ 昭和24(れ)88,刑集4·1·54。

其实施的犯罪存在常习的情况。因此,累犯与常习犯并非相同概念。

日本刑法规定的常习犯主要有:第一,常习赌博罪。《刑法典》第 185 条规定对赌博罪处以 50 万日元以下的罚金或者科料;第 186 条第 1 款规定对常习赌博罪加重处罚,处 3 年以下惩役。第二,常习盗窃、抢劫罪。《盗犯等防止与处分法》第 3 条规定,常习者实施《刑法典》规定的盗窃罪、抢劫罪、事后抢劫罪、麻醉抢劫罪以及各罪的未遂罪,加重处罚。第三,常习暴行罪。根据《暴力行为处罚法》第 1 条之三的规定,对常习实施伤害罪、暴行罪、胁迫罪以及损坏财物罪者加重处罚。

常习犯如果满足《刑法典》第 56 条累犯的构成要件,可同时适用累犯加重的规定。早在 1969 年的"违反《暴力行为处罚法》案"中,最高法院第二小法庭就判决认为,《暴力行为处罚法》第 1 条之三规定有暴力行为常习者在实施新的暴力行为之际,构成比通常的暴行、胁迫法定刑更重的特别之罪,并不排斥适用《刑法典》中累犯加重的规定。因此,即使在将存在前科作为认定常习性事实基础的场合,也可以适用《刑法典》中关于累犯加重的规定,对常习暴行罪加重处罚。[①] 在次年的"常习累犯盗窃案"中,最高法院第一小法庭也裁决认为,《盗犯等防止与处分法》中有关常习累犯盗窃以及对之比较非常习累犯加重处罚的规定,是在普通盗窃之外规定新的盗窃犯罪类型,并不排斥而是适用刑法中累犯加重的规定。[②]

(二)刑罚减轻事由

1. 法定减轻事由

(1)自首

根据《刑法典》第 42 条第 1 款之规定,自首是指在被侦查机关发觉以前,实施犯罪的人自愿告知自己的犯罪事实,并接受处罚。因为自首让犯罪搜查更加容易,而且降低了犯罪人的责任非难[③],所以对于自首者可以裁量减轻处罚。需要指出的是,是否根据自首减轻处罚是法院的专有判

[①] 昭和 43(あ)1605,刑集 23·9·1154。
[②] 昭和 43(あ)2655,刑集 23·7·935。
[③] 大谷実『刑法講義総論』(第 5 版,2019,成文堂)542 頁参照。

断,如果法官认为没有必要,即使存在有效自首的事实,也不必在判决书中特别指出犯罪人有自首情节。①

就此处的"在被侦查机关发觉以前",最高法院第二小法庭在1949年"抢劫伤人案"的判决中认为,包括犯罪事实完全未被官方发觉的情况,犯罪事实已经被发觉而犯罪人是谁未被发觉的情况,但是不包括犯罪事实与犯罪人是谁都已经明确,仅仅是犯罪人所在不明的情况。② 犯罪人可以自行也可以通过他人向搜查官、检察官或者司法警察告知自己的犯罪事实,就如最高法院第二小法庭在1948年"杀人案"的判决中所言,被告人在犯罪行为被官方发觉之前已经通过其次子向驻村司法警察申告,自首当然不以犯罪人亲自为之为要件,通过他人向官方告知自己的犯罪行为也具有自首的效力。③

构成自首以自动向侦查机关告知犯罪事实为要件,因此在接受侦查机关讯问之际被动供述自己犯罪事实的不构成自首。但是,即使犯罪人就其犯罪事实存在虚假供述,只要其在侦查机关发觉之前主动告知真实情况,就可成立自首。在2001年的"违反《枪支刀剑等持有取缔法》案"中,被告人D携带手枪与子弹,到处于敌对关系的暴力团事务所处连开四枪。D在搜查机关发觉其是犯罪人之前,到警察署自首,承认向上述事务所开枪,但是向警察上交的并非实际使用而是经过伪装的手枪,并谎称使用的就是上交的手枪。最高法院第三小法庭裁决认为,D在搜查机关发觉其犯罪事实之前进行了申告,即使就其使用的手枪作了虚假供述也不妨碍成立自首。④ 在1985年的"业务上过失致伤害、违反《道路交通法》案"中,最高法院第二小法庭也认为,鉴于被告人D是在警察怀疑其犯罪事实之前主动告知,即使其之前有虚假供述也不妨碍成立自首。⑤

---

① 昭和22(れ)169,刑集2·2·104。
② 昭和23(れ)1921,刑集3·6·721。
③ 昭和22(れ)169,刑集2·2·104。
④ 平成12(あ)1006,刑集55·1·76。
⑤ 昭和58(あ)1777,刑集39·1·1。

> **业务上过失致伤害、违反《道路交通法》案**
> [昭和58(あ)1777,刑集39·1·1]
>
> 被告人D无证驾驶发生单方事故,致使所驾车辆坠海。在警察第一次调查之际,因为D谎称没有同乘者,所以警察以被告人无证驾驶导致财物损失处理了该案。事故发生约两周后,被告人通过电话向警察申告,承认在无证驾驶之际车中有同乘者并在事故中受伤的事实。
>
> 仙台高等法院承认D是在警察尚未发觉其犯罪行为之前自行报告业务上过失伤害的事实,但同时认为,D向警察谎称没有同乘者,妨害了警察及时发现事实真相,其事后报告只是使搜查、处罚相对容易而已,与自行报告犯罪的主旨有所不同。因此,从自首制度的主旨、目的来看,被告人的行为不构成自首。
>
> 1985年2月8日,最高法院第二小法庭裁决认为,负责搜查的警察在D报告业务上过失伤害的事实之前,并未怀疑D造成人身事故,D也并未等待警察讯问而是自行报告,因此即使之前说谎并妨害了警察调查有关自己的事情,原判决以上述理由否定自首成立并不适当,应该认定D就案中造成业务上过失伤害、违反《道路交通法》中报告义务的行为构成自首。

(2)首服

根据《刑法典》第42条第2款之规定,首服是指在亲告罪的场合,犯罪人在搜查机关发觉其犯罪事实之前,向有权告诉者告知自己的犯罪事实,并由其处置。与自首相同,对首服者亦可裁量减轻处罚。

(3)自白

根据《刑法典》第170条(伪证罪)与第173条(诬告罪)之规定,自白,是指自行向搜查机关供述自己的犯罪事实,包括在接受搜查人员讯问之际,自行承认部分或者全部犯罪事实。对于自白者可以减轻或者免除处罚。

2. 酌定减轻事由

根据日本《刑法典》第66条之规定,如果存在应当酌量的犯罪事由,可以减轻处罚。酌量减轻通常在考虑到犯罪情节,认为在法定刑或者处断刑下限量刑对犯罪人也过重之际进行。① 此处的"犯罪情节",不限于犯罪行为人本身的情节,还包括犯罪人的性格、前科、犯罪后的态度等刑事政策上的各种情节。而且根据《刑法典》第67条之规定,即使在法律上有加重或者减轻处罚的情形,也可以酌量减轻。

(三)加减的方法

根据《刑法典》第68条之规定,如果存在一个或者同时存在两个以上法定减轻事由,按照如下方法处理:①死刑减轻时,减为无期惩役、无期禁锢或者10年以上惩役或者禁锢。②无期惩役或者无期禁锢减轻时,减为7年以上惩役或者禁锢。③有期惩役或者有期禁锢减轻时,减去最高刑期与最低刑期的1/2。④罚金减轻时,减去最高数额与最低数额的1/2。⑤拘留减轻时,减轻最高刑期的1/2。⑥科料减轻时,减轻最高数额的1/2。但是,在存在两个以上法定减轻事由之际,不应重复减轻,以一次为限。② 在法条规定了两个以上的刑种之际,例如,规定"处以惩役或者禁锢",首先应确定适用的刑罚,然后再予以减轻。如此,在法条规定对两个主刑并科适用之际,应各自予以减轻。③ 此外,因减轻惩役、禁锢或者拘留而出现不满1日的零数的,舍去零数。

酌量减轻应参照上述规定进行。在同时加重与减轻处罚之际,按照下列顺序进行:①再犯加重;②法定减轻;③并合罪加重;④酌量减轻。

三、量刑基准与量刑情节

(一)量刑基准

量刑,是指法官在处断刑的基础上,根据量刑情节确定宣告刑、决定是否给予缓刑、是否附加保护观察以及是否免予处罚的裁量过程。日本现行《刑法典》非但没有规定量刑标准,而且规定的法定刑幅度很大,赋予

---

① 井田良『講義刑法学・総論』(2009,有斐閣)559頁参照。
② 高橋則夫『刑法総論』(2010,成文堂)512頁参照。
③ 高橋則夫『刑法総論』(2010,成文堂)513頁参照。

法官很大的自由裁量范围,尽管有《刑事诉讼法》规定的起诉便宜原则与上诉程序的制约,但是仍然不够充分。为了确保量刑的公正与均衡,确定一个相对明确、合理的量刑基准就显得非常必要。①

在确定量刑基准之际,需要考虑的核心要素之一是量刑目的,因为量刑目的决定了从无数相关事实中选择重要量刑情节、比较量刑情节,并在此基础上形成处断刑、确定宣告刑的视角,而量刑目的取决于刑罚目的。如果认为量刑的目的在于报应,量刑基准应侧重于违法性与责任的大小,如果认为在于一般预防,应侧重于犯罪的社会影响与社会形势,而如果认为在于特殊预防,应侧重于犯罪人的人身危险性。在理论上,现在主流的观点是采纳综合标准,即以行为责任为核心,并考虑一般预防与特殊预防的目的进行刑罚裁量。②

根据对行为责任与预防目的的关系的不同理解,在综合标准之中也可以区分出不同观点。例如,有的观点以责任作为量刑的基础,认为应在责任刑的幅度内考虑预防目的确定宣告刑。就如《改正刑法草案》第48条所规定的,刑罚应根据犯罪人的责任量定。同时为了达到抑制犯罪和促进犯罪人改过从善的目的,在适用刑罚时,兼考虑犯罪人的年龄、性格、经历以及环境、犯罪的动机、方法、结果及社会影响、犯罪人在犯罪后的态度等情节。有的观点认为,在量刑之际应坚持消极的责任主义,即责任不是刑罚的根据,而是刑罚的前提条件。因此,责任在量刑中的任务主要是划定预防刑的边界。还有的观点从刑罚是对犯罪的事后处理出发,认为仅以责任为基础进行量刑即可。

虽然刑罚是基于犯罪而发动,但是并非仅为了处罚而处罚,必须考虑预防目的,这也是判例的立场。例如,在2012年的"侵入住宅、抢劫杀人案"中,虽然犯罪人在较短的时间内连续实施了两次抢劫杀人行为,最高法院第三小法庭仍然认为,鉴于犯罪人存在矫治、改善的可能性,判处其

---

① 高橋則夫『刑法総論』(2010,成文堂)514頁参照。
② 大谷実『刑法講義総論』(第5版,2019,成文堂)547頁、高橋則夫『刑法総論』(2010,成文堂)515頁参照。

无期惩役而非死刑并无不当。① 因此,量刑既是回顾性的,也应是展望性的,不能认为量刑仅需要考虑责任即可。同时,现代社会的刑罚既是惩罚性的,也应是修复性的,在需要追究刑事责任之际,通过惩罚犯罪、矫治犯罪人,修复法律、社会秩序。简而言之,应坚持以消极责任主义为理论核心的量刑基准,即以行为责任为前提,考虑一般预防与特殊预防的要求,由法官根据自己的判断裁量刑罚。

侵入住宅、抢劫杀人案

[平成23(あ)494,裁判集309·213]

2001年8月15日,被告人D在大阪市A区的西装店中将男性店主杀死并抢劫了金饰品(前罪),13日后,D为了抢劫现金侵入同市B区的药店,在对店内84岁的女店主V实施暴行之际,因为V激烈反抗,D决定先杀人后抢劫,将V勒死后抢劫金饰品而去(本罪)。被告人因前罪以及诈骗等被判处无期惩役,在本罪裁判于2005年1月15日确定之际、无期惩役执行之中,通过DNA鉴定等方法,确定D也是本罪的犯罪人。

就原判判处被告人无期惩役,最高法院第三小法庭于2012年12月27日裁决认为,在本案量刑过程中应该重视的情节是被告人仅在13日之前实施了与本罪相同的抢劫杀人这一事实。本罪是前罪等确定裁判的余罪,在量刑之际虽然不能对前罪进行实质考虑再度处罚,但是将之作为犯罪的重要经过考虑当然可以。考虑到实施上述犯罪的经过、杀害结果的重大性等,应该认为犯罪情节恶劣,虽然被害者只有一人,也应该将死刑作为选项讨论。但是,D是因为受到被害人的反抗临时起意而为之,之前并无杀人计划。D因为前罪已经被判处无期惩役,并在服刑过程中体现出改善迹象,存在矫正的可能性。此外,虽然尚不充分,但是可以看到其接受自己的刑事责任并进行反省的态度。如此,从死刑是终极刑罚的角度来看,原判决判处无期徒刑而非死刑,在量刑方面并无不当。

---

① 平成23(あ)494,裁判集309·213。

需要指出的是,虽然法官在量刑过程中有很大的自由裁量权,但是量刑实践中,一方面,检察官的求刑起到举足轻重的作用,在许多案件中,法官都是在求刑幅度的 60% 至 80% 范围内确定宣告刑。① 另一方面,多年累积的判例形成了大致的量刑导向,也发挥着指导与制约的作用。例如,在 2014 年的"虐待婴儿致死案"中,检察官对两名犯罪人都是求刑 10 年有期惩役,一审综合考虑犯罪人的人身危险性、犯罪情节及其社会影响,判处被告人 15 年有期惩役,二审予以维持。但是,最高法院第一小法庭撤销原判,明确指出:累积起来的大量裁判先例,就特定的犯罪类型指明了量刑倾向,具有重要参考价值。原判决在未给出具有说服力理由的情况下,脱离此前的量刑倾向,大幅超过 10 年有期惩役的求刑宣告刑罚,显著不当。因此,分别改判两名被告人 10 年与 8 年有期惩役。②

(二)量刑情节

法官在量刑之际应以量刑情节为基础。量刑情节既可以来自检察官,例如,被告人供述记录中的家庭情况、前科经历等,也可以来自被告人,例如,悔过书、申诉状等,既包括犯罪之前也包括犯罪之后的情节。1974 年的《改正刑法草案》第 48 条也明确规定"在适用刑罚时应考虑犯罪人的年龄、性格、经历以及环境、犯罪的动机、方法、结果及社会影响、犯罪人在犯罪后的态度等情节"。从判例来看,量刑情节大致可以分为三类:①犯罪本身的情况;②犯罪人的情况;③犯罪的社会影响。在 2014 年的"虐待婴儿致死案"中,一审法院超过检察官的求刑量刑、二审法院维持一审量刑,主要原因就在于保护儿童的社会形势、犯罪背后的恶劣情节以及犯罪人在犯罪后的态度。

---

① 浅田和茂『刑法総論』(第 2 版,2019,成文堂)529 頁、大谷実『刑法講義総論』(第 5 版,2019,成文堂)547 頁参照。

② 平成 25(あ)689,刑集 68・6・925。

虐待婴儿致死案

[平成 25（あ）689，刑集 68・6・925]

被告人 D 和 X 在共谋之后对当时 1 岁 8 个月的婴儿施加暴行,殴打头部,致使被害人因脑肿胀死亡。一审之际,检察官对 D 与 X 的求刑都是 10 年,但是一审法院根据如下情节,判处 D 与 X 各 15 年有期惩役:①犯罪自身情节,例如,父母虐待儿童的致死行为本身责任重大、行为方式非常危险而且恶劣、结果重大、日常经常虐待儿童、二人的责任不存在差异等。②犯罪人情节,例如,堕落的生活态度、对犯罪的漠然、犯罪以前的暴行等。就超过检察官求刑量刑的理由,一审法院认为,一方面,检察官的求刑没有考虑到犯罪行为背后的情节,尤其是被告人长期不履行监护责任、虐待儿童的恶劣性质。而且,被告人将责任推到次女身上,认罪态度存在问题。另一方面,从旨在促进防止儿童虐待的法律改正以及尊重儿童生命权的呼声高涨等社会形势来看,对诸如本案的行为以伤害致死定罪,贴近法定刑上限量刑,具有相当性。

大阪高等法院二审维持原判。但是,最高法院第一小法庭以如下理由,改判被告人 D 有期惩役 10 年,被告人 X 有期惩役 8 年:刑法规定的一个构成要件之中包含数个犯罪类型,因此法定刑幅度很广。在实践中,通常以行为责任原则为基础,酌定与相应犯罪行为相适应的刑罚。同时,累积起来的大量裁判先例也就特定的犯罪类型指明了量刑倾向。裁判先例虽然并不直接具备法的规范性质,但是在裁量刑罚之际具有参考价值,因为作为裁判结论,量刑如欲得到认同,就应客观地评价量刑要素,不损害结果的公平性,而参考之前的量刑倾向进行判断,是保证具体量刑判断路径妥切的重要因素。这在裁判员审判中也同样适当。具体到本案,原判决在量刑之中强烈反映社会形势等情节,脱离此前的量刑倾向,并大幅超过公益代表人检察官 10 年有期惩役的求刑判处 15 年有期惩役,但是并未给出具有说服力的理由。

四、宣告刑罚与免予处罚

在犯罪被证明成立之际,法院必须宣告有罪判决。有罪判决包括宣告刑罚的判决与免予处罚的判决。

(一)宣告刑罚

法官宣告的刑罚,被称为宣告刑。宣告刑分为定期刑与不定期刑,不定期刑进而又分为绝对不定期刑与相对不定期刑,前者是指完全不确定刑期的情形,例如,仅宣告处以惩役,后者是确定上限与下限刑期的情形,例如,宣告处以 2 年以上 4 年以下惩役。

日本采纳的是定期刑原则,法官通常在判决书的主文中明确宣告判处的刑期。但是,从矫治与改善的考虑出发,《少年法》对少年犯规定了相对的不定期刑。在宣告刑罚之际,如果对犯罪人给予缓刑或者保护观察,也需要在判决书中写明。

随着宣告刑罚,犯罪人的某些资格也会受到限制。资格限制分为强制性资格限制与裁量性资格限制,前者如判处禁锢以上刑罚者,在执行完毕或者缓刑期满之前不得担任国家公务员、法官、检察官与律师,后者如被判处罚金以上刑罚者,可能会被禁止担任医师、药剂师等。

(二)免予处罚

在刑事案件中,即使被告人被证明有罪,如果存在法定免除刑罚的事由,法官也可以判决免予处罚。法定免除处罚的事由包括:①必要的免除事由,例如,《刑法典》第 80 条规定,犯第 78 条规定的预备或者阴谋内乱罪、第 79 条规定的帮助内乱等罪,在实行暴动以前自首的,免除刑罚。②裁量的免除事由,例如,根据《刑法典》第 36 条与第 37 条之规定,对于防卫过当、避险过当者,可以根据情节减轻或者免除处罚。免予处罚的理由,通常认为是进行有罪宣告就可以实现刑事制裁效果,因此没有必要判处刑罚。①

---

① 大谷実『刑法講義総論』(第 5 版,2019,成文堂)550 頁参照。

第二节　刑罚执行

一、刑罚执行方式与程序

在判决确定之后，随着犯罪人成为受刑者，国家也就取得了对其实施处遇的权力。因此，刑罚执行在抽象意义上是指国家刑罚权的现实化过程。

（一）死刑执行

死刑执行的相关规定散见于《刑法典》《刑事收容设施法》以及《刑事诉讼法》等法律之中。《刑法典》第 11 条规定，被判处死刑者在被执行之前，羁押在刑事设施之中。《刑事收容设施法》第 178 条与第 179 条规定，死刑在刑事设施内的刑场执行，但是星期六、星期日、节假日、1 月 2 日、3 日以及 12 月 29 日至 31 日不能执行死刑。死刑以绞首的方式执行，在确定死亡 5 分钟之后，才可以解开绞索。

《刑事诉讼法》第 475 条至第 478 条规定，死刑根据法务大臣签发的命令执行。在死刑判决确定之后的 6 个月内，法务大臣应签发死刑执行令。在签发之日起 5 日内必须执行。在执行死刑之际，检察官、检察事务官以及羁押场所的长官或其代理人应参加，通常医生也会参加，其他人不得许可不能进入刑场。检察事务官应制作执行记录，检察官与羁押场所的长官或其代理人应在该记录上签名。

《刑事诉讼法》第 479 条规定，如果被宣告死刑者陷入心神丧失状态或者女犯怀孕，应根据法务大臣的命令停止执行。之后，即使受刑者精神恢复正常或者已经生产，如果没有法务大臣的命令，也不得执行死刑。

（二）自由刑执行

根据《刑法典》第 12 条、第 13 条以及第 16 条之规定，惩役、禁锢以及拘留在刑事设施内执行。《刑事诉讼法》第 484 条规定，如果被判处惩役、禁锢与拘留的犯罪人没有被羁押，检察官可以对之予以传唤，如果传唤不至,可以根据收容状予以收容。根据《刑事诉讼法》第 480 条、《精神保健福祉法》第 29 条等规定,在犯罪人陷入心神丧失状态之际必须停止执行,检察官必须将之送交监护人或者地方公共团体的长官,让之进入医院或者其他适当场所接受处遇(**必要的执行中止**)。根据《刑事诉讼法》第 482 条之规定,如果具有如下情形之一,可以裁量中止执行:①刑罚执行显著有害于健康或者有损害生命之虞;②超过 70 岁;③怀孕超过 150 日;④生产后 60 日之内;⑤刑罚执行可能造成不可恢复的利益损害;⑥父母或者祖父母年逾 70 或者身患重病,没有其他亲属可以提供保护;⑦儿孙尚在幼年,没有其他亲属可以提供保护;⑧其他重大事由。

根据《少年法》第 56 条与第 57 条的规定,对少年的惩役、禁锢在少年刑务所执行,直至年满 26 岁。但是在年满 16 岁之前可以在少年院执行。在保护处分持续过程中被判处惩役、禁锢、拘留的,先执行刑罚。

就判决确定前被羁押的时间,从与自由刑一样都以剥夺自由为内容出发,《刑事诉讼法》规定可以将之全部或者部分算入执行的刑罚之中。

(三)财产刑执行

《刑事诉讼法》第 490 条规定,罚金、科料、没收、追缴的判决根据检察官的命令执行,原则上准用民事执行的相关法令。

需要指出的是,因为没收的对象包括第三人在"犯罪后知情而取得之后",因此在没收之际,必须给予第三人防御与辩解的机会,否则有违反规定正当程序的《宪法》第 13 条与保护财产权的《宪法》第 29 条之虞,就如在 1964 年的"违反《海关法》案"中,日本最高法院大法庭针对《海关法》第 118 条有关没收第三者财物的规定所言:在没收第三者财物之际,对于相关的财产持有人,不予任何告知、不给予任何辩解与防御的机会就剥夺其财产权显著不合理,不容于宪法。① 因此,日本于 1964 年颁布了《刑事案件中没收第三者财物应急措施法》,规定应保障第三者在事前参加案件的权利,以及告知、听审的机会,并赋予第三人在判决确定后请求取消以及在没收裁判取消后获得补偿的权利。

---

① 昭和 30(あ)995,刑集 16·11·1577。

二、缓刑

缓刑,是指在根据情节认为没有必要现实执行刑罚之际,在一定期间内缓期执行,如果顺利通过缓刑期间,刑罚权归于消灭的制度。日本《刑法典》第25条至第27条之六,规定了全部缓刑与部分缓刑两种制度。

(一)全部缓刑

1. 含义

日本《刑法典》第25条第1款规定,对于被宣告3年以下惩役、禁锢或者50万日元以下罚金者,具有下述情形之一,根据情节可在自判决之日起1年以上5年以下期间内,对该刑罚全部缓期执行:①之前没有被判处过禁锢以上刑罚;②曾经被判处禁锢以上刑罚,但是自刑罚执行完毕之日或者免予执行之日起5年内没有被判处禁锢以上刑罚。对于第①种情形,在缓刑考察期间可以附加保护观察,对于第②种情形,应该附加保护观察。

日本《刑法典》第25条第2款继而规定,之前曾被判处禁锢以上刑罚,但是被宣告1年以下惩役或者禁锢的,如有特殊裁量情节,可适用上述规定。但如果被附加保护观察处分,在该期间之内又犯罪的不在此限。

2. 撤销

根据《刑法典》第26条与第26条之二的规定,缓刑的撤销分为两种情形:

第一,必要撤销的情形,即有下列情形之一,应当撤销全部缓刑,但是在第③项的情况下,被宣告缓刑者属于第25条第1款第2项之规定,或者符合第26条之二第3项规定的,不在此限:①在缓刑期内再次犯罪,被判处禁锢以上刑罚,而且对该刑罚的全部没有宣告缓刑;②因被宣告缓刑以前所犯之罪被判处禁锢以上刑罚,而且对该刑罚的全部没有宣告缓刑;③发现在被宣告缓刑之前因其他犯罪被判处禁锢以上刑罚。

第二,裁量撤销的情形,即有下列情形之一,可以撤销全部缓刑:①在缓刑期间内再次犯罪,被判处罚金的;②在保护观察期间违反规定且情节严重的;③发现被宣告缓刑之前因其他犯罪被判处禁锢以上刑罚,该刑罚全部已经缓期执行的。

与此同时,根据《刑法典》第 26 条、第 26 条之二规定撤销禁锢以上刑罚全部缓刑的,对缓刑中其他禁锢以上刑罚也应撤销缓刑。《刑法典》第 27 条规定了全部缓刑的效果,即刑罚被全部宣告缓刑,且缓刑期间已满,则刑罚宣告失效。

(二)部分缓刑

1. 含义

部分缓刑是自 2016 年 6 月 1 日起开始实施的《刑法等部分法律修正案》及《使用药物罪犯部分缓刑法》作为"全部实刑与全部缓刑的中间制度"①而增设的刑罚执行制度。根据《刑法典》第 27 条之二的规定,如果被判处 3 年以下惩役或监禁的犯罪人,符合下述条件之一,考虑犯罪的轻重、犯罪人的境遇及其他情节,在认为防止累犯所必需而且相当之际,法官可以对犯罪人的部分刑期在 1 年至 5 年的考察期间内宣告缓刑:①没有被判处监禁以上刑罚的;②虽然曾经被判处监禁以上刑罚,但是被宣告全部缓刑的;③虽然曾经被判处监禁以上刑罚,但是在刑罚执行完毕或者赦免之日起 5 年内,没有被判处监禁以上刑罚的。部分缓刑,从未被缓期的刑期执行完毕之日起计算。对于被宣告部分缓刑的,可以附加保护观察。

为了"防止使用药物等的罪犯再次实施犯罪,考虑到在刑事实施之内的矫正完成之后,继续在社区中针对其特点进行矫正,有助于改善其对管制药物的依赖",《使用药物罪犯部分缓刑法》特别规定,对于实施自己使用、持有管制药物的犯罪的,即使不符合《刑法典》第 27 条之二规定的前科条件,也可以在 1 年至 5 年的期限内,对其部分刑期宣告缓刑。但是,对于这部分犯罪人,在缓刑期间必须附加保护观察,而且在保护观察期间,犯罪人需要参加矫正药物依赖的专门项目,并定期接受简易药物检查。如果犯罪人同时符合药物犯罪部分缓刑与刑法规定的部分缓刑的要

---

① 永田憲史「刑の一部執行猶予制度導入による量刑の細分化—刑の執行猶予の存在意義の観点からの考察—」刑事法ジャーナル23 号(2010)。

件,优先适用刑法规定部分缓刑。

全部缓刑与部分缓刑的联系与区别在于:

第一,在适用对象方面,全部缓刑与部分缓刑制度的相同点在于,二者都包括以前没有被判处过监禁以上刑罚,与虽然曾经被判处过监禁以上刑罚,但是自刑罚执行完毕或者获得赦免之日起 5 年内,未再被判处监禁以上刑罚的犯罪人。对于这两部分犯罪人,法官量刑之际有两种选择:如果根据犯罪情节不适宜全部缓刑的,可以考虑予以部分缓刑。二者的区别在于,与全部缓刑相比,部分缓刑的适用对象既体现出收缩又体现出扩大的特点:前者体现在部分缓刑制度不适用于被判处罚金的犯罪人,后者体现在对于曾经被判处过监禁以上刑罚并被缓刑的犯罪人,只有在被判处 1 年以下有期惩役、监禁的情况下才能够适用全部缓刑,而部分缓刑制度并没有此限制,所以对于曾经被判处过监禁以上刑罚并被宣告缓刑的犯罪人,即使再度被判处 3 年惩役,也可以适用部分缓刑制度。由此可见,部分缓刑制度的适用对象,主要是被判处 3 年以下有期惩役、监禁而不能宣告全部缓刑的犯罪人,在一定程度上可以说是对全部缓刑制度的拾遗补阙。

第二,在缓刑考察方面,部分缓刑与全部缓刑的联系在于,二者的考察期限相同,都是 1 年以上 5 年以下,而且二者可以成为相互撤销的理由。例如,根据日本《刑法典》第 26 条的规定,在 A 罪的全部缓刑期间,如果因为 B 罪被宣告部分缓刑,A 罪的全部缓刑应当被撤销,将 A 罪的全部刑期与 B 罪没有缓期执行的刑期合并执行。例如,犯罪人因 A 罪被判处 4 年惩役,被宣告全部缓刑,又因新犯 B 罪被判处 3 年惩役,其中 6 个月缓刑,考察期间为 2 年。则犯罪人首先要入狱服刑 6 年 6 个月,然后再接受 2 年的缓刑考察。但是比较而言,前者明显要比后者严厉得多。其一,在部分缓刑制度下,仍然有一部分刑期是要实际执行的;其二,至少在理论上,被宣告部分缓刑者人身自由受限制的时间要长得多。例如,同样是被判处 3 年监禁的被告人,如果被宣告全部缓刑,考察期间最长是自判决确定之日起 5 年,也即其人身自由被限制的时间最长是 5 年;如果其中 1 年被宣告部分缓刑,缓刑考察期间最长是自未被缓期的刑罚执行完毕之日起5年,其人身自由受到限制时间最长是7年(2年剥夺,5年限制)。

2. 背景

日本增设部分缓刑制度的背景可以概括如下:

第一,刑事设施中的过度关押问题严重。根据日本法务省2015年出版的《犯罪白书》(如图13-1所示),日本刑事设施中的被收押人员在20世纪90年代初以后持续增长:1991年为45193人,至1997年增加5000余人,达到了50897人。之后经过5年的快速增长,在2003年突破7万大关,达到73734人,在部分缓刑制度的法律议案提出的2006年为81255人,达到了20世纪70年代以来的最高值。过度关押不仅占用了高额的国家财政,而且致使更多的犯罪人受到短期自由刑弊端的影响。①

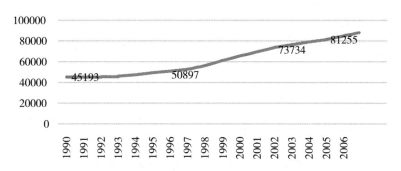

图13-1:日本刑事设施年关押犯罪人人数(1990—2006年)

第二,日本的假释率与欧美国家相比较低,而且自1998年之后呈下降趋势。如图13-2所示,根据日本法务省2015年出版的《犯罪白书》,日本的假释率在1995年为56.5%,在1998年达到58.2%的高峰后一直呈下降趋势,至2010年降至近20年最低的49.1%。在司法机关意识到过度关押问题之后,自2011年开始慢慢回升,至2014年才回复至20世纪90年代中期的水平。尤为重要的是,在日本被假释的犯罪人中,刑罚执行率,即被实际执行的刑期与宣告刑期的比例,一直居高不下:在1994年被

---

① 森久智江「刑の一部執行猶予に関する一考察」立命館法学5・6号(2012)846頁参照。

假释的 12727 名犯罪人中,原判刑期被执行 80% 以上才被假释的有 8233 人,占 64.7%;在 2004 年被假释的 17214 人中,原判刑期被执行 80% 以上才被假释的有 9915 人,占 57.6%;在 2014 年被假释的 14085 人中,原判刑期被执行 80% 以上才被假释的有 11323 人,占 80.4%。在 2011 年被假释的判处 3 年以上监禁的犯罪人中,有 44% 是刑期被执行 90% 以后才获得假释。① 在 2013 年被假释的犯罪人中,初次入狱犯罪人的刑罚执行率是 83.9%,平均假释期间只有 5.5 个月,导致保护观察的时间不足,难以发挥其矫正与帮扶的功能,徒留其形。②

图 13-2:日本 1995—2014 年假释率的推移

第三,在过度关押、保护观察时间不足的影响下,被假释出狱与刑满释放的犯罪人,尤其是违反管制药物规定的犯罪人的累犯率居高不下。在 2006 年被假释出狱的犯罪人中,5 年之内再次入狱的占 38%,其中违反兴奋剂管理法的占 41.8%。与此相似,在刑满释放的犯罪人中,再次入狱的比例是 53.4%,其中实施兴奋剂相关犯罪的多达 60.1%。在 2011 年入狱的犯罪人中,2 次以上入狱的比例为 57.4%,其中约有 30% 是违反兴奋剂管理法的犯罪人,其中前一次入狱的罪名也是违反兴奋剂管理法的约

---

① 森久智江「刑の一部執行猶予に関する一考察」立命館法学 5・6 号(2012)852 頁参照。
② 今福章二「更生保護と刑の一部の執行猶予」更生保護学研究 3 号(2013)26 頁参照。

占70%。在2012年开始保护观察的14700名假释犯中，违反兴奋剂管理法的有3733人，占总数的25.4%，仅次于盗窃犯。①

在增设部分缓刑制度的同时，立法机关也对相关法律进行了修正。例如，为了给法官提供充分的信息，在刑事诉讼中增设判决前调查制度，保证部分缓刑的有效适用。在少年刑事案件中，之前已经存在家庭裁判所调查官进行的社区调查、少年鉴别所技术官员进行的资质鉴别以及负责假释工作的地方更生保护委员会与保护观察官进行的调查。在成年人刑事案件中，虽然也可以根据特殊的案件情节，要求保护观察所进行调查，提供信息，但是并不具有普遍性。有鉴于此，日本司法机关在部分缓刑制度开始实施之前就开始实施判决前调查制度，并形成了多种模式。例如，日本检察厅自2013年开始就与保护观察所建立合作关系，探索形成了"更生紧急保护事前调查模式"。在该模式下，保护观察所可以在检察厅的委托下，事先就正在被拘禁的可能被宣告缓刑的犯罪嫌疑人住所地的矫正条件、福利设施等情况进行调查与调整，以保证该犯罪人如果被宣告缓刑，可以对之进行适当的保护观察。

再如，为了更好地对有药物依赖症的缓刑对象进行矫正、帮扶，日本立法机关对《更生保护法》进行了相应修改，在《更生保护法》第三章第一节进行了特别规定。例如，修正后的《更生保护法》第51条之二将参加针对药物依赖所制订的专门矫正计划规定为根据《使用药物罪犯部分缓刑法》被宣告部分缓刑者必须遵守的特别事项。再如，为了弥补政府资源的不足，引进社区资源，《更生保护法》第65条之二规定，保护观察机关应该与医疗机关、精神保健福利中心以及民间药物依赖症自助团体等机构展开合作；为了对有药物依赖症的缓行对象提供适当的指导与援助，《更生保护法》第65条之三第1款规定，在有必要接受有助于改善药物依赖的医疗与专门援助的场合，作为指导监督的措施，可以对之给予必要的指示。随着立法的修改，自2012年开始，日本全国的保护观察所已经着手推动与精神保健福利中心、医疗机构、相关团体的合作。与此同时，五家

---

① 今福章二「更生保護と刑の一部の執行猶予」更生保護学研究3号(2013)26頁参照。

更生保护机构在2013年被指定为"药物矫正重点实施更生保护设施",配置了具有精神医疗专门资格的职员,开展以消除药物依赖为目的的、认知行动疗法为基础的治疗项目。①

3. 撤销

与全部缓刑相似,部分缓刑的撤销也分为必要撤销与裁量撤销。根据《刑法典》第27条之四之规定,有下列情形之一,应撤销部分缓期执行:①宣告缓期执行后再实施犯罪,被判处禁锢以上刑罚的;②因被宣告缓期执行之前的犯罪被判处禁锢以上刑罚的;③发现被宣告缓刑之前的其他犯罪,被判处禁锢以上刑罚,且对该刑罚的全部没有宣告缓刑。根据《刑法典》第27条之五的规定,有下列情形之一,可撤销部分缓刑:① 被宣告缓刑之后再次犯罪,被判处罚金的;②在保护观察期间,没有遵守规定的。与此同时,《刑法典》第27条之六规定,根据上述撤销部分缓刑的,对于正在缓期执行的其他禁锢以上刑罚,也应撤销缓刑。

就部分缓刑的效果,《刑法典》第27条之七规定,部分缓期执行没有被撤销,缓刑期间届满的,惩役或者禁锢的刑期减为其没有宣告缓刑部分的刑期,在该情况下,该部分执行完毕之日或者不再执行之日,视为刑罚执行完毕之日。

三、假释

广义上,假释是指在收容期间届满之前暂时予以释放,包括从刑务所暂时释放的狭义上的假释,从拘留场、劳役场暂时释放的假出场,从少年院暂时释放的假退院,以及暂时从妇女辅导院释放的假退院。

对于被判处惩役或者禁锢者,根据《刑法典》第28条的规定,如果有悔改表现,而且有期刑罚已经执行1/3、无期刑罚已经执行10年以上的,可根据行政机关的决定予以假释。具有下列情形之一,可以撤销假释:①在假释期间又犯罪,被判处罚金以上刑罚;②因被假释以前所犯其他罪行被判处罚金以上刑罚;③对因假释之前所犯其他罪行被判处罚金

---

① 今福章二「更生保護と刑の一部の執行猶予」更生保護学研究3号(2013)26頁参照。

以上刑罚者,应执行该刑罚的;④假释期间违反规定的。对部分刑罚宣告缓刑,且对该刑罚给予假释的,在该假释期间缓刑被撤销的,假释决定无效。假释撤销后,或者假释决定根据前款规定失效后,假释期间的日数不计入刑期。

《刑法典》第30条规定,对于被判处拘役者,行政机关可随时根据情节决定给予假出场。对于因不能缴纳全部罚金或者科料而被留置者,适用上述规定。

第三节 刑罚消灭

刑罚消灭,是指基于具体犯罪而成立的刑罚权,因某种事由而消灭。刑罚消灭的事由在广义上包括刑罚执行终了、假释期满、缓刑期满等刑罚目的已经实现的情况,在狭义上则仅指犯罪人死亡与法人消灭、时效、赦免以及复权四种情况。

一、犯罪人死亡与法人消灭

刑罚仅能适用于犯罪人,所以如果实施犯罪行为的自然人死亡或者法人消灭,刑罚权自然不复存在。如果是在判决确定之前,则公诉权消灭。日本《刑事诉讼法》第339条第1款也规定,如果被告人死亡或者被告法人不复存在,法院必须决定驳回起诉。

《刑事诉讼法》第491条和第492条就财产刑的执行作出如下两点例外规定:其一,在被判处没收、根据税收或者专卖立法被判处罚金或者追缴之际,如果犯罪人在判决确定之后死亡,可以执行其继承财产。其二,在法人被判处罚金、科料、没收或者追缴之际,如果被告法人在判决确定之后因合并而消灭,可以对合并之后继续存在的法人或者新设立的法人执行。

二、时效

时效包括判决确定之前的公诉时效与判决确定之后的行刑时效。公诉时效是指经过一定期间,公诉权消灭的制度。行刑时效是指在判决宣告之后,经过一定期间未对犯罪人执行刑罚就不再执刑的制度。超过公诉时效,即使检察机关提起公诉法院也必须宣告免予起诉;超过行刑时效当然免予行刑。

就规定时效制度的根据,**改善推测说**认为在于经过一定时间,可以推定犯罪人已经改过自新;**罪证消灭说**认为在于因为证据随着时间流逝而灭失,所以无法对罪责进行证明;**自我赎罪说**认为在于犯罪人在长期逃亡期间已经饱受折磨,实现了自我惩罚;**处罚必要消失说**认为在于随着时间流逝,社会对于犯罪的规范情感逐渐缓和,处罚的必要性也逐渐消失;**事实状态尊重说**认为在于对犯罪人已经和普通人一样融入社会生活关系这一事实状态的尊重;**国家自我限制说**则认为在于国家对自己在刑罚适用方面施加的限制。①

从预防刑的角度出发,改善推测说当然具有一定的说服力,但是从报应刑的角度出发则未必。随着现代科学技术的进步,证据保存的时间也日渐延长,罪证消灭说的合理性也值得怀疑。自我赎罪说与处罚必要消失说在解释无期自由刑,尤其是公诉与行刑时效已经被废除的死刑方面不能自圆其说,事实状态尊重说在如何解释其与探求真实、实现正义的刑事法治理念之间的矛盾方面也存在缺陷。究其本质,时效制度是国家对自己在适用刑罚方面的限制,因此应从国家层面而非犯罪人层面寻找其根据,应该支持国家自我限制说。

(一) 公诉时效

1. 公诉时效的期间

日本的公诉时效起源于1880年《治罪法》中的"期满免除"制度,1890年的旧《刑事诉讼法》修改了其名称,将之规定为"时效"。之后,经过

---

① 山中敬一『刑法総論』(第2版,2008,成文堂)1068頁参照。

1922年旧《刑事诉讼法》中的期间等变更,被1948年的现行《刑事诉讼法》所继承。在2004年的刑事诉讼法修正案中,时效期间被划分为七个阶段:可能判处死刑的犯罪,为25年;可能判处无期惩役或者禁锢的犯罪,为15年;可能判处15年以上惩役或者禁锢的犯罪,为10年;可能判处不满15年惩役或者禁锢的犯罪,为7年;可能判处不满10年的惩役或者禁锢的犯罪,为5年;可能判处不满5年的长期惩役、禁锢或者罚金的犯罪,为3年;可能判处拘留、科料的犯罪,为1年。

2010年4月《关于废除刑罚时效的刑法与刑诉法部分修正案》再度对公诉时效进行了修改,在废除故意杀人、抢劫杀人、抢劫强奸致死等六项刑法犯以及决斗杀人、劫持航空器致死等六项特别法犯公诉时效的同时,延长了相应犯罪的公诉时效,具体而言:①在致人死亡、可能判处无期自由刑的场合,延长至30年;②在致人死亡、可能判处20年有期惩役或有期禁锢的场合,延长至20年;③在第①项与第②项之外、可能判处有期惩役或有期禁锢的场合,延长至10年。

时效自犯罪行为终了之际开始起算,在共同犯罪的场合,从最终行为终了之际对所有共犯者开始计算公诉时效。

2. 公诉时效的中断

公诉时效可能因特定原因而中断。例如,《刑事诉讼法》第254条第1款规定,在提起公诉之际公诉时效停止计算;第255条第1款规定,在因为犯罪人在国外或者逃匿,无法有效送达起诉书副本或者告知略式命令之际,在居于外国期间或者逃匿期间,停止计算时效。《宪法》第75条规定,如无内阁总理大臣的同意,在职国务大臣不受公诉。所以在获得内阁总理大臣的同意之前,停止计算时效。在中断事由消灭之际,继续开始计算时效。

(二) 行刑时效

1. 行刑时效的期间

行刑时效规定于《刑法典》第31条与第32条。与公诉时效相似,在《关于废除刑罚时效的刑法与刑诉法部分修正案》生效之前,被宣告判处死刑者,行刑时效为30年;被判处无期惩役或者无期禁锢者,为20年;被判处 10 年以上有期惩役或者有期禁锢者,为 15 年;被判处 3 年以上 10 年以下有期惩役或者禁锢者,为 5 年;被判处 3 年以下禁锢或者惩役者,为 3 年;被判处罚金者,为 3 年;被判处拘役、科料和没收者,为 1 年。

《关于废除刑罚时效的刑法与刑诉法部分修正案》在修改公诉时效的同时,也修改了行刑时效。具体而言:①被宣告判决死刑者,时效本身被废除;②被判处无期惩役或无期禁锢者,行刑时效延长至 30 年;③被判处 10 年以上有期惩役或有期禁锢者,延长至 20 年。

2. 行刑时效的停止与中断

根据日本《刑法典》第 33 条至第 34 条之二的规定,依照法令缓期执行或者停止执行刑罚的期间不计入时效期间。惩役、禁锢与拘役的时效,因执行刑罚而拘捕被受刑者中断,罚金、科料与没收因执行行为而中断。

三、赦免

赦免,是指通过行政权免除或者减轻罪责或者刑罚。赦免可以适应犯罪人再社会化以及社会情感的变化缓和刑罚的效力,根据社会变化与法令存废修正刑罚执行,并对误判提供救济。① 日本 1882 年通过的明治宪法规定赦免权属于天皇,根据现行《宪法》第 7 条第 6 项和第 73 条第 7 项之规定,赦免是指内阁经过天皇认证,对于已经确定有罪者或已经确定刑罚宣告者,消灭其效力的全部或一部分,或者对于犯特定罪行尚未被判有罪者,消灭对其之控诉权的行为。

根据日本《赦免法》第 1 条之规定,赦免包括大赦、特赦、减刑、免予执行和复权五种类型。①大赦,由政令根据犯罪种类实施,原则上是免除被宣告有罪者的罪责或者消灭对未被宣告有罪者的公诉权。②特赦,是指消除特定犯罪人有罪宣告的效力,免除其罪责。③减刑分为一般减刑与特别减刑,前者由政令根据犯罪或者刑罚种类实施,减轻被宣告的刑罚,后者是减轻特定犯罪人被宣告的刑罚或者刑罚执行。对于被宣告缓

---

① 山中敬一『刑法総論』(第 2 版,2008,成文堂)1071 頁参照。

刑或者仍在缓刑期内的犯罪人也可以进行减刑,缩短其缓刑期。④免予执行,即免除被宣告刑罚者的刑罚执行,不适用于被宣告缓刑或者仍在缓刑期的犯罪人。⑤复权,是指恢复因被宣告有罪而失去的权利与资格,分为一般复权与特别复权,前者是指针对因被宣告有罪而失去或者被暂停资格的不特定犯罪人,根据政令规定的要件恢复其资格,后者是指恢复特定犯罪人的资格。但是,对于刑罚执行尚未完毕或者未被免予执行者,不能恢复其权利。

四、复权

上述刑罚消灭事由,虽然可以免予刑事处罚,但是与刑罚宣告相生相伴的限制资格等其他法律效果在很多时候依然存在。因此,立法机关在1947年修改《刑法典》之际,创设了复权制度,也即《刑法典》中有关"刑罚消灭"的规定。根据该制度,在经过一定的期间之后,刑罚宣告的效果本身就失去效力,通常被称为"前科消灭",也被称为"刑罚事后效果的消灭"。①

根据日本《刑法典》第34条之二之规定,对禁锢以上刑罚执行完毕或者被免予执行者,如果在10年之内没有被判处罚金以上刑罚,刑罚宣告失去效力。对罚金以下刑罚执行完毕或者被免予执行者,如果在5年之内没有被判处罚金以上刑罚,刑罚宣告亦失去效力。在被宣告缓刑者未被撤销缓刑,顺利度过考验期等场合,如果刑罚宣告失去效力,相当于未被判处罚金以上刑罚。刑罚宣告失去效力,意味着所有与刑罚宣告相伴相生的法律效果消灭,必须将犯罪人的姓名从犯罪人名录(前科者名录)中消除。此外,最高法院第一小法庭在1954年的"违反《食粮管理法》、行贿案"中认为,《刑法典》第34条之二中的"刑罚宣告失去效力"是指基于刑罚宣告的法律效果在未来消灭,而非受到刑罚宣告这一既成事实本身完全消灭。因此在具体案件中,询问并参考被告人曾被判处罚金刑的事实以及被告人的经历、性格、年龄等情况,以实现量刑个别化并不违宪。②

---

① 大谷实『刑法講義総論』(第5版,2019,成文堂)565頁参照。
② 昭和27(あ)3419,刑集8・3・270。

第十四章
保安处分

第一节 基本原理

一、保安处分的含义

在广义上,保安处分是指国家以行为人的人身危险性为基础,为了对之进行特别预防而施加的处分,例如,对犯罪组成之物与使用之物的没收。在狭义上,保安处分是指刑法在刑罚无法发挥预防作用之际,为补充或者替代刑罚而规定的保安处分。狭义的保安处分又可以分为剥夺自由的保安处分与不剥夺自由的保安处分,前者如对具有人身危险者进行保安拘禁、对精神病人进行强制医疗、对嫌弃劳动者进行强制劳动、对性犯罪者进行社会治疗处分等,后者如职业禁止、取消驾驶证、善行保证以及行动监视等。

广义的保安处分的适用基础是行为人的人身危险性,包括初犯可能性与再犯可能性。狭义保安处分的适用基础,主要是再犯可能性,即曾经实施该当构成要件的违法行为者,再度实施犯罪的可能性。因此,即使被告人因为是精神病人需要治疗,只要其不具有再犯可能性就不应对之适用保安处分。

因为保安处分的适用基础是人身危险性,因此保安处分的期限就取决于人身危险性的有无,即只要人身危险性存在保安处分就不能终止,这就决定了保安处分不定期的特性。一方面,人身危险性以未来实施犯罪行为的可能性为判断基础,在客观性方面存在疑问。另一方面,保安处分以剥夺适用对象的人身、财产等权利为内容,不免存在侵犯人权之虞。因此规定保安处分的各国,通常都在立法中明文规定保安处分的种类、内容、期限等,并规定由法院而非行政机关适用保安处分。

二、保安处分与刑罚

就保安处分尤其是狭义保安处分与刑罚的关系,存在一元主义与二元主义的争议。一元主义从特别预防的角度出发,认为保安处分与刑罚都以通过特别预防、改善犯罪人等方式防卫社会为目的,因此在本质上相同。与此相对,二元主义则从报应刑的角度出发,认为刑罚是对已然之罪的非难与制裁,保安处分是对未然之罪的预防措施,二者性质相异,相互独立。从适用的角度来讲,刑罚主要以已然之罪为判断基础,是回顾性适用;保安处分以未然之罪为判断基础,是展望性适用,也存在明显区别。因此,二元主义更为可取。

日本《刑法典》规定不处罚无责任能力者,并规定对限制责任能力者减轻处罚,体现出明显的报应刑立场,所以可以认为日本《刑法典》是站在了二元主义的立场。同时,因为《刑法典》并没有将保安处分立法化,所以可以认为日本《刑法典》是采取了刑罚一元主义。[①]

第二节 具体措施

一、现行法上的保安处分

日本现行立法中并无狭义的保安处分,从限制、剥夺自由的角度出发,日本立法中也有若干类似于狭义保安处分的具体措施。

(一)辅导处分

辅导处分是公认的剥夺人身自由的保安处分。《卖淫防止法》第5条规定,以卖淫为目的劝诱他人的构成犯罪,可处以6个月以下惩役或者1

---

① 大谷实『刑法講義総論』(第5版,2019,成文堂)569頁参照。

万日元以下罚金。第 17 条第 1 款规定,对于犯有该法第 5 条规定的劝诱卖淫等罪,年满 20 周岁的女性,如果判处惩役或者禁锢同时宣告缓刑的,可以对之处以辅导处分。《辅导院法》第 2 条规定,被处以辅导处分者,收容于妇人辅导院,对之进行必要的生活指导与职业培训,并对妨害其生活与身心的障碍进行治疗。《卖淫防止法》第 18 条规定,辅导处分的期间为 6 个月,地方更生委员会可以准许假退院,在剩余期间内,附加保护观察。

(二)保护观察

保护观察,是指对被宣告缓刑者或者假释的犯罪人等通过限制其人身自由等手段采取的保安措施,包括假释期间的保护观察、缓刑期间的保护观察、从妇人辅导院暂时退院的保护观察等。《犯罪人预防更生法》第 36 条规定,对被保护观察者可以采取如下保护观察措施:鼓励进行修养情操方面的学习训练、确保一定条件的医疗保健、确保住所安定、就业辅导、帮助就业、改善调整环境、帮助到适合更生的地方居住、为适应社会生活进行必要的生活指导以及有利于帮助本人更生的措施。

保护观察措施具有福利的性质,就如《犯罪人预防更生法》第 40 条所规定,"在对象受伤或者疾病,没有适当的临时住所、没有居所或者职业,可能妨碍更生的情况下,必须让该人住进公共卫生福利设施,或者其他设施接受医疗、食宿、职业方面的救助"。保护观察的主要内容,是为被保护观察者设定一定的遵守事项,并由专门机构和人员对其进行监督、辅导与援助。

(三)紧急更生保护

更生保护,是指为了防止刑罚执行完毕或者被免除刑罚的犯罪人、被宣告缓刑而未被附加保护观察的犯罪人或者被暂缓起诉的犯罪人再次实施危害行为,通过对之提供住所与生活资料等进行临时保护,或者将之收容于一定的设施之中,通过改善环境进行连续保护,帮助其成为守法公民。更生保护在释放后 6 个月内,在不违反被更生保护人意志的范围内,保护观察所可以在地方更生保护委员会的监督下自己开展,也可以委托给地方公共团体或者更生保护会开展。

(四)对暴力团体的规制处分

公安委员会针对实施了《破坏活动防止法》第 4 条规定的破坏活动的团体,在有充分理由认为其具有再度实施暴力破坏活动的嫌疑之际,为预防之目的,可在必要且相当限度内:①在不超过 6 个月的期限与指定的地域内,禁止其进行团体示威活动或者公开的机会;②在不超过 6 个月的期限内,禁止其发行机关刊物;③在不超过 6 个月的期限内,禁止特定职员或者成员为该团体开展活动;④对于采取上述措施尚不能防止该团体继续实施暴力活动的,如果具备充分理由,可以指令其解散。

(五)对精神病人的保安处分

1. 入院措施

《精神保健福祉法》第 29 条规定,如果都道府县的知事认为不让之入院接受治疗、保护,精神病人可能伤害自身或者他人,而且经二人以上的指定医生诊断结果一致,即使其本人或者监护人不同意,也可以采取措施让之进入国家等设置的精神病院或者指定医院接受治疗。

2. 医疗观察

虽然《精神保健福祉法》规定了上述入院措施,但是因为强制入院与出院程序、院内以及出院后的处遇之中存在缺陷,不仅存在人权保护方面的问题,而且出院后的效果并不理想,再犯的情况很多。因此,日本于 2003 年通过了《在心神丧失等状态下实施重大伤害他人行为者医疗与观察法》(《医疗观察法》),对实施杀人、放火等重大犯罪的精神病人增设了医疗观察措施。

医疗观察的适用对象,应符合如下条件:①在心神丧失或者心神耗弱的状态下,实施了杀人、放火、抢劫、强制性交、强制猥亵以及伤害等行为;②未被提起公诉,或者因心神丧失被认定无罪、因心神耗弱被减轻处罚。

在决定是否对上述对象适用医疗观察之际,首先由检察官就是否以及如何进行处遇,向地方法院提出申告。接受申告的地方法院由一名法官与一名精神保健审判员(医生)组成合议庭进行审理,决定是否以及如何进行处罚。被决定住院治疗者,必须在指定医疗结构接受治疗。在入院患者接受治疗的必要性消失之际,指定医疗机构的管理人员必须立刻向地方法院提出出院申告。在地方法院认为有必要继续入院治疗之际,管理人员必须每6个月向地方法院提出申告,确认患者应继续入院治疗。患者的监护人及其代理律师也可以向地方法院提出出院申请。

如果地方法院认为患者已经没有必要接受医疗,可以作出"终止医疗"的决定。如果认为患者虽然没有必要住院治疗,但仍有必要接受院外治疗或者到指定医疗机构接受门诊治疗,必须在许可出院的同时,作出上述决定,期间为3年。法院可以延长此期间,但不能超过两年。

保护观察所负责实施患者回归社会后的相关处遇。保护观察所的所长在与指定门诊机构的管理人员以及门诊患者居住地知事协商后,确定对门诊患者处遇的实施计划,并根据该实施计划对门诊患者进行治疗、精神保健观察以及援助。在认为患者已无必要接受治疗之际,保护观察所所长必须向地方法院提出申请,要求终止医疗。

二、少年保护处分

(一)理论争议

少年保护处分是家庭法院为保护少年权利与促进其健康成长而施加于非行少年的处分,以教育与福利措施为主要内容。就少年保护处分是否属于保安处分措施,**肯定说**认为,对少年犯的保护观察、移送儿童自立支援设施与养护设施以及移送少年院都是类似于保安处分的措施[①];**否定说**则认为,虽然保护处分在形式上也有剥夺、限制自由,并通过改善犯罪人实现社会防卫的一面,但是保护处分的核心不在于社会防卫,而在于保护少年,源自保护少年不受成人刑罚与社会影响的少年防卫思想,因此与保安处分不同。具体而言:第一,虽然二者都以社会危险性为基础,但是保安处分的目的是保安,而保护处分的目的是为少年谋福利。第二,保安处分是刑罚的补充、替代措施,而保护处分是为了回避通过刑罚追责而设

---

① 浅田和茂『刑法総論』(第2版,2019,成文堂)548页参照。

立的。第三,保安处分主要是为了消除社会危险性而适用,保护处分是为了少年的健康成长而提供必要的保护。① 从少年保护处分的思想基础与措施内容来看,否定说的观点更为可取。

(二) 立法现状

有关对少年的保护处分,主要存在于《少年法》及属于社会福祉性质的《儿童福祉法》等法律中。根据《少年法》第 3 条第 1 款之规定,保护处分的适用对象包括:①犯罪少年;②触法少年,即触犯刑法的不满 14 周岁的少年;③虞犯少年,即从其性格与环境来看在将来有实施犯罪或者触犯刑法之虞的少年。根据《少年法》第 24 条、第 25 条之规定,可以采取的具体保护措施有:保护观察所附加保护观察、移送儿童自立支援设施与养护设施、移送少年院以及没收构成刑法规定的没收对象的物品。此外,在决定是否给予保护处分之际,可以由家庭法院的调查官在相当的期间内对非行少年进行观察,命令其遵守规定的事项,或者附条件交由监护人监管,或者委托适当的个人、团体或者设施进行辅导。

保护处分的大体处理程序是,非行少年若 14 岁以上将其送往家庭法院,14 岁未满则向儿童相谈所等福祉机构通告。对 14 岁以上未满 18 岁的虞犯少年,警察或监护人直接向儿童相谈所通告,但对存在重大犯罪嫌疑、可能处禁锢以上刑的案件要向检察官移送,检察官认为具有犯罪嫌疑时须向家庭法院移送。家庭法院对警察、检察官和儿童相谈所等移送的少年案件进行调查审判。

---

① 大谷実『刑法講義総論』(第 5 版,2019,成文堂)579 頁参照。

参考文献

一、专著

内田博文『日本刑法学のあゆみと課題』(2008,日本評論社)。

井田良『変革の時代における理論刑法学』(2007,慶応義塾大学出版会)。

渡辺綱吉『判例研究の基礎理論』(1968,愛知大学出版部)。

青山善充=菅野和夫『判例六法』(2008,有斐閣)。

中野次雄『判例とその読み方』(2007,有斐閣)。

平野龍一『刑法の基礎』(1966,東京大学出版会)。

前田雅英『刑法総論講義』(第4版,2006,東京大学出版会)。

大谷実『刑法講義総論』(第5版,2019,成文堂)。

手塚豊『明治初期の刑法史研究』(1956,慶応義塾大学法学研究会)。

川島武宜等『日本近代法の発達史』(11巻)(1967,勁草書房)。

吉川経夫=内藤謙=中山研一『刑法理論史の総合研究』(1994,日本評論社)。

内藤謙『刑法理論の史的展開』(2007,有斐閣)。

中山研一=西原春夫=藤木英雄=宮澤浩一『現代刑法講義』(第1巻)(1977,成文堂)。

山中敬一『刑法総論』(第2版,2008,成文堂)。

浅田和茂『刑法総論』(第2版,2019,成文堂)。

中山研一『口述刑法総論』(補訂2版,2007,成文堂)。

曽根威彦『刑法総論』(第3版,2006,弘文堂)。

野村稔『刑法総論』(1998,補訂版,成文堂)。

川端博『刑法総論講義』(1995,成文堂)。
山口厚『刑法総論』(第2版,2007,有斐閣)。
川口由彦『日本近代法制史』(2005,新正社)。
高橋則夫『刑法総論』(2010,成文堂)。
西田典之『刑法総論』(2006,弘文堂)。
平野龍一『刑法(総論Ⅰ)』(1972,有斐閣)
平野龍一『刑法(総論Ⅱ)』(1975,有斐閣)。
松宮孝明『先端刑法総論―現代刑法の理論と実務』(2019,日本評論社)。
前田雅英『現代社会と実質的犯罪論』(1992,東京大学出版会)。
内藤謙『刑法総論(上)』(1983,有斐閣)。
井田良『講義刑法学総論』(2008,有斐閣)。
大塚仁『刑法概説(総論)』(第4版,2008,有斐閣)。
西田典之=山口厚=佐伯仁志『判例刑法総論』(第5版,2009,有斐閣)。
板倉宏『現代社会と新しい刑法理論』(1980,勁草書房)。
藤木英雄=板倉宏『刑法案内』(1980,日本評論社)。
曽根威彦『刑法原論』(第4版,2016,成文堂)。
川端博『刑法総論講義』(第2版,2006,成文堂)。
前田雅英『刑事法判例の最前線』(2019,東京法令)。
松宮孝明『刑法総論講義』(第4版,2009,成文堂)。
山中敬一『刑法総論』(第3版,2015,成文堂)。
団藤重光『刑法綱要総論』(第3版,1990,創文社)。
佐伯千仭『刑法講義(総論)』(1974,有斐閣)。
藤木英雄『刑法講義総論』(1975,弘文堂)。
井田良『刑法総論の理論構造』(2007,成文堂)。
板倉宏『刑法総論』(補訂版,2007,勁草書房)。
前田雅英『刑法講義総論』(第5版,2011,東京大学出版会)。
佐伯千仭『刑法における違法性の理論』(1974,有斐閣)。
阿部純二=板倉宏=内田文昭等『刑法基本講座』(1994,法学書院)。

内藤謙『刑法総論(中)』(1986,有斐閣)。

石井良助『日本法制史概説』(2002,創文社)。

内藤謙『刑法講義総論(下)Ⅰ』(1991,有斐閣)。

福田平『刑法総論』(全訂3版,1996,有斐閣)。

日本刑法学会編『刑法講座』(1963,有斐閣)。

甲斐克則『企業活動と刑事規制』(2008,日本評論社)。

福田平『全訂刑法総論』(第3版,2004,有斐閣)。

川端博『共犯の理論』(2008,成文堂)。

前田雅英等編『条解刑法』(第2版,2007,弘文堂)。

川端博『共犯論序説』(2001,成文堂)。

松宮孝明『刑法総論』(第4版,2009,成文堂)。

二、论文

長谷川正安「判例研究の在り方」法律時報35巻9号。

澤登俊雄「フランス刑法継受の時代」法律時報50巻4号。

小林好信「福井政章の刑法理論」法律時報50巻6号。

井上宜裕「不真正不作為犯と罪刑法定主義」立命館法学327＝328号(2010)。

宮澤浩一「小野清一郎の刑法理論」法律時報52巻3号。

内藤謙「瀧川幸辰の刑法理論(五)」法律時報52巻11号。

三浦道夫「可罰的違法性の理論」法学研究論叢4巻(1984)。

中義勝＝山中敬一「勝本勘三郎の刑法理論」法律時報50巻10号。

足立昌勝「共謀罪をめぐる刑法学会の状況」法学セミナー51巻7号(2006)。

浅田和茂「共謀罪が犯罪論に及ぼす影響」法律時報9号(2006)。

永田憲史「死刑選択の基準」龍谷法学4号(2015)。

永田憲史「刑の一部執行猶予制度導入による量刑の細分化—刑の執行猶予の存在意義の観点からの考察—」刑事法ジャーナル23号(2010)。

森久智江「刑の一部執行猶予に関する一考察」立命館法学 5・6 号（2012）。

今福章二「更生保護と刑の一部の執行猶予」更生保護学研究 3 号（2013）。

引用判例

一、刑集

昭和22(れ)39,刑集3・6・772。
昭和22(れ)119,刑集2・3・191。
昭和22(れ)169,刑集2・2・104。
昭和22(れ)222,刑集2・4・307。
昭和22(れ)235,刑集2・3・220。
昭和22(れ)238,刑集2・3・227。
昭和22(れ)340,刑集2・4・399。
昭和23(れ)296,刑集2・11・1267。
昭和23(れ)439,刑集2・9・1105。
昭和23(れ)508,刑集2・12・1446。
昭和23(れ)652,刑集2・11・1386。
昭和23(れ)754,刑集2・13・1751。
昭和23(れ)1049,刑集4・11・2257。
昭和23(れ)1252,刑集3・8・1174。
昭和23(れ)1921,刑集3・6・721。
昭和23(れ)2063,刑集3・12・2048。
昭和24(れ)88,刑集4・1・54。
昭和24(れ)297,刑集3・8・1373。
昭和24新(れ)335,刑集5・5・923。
昭和24(れ)933,刑集3・8・1237。
昭和24(れ)1163,刑集3・10・1655。

昭和24(れ)1260,刑集3・12・2062。
昭和24(れ)1506,刑集3・10・1629。
昭和24(れ)1800,刑集3・12・2028。
昭和24(れ)1881,刑集8・1・41。
昭和24(れ)1890,刑集4・6・956。
昭和24(れ)2276,刑集4・12・2463。
昭和24(れ)2831,刑集4・3・469。
昭和24(れ)3030,刑集4・7・1261。
昭和24(れ)3119,刑集4・5・760。
昭和24(れ)3179,刑集4・7・1155。
昭和25(れ)96,刑集4・7・1178。
昭和25(れ)400,刑集4・10・1965。
昭和25(れ)548,刑集5・1・20。
昭和25(れ)1242,刑集5・9・1789。
昭和25(れ)1303,刑集4・12・2586。
昭和25(れ)1345,刑集7・13・2671。
昭和25(れ)1453,刑集5・5・825。
昭和25(れ)1688,刑集7・1・30。
昭和25(あ)2505,刑集6・8・974。
昭和25(あ)2985,刑集7・13・2646。
昭和26(れ)146,刑集5・7・1236。
昭和26(れ)168,刑集5・8・1411。
昭和26(れ)797,刑集5・10・1937。
昭和26(れ)1452,刑集11・12・3113。
昭和26(れ)1780,刑集5・13・2485。
昭和26(れ)2518,刑集9・4・663。
昭和26(あ)3100,刑集12・3・384。
昭和27(れ)103,刑集6・8・1083。
昭和27(あ)664,刑集7・4・850。

昭和27(あ)3419,刑集8・3・270。
昭和27(あ)3931,刑集7・3・506。
昭和27(あ)5779,刑集8・4・555。
昭和28(あ)1570,刑集9・1・52。
昭和28(あ)1713,刑集11・3・997。
昭和28(あ)5267,刑集8・5・634。
昭和29(あ)180,刑集10・8・1202。
昭和29(あ)543,刑集8・5・741。
昭和29(あ)1808,刑集11・1・31。
昭和29(あ)2285,刑集9・3・381。
昭和29(あ)3851,刑集11・10・2464。
昭和29(あ)3956,刑集10・6・921。
昭和29(し)41,刑集8・7・1231。
昭和30(あ)995,刑集16・11・1577。
昭和30(あ)1418,刑集11・9・2202。
昭和30(あ)1996,刑集12・15・3439。
昭和30(あ)2774,刑集12・2・297。
昭和30(あ)2847,刑集11・7・2018。
昭和30(あ)3263,刑集10・5・734。
昭和31(あ)38,刑集12・13・2897。
昭和31(あ)2973,刑集17・4・370。
昭和31(あ)3929,刑集12・13・2882。
昭和33(あ)547,刑集13・1・1。
昭和33(あ)2060,刑集14・12・1559。
昭和34(あ)126,刑集17・4・457。
昭和34(あ)949,刑集14・1・61。
昭和35(あ)2945,刑集16・5・510。
昭和36(あ)2299,刑集16・3・305。
昭和36(あ)2865,刑集18・10・698。

昭和37(あ)2476,刑集19・2・125。
昭和38(あ)1071,刑集19・4・490。
昭和39(あ)2131,刑集19・2・69。
昭和40(あ)1752,刑集20・10・1212。
昭和40(あ)1998,刑集20・6・554。
昭和41(あ)401,刑集23・5・305。
昭和41(あ)1257,刑集22・9・871。
昭和41(あ)1651,刑集21・2・417。
昭和42(あ)710,刑集21・8・1116。
昭和42(あ)1814,刑集22・2・67。
昭和42(あ)1988,刑集22・13・1625。
昭和42(あ)2279,刑集22・3・153。
昭和43(あ)95,刑集24・1・1。
昭和43(あ)498,刑集23・11・1471。
昭和43(あ)837,刑集27・3・418。
昭和43(あ)1605,刑集23・9・1154。
昭和43(あ)1889,刑集23・8・1061。
昭和43(あ)2655,刑集23・7・935。
昭和44(あ)1165,刑集23・12・1573。
昭和44(あ)1501,刑集28・9・393。
昭和44(あ)2571,刑集31・3・182。
昭和45(あ)619,刑集24・7・585。
昭和45(あ)1358,刑集25・5・756。
昭和45(あ)2563,刑集25・8・996。
昭和46(あ)758,刑集30・2・229。
昭和46(あ)1051,刑集25・6・769。
昭和47(あ)1896,刑集28・4・114。
昭和48(あ)722,刑集29・4・132。
昭和48(あ)910,刑集29・8・489。

昭和49(あ)407,刑集28・5・194。
昭和49(あ)2786,刑集29・10・983。
昭和50(あ)1339,刑集32・2・381。
昭和51(あ)671,刑集31・4・747。
昭和51(あ)1163,刑集32・4・967。
昭和51(あ)1581,刑集32・3・457。
昭和52(あ)623,刑集32・5・1068。
昭和52(あ)836,刑集33・2・140。
昭和52(あ)2113,刑集33・3・179。
昭和53(あ)643,刑集33・7・710。
昭和53(あ)989,刑集33・7・728。
昭和55(し)91,刑集34・6・396。
昭和56(あ)1505,刑集37・6・609。
昭和56(あ)1588,刑集36・6・695。
昭和58(あ)531,刑集38・5・1961。
昭和58(あ)537,刑集37・7・1070。
昭和58(あ)555,刑集40・4・292。
昭和58(あ)612,刑集40・1・1。
昭和58(あ)1537,刑集38・8・2793。
昭和58(あ)1761,刑集38・8・2783。
昭和58(あ)1777,刑集39・1・1。
昭和59(あ)1256,刑集39・6・275。
昭和60(あ)457,刑集41・5・237。
昭和60(あ)1591,刑集43・7・752。
昭和61(あ)172,刑集40・4・269。
昭和61(あ)193,刑集43・3・262。
昭和61(あ)782,刑集43・10・823。
昭和61(あ)960,刑集42・5・807。
昭和63(あ)948,刑集43・6・567。

平成1(あ)551,刑集43・13・879。

平成2(あ)335,刑集48・8・509。

平成5(あ)694,刑集50・10・745。

平成6(し)71,刑集48・4・21。

平成9(あ)152,刑集51・5・435。

平成9(あ)1299,刑集54・2・106。

平成12(あ)1006,刑集55・1・76。

平成12(あ)1345,刑集57・10・1031。

平成12(あ)1859,刑集55・6・519。

平成13(あ)25,刑集58・8・905。

平成14(あ)164,刑集57・5・507。

平成14(あ)743,刑集57・9・1002。

平成14(あ)973,刑集58・1・1。

平成15(あ)35,刑集57・7・950。

平成15(あ)59,刑集59・8・1108。

平成15(あ)1468,刑集59・6・403。

平成15(あ)1625,刑集58・3・187。

平成16(あ)2077,刑集59・3・283。

平成17(あ)2091,刑集60・3・382。

平成18(あ)876,刑集62・5・1559。

平成18(あ)2455,刑集61・2・8。

平成18(あ)2618,刑集62・6・1786。

平成19(あ)285,刑集61・8・757。

平成19(あ)585,刑集63・11・1899。

平成19(あ)619,刑集63・8・1070。

平成19(あ)1580,刑集63・5・475。

平成20(あ)124,刑集62・6・1859。

平成20(あ)1703,刑集63・6・507。

平成20(あ)2102,刑集63・2・1。

平成21(あ)178,刑集64・2・111。
平成21(あ)1900,刑集65・9・1380。
平成25(あ)689,刑集68・6・925。
平成25(あ)1127,刑集69・1・1。
平成25(あ)1333,刑集68・9・963。
平成27(あ)703,刑集70・3・1。
平成28(あ)307,刑集71・4・275。
平成29(あ)1079,刑集71・10・535。

二、高刑集

昭和24(を)新280,高刑集2・3・292。
昭和25(わ)61,高刑集3・3・407。
昭和26(う)693,高刑集4・11・1482。
昭和26(う)734,高刑集5・4・585。
昭和27(う)29,高刑集5・9・1432。
昭和27(う)2926,高刑集6・1・1。
昭和28(う)682,高刑集7・6・944。
昭和30(う)413,高刑集9・5・411。
昭和30(う)535,高刑集8・8・1113。
昭和33(う)283,高刑集12・1・36。
昭和34(う)294,高刑集14・5・310。
昭和36(う)386,高刑集14・7・506。
昭和36(う)412,高刑集15・4・261。
昭和36(う)2505,高刑集15・4・210。
昭和37(う)496,高刑集15・9・674。
昭和38(う)1854,高刑集16・9・846。
昭和42(う)1926,高刑集22・4・595。
昭和44(う)667,高刑集23・1・156。
昭和44(う)1043,高刑集23・4・759。

昭和45(う)160,高刑集23・2・367。
昭和49(の)1,高刑集33・5・359。
昭和49(う)219,高刑集29・1・78。
昭和57(う)293,高刑集39・4・371。
昭和60(う)643,高刑集39・1・1。
昭和61(う)183,高刑集39・4・507。
昭和61(う)1108,高刑集40・3・720。
平成10(う)143,高刑集51・2・116。

三、裁判集

昭和24(れ)2893,裁判集17・87。
昭和35(あ)1081,裁判集135・503。
昭和52(あ)450,裁判集227・337。
昭和58(あ)753,裁判集232・95。
平成23(あ)494,裁判集309・213。
平成25(あ)1329,裁判集319・1。

四、民集

平成10(オ)1081,民集54・2・582。

关键词索引

A

安乐死　164

B

帮助犯　301
包括一罪　326
保安处分　380
保护功能　9
保护观察　382
保护管辖　40
保障功能　9
保障人　98
报应刑　381
被害人同意　158
被利用者标准说　250
必减主义　12
必要共犯　269
避险过当　154
表现犯　92
并合罪　333
补充性原则　152
不定期刑　365
不法共犯论　278

不能犯　252
不确定故意　195
不真正不作为犯　95
不作为　69
不作为犯　94
部分缓刑　369

C

财产刑　344
裁判员制度　37
常习犯　356
超法规违法阻却事由　158
承继的共同正犯　292
承接过失　221
惩役　342
重叠的因果关系　73
抽象符合说　201
抽象事实错误　208
抽象危险犯　70
抽象危险说　255
纯粹的安乐死　165
从属说　279

D

大赦　378

单纯一罪　325
到达说　249
道义责任　179
得减主义　12
定期刑　365
独立的教唆犯　300
独立说　279
对价之物　349
对物防卫　131
对向犯　269

E

二元主义　381

F

罚金　11
法定犯　49
法定刑　354
法令行为　118
法律主义　24
法人处罚　64
法条竞合　326
法益　9
法益标准说　324
法益侵害　69
犯罪共同说　281
犯罪论体系　53
方法不能　254
方法错误　203
防卫过当　138

防卫挑拨　136
非亲告罪　50
封闭的构成要件　57
辅导处分　381
附加刑　11
附条件故意　197
复权　379

G

盖然性说　196
概括故意　195
隔离犯　248
公诉时效　376
公诉时效的中断　377
共犯　269
共犯错误　314
共犯的脱离　316
共犯的中止　315
共谋共同教唆　299
共谋共同正犯　287
构成的身份犯　62
构成要件　55
构成要件标准说　324
构成要件该当性　54
故意标准说　324
故意的防卫过当　140
管理过失　220
规范责任论　179
规制功能　8
过失　217

过失的防卫过当　140
过失共同正犯　294
过失推定原则　65

H

缓刑　368

J

积极的安乐死　165
积极的构成要件　58
基本的构成要件　57
基准行为说　223
即成犯　71
集合犯　327
集团犯　269
记叙性的构成要件要素　60
继续犯　71
加减的身份犯　62
假释　374
假想避险　154
假想防卫　144
假想防卫过当　144
价值同等性　97
间接的安乐死　165
间接正犯　276
间接正犯类似说　291
监督过失　220
减刑　378
绞首　338
教唆犯　297

阶段犯　327
结果避免义务　229
结果犯　70
结果无价值　108
结果预见义务　226
紧急避险　149
紧急不正的侵害　128
紧急更生保护　382
紧急行为　171
禁锢　342
禁止类推　32
禁止溯及既往原则　30
精神障碍　182
旧过失论　222
旧派刑法理论　15
旧刑法　11
拘留　342
具体符合说　133
具体事实错误　202
具体危险犯　70
具体危险说　256
绝对不能　257
绝对的法定刑主义　354

K

开放的构成要件　57
科料　344
科刑上的一罪　329
可罚的规范目的说　272
可罚的违法性　110

客观归属论 76
客观解释 32
客观危险说 256
客观违法论 106
客体不能 253
客体错误 203
空间效力 38
扩张的正犯概念 275
扩张解释 32

L

劳动争议行为 120
劳役场留置 344
类推解释 33
累犯 355
利用者标准说 250
连续犯 328
两罚规定 63
量刑基准 360
量刑目的 361
量刑情节 363
泷川事件 17
论理解释 32

M

迷信犯 252
免予处罚 365
免予执行 355
目的犯 91
目的行为论 52

没收 346

O

偶然避险 153
偶然防卫 141

P

判例 5
片面帮助犯 305
片面的对向犯 270
片面共同正犯 287
片面教唆 300
普遍管辖 41
普通过失 219

Q

期待可能性 231
牵连犯 331
谦抑主义 15
亲告罪 50
倾向犯 93
权利、义务行为 119
全部缓刑 368
确定故意 195

R

惹起说 278
人格行为论 52
人格责任 178
认识说 196

任意共犯 269
容忍说 196
入院措施 383

S

少年保护处分 384
社会行为论 52
社会责任论 176
赦免 378
身份犯 61
时间效力 42
时效 376
实体正当 34
实行行为 97
实行着手 242
实行中止 261
实质的构成要件论 56
实质的故意论 198
实质犯 70
实质违法性 104
实质责任论 179
市民刑法 4
事后的并合罪 333
事后防卫 129
事前帮助 304
事前防卫 129
事实错误 200
事中帮助 304
首服 359
授权立法 24

属地管辖 38
属人管辖 39
死刑 337
随附犯 329

T

特别刑法 3
特别刑法犯 320
特赦 378
条件说 72
同时的并合罪 333
同时犯 272
同种竞合 329
推定同意 163

W

危惧感说 224
危险的现实化 84
危险犯 70
违法的身份犯 63
违法的统一性 110
违法行为类型说 59
违法性 104
违法性认识 210
违法性认识错误 217
违法性认识可能性 211
违法有责类型说 59
未必故意 196
未成年人 186
未遂 239

未遂帮助 302

未遂教唆 298

文理解释 32

无认识的过失 218

X

先行行为说 98

限时法 44

限缩的正犯概念 275

限制故意说 211

限制解释 32

宪法权利 173

相当因果关系说 74

相对不能 257

相对法定刑主义 354

想象竞合 329

消极的安乐死 165

消极的构成要件 58

胁迫紧急避险 156

心理责任论 179

心神耗弱 182

心神丧失 181

新过失论 222

新派刑法理论 12

新闻报道 123

新刑法 11

信赖原则 223

刑罚 21

刑罚变更 42

刑罚消灭 375

刑罚执行 366

刑法 3

刑事辩护 122

刑事犯 49

刑事责任 119

行为的持续可能性说 262

行为共同说 282

行为类型说 58

行为无价值 108

行为原则 50

行为责任论 177

行为支配说 291

行刑时效 377

行刑时效的停止 378

行政刑法 4

形式的构成要件论 56

形式的故意论 198

形式犯 70

形式违法性 104

性格责任论 177

修正的构成要件 57

虚拟身份犯 62

宣告刑 365

喧哗两成败 137

学派之争 14

Y

严格故意说 211

业务过失 219

一般·特别义务冲突 170

一般刑法　3
一般刑法犯　49
一般正当行为　117
一般自救　169
一元主义　381
医疗观察　383
义务冲突　170
易科刑　345
疫学因果关系　90
因果共犯论　278
因果关系　72
因果关系错误　205
因果关系遮断说　262
因果关系中断　73
因果过程支配说　98
因果行为论　51
因果原因支配说　98
阴谋　238
营业犯　327
永山规则　339
优越支配共同正犯说　291
有认识的过失　196
有责性　54
预备　41
预备中止　267
预防刑　361,376
预见可能性　226
预期结果提前发生　206
预期结果延迟发生　206
原因上自由行为　187

原因说　74
允许的危险理论　223

Z

责任的身份犯　63
责任共犯论　278
责任能力　181
责任与行为同在原则　188
责任原则　175
择一的因果关系　73
择一故意　195
择一义务冲突型　171
占有自救　169
障碍未遂　239
折中刑法理论　13
真正不作为犯　95
正当防卫　127
正当行为　118
正当业务行为　122
正犯　274
直接正犯　274
职务行为　118
治安刑法　4
治疗行为　125
中立帮助行为　319
中止犯　259
中止未遂　239
终了未遂　239
重大过失　220
重要作用说　292

主观解释　32

主观违法论　106

主体不能　253

主刑　337,354

转嫁罚原则　64

状态犯　71

追缴　351

准备实施恐怖活动等罪　241

着手未遂　239

着手中止　261

酌定减轻事由　359

自白　359

自救行为　169

自然犯　49

自手犯　63

自首　357

自由刑　342

自招侵害　135

自招危难　155

宗教活动　125

罪数论　323

罪刑法定原则　23

罪刑均衡　37

尊严死　167

作为　94

作为犯　95

作为义务　97